国家自然科学基金项目资助——公路交通事故黑点分析技术研究(批准号:50422283)

江苏省交通科技项目资助——江苏省干线公路建设城市结点方案研究(编号:07R17)

干线公路与城市结点衔接交通规划方法与应用

过秀成　涂圣文　张　宁　等　著

人民交通出版社股份有限公司
China Communications Press Co.,Ltd.

内 容 提 要

本书共分15章,内容包括绪论、干线公路与城市结点发展的作用机理、城市结点衔接交通系统特征、城市结点衔接交通组织模式及服务体系设计、城市结点干线公路交通需求分析方法、干线公路与城市交通系统衔接规划技术、城市结点高快路网络布局规划方法、干线公路与城市结点衔接方案优选、城市结点衔接道路横断面规划设计技术、高速公路与城市道路衔接交通语言系统设计、干线公路与城市结点衔接交通规划评价方法、镇江市城市结点干线公路衔接交通规划、宿迁市城市结点干线公路衔接交通规划、济南市城市结点高快路网布局规划、无锡市城市结点G312与S342共线段市政化改造设计、干线公路与城市结点衔接交通规划编制指引。

本书可供交通规划、城市规划的相关技术与科研人员工作参考,也可供高等院校相关专业高年级本科生及研究生教学参考。

图书在版编目(CIP)数据

干线公路与城市结点衔接交通规划方法与应用 / 过秀成等著. — 北京 : 人民交通出版社股份有限公司, 2016.12

ISBN 978-7-114-13549-1

Ⅰ.①干… Ⅱ.①过… Ⅲ.①干线公路—公路规划 Ⅳ.①U412.1

中国版本图书馆CIP数据核字(2016)第295848号

书　　名:干线公路与城市结点衔接交通规划方法与应用
著 作 者:过秀成　涂圣文　张　宁　等
责任编辑:刘永超
出版发行:人民交通出版社股份有限公司
地　　址:(100011)北京市朝阳区安定门外外馆斜街3号
网　　址:http://www.ccpress.com.cn
销售电话:(010)59757973
总 经 销:人民交通出版社股份有限公司发行部
经　　销:各地新华书店
印　　刷:北京市密东印刷有限公司
开　　本:787×1092　1/16
印　　张:17.5
字　　数:400千
版　　次:2016年12月　第1版
印　　次:2016年12月　第1次印刷
书　　号:ISBN 978-7-114-13549-1
定　　价:60.00元
(有印刷、装订质量问题的图书由本公司负责调换)

PREFACE 前 言

我国正处在新型城镇化发展建设时期,公路作为综合交通运输体系的基础网络,连接覆盖了区域各层级城镇结点。正确处理好干线公路与城市之间的衔接关系,对完善城市结点干线公路网络,更好地发挥综合运输体系的整体效益,提高城市结点交通运行安全与效率,以及提升城市集聚辐射功能,优化城镇体系空间布局与结构,促进区域产业结构调整,推动区域一体化进程具有重要的现实意义。

东南大学过秀成教授团队自20世纪90年代后期一直致力于城市化进程中交通系统规划与建设方面的研究,1997年起在江苏省宿迁市、泰州市、无锡市等开展市域范围内公路网规划,关注干线公路与城镇结点互动关系,研究城镇结点干线公路建设规划问题;2004—2006年开展江苏省干线公路网发展规划和建设方案,以及安徽省干线公路通行能力模拟等相关研究;2007—2011年与江苏省交通运输厅公路局、江苏省交通规划设计院等合作开展"江苏省干线公路建设城市结点方案研究",形成江苏省干线公路建设城市结点方案实施意见,有效指导省内各市干线公路过境段的建设;2011年至今,在厦门市、济南市、温州市等开展公路网发展建设规划,在干线公路与城市结点衔接交通系统特征、组织模式、衔接体系布局规划等方面取得了系列成果。

全书共分为15章,第1章绪论;第2章干线公路与城市结点发展的作用机理;第3章城市结点衔接交通系统特征;第4章城市结点衔接交通组织模式及服务体系;第5章城市结点干线公路交通需求分析方法;第6章干线公路与城市交通系统衔接规划技术;第7章城市结点高快路网络布局规划方法;第8章干线公路与城市结点衔接方案优选;第9章城市结点衔接道路横断面规划设计技术;第10章高速公路与城市道路衔接交通语言系统设计;第11章干线公路与城市结点衔接交通规划评价方法;第12章镇江市城市结点干线公路衔接交通规划;第13章宿迁市城市结点干线公路衔接交通规划;第14章济南市城市结点高快路网布局规划;第15章无锡市城市结点G312和S342共线段市政化改造设计。

全书由过秀成教授统稿,各章编写分工如下:第1、2、3章过秀成;第4、5章过秀成、涂圣文；第6章张小辉、奚振平；第7章张宁；第8、9章涂圣文；第10章过秀成、吕丹；第11章张宁、奚振平；第12章涂圣文、张宁；第13章张宁、费跃；第14章张春波、侯佳；第15章廖芳龄、刘志旗、徐玥燕；附件过秀成、张小辉。

特别感谢东南大学徐吉谦教授及其团队于20世纪80年代初，在国内城市化起步阶段开启城市对外交通的研究，为本研究奠定了基础；感谢江苏省交通运输厅公路局张立早、陈胜武、叶恒鑫等在“宿迁公路网规划”“江苏省干线公路建设城市结点方案研究”等项目课题中贡献的智慧；感谢交通运输部规划研究院、江苏省交通运输厅公路局、江苏省交通规划设计院、镇江市交通运输局、宿迁市交通运输局、济南市公路管理局、温州市交通运输局、无锡市交通规划设计研究院有限公司等在项目研究中给予的支持；感谢从事公路交通研究的沈颖、吕慎、谢实海、胡斌、肖慎、陆晓华、孙华强、杨煜琪、顾克东、王传文、刘海强、邵丹、温旭丽、章逵、陈玮、潘敏荣、潘昭宇、王卫、袁昌鹏、卢光明、孙志华、杨健荣、姚栋强、巩建国、涂圣文、过利超、侯佳、张小辉、窦雪萍、张春波、费跃、张宁、奚振平、徐玥燕等所付出的努力；感谢学生孔德文、沈佳雁、胡婷婷、张倩、王耀卿等在专著资料收集、材料整理及编排过程中所做的工作。

本书在撰写过程中参阅了国内外大量的文献与著作，由于条件所限未能与原著者一一取得联系，引用及理解不当之处敬请见谅，在此谨向原著作者表示崇高的敬意和由衷的感谢！

由于作者学术底蕴、知识结构及能力水平所限，书中难免有疏漏之处，恳请读者批评指正。

电子邮箱：seuguo@163.com。

著　者

于东南大学

2016年8月

CONTENTS 目 录

第1章 绪 论

1.1 背景与意义

我国经济社会和城镇化快速发展，呈现出城市空间扩张、产业布局调整、人口疏解、机动化水平提高的态势。公路作为综合交通运输体系的基础网络，加强了城市间政治经济文化等方面的联系，促进城市的发展，同时也有利于城市布局和空间结构的调整与完善。高速公路、普通国省干线公路在城市结点处面临新的形势和矛盾，临近城市主城区的路段不仅承担出入境和过境交通，也更多地承担了城市内部交通出行的功能，交通量增大，交通流互相交织，导致部分路段产生拥堵现象，影响了城市和区域道路运行的整体效率。

我国在处理干线公路与城市结点衔接关系上，大致经历了以下三个发展阶段。

第一阶段是20世纪90年代以前，我国城市处于发展的早期阶段，机动化程度低，人们的活动范围有限，人口分布比较集中，城市用地高度集聚，城市形态多以单中心为主。过境公路作为人流和物流的通道，对于城市的发展和布局有着很大的吸引与集聚作用，使城市辐射能力增强，加速周边小城镇发展，提高土地利用效率。公路网的建设主要是为了解决城市之间的交通通达问题，干线公路在城市范围内的布局与城市空间发展之间的矛盾并不突出。干线公路主要直接从城镇中间穿过，以发挥其对城镇发展的集聚作用。

第二阶段是20世纪90年代到2005年，我国城市处于加速发展时期，经济社会和城市化进程取得了显著的进展。城市的快速发展，土地开发强度的增大，使得干线公路两侧出现严重的街道化现象，过境交通开始成为城市的交通负荷，对城市交通干扰严重，周边土地边际效益下降。国内学者和规划设计人员开始研究协调干线公路布局与城市发展关系的途径，提出了城市化进程中城市结点干线公路交通组织方法，通过将穿城而过的干线公路实施高架、迁移改线等措施，一定程度上缓解了公路交通和城市发展之间的矛盾。与此同时，外迁干线公路便利的交通条件牵引了城市新的发展方向，开始了新一轮“干线公路—城市结点”系统的互动过程，城市规模逐渐增大，城市经济快速发展，干线公路网络也得到扩展和优化。

第三阶段是2006年至今，我国城市和区域交通都进入了一个全新的发展阶段。城市发展方面，多中心、组团式发展模式成为我国大城市空间结构调整的主要策略，城市化进程持续加快，城市的规模越来越大，交通机动化和出行距离增长使出行所占用的交通系统资源越来越大，交通拥堵、环境污染、资源消耗(土地、能源)升级，城市运行的效率下降，城市蔓延扩张的代价越来越大。城市单中心结构在交通、环境等方面遭遇难以克服的难题，使得国内几乎所有的大城市在新一轮总体规划中都选择了“空间结构调整”作为城市未来扩张之路，实现大城市单中心结构逐渐向组团式结构转化，通过多中心的发展模式来提高城市活动的组织效率。大城市组团式发展阶段，如何继续发挥干线公路的引导作用，加快城市组团式布局模式的形成，成为摆在规划工作者面前的课题。同时，区域经济一体化进程加快，区域城市间产业、社会、公共服务等分工组织深入，使得城市之间的联系密切，需要构建高效、安全、多元、可靠的区域一体化综合交通系统。干线公路、高速铁路、城际铁路及航空运输系统的大规模建设，极大地缩小了城市间的时空距离，提升了城市之间的交流效率。如何构建干线公路与城市之间便捷、高效的衔接转换系统，保证过境交通通过结点、出入境交通进出结点的运行效率，提高干线公路的服务水平，进而提高整个区域综合交通系统的运行效率，对支撑区域一体化的进程具有重要的现实意义。围绕城市的空间结构和交通系统特征，理顺干线公路与城市之间衔接关系，对于完善城市间交通联系与综合交通体系，处理好城市交通和对外交通关系，保障道路交通畅通与安全具有重要意义。

本书深入分析干线公路与城市结点互动的作用机理，揭示二者互动关系的实质与演化规律，提出干线公路与城市结点衔接交通组织模式及服务体系，研究不同城市形态，干线公路交通需求分析方法、干线公路与城市交通系统衔接规划、高快路网络布局规划、干线公路与城市结点衔接方案优选、城市结点衔接道路横断面规划设计技术、高速公路与城市道路衔接交通语言系统设计，提出干线公路与城市结点衔接交通规划评价方法，以镇江市、宿迁市、济南市和无锡市为实例进行方法和技术的应用。

1.2 既有研究与实践

1.2.1 国外研究与实践

国外相关的研究和实践主要集中在过境公路与城镇发展之间的关系、城镇结点对外交通需求分析预测方法、干线公路与城市道路的衔接模式以及干线公路的交通管理技术等几个方面。

美国在过境公路与城镇发展之间关系的研究丰富，这与美国的城镇体系结构有关。在美国，10 万人以下的小城市(镇)约占城市总数的 99%，约有 71.7% 的人口居住在 25 万人以下的小城市(镇)[1]。在城镇发展之初，过境干线公路对城镇空间的发展、人口的集聚、经济的拉动都起到了重要的作用。然而当城镇发展到一定程度，过境交通给城镇带来的负面效应越来越严重，不少城镇都开始进行过境公路绕行线的建设。如何评价绕行线建设可能给城镇发展带来的影响，成为不少学者的研究重点。如 Yeh 等[2]、Michael 等[3]、Kockelman[4]分别研究了美国威斯康星州(Wisconsin)、堪萨斯州(Kansas)、得克萨斯州(Texas)等多个城镇过境公路绕行线建设与城镇发展之间的关系，其研究表明，从长远的角度看，原有的过境公路线路转变为城区道路后，其交通量还是接近甚至会高于过境绕行线建设前的交通量水平，说明这些城镇自身具备较强的经济活动潜力。同时，这些城镇均认同从过境绕行线建设中至少受到以下几方面的益处：改善了交通流运行质量、减少了拥挤、减少了过境货车对城镇的干扰以及引导了城镇新的发展轴。Jonathan 等[5]在研究俄克拉荷马州(Oklahoma)小城镇过境公路绕行线建设决策问题时，基于 GIS 分析技术，提出了绕行线建设对城镇交通改善、交通安全、环境质量等影响的综合评价方法。Buffington 等[6]构建了 6 个回归模型分析城镇结点绕行公路、环形公路及射线公路的改建给城镇就业、居民收入带来的影响程度，指导规划部门进行公路改建方案的决策。

城镇结点对外交通需求预测方法的研究大致可以归纳为四种类型：多元回归分析法、空间经济模型法、“四阶段”法、非集计模型法。多元回归分析法主要是针对小城镇过境公路的对外交通分析预测方面，是在免 OD 调查的情况下用回归方法建立模型分别预测过境公路的对外交通发生量和分布量。这类模型早期自变量一般选用的仅是与过境公路交通特性相关的因素，如公路等级、年平均日交通量、货车比例、路线连续性等，且只适合于人口数量少于 5 万的小城镇[7,8]。近年来，Han 等[9]在回归模型中增加了城市经济和地理方面的因素，并将模型的适用性推广到了 20 万人口以下的小型城市和乡镇。空间经济模型法由 Anderson 等[10-12]提出，是根据 Huff 模型，从城镇结点与周边城镇之间经济联系强度的角度分析对外交通需求的方法。对外交通需求分析的“四阶段”法借鉴了城市交通分析、区域交通分析的一般步骤，并根据对外交通分析的特点进行了两方面的处理和改进。一是对外交通分区的处理，“四阶段”法一般将对外交通分区设置在干线公路与结点规划区境界线（Cordon Line）交叉处，并假设该处为对外交通的发生点和吸引点，每条干线公路对应一个对外交通分区。对外交通分区的现状交通生成量、交通分布量可由设置在该处的调查点调查干线公路的交通量及其分布而获取，规划年的交通生成量一般则由增长系数法得到，然后依据一定的交通分布模型得到规划年对外交通分布量。另一方面是交通分布模型的改进，如 Gregory 等[13]在标准重力分布模型基础上，考虑出入境交通进出城路线的夹角，修正了重力模型中时间阻抗函数。美国联邦公路局的研究报告[14]建议采用双约束重力模型来进行过境交通分布量预测，并且将重力模型里面的摩擦因子矩阵用一个权重系数矩阵代替，这个权重系数矩阵一般由规划人员根据各对外交通分区之间的情况主观确定。Horowitz 和 Patel 的研究[15]改进了公路局模型中主观权重系数的不足，提出了一种考虑城市地理位置等因素的权重系数计算方法，定义权重系数为两个对外交通分区之间的某次出行穿越研究区域或者某天然障碍区域的概率。非集计模型法是近几年发展起来的一种对外交通需求分析方法，由 Martchouk 等[16]提出，主要是采用 Logit 模型克服多元线性回归模型存在的缺陷，其中效用函数参数采用的是与回归模型类似的过境公路交通特性值。Talbot 等[17]在 Martchouk 等研究的基础上，将城市放在区域环境中研究对外交通的分布，并针对不同车型建立了分析模型。

国外关于干线公路与城市道路衔接模式有一些相关研究和实践。在日本一般将高速公路引入城市道路交通规划，将高速公路与城市快速路系统统一考虑，这有利于大量的机动车较为快速地进出城市[18]。日本的干线公路规划也强调加强大城市外围和大都市圈环状道路、放射路、绕行线的建设，以分解道路机能[19]，如东京修建了 8 条高速公路承担对外交通联系，构成放射状道路系统，同时沿中心区周围修建了市内环形干道，将上述放射形干道连接起来，又离市中心区径向约 10km 处修建第二环形干道，加强周围地区内的环向联系，并使部分过境交通沿环道驶出，而不进入内环或市内[20]。欧洲的许多大城市，也都注重采用“环形 + 放射”状的路网结构来实现区域交通与城市交通的衔接。如伦敦早在 1944 年就进行了大伦敦的规划[21]，把地区划分为四个同心圆——城市内环、郊区环带、控制绿带、农村环带，并提出了环与放射路构成的蛛网式道路系统。虽然道路建设未能按规划实施，但还是形成了一条快速环路，即 M25，全长 188km，共设 31 个节点，覆盖区域的半径达到 21～35km，整个环路的日均交通达到 6 万～13 万辆，是大伦敦地区内、外交通转换极为重要的载体。巴黎在城市外围布置了 3 条环形公路来实现区域交通与城市交通之间的转换[22]。其中内环线是第一条围绕市区的环线公路，建于市区与近郊的分界线上；中环线兴建于内环线的 5km 以外，总长 80km；外环线则贯穿巴黎大区的核心区。莫斯科在城市范围设置了四层环路，以解决外地及临近卫星城汇入的多条干线公路与城市的衔接，既能使莫斯科作为首都同全国各地保持便捷的联系，又可以避免所有的干线公路直接进入市中心，影响市内道路的通畅[20]。德国城市不同等级的道路分工明确，一般有三个层次：高速环城公路、城市主干道和城市支路。其中高速环城公路主要发挥对外联系的功能及满足过境交通的需要[23]。干线公路与城市道路的衔接，最初快速道路是终止在距离城市 30km 的地区和城市道路衔接，后来将干线公路汇于城市的中心，其结果是将郊区的交通引入城市中心，而城市中心难以容纳这么大的交通量。最后的选择是首先在城市内部建一个环，其次用一个三角形将干线公路连接起来，当道路通行能力选择适当时，既可以保证中心区道路不至于过于拥挤，又可使道路得到充分利用[24]。

干线公路的交通管理技术主要是接入管理(Access Management)策略[25]。接入管理策略是为保证干线公路交通流的安全、快速和高效，对干线公路沿线的出入口通道、中央分隔带、立体交叉、平面交叉等设施的选址、布局、设计等进行系统控制的方法。其核心的技术手段是通过对干线公路沿线的交叉口间距控制和接入路网体系重构，保证主路的运行效率和服务水平，从而平衡干线公路的“通过性”和沿线土地开发“服务性”。

1.2.2 国内研究与实践

国内东南大学的徐吉谦教授团队早在 20 世纪 80 年代，在城市出入口道路规划设计、城乡接合部道路交通规划、干线公路与城市结点的互动关系、连接模式等方面进行研究和探索。较早地就提出了高等级公路与城市“近而不进，离而不远”的连接原则，并将高等级公路与小城市及乡镇的连接模式归纳为直穿式、绕行式、切线式及分离式四种形式，与大城市的连接模式归纳为直穿式、周边式、多环道式、综合式及双系统式五种形式[26]。并在其主持国家“七五”重点科技攻关项目《大城市综合交通合理模式研究》子课题辐射交通与城乡接合部交通规划(1988—1992)、国家自然科学基金《大城市交通发展战略规划理论与方法研究》(1991—1994)过程中，系统研究了城市出入口干道的交通组成、交通量的时间分布和纵向空间分布、行车速度变化及交通环境等交通特性[27,28]，提出了出入口干道设计车速的建议值、主要平纵面技术指标、横断面布置形式及渐变段的处理等规划设计技术标准[29-31]，研究了大城市辐射交通的空间层次、辐射交通的分布等特性[32]，提出了城乡接合部交通规划的方法和基本程序[33]。徐教授及其团队的研究成果在改革开放初期、城市化的起步阶段，较好地指导了干线公路与城市结点衔接规划的实践。

21 世纪初以来，过秀成教授及其团队对新的城市发展阶段干线公路与城市之间的互动关系、交通组织、衔接布局等问题进行着持续的关注和研究。在《宿迁市交通体系与城镇发展互动关系研究》(2001—2002)、《城市化进程中宿迁市公路网结点研究》(2004—2005)等课题研究中,针对城市化进程中公路与城镇体系发展过程中存在的不协调问题,以公路网结点如何满足城市化进程的需求,如何适应客货交通量发展等要求,如何构建过境绕越合理、内外衔接顺畅的“公路—城镇”系统为目标,从公路在城镇空间发展中的作用、公路对城镇布局和空间拓展的影响以及公路网络布局引导城镇空间发展特点等方面,系统深入剖析了公路网络与城镇空间网络发展的互动关系,提出了公路网络与城镇空间网络发展适应性评价指标及评价方法[34-38];构建了结点衔接交通组织规划框架,从城市规模、城市形态两方面分析了干线公路各种过境方式的适用性,提出了干线公路过境规划的影响因素和规划原则[39-41];提出了运用结点重要度法和聚类分析法分析结点对外交通主要分布方向的方法,分析了影响结点内外衔接联络线布局的主要因素,提出了联络线数量计算及优化方法,分析了适宜与联络线连接的城市道路类型[39-40]。在江苏省交通科技项目《江苏省干线公路建设城市结点方案研究(07R17)》(2007—2012)的研究中,在对江苏省13个地级市、60余个县(县级市)干线公路衔接现状调查、规划方案研究的基础上,深入研究了干线公路与城市发展的互动机理,建立了江苏省城市结点的分类体系,并提出了不同城市结点在区域交通系统中的服务形式;进一步提出了自然屏障条件下、区域一体化条件下、与城市枢纽地位相适应的条件下干线公路过境规划的要点;提出了城市结点干线公路过境规划评价的指标体系和评价方法,提出了干线公路过境方案决策的指标体系和决策方法;提出了干线公路与高速公路衔接、干线公路与城市道路衔接、干线公路与综合交通枢纽衔接的规划要点。课题的研究成果最终形成了《江苏省干线公路穿越城市结点规划编制指导意见》,并已经应用于指导江苏省新一轮城市结点干线公路的衔接规划实践[42-45]。

国内其他相关的研究和实践主要分布在干线公路与城市发展关系、对外交通需求分析预测方法、衔接交通组织模式、衔接路网规模分析、衔接布局规划、衔接道路横断面规划设计等几个方面。

在干线公路与城市发展关系方面,潘海啸[46]认为快速干线公路的建设能够缩短沿线与外地的时空距离,促进地方经济的发展;快速干线公路的建设能够形成城市对外新的发展轴线,有利于抑制城市无控制地“摊大饼”蔓延,实现趋于平衡协调的发展模式;快速干线公路的建设同时也会给城市带来社会影响、大气和噪声污染、能源消耗、生态影响、地质水文影响、交通事故等方面的负面作用。储茂东等[47]通过对酒泉市城市形态的历史演变考察,揭示了过境干线公路与城市形态拓展的规律,认为过境干线公路是激发或加速城市外围市区质变的导轴,它的延伸方向常常是城市的拓展方向。

对外交通需求分析预测方面,杨文军[48]根据经济学中的多产品替代原理,提出了一种预测城市对外交通流向、流量的方法。陈学武[49]分析了城市对外交通的主要影响因素,提出了对外交通需求总量预测、对外交通运输方式结构分析与预测、对外交通流向预测三方面的分析预测要点。陈宽民等[50]针对城市外环线道路的交通特性,探讨了市区交通基年OD分布矩阵和对外交通基年OD分布矩阵合并的方法,将城市规划区以外的周边区域划分为若干个直接影响区(Direct Influence Area)和间接影响(Indirect Influence Area),每个影响区作为一个对外交通分区来进行交通分析,基于“四阶段”法,提出了一种关于城市外环线道路交通需求预测方法。

在衔接交通组织模式方面,与国外大、中城市的实践类似,国内的规划学者也主张设置环状公路来进行内、外交通的衔接组织,如师郡[51]认为环城高速公路在疏导过境交通、联结城市的郊区或卫星城、拓宽城市发展空间、引导并形成与交通需求相适应的分层次的交通体系、改善国道主干线与城市联结部的交通拥堵状况等方面具有重要的作用。陆锡明等[52]提出了通过构建大城市多层环路来进行内、外交通衔接组织的思想,其中内环主要功能是保护城市内核的作用,外环主要起"穿越截流"和"进出分流"的功能,用于疏导过境交通和出入境交通。何延玲[53]分析了大城市环状道路的成因,指出市区环状道路及环城公路的建设能将过境交通流引出中心城区,同时分流部分绕行交通和其他交通流,能够有效地减缓城市的交通压力。实践方面,我国的大、中城市大都建设完成了绕城高速公路或绕城干线公路,绕城公路作为内、外交通衔接转换的主要设施,在我国大、中城市结点路网体系中发挥着至关重要的作用。

与衔接交通组织模式的研究相对应,国内对衔接路网规模的分析也是集中在对环形公路合理规模的分析上。如师郡[51]认为绕城高速离开城市中心区的距离受多种因素的综合影响,根据国内外绕城高速的建设情况,认为对于一个闭合的环形高速公路,当城市规划面积在100 ~ 500km^2的范围时,环路半径在7 ~ 17km的范围是合理的。黄平[54]基于环放式路网结构,通过计算绕行距离进行投资-效益分析,初定环路理论半径,建议再结合实际影响因素的定性探讨最终确定环路合理半径。杜进有等[55]采用离散交通网络设计的双层规划数学模型,研究了城市群环路的合理半径及其环带服务宽度。

在衔接布局规划方面,湖南大学的冯桂炎教授[56]探讨了国道主干线与大城市近靠及远绕方案的优缺点及其适用性、国道主干线绕城段与城市外环线的关系、国道主干线与现有城市路网如何配合等问题。沈德熙等[57]探讨了高速公路与城市布局之间的关系,提出了高速公路与不同规模城市的典型连接形式。陈培健[58]从如何处理好城市规划与公路规划的问题、如何处理好城市交通和过境公路交通的问题、如何处理好城市道路与公路的衔接问题、如何处理好城市道路与公路技术标准的衔接问题四个方面,提出了城市对外公路交通合理布局的原则。李勇军[59]从城市规划的布局和发展方向对选择过境公路方案的影响、过境公路自身景观和方案总体线位对城市景观的影响、过境公路与现有及未来城市路网的关系等方面探讨了过境公路方案如何与城市规划相协调的问题。李娟[60]根据在城市化进程中,公路与城市道路融合存在功能不明确、衔接不合理等诸多问题,探讨了公路与城市道路的连接位置、立体交叉间距和标准、平面直接连通的缓和段等问题。

衔接道路横断面规划设计方面,张枝长[61]从分析城市出入口道路特点入手,根据处理好人、车、路和环境之间的相互关系的原则,认为出入口道路断面以四块板形式较为适宜。朱水坤等[62]提出设置集散车道来解决快速城市化地区干线公路内、外交通混行的问题,中间主车行道解决快速过境交通,外侧设置集散车道解决慢速地方交通,以实现快速过境交通与慢速地方交通分离。彭庆艳等[63]针对城市化进程中公路系统与城市道路系统衔接不善的问题,提出了公路与城市道路的整合分类体系,并探讨了在城镇稀疏区、城镇密集区道路断面的不同设置形式。韩跃杰等[64]则是对城镇群连接道路进行了功能分类,并提出了各类连接道路的推荐横断面形式。张源等[65]初步探讨了快速城市化地区干线公路快速化改造的问题,提出了干线公

路改造为城市快速路的几种断面比选方案及其适用性。

1.3 研究内容

1.3.1 相关概念

(1)干线公路

研究对象干线公路的概念来源于公路功能分类。《江苏省干线公路发展规划研究》[66]中将公路按其功能分为干线公路、集散公路和地方公路三个大类。其中干线公路是公路网的最高层次,连接省内重要的结点,承担路网的中长途交通出行,提供较高的运输服务水平。干线公路又细分为高速干线、快速干线和一般干线三个子类。其中高速干线是公路网的主骨架,承载省际和省内通道的公路运输,包括国家高速公路和省高速公路;快速干线是干线公路的次高形式,是高速干线的有效补充,主要承载重要城际交通,丰富了干线公路的层次结构,对于整个路网功能的发挥将起到独特的作用,包括国道公路、重要省道公路;一般干线连贯区域城市和重要城镇结点,是以服务通过性交通为主的干线公路,包括一般省道和部分重要县道。集散公路分为主集散公路和次集散公路;地方道路不再分层。具体分类结果见图1-1。

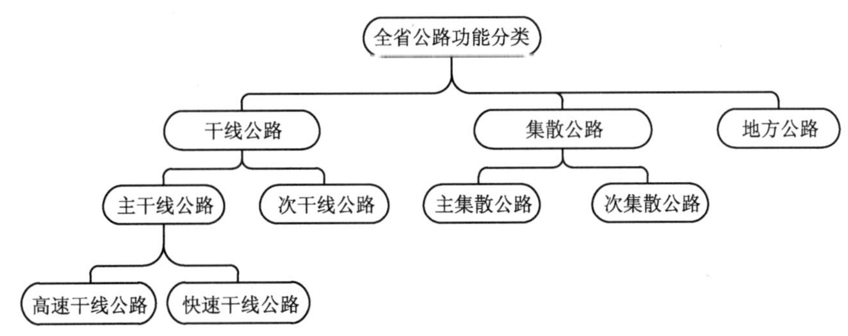

图1-1 公路功能分类结果

本方案既明确快速干线公路的主干线公路地位,又针对最高层次的公路进行合理的功能定义,区分了高速公路与高速干线公路的不同,有利于功能分类适应新情况作动态更新,见表1-1。

各层次公路功能及覆盖范围 表1-1

公路层次	层次细分		覆盖区域	主要功能
主干线	高速干线	国家高速公路	全国	全国干线
		省高速公路	全省	省骨架
	快速干线	快速公路(国道或省道)	县市	1.城市群(地市)之间通道; 2.城市群内、外各组团(市县、县县)之间通道; 3.重要的港口、风景区、军事要地通道
次干线	一般干线	其余国道或省道 重要县道	重要乡镇	市、县与重要乡镇之间通道

干线公路是区域公路网的主干，综合交通网中的纽带，它连接了区域内的主要结点，承担着大部分的交通运输量，对于整个公路网的发展起引导作用，是公路技术进步的代表，也是公路现代化的“助动器”。

(2)城市结点

城市结点是指县级及县级以上城市建成区及部分国省干线公路经过的规划新市区范围，是区域公路网结构交汇处的空间，是一个区域交通需求的代表点，相应区域的经济、人口、交通都主要集中在城市结点上。依据国务院2014年印发的51号文件《关于调整城市规模划分标准的通知》，明确以城区常住人口为统计口径进行城市规模划分，将城市划分为五类七档，如表1-2所示。

城市规模划分标准　　表1-2

分　类	分　档	城区常住人口(万人)	
		下限	上限
超大城市		1000	—
特大城市		500	1000
大城市	Ⅰ型大城市	300	500
	Ⅱ型大城市	100	300
中等城市		50	100
小城市	Ⅰ型小城市	20	50
	Ⅱ型小城市	—	20

组团型城市是指城市建成区由两个以上相对独立的主体团块和若干个基本团块组成，城市用地被分隔成几个有一定规模的分区团块，有各自的中心和道路系统，团块之间有一定的空间距离，但由较便捷的联系性通道使之组成一个城市实体。这种形态属于多元性复合结构。如布局合理、团组距离适当，这种城市既可有较高效率，亦可保持良好的自然生态环境。

相对于单中心城市而言，组团型城市布局分散，被认为是大城市扩张的主要发展趋势。本书的组团型城市主要指外部形态上呈分散群组的城市，其形成原因主要可以分为两种情况。一种是自然条件的阻隔，主要是山脉、河流等自然地理因素的阻隔而造成的不同组团相对独立的发展而形成的多中心城市空间形态，如重庆、苏州等城市；另一种情况是为了避免城市单中心发展带来的人口密度过高、用地紧张、交通拥挤和环境恶化等一系列城市病而采取的多中心空间结构调整策略，如镇江、泰州等城市。

(3)衔接交通

从区域范围来看，城市属于区域运输链上关键的衔接转换节点，公路交通在城市结点范围通过效率、集散效率的高低，直接决定和影响整个区域运输链的运转效率。根据城市对衔接交通服务的基本要求，本书提出基于轴辐式组织模式的衔接交通服务体系，其核心含义是：根据城市空间结构特征及内外交通衔接转换的要求，针对城市内外交通需求特征、交通设施资源供给特征进行衔接交通设施的规划、建设和管理，确立符合城市交通需求和资源供给能力的交通服务结构和与之协调的道路交通设施,建立高效的交通衔接转换系统。

衔接交通服务体系既要符合城市空间结构布局特征,又要与交通运输的发展阶段相符,满足分层次、交通分离、交通连续和交通负荷均分的要求。按照组团型城市结点衔接交通运行的特征、道路的功能、交通流特性,可以将衔接道路和承担了部分对外交通衔接功能的道路按从高到低划分为四个层次,即高速转换层、快速转换层、组团外集散层、组团内集散层,如表1-3所示。

衔接交通服务体系的功能结构 表1-3

级别	功能层次	主要功能	交通设施
1	高速转换层	高速疏导高速公路过境交通,高速疏散高速公路出入境交通	绕城高速、穿越高速
2	快速转换层	快速疏导开放式干线公路过境交通,快速引导干线公路出入境交通至集散层	市区快速路系统、绕行公路
3	组团外集散层	承接转换层引导过来的出入境交通,向组团内部集散	绕行公路、城市出入口道路、高速公路连接线、组团间快速联系通道、组团间一般联系通道、组团出入干道
4	组团内集散层	将出入境交通集散至组团内部	组团边缘集散道路、组团内交通性主干道

1.3.2 主要内容

研究针对新的城市和区域交通发展阶段,以构建和谐、可持续发展的“干线公路—城市结点”系统为前提,以合理的衔接交通组织模式与服务体系构建为目标,分析干线公路与城市结点发展的互动机理,城市结点干线公路交通需求分析方法,干线公路与城市结点衔接设施的配置方法,构建干线公路与城市衔接规划技术体系,以丰富和完善新时期公路网规划和城市交通规划的理论与方法。主要研究内容如下:

(1)干线公路与城市结点发展的作用机理

阐述城市化进程中城市形态和城市群的发展演变历程,总结城市结点空间的增长规律;从内生动力和外部动力两方面分析城市结点发展的动力机制;分析干线公路与城市发展的依存、制约和互动关系。运用复合系统的相关理论与分析方法,分析“干线公路—城市结点”复合系统协同演化机制,提出“干线公路—城市结点”复合系统协调演化耦合度分析模型,并用镇江结点干线公路与城市系统演化的数据进行实证研究。

(2)城市结点衔接交通系统特征

梳理城市结点交通系统结构,分内部交通、出入境交通和过境交通三类,研究其概念、与城市结点关系和交通特征;分析城市结点公路交通出行的层次性、交通需求的层次性和交通出行的期望特性;研究城市结点道路系统结构,剖析系统内部道路组成和功能;对干线公路的时间分布、空间分布和组成特征进行分析研究。

(3)城市结点衔接交通组织模式及服务体系

提出改进的路网效率测度模型,分析对外交通对城市内部交通的影响机理、路网中快速干道的功效以及不同交通组织模式下路网效率的变化情况；借鉴轴辐式运输组织思想，提出将城市结点高快路网络作为公路交通与城市交通之间的衔接转换界面，利用高快路网络来集中组织对外交通的城市结点轴辐式衔接交通组织模式；分析城市结点衔接交通服务体系的含义与构建要求，提出衔接交通服务体系构建的目标，构建衔接交通服务体系功能结构，并进行衔接交通组织的流线设计。

(4)城市结点干线公路交通需求分析方法

分析城市对外客货运交通需求的影响因素，研究城市结点干线公路交通需求特征，提出分层次处理内、外交通需求的城市结点干线公路交通需求分析框架与实现流程；将干线公路交通需求分析的问题分为相互关联的两个阶段来实现，即区域层面的公路网交通需求分析和结点层面的干线公路交通需求分析，并进行实例分析。

(5)干线公路与城市交通系统衔接规划技术

进行干线公路城市结点衔接模式的影响因素分析，总结归纳干线公路与城市结点典型的连接模式，提出干线公路与城市结点的系统连接模式；从干线公路的衔接需求特性分析干线公路不同情况下适宜的衔接模式，提出选择干线公路连接模式的思路和原则，并对互通式立交合理间距、数量、断面等衔接要素进行分析研究；通过与其他方式的运输枢纽间的衔接，加强综合运输体系内部的转换和互补，从而提升综合运输整体效率；构建干线公路城市结点衔接规划方案适应性分析体系。

(6)城市结点高快路网络布局规划方法

研究高快路网络的功能、高速公路和快速路差异性和相似相容性，以及高快路网络结构形式，从过境交通、出入境交通及城市内部交通分析高快路网络交通需求，采用供需平衡法测算高快路网络需求规模；从“面、线、点”三个层次梳理高快路网络布局规划的控制要素，提出高快路网络叠分布局规划流程，重点研究了高快路初始网络的生成方法。

(7)干线公路与城市结点衔接方案优选

从城市发展的阶段特征分析不同城市发展阶段对干线公路连接模式的要求，从干线公路的衔接需求特性分析不同类型干线公路适宜的连接模式，提出选择干线公路连接模式的思路和原则；构建干线公路衔接方案决策的指标体系，将灰色关联法和格序决策理论相结合，构造干线公路与城市衔接方案决策的灰色格序方法；分析城市结点绕城高速公路互通式立交的分类及其特征，提出绕城高速互通式立交一体化布局模型，并分析模型求解的实用方法。

(8)城市结点衔接道路横断面规划设计技术

分析衔接道路横断面规划设计的特点和要求；提出衔接道路横断面设计的指标体系，将衔接道路的横断面归纳为四种典型的形式，并指出其适用条件；分析影响衔接道路主辅路断面组合形式的因素，构建主辅路断面组合形式测度的指标体系，并提出基于 Vague 集的主辅路断面组合形式综合测度模型；分析干线公路城市化改造的意义，探讨公路和城市道路服务对象、功能及断面构造上的差异，分析通道型干线公路、城际型干线公路及一般型干线公路断面城市化改造方案的适应性，提出以功能改造为导向的干线公路城市化断面改造思路和技术要点。

(9)高速公路与城市道路衔接交通语言系统设计

阐述高速公路与城市道路衔接区域的概念和功能，分析衔接区域的交通流特性；从路网层次、交通流条件和土地利用布局三个方面分析驾驶员对指路标志信息的需求特性；提出衔接区域的指路标志分级设置原则和范围，分三级节点对衔接区域的指路标志系统进行设置；分析驾驶员的视认特性和对指路标志的认知过程，建立驾驶员视觉模型、车辆行驶模型和指路标志字高模型，运用数学逻辑推导公式，计算指路标志的前置距离、汉字大小和信息密度阈值三个重要参数。

（10）干线公路与城市结点衔接交通规划评价方法

研究干线公路与城市结点衔接交通评价指标体系，从衔接线网交通功能指标、衔接协调指标、经济效益指标以及环境影响指标四个方面综合考虑干线公路和城市结点的衔接合理性，对评价指标进行分析；明确综合评价内容与过程，采用由建立评价因素集、确定评语集、建立隶属函数模糊评价矩阵几部分构成的基于 AHP 的多级模糊综合评价模型，研究衔接综合评价技术。

（11）实例应用

以具体城市结点为例，对前文提出的方法、模型及技术进行应用研究。分别研究镇江和宿迁城市结点干线公路衔接交通规划、济南城市结点高快路网布局规划、无锡城市结点 G312 与 S342 共线段市政化改造设计。

1.3.3 章节安排

全书在内容编排上，第 1 章绪论，论述干线公路与城市结点衔接交通规划研究的背景与意义，总结国内外既有研究与实践，界定干线公路、城市结点和衔接交通的概念和定义，明确研究主要内容；第 2 章干线公路与城市结点发展的作用机理，分析干线公路与城市结点的依存、制约和互动关系，提出“干线公路—城市结点”复合系统协调演化耦合度分析模型；第 3 章城市结点衔接交通系统特征，梳理城市结点交通系统结构和城市结点道路系统结构，分析干线公路的时间分布、空间分布和组成特征；第 4 章城市结点衔接交通组织模式及服务体系，提出城市结点轴辐式衔接交通组织模式，构建城市结点衔接交通服务体系，进行衔接交通组织的流线设计；第 5 章城市结点干线公路交通需求分析方法，分析城市对外客货运交通需求的影响因素，研究城市结点干线公路交通需求特征、分析思路与实现流程；第 6 章干线公路与城市交通系统衔接规划技术，提出干线公路与城市结点的系统连接模式，研究干线公路与城市道路、综合交通枢纽的衔接技术；第 7 章城市结点高快路网络布局规划方法，分析高快路网络功能、交通特性、结构形式和交通需求特征，提出高快路网络叠分布局规划流程，以及高快路初始网络的生成方法；第 8 章干线公路与城市结点衔接方案优选，构造干线公路与城市衔接方案决策的灰色格序方法，分析城市结点绕城高速公路互通式立交的分类及其特征，提出绕城高速互通式立交一体化布局模型；第 9 章城市结点衔接道路横断面规划设计技术，分析衔接道路横断面规划设计的特点和要求，研究衔接道路横断面形式，构建主辅路断面组合形式综合测度模型，提出干线公路城市化断面改造思路和技术要点；第 10 章高速公路与城市道路衔接交通语言系统设计，分析驾驶员对指路标志信息的需求特性，研究衔接区域的指路标志分级设置，建立驾驶员视觉模型、车辆行驶模型和指路标志字高模型；第 11 章干线公路与城市结点衔接交通规划评价方法，构建干线公路与城市结点衔接交通评价指标体系，建立基于 AHP 的多级模糊综合评价模型，研究衔接综合评价技术；第 12 章镇江市城市结点干线公路衔接交通规划；第 13 章宿迁市城市结点干线公路衔接交通规划；第 14 章济南市城市结点高快路网布局规划；第 15 章无锡市城市结点 G312 和 S342 共线段市政化改造设计。

1.4 本章小结

本章论述了干线公路与城市结点衔接交通规划研究的背景与意义，总结了国内外在过境公路与城镇发展之间的关系、城镇结点对外交通需求分析预测方法、干线公路与城市道路的衔接模式以及干线公路的交通管理技术等几个方面的既有研究与实践，界定了干线公路、城市结点和衔接交通的概念和定义，明确了本书的主要研究内容。

第 2 章 干线公路与城市结点发展的作用机理

2.1 城市结点形成与发展的阶段性特征

2.1.1 城市化进程和城镇形态发展

(1)城市的形成与初期发展

古代社会的生产力水平提高缓慢,限制了城市动态变化的速度,城市的形态结构基本稳定。前工业社会时期,城市大多有城墙环绕,城内是富人,城外是平民和下层社会阶层;广场向外放射出道路。我国古代城市形态具有规整方正的基本特征。这个时期,国内外的城市具有一个共同的特征——城市与乡村之间,有一条明显的界限。城市形态具有静态封闭性,城市与乡村的差别巨大,具有对抗性。这条界限,不仅用来保护城镇不受外来的攻击,也是城市形态的界定线。

(2)集中城市化

工业革命使农业经济逐步向工业经济转变,大机器生产使得工业蓬勃发展,大量劳动力被吸引进城,工人在原有市区周围的新区靠近工厂居住。原有的城市结构关系已不复存在或在种种因素作用下发生结构变形,新的城市功能又处于无序发展状态。随着城市规模的迅速扩大,城市高密度集中式单中心城市结构及“摊大饼”式城市形态初具雏形,城市空间以集中发展为主线,城市空间扩展保持与建成区接壤,城市形态也处于不断变化及混乱状态,如图 2-1 所示。

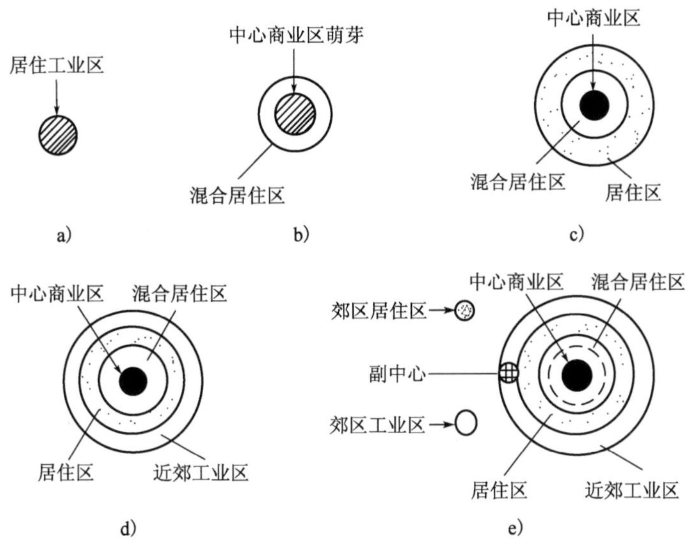

图 2-1 工业化时期城市外延扩展过程

(3)郊区化

进入后工业经济时期,城市的功能逐渐由产品加工和低层次服务向信息处理和高层次服务过渡,交通工具的机动化、通信业的发展以及政府的政策影响推动了人口、制造业、零售业和工业向郊区转移。20 世纪 20 年代至 80 年代,经历了城市化和郊区化的双重过程,城镇空间形态发生了巨大的变化。

①大都市由封闭式的单一中心演变为开敞式多中心。日本东京、法国巴黎,以及莫斯科(1971 年),分别代表了该时期内部空间结构重组的几种趋势,如图 2-2 所示。

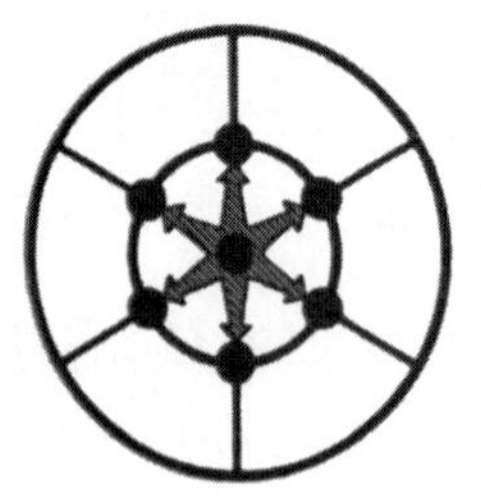

a)日本东京中心周边式副中心

b)法国巴黎的郊区副中心

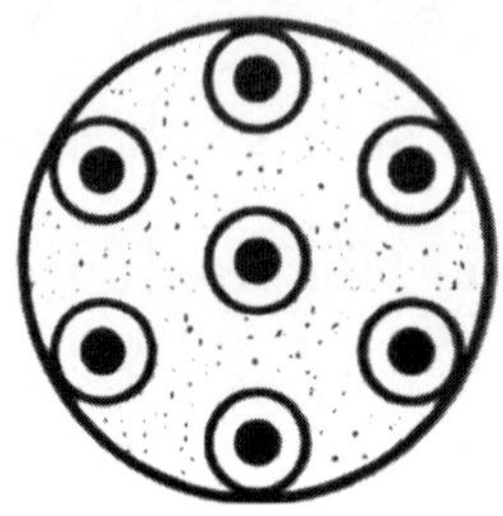

c)莫斯科的多中心分片结构总图

图 2-2 城市多中心结构形式

②城市用地(活动)从功能混杂到功能分区,从整体上改变了城市用地空间布局的无序状况。

③建立职住平衡结构,形成局部地域功能布局的组织方式,常见形式有副中心、综合区、郊区亚中心区。

④大城市地区结构的形成。

(4)逆城市化

20 世纪 70 年代后,欧洲城市空间发生了新的变化。一方面,政府开始干预市区的持续衰退,另一方面,郊区化在更广阔的区域不断蔓延,大城市地区的空间结构越来越倾向群体化。2000 年,全美形成了 5 大跨州或全州的大城市连片联网地带。逆城市化阶段,城市空间结构的新特征有:

①内域的衰退与市区的重建;

②城市蔓延与边缘城市的出现,城市化区域的扩大和城市功能的复杂化;

③单一中心城市逐步向多中心、城市群的方向发展;由于郊区化的蔓延,相邻的大都市区连为一体,甚至若干个大都市区联合在一起形成大城市连绵区。

(5)新的集聚与分散

城市功能作用空间区域化,更大程度上与区域发展背景有关,城市内部结构性重组显著。

①城市与区域空间整体化。“大集中、小分散”的格局会长期持续,大城市外缘地带扩展,大型中心城市或城市群在区域空间上集聚发展。城市与区域空间发展从圈层式的城市空间结构走向网络化的区域城镇空间结构,城乡空间更为紧密地协调发展,综合交通网络特别是快速通道网的建设成为地域开发的先导。

②城市内部空间重组。信息密集型产业和知识密集型产业的发展,带动了城市产业空间

布局的改变,城市功能空间整合程度提高,多功能社区成为城市功能重组的重要空间载体。

2.1.2　城市群的发展历程

城市群是由许多不同性质规模的城市集聚在一个区域,并由发达的交通运输系统将各个城市紧密地结合在一起而形成的城市群体。城市群的发展同其他事物一样,有它自身运动的规律。分析城市发展与城市群区域形成的许多国内外重要的事实可见,我国城市群的演化规律也离不开一定的历史条件,离不开社会生产力的发展,其演化机制与原动力可以概括为四个方面,如图2-3所示。

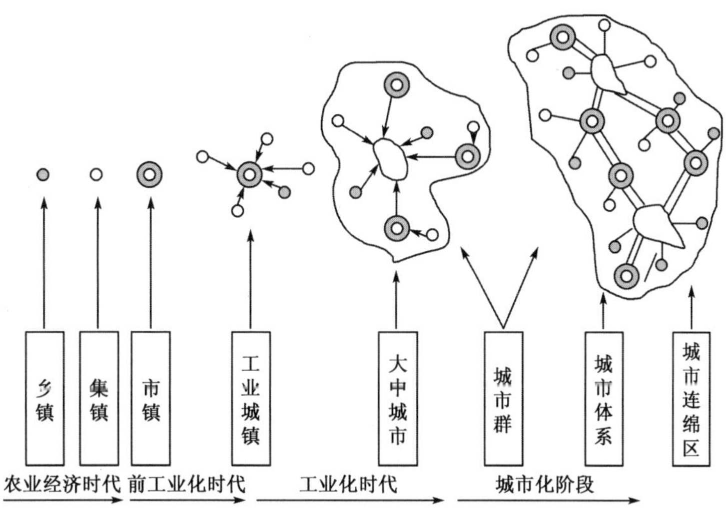

图2-3　城市群形成发展阶段

(1)人们的第一需要对城市群"个体"——城市的形成起孕育作用

生产工具的进步,促进了生产发展,社会出现了第一次分工,农业与狩猎、畜牧业开始分离,于是人类开始了定居生活,居民点开始形成。在原始社会瓦解时期,纺织、冶炼和手工制造工具开始兴起,手工业与农业开始分离,形成了社会第二次大分工,居民点开始聚集,便形成了城市的雏形。

(2)社会的商品交换是城市群形成发展的催化剂

社会生产力水平的逐步提高,社会中出现剩余农副产品和手工业品,于是各部落、各村落之间出现物资交换,物资交换需要有固定集中的场所,大多数的城市或集镇都是有一定吸引范围的贸易市场或物资的集散地。随着社会生产力的发展,城市之间、城乡之间的商品交换日益频繁,城市经济日益发展壮大,在一个地域内,商品交换起到了城市群发展的催化剂作用,作用力越强,城市群内部的城市相互作用越强。

(3)地域条件是城市群集聚组合与扩散组合的基本因素

城市群的疏密程度主要受地形条件、相对平坦程度的制约,人口密度较高的平原区内,由于人类的耕种经济发达,具备一定的用水、用地条件和优越的地理区位,容易形成相对集中分布的居民点和城市。

(4)交通网络的发展是城市群日趋完善的重要条件

一个地区内的城市间如果没有发达的交通运输条件,其城市群的形成演化是不可能的,特别是当代社会,交通网络更为重要。由于每一个城市所处的地理位置不同,所处地区的地下资源丰富程度和经济实力也有差异,其城市的发展方向也有差异,每个城市都有其优势与劣势。在城市群发展过程中,每个城市都遵循一定的内部机制,因地制宜、扬长避短,逐渐形成自己的特色,在一定的地域内担负着某方面的功能。特别是在城市形成发展的漫长过程中,每一个历史阶段都与交通工具的革新密切相关。在现代生产力水平支配下,城市之间要彼此合作,形成各有特色的劳动地域分工,构成整个地区功能体系,都需要发达的交通运输网络作为依托,并作为城市的政治、社会和文化活动的连接枢纽,交通网络的发展是城市群日益发达的重要条件。

2.1.3 城市结点空间增长规律

城市结点在区域空间的扩展表现为城市规模和建成区范围的扩大、城市群结构的发育及城市数量的增多。城市空间的合理扩张会促进城市用地集约化、产业结构合理化、城市群体网络化。

城市空间的变化主要表现在人口迁移、产业置换和产业迁移等引发的空间结构转型上,即由单中心、紧凑型城市结构向多中心、分散型城市结构的转化。城市中心区与郊区成为中国城市地域中变化最为活跃的两个地带。城市就业岗位将会向中心和外围集中,城市居住人口将向中间地带和外围转移。城市的集中发展与郊区化共存,城市的高密度与密度逐渐下降共存。随着土地利用的变化,交通也将发生变化,但是其变化相对于土地利用的变化较为缓慢。

城市发展是一个生长的过程,受到了城市活动及城市内部结构的影响,同时也受到城市外围自然条件及其他社会因素的影响,它们的共同作用决定了城市的发展。城市的发展过程归根结底是一个“打破平衡、恢复平衡、再打破平衡”的动态过程,是一个不断进步的过程。在经济、交通、区位及土地市场、政策、社会心理诸多因素的影响下,我国城市土地利用和功能布局分别沿着圈层式和网络式进行优化。城市的向心增长和空间聚集与离心增跃和空间扩散并存,城市空间增长的方式多种多样。

1)城市的向心增长和聚集型空间扩展

城市向心增长是指城市向周围地区蔓延或依附于城市主体连片发展、分片扩展。从空间经济理论角度分析,向心增长以中心市区这个增长极为出发点,扶植市区边缘新的经济发展中心,再通过区域资源及资本向新的增长中心聚集,带动城市郊区化开发。

(1)蔓延式生长

各类城镇设施、建筑物在城镇外部地域进行开发建设,因而造成建成区的圈层式扩张。造成城镇外部蔓延式扩展的基础原因是城镇外部新项目为谋求自身生存和发展的外部条件,以及维持与市(镇区)协作方便的条件,减少投资费用而靠近市(镇区)选址,“趋圆性”是城镇外部空间演化的一个基本特征。

(2)连片生长

城镇外部空间的连片生长主要发生在城镇面临巨大的增长压力时，有目的地选择建成区外某个或若干个方向进行大片土地集约开发，并与建成区连成一片。

(3)分片扩展

分片扩展为使各片具有相对独立城市功能的组团式规划的产物，但因其组团间隔离带受到多年蚕食，多数已经连成一片，逐步演变为蔓延式扩展。

2)城市的离心增长和扩散型空间扩展

城市的离心增长是在中心城区的发展已经达到相对饱和状态时，为满足城市人口以及设施不断增长的需要，城市依托一些骨干基础设施自发地向外轴线扩展，或者在城市规划因素影响下，以独立、半独立卫星城或规模较大的新区(如开发区)方式向外扩展。是以分散市中心人口、产业发展的压力为目标，以建立相对独立的新区和城镇组群为手段。

(1)伸展轴生长

城市结构沿某一方向优先发展并使城市形态改变，表现出带状伸展，可以称为轴向生长的带状扩展方式，城市对外交通是引发城市带状扩展的主要原因。便利的交通条件提供了交流的机会，促进了公共交往的实现，引导和带动了沿道路两侧用地的建设与发展，满足了城市扩展的要求。

(2)飞地式扩展

一些重大投资项目由于特殊的要求，选择在离建成区有一定距离的地方建设，如某些工业项目、旅游度假区、仓储保税区等。

3)城市空间形态的发展趋势

城市化水平提高，人口不断向城市集聚，城市发展受到集聚和扩散两股力量的影响，表现为向心集聚和离心分散的趋势。向心集聚主要表现为内城更新和改造，以“垂直增厚法”提高城市密度，并逐步形成城市的中心商务区；离心分散主要表现为城市郊区化和卫星城的建设，形成新的工业区、商业中心和居住区。许多大城市面对着交通、人口、环境的多重压力，传统的单中心圈层式发展已经无法适应城市发展的需要，控制主城规模，形成多中心格局，引导城市形态形成集中基础上的有计划分散，才是可持续的发展方向。

《国家新型城镇化规划(2014—2020年)》明确了城市群作为推进国家新型城镇化的主体形态，推动大中小城市和小城镇协调发展。城市群空间呈现多核心、网络化的发展态势，依托高速铁路、高速公路等交通设施，构建空间复合发展模式，加强城市群空间的横向联系与纵向延伸，实现区域一体化发展。

2.2　城市结点发展的动力机制

2.2.1　内生动力

内部动力是相对外部动力而言的，城市结点作为一个复杂的系统，运作和内部发展动力对要素间的区域整合是有规律可循的，其内部动力主要是城市化进程。

城市形态是城市化进程的结果，城市空间形态的演化明确地反映了城市化过程。而城市化是社会生产力发展的必然产物，社会生产力的发展，是推动一切生产关系变革的根本动力。经济基础决定上层建筑，交通系统和城镇空间结构作为上层建筑的一部分，必然受生产力发展的推动与制约。社会生产力的发展不是直接作用于城市空间发展，而是通过城市化进程作用于城市空间发展。社会生产力的发展是城市空间发展的根本动力，城市化进程是推动城市空间发展的直接内在动力。

城市发展，以农业经济时代的古代城市为起点，城市化进程先后经历了城市化、郊区化、逆城市化，最后发展到知识经济时代城市出现了新的聚集与分散特性。社会的生产力发展，尤其是工业产业的发展，促使了人口在城市内部、城乡之间，乃至城市之间的流动，从而引起的地域空间上城镇数量的增加和城镇规模的扩大，农村人口向城镇的转移流动和集聚，以及城市的经济关系和生活方式广泛地渗透到农村的一种持续发展的过程即为城市发展。

城市发展包括城市经济、社会、人民生活水平、生态环境等多方面的城市综合发展。城市是一个地区或区域的经济中心，是区域经济活动集聚发展到一定阶段的必然产物。作为一定地域的经济中心（或经济复合体），其城市发展的凝聚和辐射力的实现必须依托一定的客观物质基础，交通基础设施就是重要的基础条件。经济中心城市地位随城市腹地范围的扩展，城市规模也将不断扩大，即城市规模与城市经济腹地的范围成正比，因而导致特大城市、大城市、中小城市、集镇等不同城市规模层次和等级体系的出现。城市规模层次的差异，使不同城市保持各自的经济联系和影响范围，构成区域纵横交错、重心各异、联系紧密的城市网络和经济网络。联系城市网络和区域经济网络的重要物质支撑体系就是区域性干线公路网络，在城市化的不同发育阶段，交通网络建设的水平、质量（数量和规模）和需求就存在阶段性差异。

我国城市化发展经验表明：城市的发展，使交通发展层次和规模趋向完善和提高，既缓解了我国交通基础设施紧张的局面，也推动了新的城市不断崛起和成长。

2.2.2 外部动力

城市结点发展的外在动力是一个多因子影响的过程，主要源于政府调控和干预、自然灾害、交通基础设施建设和产业布局等主要方面。这些动力作用于城镇体系，而且区域系统其他与之相关的要素与其相互作用，相互影响，相互制约，共同推动城市结点不断发展，共同促进系统循环进化，持续发展。

1）政府调控和干预

政府调控和干预对于城市结点发展的能动作用日益明显，干线公路作为一种公共性基础设施，建设投资大、周期长，资金回笼较慢，如果按市场调节模式运作，必然会带来较大的盲目性和某种程度上的无序操作。对于干线公路与城镇体系区域整合带来的负面效应的遏制，政府调控和干预的作用更加突出。所以未来政府调控的能力和干预水平都会有较大提高，政府干预的负面效应将尽可能弱化，政府在基础设施建设和重大项目决策方面的宏观调控作用将进一步凸显，引导干线公路和城镇体系良性互动发展。

2）自然灾害

自然灾害可以促进城市基础设施的改进。自然灾害通常会造成基础设施不同程度的损坏，阻碍城市的发展进程；同时也会加速基础设施规划建设的技术改进，提高城市的抗灾能力。

3）交通基础设施建设

城镇主体之间由生产、生活所产生的人流、物流和信息流的沟通，需要通过综合交通系统来实现。综合交通系统中包含的公路、铁路、航空、水运等方式，都有它们各自的运输体系，城市往往是这些不同体系交汇和聚集的地方。这些体系之间如何实现协调布局、合理分工、相互间高效衔接，关系到城市交通需求能否得到快速和最大限度地满足，也关系到城市经济社会的发展，甚至影响城市的发展潜力和综合竞争力。

干线公路作为交通系统中一种重要方式，必须与区域和城市的综合交通系统相适应，干线公路的修建，是一个阶段性的工程，新近修建的干线公路过境线，必须考虑已经先其存在的其他交通设施。在干线公路过境线布局时，必须考虑与城市内外各等级路网的衔接，考虑与铁路、水路、航空枢纽布局协调。同时，规划的干线公路过境线与各种交通设施之间的协调不是静态的，而是具有随着时间变化而变化的弹性和余地，所以要求对城市地域范围内各种交通设施的现状和未来发展趋势都要有足够的认识。

道路网是构成城市形态的基本骨架，是与城市空间结构发展最为密切的交通设施。道路具有连续性和方向性，并将城市平面划分为若干街区。城市中道路网密度越高，城市形态的变化就越迅速。道路网的结构和相互联结方式则决定了城市的平面形式，同时城市空间结构在很大程度上也取决于道路网所提供的可达性条件。

（1）道路网密度影响土地开发强度分布

从世界各大城市道路网密度分布上来看，由城市中心至城市外围，道路网密度由密集逐渐稀疏，土地开发强度也由强到弱。道路建设是城市土地可达性的重要因素，道路通达性因影响城市不同地块的地价区位而影响城市土地开发。低密度、大尺度的道路网络，使得土地价格随着距干线道路距离的增加，呈递减趋势。高密度、小尺度的道路网可以更大程度地提高土地的可达性，将城市土地的交通可达性在大范围内趋于均匀化，使得大型居住、公共设施等交通发生源（吸引源），不再拥挤于城市主要干道两侧，从而使得交通在空间范围上分布趋向均匀。“窄路幅、高密度、小街区”的“微观路网—用地模式”成为欧洲城市普遍采用的城市中心规划方法。高密度路网布局，以美国纽约市的密集方格网道路为代表。

（2）城市对外道路的布局影响城市空间拓展

城市对外交通道路是城市发展的实轴，具有强烈的功能性。指向城市中心的对外交通道路拥有良好的交通条件，除了满足城市对外交通功能之外，沿道路两侧根据其效率向道路两侧腹地发展，常常会成为城市新开拓的发展地带。利物浦的城市次区域规划是对外交通道路引导城市空间拓展的典型实例。利物浦次区域规划采用“指状”结构，较好地解决了利物浦在区域范围内的发展问题。利物浦将沿主要交通线发展，交通线上建立了一些半独立的新城，每个新城都有就业区和商业区，各新城与利物浦之间由高速公路进行衔接。

（3）道路布局与城市空间结构一体化发展

道路系统作为城市骨架结构，在城市空间结构不断演化过程中，一直与相应的城市空间结构相适应，并共同不断向前发展。

①单中心演化与道路网布局。单中心的城市空间结构,中心地区土地高密度开发利用,城市发展围绕市中心逐渐向外拓展。中心地区的放射性道路,不断将各种因素吸引到中心地区,扩大中心地区的规模,不断保持或增强中心地区的强大引力。连接城市中心与城市外围的放射性道路,不断引导着沿交通线的向外扩张。当距离交通线较远,但临近中心地区时,城市空间拓展转向横向填充,城市空间结构就在这种"圆形—星形—圆形"的模式中不断发展,直到单中心无法承担各种要素过度集聚带来的巨大压力。这一时期,国内外各城市的道路网结构主要是"方格网结构",以及后来在此基础上产生的"方格网 + 放射"结构,也有城市采用"环状放射"结构。这些道路网结构的产生,一方面是要继续维持强大的市中心,加强各种要素向中心的集聚;另一方面,利用方格网通行能力大、便于疏散乘客的特点,缓解城市单中心带来的大量而集中的交通流。

②线形带状结构演化与道路网布局。带状结构是城市空间结构由点状结构沿某个或几个优势发展方向扩散而形成。受空想社会主义思想理论的影响,西班牙工程师马塔提出了"带形城市"(linear city)的理论。后来,哥本哈根城市外围的对外交通轴线,引导城市形态发展成为"指状发展形态",在实践中运用了这一理论。这种城市空间结构,需要沿城市发展轴线,发展具有强大运输能力的带状路网结构。

③多核网状结构与道路网布局。多核网状结构是城市中心以多中心的形式存在,多核之间为网状组织,每个单核具有相对独立、完整的功能形式,核之间强有力的联系呈网状结构,共同构成巨大城市或城市群形态。多中心的结构改变了"土地价格随着距市中心距离增加而降低"的规律,每个核的核心处,土地价格和开发密度相对升高,其他地区不再明显。多核结构使得各种要素分别集中于各个核心,但各核心间仍有较大的联系需求。适应这种城市的路网常表现为"网状放射"的结构模式,既满足各核心的交通需求,也实现了各核心间的有机联系。

④卫星状结构与道路网布局。多核结构演变为松散的卫星状结构,各次核心之间的联系,远小于各次核心与中心核的联系。英国环城道路的最早出现,就是为了联系各卫星城,满足卫星城与中心城之间的交通需求,同时将各个卫星城纳入城市空间拓展范围。"环形 + 放射形"道路网结构满足卫星城与中心城、卫星城之间的联系需要,莫斯科、华盛顿、北京等各大城市的道路网结构都是采用这种形式。

4)产业布局

区域经济发展水平提高,城镇体系和干线公路建设不断发展,产业布局的调整成为区域国土开发和整治的政策必然。从生态平衡的角度,区域生态系统经历着平衡到不平衡,再到平衡的动态过程,区域生产力的调整具有一定的时间性、延续性和周期性。生产力调整既影响到大都市地区城镇体系的发育和发展,又影响到城镇体系的后续拉动,以及地区经济发展的平衡。产业布局调整的交通指向性往往非常明显,干线公路沿线的区域(主要是沿线 1 ~ 5km 范围)和城市(枢纽城镇)一般都是产业布局调整影响最直接的地区,产业布局调整必然影响干线公路和城镇体系的区域整合现状和格局。在区域生产力调整过程中,处理好干线公路和城镇体系的相互整合关系,避免多米诺骨牌效应的负面影响,全面估量生产布局调整的正负面作用,对快速干道和城镇体系的区域整合将产生重大影响。

2.3 干线公路与城市结点发展的互动关系

2.3.1 干线公路与城市结点发展的相互关系

干线公路交通与城市结点发展是两个平行发展的平行体，两者相辅相成、互为因果，城市结点的发展影响干线公路的布局走向，干线公路布局的变化又影响着城市结点的空间布局和空间拓展，两者之间的关系主要有以下三种：

(1)依存关系

干线公路与城市结点之间相互依存，两者共同构成"干线公路—城市结点"系统。城市依路而兴。干线公路是城市结点发展的重要支撑，引导城市结点的发展方向，加快城市结点的商贸流通，促进城市结点的经济发展。干线公路发达的城市，尤其是枢纽城市，大多经济、产业发展水平较高，市场适应性强；经济发展水平比较高的城市结点，大多位于主要交通要塞，特别是干线公路的交汇点。干线公路依城市而畅。城市结点的发展为干线公路发展提供了更多的人流、物流，提高了区域公路的运营效益，为干线公路的进一步发展提供了资金来源，当城市人流、物流量不断增加，保证了干线公路新建、拓改建时的资金供应。

(2)制约关系

"干线公路—城市结点"系统既互相依存，又互相制约。当干线公路不适应城市结点发展时，就会制约城市结点的发展，如城市环线公路离城市过近，干线公路穿越城市、切城而过，干线公路与城市干道衔接不畅时，都会影响城市结点的发展。当城市结点规模过小，经济发展水平较差，城市化水平较低时，又会影响干线公路的交通流量和运营效益，制约着干线公路的进一步发展。

(3)互动关系

"干线公路—城市结点"系统不是一般简单的依存、制约关系，而是一种深层次的互动协调关系。

从时间维度，干线公路与城市结点的发展表现为一种非同步且互相追赶的互动关系。当区域经济发展水平较高，区域公路发展水平明显滞后于区域经济、城市结点发展水平时，干线公路成为制约区域经济发展的"瓶颈"，经济、城市结点发展的客观需要就会反过来推动、加快区域公路的建设步伐，称作经济反推动型发展模式，如江苏省苏南地区的"干线公路—城市结点"系统互动就是这一类型；当区域经济发展水平较低，干线公路、城市发展水平不高时，往往需要干线公路作为一种基础条件，通过加快干线公路建设的做法，对区域商贸流通、对外开放、招商引资、城市化建设起到一种引导、促进作用，以促进区域经济、城市的发展，此时的干线公路建设水平往往需要比经济、城市发展水平领先一步，称作基础引导型发展模式。

从空间维度，干线公路与城市结点表现为既相互吸引又相互排斥的互动关系。干线公路作为区域人流、物流的通道，往往会吸引两旁居民、商贾汇集，形成城市。发展之初，干线公路既可以为城市吸引人流、物流，促进商贸的发展，又可以使两侧的土地升值，为城市发展注入动力，而城市在发展过程中自身也会吸引更多的人流、物流，为干线公路运营提供动力，双方产生一种双赢的结果。但随着城市规模的扩大，过境公路成为城市内部道路，过境交通和城市交通都受到影响，双方的矛盾和排斥作用越来越大，导致开始新一轮"干线公路—城市结点"系统空间布局：干线公路或修建立交、高架，或外迁。当干线公路外迁以后，一方面原有的过境公路成为城市内部道路，城市结点发展加快；另一方面外迁引起城市外围土地升值，城市结点的发展方向又会指向外迁的过境公路，开始新一轮"干线公路—城市结点"系统的空间互动过程。这种互动过程在城市结点发展过程中可能要发生若干次，直到因某种原因导致城市扩张停止为止。干线公路外迁和城市扩张是"干线公路—城市结点"系统相互作用的重要规律之一。

2.3.2 城市结点对干线公路发展的影响分析

1）城市结点发展对干线公路的要求

对于不同等级、规模和不同形态、区位的城市，由于其所需服务的交通源流不同，需要不同等级、不同数量的干线公路与之相衔接。

（1）超大城市、特大城市和大城市

这类城市一般为国家级或省级的政治、经济、文化中心或经济比较发达的地级市。

由于其城市规模庞大、市场主体集中、科技力量雄厚、主导产业外向化程度高、基础设施较好，对周边相关城市的吸引力和辐射力强，城市的过境及出入境交通要求由快捷、直达、通行能力大的干线公路加以解决。特大、大城市对公路的需求为：

①这类城市一般需要 8 ~ 12 条公路与周边城市相联系，每个方向至少两条出口；

②与其他（特）大城市之间的通道公路和通往机场、港口码头公路，一般以高速公路为主；

③通向相邻中等城市的过境公路以一级公路为主；

④通向周边相邻小城市的集散公路以二级公路为主。

（2）中等城市

一般为省域内地级市城市以及部分经济发达的县城，城市规模较大，是相应区域的经济、政治和文化中心或次中心，其对周边中小城市的引力和辐射力较大，又在一定程度上受制于周边大城市而发展。故中等城市对公路的需求为：

①通向相邻大城市的对外通道，一般为高速公路或一级公路；

②与周边相邻中等城市的联系通道，一般为一级公路或二级公路；

③通向相邻小城市的辐射公路，一般为二级公路或三级公路。

（3）小城市

这类城市是带动农村经济和社会发展的源头，小城市的发展需要公路建设来支撑和引导，合理的公路建设有利于乡镇企业相对集中，更大规模地把农村富余劳动力转移到小城市，避免其向大中城市盲目流动。小城市需要有以下两层次公路作为城市空间发展的支撑和基础：

①小城市与大中城市之间需要有等级较高的公路来实现客、货流的快速运输；

②小城市与村镇之间的公路等级则相对较低，通常为二级以下公路，其主要功能是实现农产品向小城市集聚，而大中城市的货物通过小城市中转向乡村分散。

2）城市结点发展对干线公路的影响

城市发展初期,城市结点作为一个地域中心不断扩大规模,向外扩展的方式,主要通过沿公路轴线向两侧延伸。但这种发展方式受城市经济效益的制约,当轴向发展的经济效益低于横向发展的经济效益时,轴向发展的速度就会慢下来,城市扩展进入相对稳定期,主要进行横向发展。此外,城市区域发展轴线上的空地将被逐渐填充,城镇形态转为块状,呈积聚状态。而后随着城市规模的不断扩大和经济实力不断增强,横向发展的经济效益变差,或有新干线开拓,城市轴向发展又被赋予新的活力,城市再次沿轴向发展。

城市发展吸引更多交通量,提高了公路的经济效益,促进了公路的发展。随着城市规模的不断扩大、城市用地的变化和交通量的增长,原有的公路由于线路位置处于城市中心或等级不够等原因,渐渐不能适应交通和城市的发展需求,引起交通堵塞,干扰城市的经济活动,迫使决策者重新审视公路在城市发展中的作用,提出相应的解决方案,或拓建或外迁改线。拓建的方式在小城市采用较多,当城市发展到中小城市以上规模时,采用拓建方式一般要限制公路两侧用地的开发,使公路两侧城市区域相对独立发展,主要用于公路穿过两个不同功能的城市区域。大城市一般采用改线外迁方式,即公路逐渐被城市包围时,公路两侧逐渐街道化,过境交通受阻,城市交通受干扰,就会将过境公路迁至城市更外围通过,同时将长途车站设在城市边缘,过境车辆不再进入市区上下旅客,避免对市区产生干扰,城市、公路利益双赢。但这样的外迁可能不止一次,最后形成公路从切线形到半环形到环形的绕越模式。

2.3.3　干线公路对城市结点发展的影响分析

1)干线公路在城市发展中的作用

干线公路既可能成为城市发展的动力,也可能成为城市发展的门槛。具体而言,公路能成为:

(1)城市的发展轴线

连接发达城市带和经济核心区的公路常是区域内重要的经济发展轴线,如纵贯经济发达的苏锡常城市密集带,连接上海、南京两个特大城市的沪宁高速公路、G312 国道和与之平行的沪宁高速铁路一起构成苏南地区的发展轴线。

(2)过境交通、出入境交通的主要通道

公路作为区域性的交通系统,对城市发展具有明显的推动作用。它提高了城市的通达性,改善了投资环境,增强了城市的辐射范围和辐射能力,有利于提高市场竞争能力,优化城市经济结构。

(3)中心城市和周围小城市的联系方式

小城市生长发育离不开中心城市的辐射和扩散,公路是城市扩散的重要路径。公路沿线的小城市发展相对较快。

(4)城市发展的门槛

当城市用地需要跨越公路时,公路就成为阻碍城市发展的门槛。此时,采取的方式有建立交、高架,或将公路外迁,将原来的道路变为城市道路。在做土地利用规划和交通规划时,应尽量避免使城市发展和公路布局方向发生冲突。

2)干线公路对城市布局和空间拓展的影响

干线公路对城市布局和空间拓展具有明显的导向作用,同时,对加快城市化进程、推动城市群的出现起着关键的作用。根据区位理论,经济社会在空间上的极化与扩散是区域形态发展的两个基本演变过程。对于区域形态发展的不同阶段,极化与扩散呈现出不同的特性,大致可以分为:

(1)自给自足,以农业为产业主体的离散阶段。

(2)工业化兴起,工业快速增长并成为区域主导产业的极化阶段。

(3)经济结构逐步综合化,技术密集和资金密集型产业成为产业主体的扩散阶段。

(4)经济繁荣发达,社会信息化,产业结构合理化的成熟阶段。

而公路系统在不同阶段呈现不同的功能与作用。其中:

(1)在离散阶段,城市一般以公路为轴呈带形或星形发展,城市的用地分布在公路的两侧,公路对城市用地的布局和拓展影响不大。

(2)在极化阶段,当城市沿着轴向发展的经济成本较大时,便转为横向发展,城市总体形态则由带形或星形向块状转变,城市工业沿公路呈线形分布。

(3)在扩散阶段,由于极化中心自身发展及其产业结构演化的要求,劳动密集和资源密集型产业及污染严重的工业向中心城外围及次级副中心或卫星城转移和扩散,而公路交通及运输业则从产业中显著地分化出来。高速公路以及快速轨道交通在这一阶段突出地承担了引导发展及强化结点间联系的作用。

(4)在成熟阶段,高速公路交通网络的发展,从以往侧重数量与规模上的外延发展,转向服务质量与外部环境效果的内涵发展,综合交通运输呈现出一体化协调发展局面,并与城市的可持续发展走向相一致。

而我国城市正处于扩散阶段,形成“点—轴—面”一体的高等级道路网络和轨道交通网络十分迫切,而这正是城市进入成熟阶段必须具备的先导条件。

2.4 “干线公路—城市结点”复合系统协调发展耦合度模型

本节利用系统科学、协同学相关理论,研究“干线公路—城市结点”系统协同演化机制,构建“干线公路—城市结点”系统协调发展的耦合度分析模型,为分析干线公路和城市发展之间的协调程度提供方法论支撑。

2.4.1 “干线公路—城市结点”复合系统特性

1)“干线公路—城市结点”系统构成

系统论认为,相互作用、相互依赖、相互制约的若干部分组成的具有特定功能的有机整体被视为系统。按照这一定义,“干线公路—城市结点”复合系统是指城区干线公路子系统、城市内部各子系统通过相互作用、相互影响、相互制约而构成的具有一定结构和功能的有机整体。在对“干线公路—城市结点”复合系统构成要素分析的基础上,将“干线公路—城市结点”复合系统分为干线公路子系统、城市经济社会子系统、城市交通设施子系统及城市生态环境子系统四个子系统。

干线公路子系统是城市与周边区域发生交通联系的重要途径和纽带。干线公路子系统中干线公路的线路布局是否恰当、运行状况是否良好，对城市交通、城市经济社会、城市环境等都有着直接的反馈作用。同时，不同的经济社会发展阶段，不同的城市资源和环境条件，对干线公路的发展规模、布局模式也有着不同的要求。在“干线公路—城市结点”系统中，干线公路子系统的演化与其他子系统之间存在着互动互扰的作用关系。

城市经济社会子系统是由城市居民、企业、政府部门等经济社会组织以及他们之间形成的经济社会关系共同构成的复杂子系统。反映在城市主体对城市资源的使用，在各种人、财、物、信息等要素的流通过程中，城市空间结构的拓展、产业结构的调整、劳动力资源的质量和分布的优化、城市自然资源的可持续开发以及产品市场容量的扩展，技术更新的速度，区域间经济协作和联系等层面[67]。最大限度地提高城市的经济效益，同时保持城市的可持续发展是“干线公路—城市结点”系统自组织演化的基本动力和目标，城市经济社会子系统是“干线公路—城市结点”系统自组织演化发展的主体。城市经济社会子系统与其他子系统之间也存在互动的关系。城市经济社会的发展是干线公路建设、城市交通系统建设、城市自然资源的开发和环境保护实施的基础。城市结点范围内干线公路的建设和发展，城市交通系统的提升改造，能为城市的经济社会发展提供便利的运输条件，成为城市经济发展的核心竞争力。而城市的自然和环境禀赋，则是城市经济发展的客观条件，决定着城市经济社会发展的规模和性质。

城市交通设施子系统是城市最基本的系统之一，是城市的血脉系统，是城市生产、生活及其他活动的根本保障。城市交通系统运转效率的高低直接影响城市经济社会活动的效率，一个拥堵不堪的城市交通系统会给城市资源环境系统带来很大的负面效应，城市交通系统往往是干线公路系统的中转站或者集散地，其运行效率也影响到整个干线公路系统的服务水平。另一方面，城市交通设施子系统也受到其他子系统的制约。比如当城市的经济社会快速发展时，就会刺激城市交通设施子系统的建设以适应经济发展的需要；而当经济社会的发展处于较低的水平时，城市交通设施子系统的发展过程也往往比较缓慢。城市交通设施子系统的发展也受到城市自然资源、环境系统承载能力的约束，城市有限的土地资源，人们对城市生活环境越来越高的要求，也会推进城市交通设施子系统的结构调整和优化升级。城市交通设施子系统是区域干线公路系统的重要节点，干线公路系统的总量增加和结构调整，干线公路在城市结点范围的布局规划，都会要求城市交通设施子系统能与之相适应。

城市生态环境子系统是一个城市的地域特征，包括城市发展所依赖的土地、山水、空间和其他自然资源，城市的气候、独特的自然环境、公共环境等。一方面，城市的自然资源环境为城市发展提供物质和空间平台、物质和能量的支撑；另一方面，城市的自然资源环境系统也是一个城市区别于其他城市的具体标识，是城市的名片；同时，作为城市经济社会、干线公路和城市交通系统发展的客观条件，城市生态环境条件也规定或者限定了城市经济社会、交通系统发展的形态和规模。

2)“干线公路—城市结点”复合系统特性

“干线公路—城市结点”系统是一个由诸多子系统构成的多层次、多角度的复杂系统。各子系统同时也是一个复杂的开放系统，同样具备多层次的结构，并且能按照各自的运动规律演化发展。而作为“干线公路—城市结点”系统的子系统，它们之间又存在着非线性的相互交叉和相互作用，这种特征决定了它们在形成“干线公路—城市结点”系统时不是简单地并置或者叠加，而是在特定的经济社会条件边界和资源环境约束下，互为开放、互为相干地进行着物质、能量和信息的交换，相互依存、相互适应、相互协调，并在城市规划等机制的约束下，形成能够自我调节、自我演化的动态复合的自组织复杂系统。

根据复合系统理论，每个系统及要素均归属于一个高于其结构的更大系统。系统的要素数目很多，要素之间、要素与系统之间、系统与系统之间存在着强烈的耦合作用，使得系统具有高度的组织性[68]。“干线公路—城市结点”系统具有复合系统特性，具体体现在以下几个方面。

(1)“干线公路—城市结点”系统属于开放的动态系统

系统动力学认为，客观世界的系统都是开放系统。“干线公路—城市结点”系统可以被认为是一个开放的复合系统，其由多个子系统组成，每个子系统又包含着多个次级要素，其内部呈现明显的非线性特征，“干线公路—城市结点”系统具有复杂性。其中干线公路子系统不断地同外界区域保持联系，并不断与外界区域保持物质、能量和信息的交换，从而使得城市系统在发展过程中，不断地与区域周边其他城市之间发生经济社会联系，即系统能从区域环境中得到输入，并向区域环境输出，而且系统状态能直接受外界反馈影响。

(2)“干线公路—城市结点”系统中各子系统具有整体性、相关性

“干线公路—城市结点”系统功能不是简单叠加各个子系统和组成要素的功能，而是能呈现出各个子系统和组成要素没有的新功能，即系统整体不等于其部分之和，而是大于部分之和，有 $F_s > \sum_{i=1}^{n} F_i$。其中 F_s 为系统的整体功能，F_i 为系统各要素的功能。由于这种整体功能并不是各个子系统所独有，对于各个子系统而言，整体功能的产生不仅是一种数量上的增加，更主要表现为一种质变。系统整体之所以能产生新的质变，是因为系统的各个组成部分之间，通过相互联系和相互作用，形成一种协同关系，从而使系统的整体功能得以显现。

“干线公路—城市结点”系统内的子系统不仅存在促进和补充作用，也存在相互之间的抑制作用，即系统中任一要素与系统中的其他要素之间是相互关联又是相互制约的，若某一要素发生了某种变化，则与之相关联的要素也要发生相应的改变和调整，从而始终保持系统整体的最佳状态。

(3)“干线公路—城市结点”系统具有耗散结构特征

耗散结构理论是从热动力学发展起来的，由比利时物理学家普里高津(I. Prigogine)在1969年提出[69]。耗散结构系统一般满足以下三个条件：

①系统必须是远离平衡态的开放系统，不断与外界大量交换能量与物质，来维持系统形成新的有序结构；

②系统必须进入远离平衡态的非线性区域；

③系统有涨落和触发。

“干线公路—城市结点”系统具有明显的耗散结构特征。首先,“干线公路—城市结点”系统是一个开放系统,任何一个城市系统总是处于一定的区域城市环境之中,通过干线公路实现与周边城市之间的交通联系,实现城市之间的物质、能量、信息的交换。其次,“干线公路—城市结点”系统具有远离平衡态特征,即干线公路的布局、等级、断面形式等要素总是随着城市经济的发展、城市空间结构的拓展而调整,由于城市经济社会和空间结构总是处于动态的发展过程之中,干线公路与城市之间的衔接关系在某个平衡条件下运行也只能维持短暂的时间,大部分时间二者之间的关系都在不断地变化,处于一种混沌的非线性状态;另外,“干线公路—城市结点”系统有涨落和触发,当某处干线公路与城市之间的矛盾激化,导致经常性的交通拥堵、交通事故的时候,这种一般性的涨落会被耗散结构吸收,通过自组织机制而使系统复原,即通过将干线公路绕行改线或者高架等方式,使交通系统发生大的变化,会触发“干线公路—城市结点”系统跃迁到新的稳定有序状态,从而形成新的耗散结构。

(4)“干线公路—城市结点”系统具备自组织条件

“干线公路—城市结点”系统中,随着经济社会、城市空间结构和交通运输的发展,干线公路与城市结点之间的衔接关系逐渐从无序状态走向有序状态,是实现从低级衔接模式到高级衔接模式的跃升过程。“干线公路—城市结点”系统要想从无序的不稳定状态向有序的稳定状态转变,实现系统的自我完善和发展,自组织是达到这一目的的根本途径。同时“干线公路—城市结点”系统主体本身也具有自组织特性,根据系统内部、外部子系统作用以及长期干线公路与城市结点之间关系的演变经历,不断调整更新干线公路与城市之间的衔接关系,形成衔接模式、衔接结构从无序到有序的演变。

(5)“干线公路—城市结点”系统具有突变性

“干线公路—城市结点”系统总是处于不稳定状态,这种不稳定状态导致干线公路总是随着城市的发展而进行新的改造,而每一次的干线公路改线又会引导城市空间新一轮的发展方向。干线公路与城市衔接状态演变是两者之间作用关系从量变到质变的动态交融过程,是一种跳跃式的体现。同时,“干线公路—城市结点”系统也是干线公路与城市衔接状态从无序状态向有序状态的演化,即当干线公路与城市发展之间的矛盾积蓄到某一临界点时,则发生突变。这是由于干线公路与城市的发展存在互动互扰的作用关系,起初干线公路的积聚作用对城市发展是有利的,但当干线公路两侧深度开发、干线公路演化成城市道路以后,过境的公路交通和城市之间的矛盾会越来越突出,使系统从一种稳定状态进入不稳定状态,随着系统内部各子系统之间关系的再变化,又使不稳定状态进入另一种稳定状态,系统状态就在这一瞬间发生了突变。

2.4.2 “干线公路—城市结点”复合系统协同演化特征

1)“干线公路—城市结点”复合系统协同机制

复杂系统的耦合度指的是在系统内部的自组织以及来自外界的调节组织作用下,其各个子系统之间的和谐、一致的程度,体现了系统由无序向有序转变的趋势和不断向自组织方向演变的进程[70]。协同论认为,系统走向有序的机理不是因为系统现状的平衡或不平衡,也不是因为系统距平衡态有多远，主要在于系统内部各子系统间相互关联的互动作用关系，它决定着系统的相变特征和规律，即系统耦合度决定了系统在达到临界区域时走向何种有序与结构。对于“干线公路—城市结点”系统，干线公路与城市发展之间互动互扰的作用关系必然会导致各子系统之间在存在整体同一性的同时，又存在个体差异性，其中整体同一性往往表现为协同因素，个体差异性则表现出竞争因素。在不同时期，各子系统之间这种竞争与协同关系处在相互依赖、相互转化的过程之中，成为“干线公路—城市结点”系统发展演化的推动力。研究不同时期“干线公路—城市结点”系统的耦合度，能够全面了解“干线公路—城市结点”系统的相变特征，揭示系统演化的内在规律。

2)“干线公路—城市结点”复合系统序参量

系统处于相变点的变量可分为快、慢弛豫两类变量。慢弛豫变量也称为系统的序参量，它在系统演化过程中起主导作用，并决定着系统的最终状态和结构[71]。分析复杂系统演化的内在机理，关键在于分析系统内部序参量之间的协同作用。对于“干线公路—城市结点”系统，分析干线公路与城市协同发展演化规律就是研究不同时期干线公路、城市经济社会、城市交通和城市生态环境四个子系统序参量的耦合度。由于“干线公路—城市结点”系统的复杂性，往往无法区分各类参量随时间变化的快慢程度，只能依据“干线公路—城市结点”系统的特征，选择那些能够支配其他参量的行为并控制演化进程的参量作为序参量。

(1)干线公路子系统

干线公路子系统是“干线公路—城市结点”系统中城市与外界联系的纽带，承担着系统与外部环境之间物质、能量转换工作。综合分析干线公路子系统的属性，选用干线公路里程、公路客运量、公路货运量作为资源子系统序参量。

(2)城市经济社会子系统

城市经济社会子系统是“干线公路—城市结点”系统自组织演化发展的主体，是其他子系统赖以发展的基础。选取城市 GDP、城市人口、城市固定资产投资作为反映城市经济社会子系统发展状况的序参量。

(3)城市交通设施子系统

城市交通设施子系统是城市的血脉系统，是城市生产、生活及其他活动的根本保障。选取城市道路面积、城市对外交通设施面积作为城市交通设施子系统的序参量。

(4)城市生态环境子系统

城市生态环境子系统是其他子系统赖以存在的空间基础，有序程度主要体现为工业城市空气质量的控制情况、交通噪声的控制情况等。选用可吸入颗粒物(PM10)日平均值、交通干线噪声平均值作为生态环境子系统序参量。

序参量分正向、逆向两种，把那些量值越大表示系统有序度越高的序参量称为正向序参量，而量值越大表示系统有序度越低的序参量称逆向序参量。

2.4.3 “干线公路—城市结点”复合系统协调发展耦合度分析模型

根据协同论相关原理，不同时期“干线公路—城市结点”系统的演化状态不在于各子系统序参量值的大小，关键取决于子系统的组合形式，即各子系统之间的相互作用。利用协同学有序度概念[72]，采用有序度构建序参量的状态函数来表征各子系统有序或混乱程度；以各子系统有序度为协同因子，构建各子系统发展水平的耦合度分析模型，通过分析不同时期复合系统耦合度的演化过程，揭示“干线公路—城市结点”复合系统演化机制。

(1)子系统有序度分析

将“干线公路—城市结点”系统表示为 $S=\{S_1,S_2,S_3,S_4\}$，其中 S_i 为第 i 子系统，$i=1,2,3,4$(干线公路、经济社会、城市交通和生态环境子系统)；设子系统 S_i 发展过程中的序参量为 $x_i=(x_{i1},x_{i2},\cdots,x_{in})$，其中 $\alpha_{ij}\leqslant x_{ij}\leqslant\beta_{ij}$，$\alpha_{ij}$、$\beta_{ij}$ 为序参量为 x_{ij} 的阈值。

则第 i 个子系统的有序度 $\mu_i(x_i)$ 由式(2-1)～式(2-3)得到：

$$\mu_i(x_i)=\sqrt[n]{\prod_{j=1}^{n}\mu_i(x_{ij})} \tag{2-1}$$

$$\mu_i(x_{ij})=\frac{x_{ij}-\alpha_{ij}}{\beta_{ij}-\alpha_{ij}} \tag{2-2}$$

$$\mu_i(x_{ij})=\frac{\beta_{ij}-x_{ij}}{\beta_{ij}-\alpha_{ij}} \tag{2-3}$$

式(2-2)、式(2-3)中，$\mu_i(x_{ij})$ 为第 i 个子系统第 j 个序参量 x_{ij} 的有序度。其中，序参量越大越优型，有序度按式(2-2)计算，序参量越小越优型，有序度按式(2-3)计算。

(2)系统耦合度

借鉴物理学中容量耦合的概念和容量耦合系数模型，设对于给定的初始时刻或给定的时间段 t_0 而言，“干线公路—城市结点”系统各子系统序参量的系统有序度为 μ_i^0，$i=1,2,3,4$，则对于系统在发展演变过程中的某时刻或时段 t 而言，如果此时各个子系统序参量的系统有序度为 $\mu_i^1(x_i)(i=1,2,3,4)$，且 $\mu_1^t(x_1)\geqslant\mu_1^0(x_1)$，$\mu_2^t(x_2)\geqslant\mu_2^0(x_2)$，$\mu_3^t(x_3)\geqslant\mu_3^0(x_3)$，$\mu_4^t(x_4)\geqslant\mu_4^0(x_4)$ 同时成立，则称“干线公路—城市结点”复合系统是协调发展的，而且定义下式为复合系统的耦合度：

$$C=\theta\sqrt[4]{\prod_{i=1}^{4}[\mu_i^t(x_i)-\mu_i^0(x_i)]} \tag{2-4}$$

式(2-4)中，$\theta=\dfrac{\min\limits_i[\mu_i^t(x_i)-\mu_i^0(x_i)\neq 0]}{|\min\limits_i[\mu_i^t(x_i)-\mu_i^0(x_i)\neq 0]|}$，$i=1,2,\cdots,4$。参数 θ 的作用在于：当且仅当 $\forall i$，$\mu_i^t(x_i)-\mu_i^0(x_i)>0$ 成立时，复合系统才是协调发展的。

对式(2-4)的说明：

①$\mu_i^t(x_i)-\mu_i^0(x_i)$ 为子系统 S_i 从 t_0 到 t 时段序参量的系统有序度的变化幅度，它描述了子系统 S_i 从 t_0 到 t 时段演化过程中“在多大程度上变得更加有序”。由式(2-1)～式(2-3)知 $\mu_i^t(x_i)-\mu_i^0(x_i)\in[-1,1]$。

②耦合度 $C\in[-1,1]$，其值越大，复合系统协调发展的程度越高，反之则越低。特别地，如果 $C\in[-1,0)$，则说明至少有一个子系统是向无序方向转化，即可以认为复合系统从 t_0 到 t 时段是处于非协调发展状态。

③利用耦合度可以检验复合系统相对于考察基年而言,其协调程度的特征与变化趋势。它抛开了系统演化发展的过程细节,提供了一种对复合系统实施面向协调管理的效果度量准则或评价准则。

2.4.4 实证分析

以镇江结点为例,通过镇江结点2005—2012年经济社会、交通设施、环境保护及干线公路发展数据,运用复合系统协调演化分析模型,分析镇江结点"干线公路—城市结点"复合系统演化规律。

镇江结点干线公路子系统、城市经济社会子系统、城市交通设施子系统及城市生态环境子系统各序参量从2005年至2012年的数据,如表2-1所示。

2005—2012年镇江结点干线公路与城市发展主要指标 表2-1

年份	干线公路指标			城市经济社会指标			城市交通设施指标		城市生态环境指标	
	干线公路里程(km)	公路客运量(万人次)	公路货运量(万t)	城市人口(万人)	GDP(亿元)	固定资产投资(亿元)	城市道路面积(万m^2)	对外交通设施用地(km^2)	可吸入颗粒物(PM10)日平均值(mg/m^3)	交通干线噪声平均值(dB)
2005	1016	6712	4574	102.31	881.9	404.8	1262	8.67	0.09	67.6
2006	1161	7441	4951	102.72	1044.8	478.5	1385	9.12	0.11	69.5
2007	1353	8743	5674	102.82	1258.6	588.0	1432	9.58	0.1	66.9
2008	1472	10092	6568	102.81	1491.8	718.5	1596	9.76	0.01	66.5
2009	1520	13275	8740	103.45	1672.1	1010.6	1715	10.04	0.09	66.6
2010	1545	15263	9494	103.53	1987.6	1001.4	1823	10.35	0.01	67.1
2011	1643	18208	11177	103.67	2311.5	1226.9	1912	10.35	0.09	68
2012	1790	21654	13271	103.3	2630.4	1500.7	1971	16.4	0.08	66.5

数据来源:《镇江统计年鉴(2010—2013)》。

将表2-1中样本数据代入式(2-2)、式(2-3),计算得到各序参量的有序度。其中序参量的上限值和下限值分别由各序列中该指标的最大值、最小值分别乘以系数1.05、0.95得到。然后根据式(2-1)再计算得到干线公路子系统、城市经济社会子系统、城市交通设施子系统、城市生态环境子系统的有序度,结果列于表2-2。

表2-2的计算结果反映出2005—2012年期间镇江结点干线公路子系统、城市经济社会子系统及城市交通设施子系统均朝着有序化发展。其中干线公路子系统和城市经济社会子系统有序程度最高,在近7年的发展过程中,这两个子系统均能比较平稳地向着有序化发展。而城市交通设施子系统在2011年之前发展比较缓慢,直到2012年期间才得到比较快速的发展。城市生态环境子系统的有序度变化起伏较大,时高时低,基本向着无序化发展,这说明该子系统所属的序参量之间协同作用比较差,这也从侧面反映了城市生态环境依然存在着比较大的问题。

子系统有序度及复合系统耦合度计算结果 表 2-2

年份	子系统有序度				复合系统耦合度
	干线公路子系统	城市经济社会子系统	城市交通设施子系统	城市生态环境子系统	
2005	0.030	0.055	0.059	0.363	
2006	0.096	0.159	0.145	0.136	-0.107
2007	0.204	0.262	0.200	0.301	-0.133
2008	0.308	0.358	0.278	0.811	0.301
2009	0.489	0.496	0.345	0.396	0.208
2010	0.570	0.552	0.411	0.772	0.443
2011	0.726	0.670	0.439	0.349	-0.217
2012	0.922	0.770	0.898	0.470	0.489

以子系统有序度为中间变量，以初始系统有序度（以 2005 年为初始系统）为基准，根据式(2-4)计算“干线公路—城市结点”复合系统各时期的耦合度，计算结果绘于图 2-4。

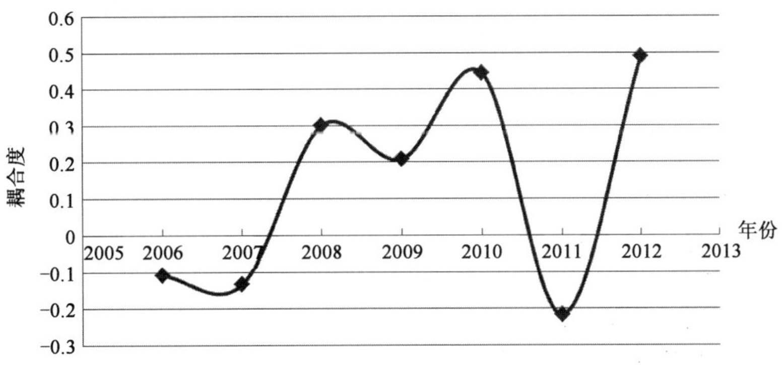

图 2-4 “干线公路—城市结点”复合系统耦合度

如图 2-4 所示，镇江“干线公路—城市结点”系统的耦合度在 2006—2012 年间，总体上呈上升趋势，但也有下降及出现负值的时期，镇江结点“干线公路—城市结点”系统在过去几年的演化过程中，存在城市生态环境治理及城市道路交通设施建设力度不足的问题。

2.5 本章小结

本章阐述了城市化进程中城市形态和城市群的发展演变历程，总结城市结点空间的增长规律；从内生动力和外部动力两方面分析了城市结点发展的动力机制，社会生产力的发展是城市空间发展的根本动力，城市化进程是推动城市空间发展的直接内在动力，外在动力包括政府调控和干预、自然灾害、交通基础设施建设和产业布局；分析了干线公路与城市发展的依存、制约和互动关系。运用复合系统的相关理论与分析方法，分析了“干线公路—城市结点”复合系统协同演化机制，提出了“干线公路—城市结点”复合系统协调演化耦合度分析模型，并用镇江结点干线公路与城市系统演化的数据进行了实证研究。

第3章 城市结点衔接交通系统特征

3.1 城市结点交通系统

3.1.1 内部交通

1)内部交通的概念

内部交通即OD点均在结点内部的交通出行。它是由于结点内部各类型用地之间的联系所产生的交通,一般只在结点内部道路上运行。随着结点规模的拓展以及结点辐射能力的增强,结点近郊道路以及结点出入口道路成为其主要的交通通道。在某些大结点会存在内部交通利用外围公路过境通行的现象。

内部交通产生于结点用地,又归于结点用地。结点交通源于结点经济社会活动,包括生产、生活、公务、就学、娱乐、社交、休闲、健身等,由此产生了从甲地到乙地的人和物的有目的的流动需要;内部交通是一个复杂的、动态的大系统,它涉及社会、经济、环境、居民心理及生活方式等方面的因素,具有多方面的属性。

2)内部交通与城市结点

内部交通的功能是为城市结点居民的各种出行活动提供必要的条件,交通设施把结点居民的各种出行活动有机地联系在一起。城市结点作为经济、社会的有机综合体,内部交通是维系结点有机整体正常运转的基本条件。通畅的内部交通对结点的发展、用地开发、改善居民生活条件、提高社会劳动生产率、实现经济社会发展目标,具有重要的保证和促进作用。

依据城市结点中各种交通的服务目的、特点、功能要求,以及与结点用地和基本设施的关系,对内部交通进行分类。通常含义的内部交通是指结点道路上的交通,主要分为货运交通和客运交通两大部分。城市结点中的货运交通通常可分为重货运交通与轻货运交通,对于结点客运交通可按出行目的和出行方式分类。

(1)货运交通

重货运交通主要服务于社会生产,主要出行范围为工业、仓库区以及对外货运交通枢纽,通常使用结点中心区以外的主要交通性干道,需要避免对行人和非机动车的干扰。

轻货运交通主要服务于社会生活与生产,以结点中心地区的分散的工厂、仓库、生活服务设施、结点建设场地为主要出行范围,基建货物常进入生活居住区,对人们的生活有一定的影响。

(2)客运交通

客运交通按出行目的可分为上下班出行交通、公务出行交通、生活出行交通。前两个属于生活性出行,数量较大,一般为连续性运输;后者为弹性出行,为满足结点居民精神文化需求的交通出行,常在大型生活服务设施附近形成大量密集的人流。

按出行方式分类可分为步行交通、自行车交通、公共交通与社会客运交通。影响居民选择出行方式的因素很多,如结点居民经济生活水平,居民出行目的、出行时间,公共交通发达程度、服务水平、票价,道路交通状况,结点布局结构,地形、天气、季节,结点自行车拥有量,居民的经济水平、生活习惯等。一般在公共交通较为方便可靠、布局合理的情况下,结点居民选择出行方式的主要因素是出行时间,遵循时间最省原则。

3)内部交通的特征

(1)人与物在空间运动上向城市的强聚性弱化,并出现流量饱和。

(2)城市内长距离的交通运输网络的功能开始逐渐由大容量向快速化转移。

(3)非平衡的向心与离心空间运动减缓及核心空间运动裂变。

(4)各种运输方式交通工具全方位衔接立体化展开。

(5)城市内部交通开始出现随城市的局部分解而裂变,并得到相当程度缓解。

3.1.2 出入境交通

1)出入境交通的概念

出入境交通即O点和D点只有一个在结点内部的交通出行。出入境交通是结点形成和发展的重要条件,是以城镇为基点,城镇结点与结点外部区域之间进行人与物运送和流通的各类交通运输系统的总称,包括铁路、水路、公路以及航空运输等。结点出入境交通与结点内部交通编织成一张有机结合的结点交通网络,交通衔接系统将它们紧密衔接和相互协调,保障结点基本功能得到充分发挥。

2)出入境交通与城市结点

出入境交通是城市结点交通流的重要组成部分。经济的高速发展,推动结点向多功能和开放性方向发展。地区间日益增长的人员流动、货物流动需要便捷的交通联络。作为大型结点,其经济的中心地位和交通的枢纽地位更使其出入境交通逐年大量递增,而相应的交通设施发展会影响和改变整个结点的空间形态。

结点的发展是一个动态过程,包括相互对立又互为补充的过程,即集中与疏散,向心和离心。商业行政等功能具有向心趋势,引起市中心地域的立体发展,而工业、居住、校园等结点功能有离心趋势,引起结点的平面扩展,结点出入境交通需同时能满足这两种发展趋势,即既能满足结点出入境交通的需要,又能满足市郊型辐射交通的需要。

3)出入境交通的特征

结点及其周围地区所组成的地域空间可依次分为建成区、郊区、影响区及外围地区四个层次。在地域空间上,出入境交通是渐次减弱的,在建成区各个方向的交通强度都较大,在近郊区主要是向心型交通,在影响区,中心城市和建成区间的交通联系很紧密,而在外围地区,主要是大型城市结点间的交通联系。出入境交通主要具有以下几个特征:

(1)辐射性

结点内部和结点周围的各种交通流可分为辐射交通流和非辐射交通流，由于结点的吸引作用，不论是内部交通还是出入境交通都有向城市中心汇集的趋势。结点规模越大，出入境交通的辐射特征就越强。

(2)选择性

出入境交通的选择性，表现为对进入结点内部交通流的选择。当结点规模较小或结点发展水平不高时，主要交通干线大都在城市中心区汇集。交通广场及放射式道路的结点布局是典型例子，这种布局对辐射交通流和过境交通流不加选择，致使所有的交通流都通过市中心区。随着结点的发展，市中心区出现交通拥挤且程度加剧，修建环路或旁道道路，以作为非辐射交通流的截流道。

(3)出入境交通流的可逆性与不可逆性

可逆性表现在旅客流动构成了一个闭合、可逆的循环圈，因而在一定时间内，来向与去向的客流量是基本相同的。不可逆性表现为货流的到发量，因结点性质、职能和所处地理位置不同，表现出明显的不均衡性。

(4)对外辐射交通强度的渐变性与跳跃性

出入境交通强度是渐变的，其强度随距离呈负指数模式分布。随着离结点中心地带距离的增大，辐射客流的吸引点越来越集中，当超过一定距离界限时，客流量会逐渐衰减而转化为跳跃式跌落，密度等于周围城市所吸引的客流量。

3.1.3 过境交通

(1)过境交通的概念

过境交通即为起点和终点均不在结点内部，但通过该区域的交通出行。过境交通一般依托城市周边高等级公路通过城市结点，不对城市内部交通产生干扰。

(2)过境交通与城市结点

城市结点是交通流产生和分布的重要节点，是过境交通通过的重要枢纽，城市区位、城市化规模以及城市的空间形态分布等对过境交通模式的选择具有重大影响。位于两个重要节点中间位置的城市，交通量会明显大于位于次重要区域的城市，而位于路网边缘的城市，交通的便利程度则明显偏低。不同的城市规模将产生不同的交通需求和不同的城市过境交通结构，一般规模较小的城市对应的过境交通比例较大，而出入境交通比例则相对较小。相反，大规模的城市过境交通比例相对较小，出入境交通所占比例更大。

(3)过境交通的特征

①车辆行驶距离长，大城市一般以绕越模式建设高等级过境公路；

②车辆行驶速度快，高等级公路设计标准较高，允许的行驶速度也较大；

③与城市内部交通影响小，与城市出入境交通有一些交织。

3.2 城市结点公路交通出行层次

3.2.1 交通出行的层次性

一个完整的交通出行过程，一般包括出行的主行驶段、转换点、集散行驶段、出入行驶段以及起终点。出行过程主要分为三个层次：出入路段、集散路段和主出行路段。其中，转换过程是实现三个阶段衔接的中转过程，如图3-1所示。

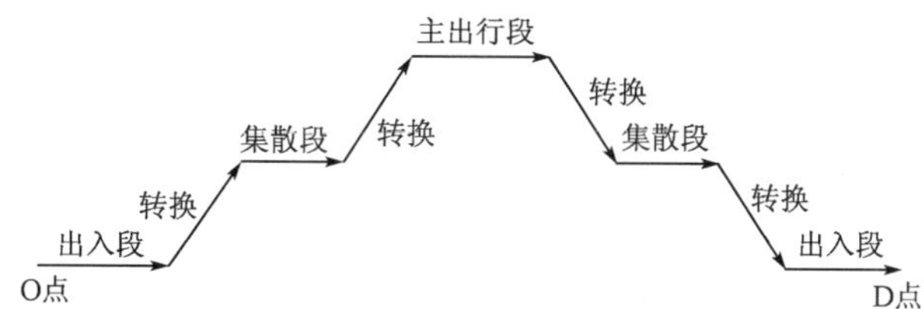

图3-1　一个完整的交通出行过程

对应城市结点处交通系统，内部交通的出行过程在城市结点内部完成，出入境交通的出入段、集散段在城市结点内部，而过境交通在城市结点内部是主出行段，如图3-2所示。

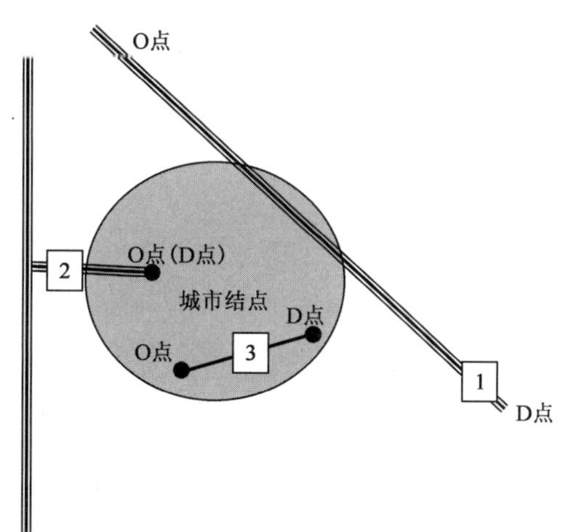

图3-2　城市结点处各类交通出行过程分析

1-过境交通；2-对外交通；3-内部交通

3.2.2 交通需求的层次性

人的需求能够影响人的行为；人的需求按重要性和层次性进行排序，从基本需求到复杂需求；人的某一级需求得到最低限度的满足后，会追求高一级的需求，如此逐级上升，成为推动继续努力的内在动力。人类的交通需求和行为变化也符合这一理论，随着科技的进步和社会的发展，人们的出行需求不断提高，从原始的通行要求，到出行的便捷性、舒适性和可靠性需求不断提高。如图3-3所示，对于一次出行过程中的不同阶段，需求存在差异性，对道路设施的服务提出不同需求，即由出入段→集散段→主出行段，可达性→机动性的要求不断提高。

过境交通，由于服务大区域、长距离运输，在城市结点处处于运输过程的主出行段，对于运行的机动性要求较强，而过境交通本身与城市结点的关系是借道而行，与城市结点本身的联系较少。出入境交通，是城市结点对外交流的重要途径，对便捷性要求较高，快速性要求居中。内部交通在城市结点内部完成，由出入段→集散段→主出行段，可达性和机动性的要求不断提高。

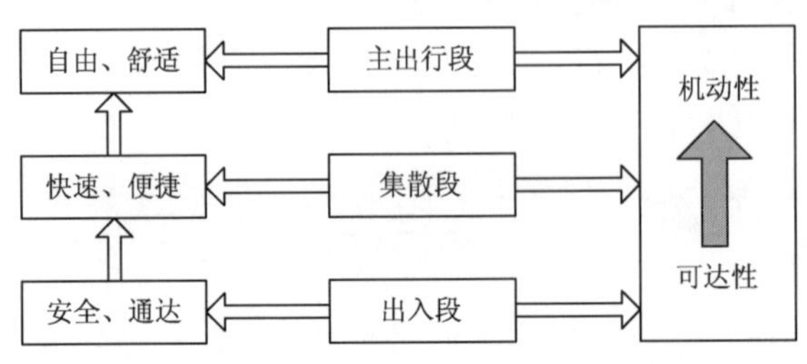

图 3-3　出行过程中的需求层次

3.2.3　交通出行期望特性

过境交通、出入境交通与内部交通的比例，由城市结点在区域内的重要度、城市规模、城市性质等因素共同决定。其中，过境交通是保障城市结点外部其他公路网结点之间的正常交通运输往来而形成的交通。实践表明，城市越大，以出入境为目的的车流比例越大，过境交通的比例越小，而市内交通随着城市规模的增加而增加。相反，城市规模越小，过境交通的比例越大。

根据统计，一般 100 万人以上的城市，过境交通占 1% ~9%；50 万 ~100 万人的城市，过境交通占 8% ~14%；10 万 ~50 万人的城市，过境交通占 12% ~28%；2 万 ~10万人的城市，过境交通占 14% ~47%；2 万人以下的小城镇过境交通很明显，高达 60% ~100%。如表 3-1 所示，美国、中欧和英国城市人口与过境交通比例关系基本符合这一比例关系。

城市人口规模与过境交通　　表 3-1

城市人口（千人）	过境交通占总交通流的百分比（%）		
	美国	中欧	英国
<5	43 ~ 37	—	100 ~ 42
5 ~ <20	37 ~ 18	—	68 ~ 28
20 ~ <100	18 ~ 14	39 ~ 22	47 ~ 14
100 ~ <500	14 ~ 4	22 ~ 12	28 ~ 5
500 ~1000	—	12 ~ 8	—
>1000	—	8 ~ 5	—

城市过境交通比例的大小除与城市规模有关外，还与城市在公路网上的位置有关系，位于国家重要干线公路上的城市，过境交通量比例会偏离表中数值，相对大一些。

3.3　城市结点道路供给特性

城市结点道路系统是完成结点内部交通、出入境交通和过境交通组织最基础的载体，是组织城市各种功能用地的“骨架”，又是城市进行各种生产和生活的“动脉”。城市结点道路系统一般可以分为干线公路系统、内部道路系统、衔接道路系统三个子系统。结点干线公路系统由高速公路、普通国省干线公路和部分重要县道组成；内部道路系统又分为市区快速路、组团间联系道路、组团内道路三类。其中组团间联系道路分为快速联系通道、一般联系通道和组团出入干道，组团内道路具备完整的级配体系，一般可以在组团边缘设置环状或切线道路与组团间道路衔接，也可以利用组团内交通性主干道与组团间道路衔接；衔接道路系统包含绕城高速公路、穿越高速公路、绕行公路、出入口道路、高速公路连接线等几类设施，如表 3-2 所示。

城市结点道路系统物理结构　　表 3-2

类　别	交通设施	
干线公路系统	高速公路、普通国省干线公路、重要县道	
内部道路系统	市区快速路	
	组团间联系道路	快速联系通道、一般联系通道、组团出入干道
	组团内道路	组团边缘衔接道路、组团内交通性主干道、其他主次干道、支路
衔接道路系统	绕城高速公路、穿越高速公路、绕行公路、城市出入口道路、高速公路连接线	

3.3.1　干线公路系统

城市结点干线公路系统是区域公路交通线路经过结点范围的部分，是区域公路网络与结点范围的叠合部分。城市通过公路系统，完成与区域内其他城市之间的客货交流，实现区域经济协调发展；公路网络则在城市结点完成内外交通转换和流向转换。

按交通流的流向划分，城市结点干线公路可分为对外公路和过境公路两类，对外公路是以城市为目的的到达交通流占绝对比例的公路，要求线路能便利地衔接城市道路系统，强调的是可达性；过境公路是与城市关系不大的通过性交通流占较大比例的公路，一般要求尽量从城市边缘通过，减少与城市交通之间的冲突，强调的是通过性。

城市结点对外公路网络的布局形态与结点的规模、地理位置、形态等因素相关。我国的组团城市大都是在单中心结构的基础上发展起来的，单中心结构下城市中心位于城市的核心，城市扩展以中心为核心圈层或者轴向发展，城市对外的交通联系也具有明显的向心性，结点对外公路多呈现“环形 + 放射”的布局形态。而一些沿河、沿江受自然条件限制的城市结点对外公路，则呈现“扇形(半环) + 放射”的布局形态。

3.3.2　内部道路系统

与一般单中心城市不同，组团型城市内部道路系统具有明显的层次性，可分为市区快速路、组团间道路和组团内道路三个层次。

城市道路系统的层次性使其与城市空间布局的特点相协调，适应不同层次的交通流对机动性、可达性和容量的要求，实现长短交通分开、快慢交通分流、客货交通分行，使整个城市的道路网呈现一个层次分明、级配合理、衔接良好的网络。从功能上看，市区快速路主要承担不同组团之间的长距离交通联系、过境交通的疏导和出入境交通的疏散功能，要求快速、容量大；组团间道路主要承担相邻组团间中长距离出行，要求顺畅、可靠性强；组团内的道路主要承担组团内中短距离出行，要求便捷、可达性强。

组团式布局城市的交通效率关键在于各组团间交通的运转效率，组团型城市道路网规划的关键在于合理规划功能组团间的联系通道，整个城市路网的容量也主要取决于组团间联系通道的规模。为提高组团间联系道路的时效性和可靠性，支撑组团分离式的城市布局形态的良性发展，组团间联系道路可采用复合型通道布置，即布置组团间快速联系通道和一般联系通道。其中快速通道可由高速公路、城市快速路构成，一般从组团边缘经过，通过类似连接线功能的组团出入干道连接组团内部道路网络；一般联系通道可由一级公路、城市主干道构成，可以直接与组团内部交通性主干道连接。由于组团间联系通道上通勤出行占有很大比例，为使客运通道能适应潮汐交通的需求，一般联系通道可以根据交通潮汐情况灵活控制行车方向，如在高峰时段将双向行驶改为单向行驶，提高组团间通道的容量。

组团内的道路相对独立，可以自成系统。由于组团间道路的交通流在时间上和空间上高度集中，易造成组团内相对应的衔接道路负荷过重。解决的方案是可在组团边缘规划等级相对较高的环状或切向干路，形成“组团间联系通道—组团边缘集散道路—组团内部干路”的合理衔接方式，通过组团边缘集散道路，平衡和分散进入组团的交通流[73]。

3.3.3 衔接道路系统

城市结点衔接道路系统，指的是沟通城市规划区与外界联系的快速干线、一般干线、绕城公路等交通设施构成的系统。结点衔接道路系统是公路交通与城市交通衔接转换的过渡地带，通过衔接道路系统，过境交通通过结点完成方向转换，出入境交通实现在公路交通和城市交通之间的链接。

组成衔接道路系统的交通设施一般包含绕城公路、穿越公路、绕行公路、城市出入口道路、高速公路连接线等。

(1)绕城公路

绕城公路指的是连接主城区外围城镇，引导过境交通避开城镇中心和连接城市出入境交通而环绕主城区边缘附近设置的高等级公路，也称环城公路。

绕城公路是结点道路网主骨架的重要组成部分，起连接放射线的作用，绕城公路承担过境交通、城市出入境交通、城市内部交通三部分车流，以过境交通和出入境交通为主。它一般处于城市的外环，既是主城范围的限界，又在结点路网中起着疏导过境交通，串联外围组团，实现主城内外长、短途交通转换的枢纽作用，其功能主要体现在以下几个方面：

①疏导过境交通，疏散出入境交通，减轻市区交通压力，缓解城市交通拥挤。过境交通通过绕城公路从城市外围经过结点，避免了对城市交通的冲击；出、入境的交通通过环路比较均匀地分配到各条放射线上，避免了个别节点的拥堵。

②承担城市内部功能小区间、对角线间的中长途直达快速交通，避免穿越中心区。

③拓宽城市发展空间，改善城市生活和生态环境。

④与城市道路一起形成合理的结点道路系统，有利于引导并形成与交通需求相适应的分层次的交通体系，降低了出行时间，提高了路网效率，使结点交通更加快速、有效。

⑤改善了公路与城市道路衔接部分的交通堵塞状况，扩大了城市的辐射与吸引能力，提高了公路网的运输效率。

绕城公路由于其功能的复杂性和重要性，需具有较高的技术等级。我国组团型布局的城市多为大型、特大型城市，大都已建有或规划建设绕城高速公路，以此来解决多条高速公路交汇条件下公路交通与城市交通的衔接问题。对于团块状组团形态的城市结点，绕城高速一般为闭合环状，如徐州、苏州、淮安等城市；受临江、临河等自然条件约束呈带状分布的组团城市，可根据情况修建不闭合的弧形绕城高速公路，如南通、镇江等城市。

(2)穿越公路、绕行公路

穿越公路指的是高速公路从组团之间的绿带经过城市结点，或者以高架、地堑的形式从建成区越过结点，高速公路保持其全封闭的特征，与沿线相交的城市道路通过互通式立交进行出、入境交通转换。其优点是过境交通能够径直通过结点城市，减少了绕行距离。缺点是封闭式的高速公路对城市用地造成了分割，造成公路两边用地联系不便，也容易给城市带来污染和较强的噪声，不利于城市景观的组织，会对城市的总体布局和功能组织带来一些负面影响。

穿越公路形成的原因主要有两个方面。一是高速公路建成早，城市的发展突破了高速公路所限制的范围，发展到高速公路另一侧；另一方面是由于地形、地理及规划方面的原因，城市结构规划为分散组团的形式，高速公路有条件从组团间的空地越过，减少绕行距离。

绕行公路指的是干线公路从市区边缘、组团之间或组团边缘绕行经过结点，既是公路的组成部分，又是城市边缘道路。主要是过境交通量比较大的干线公路经过结点的一种处理方式，一般尽量采用较高的技术标准，尽量减少过境交通和城市交通之间的干扰。

(3)城市出入口道路

城市出入口道路介于郊区与城市建成区之间，起于城市道路，止于城外公路，是干线公路与其连接的城市道路的衔接汇合路段。通常意义上，城市出入口道路均指的是干线公路与城市道路的衔接路段。高速公路与城市结点的衔接一般是通过绕城高速公路、连接线或者快速路系统，因此不存在出入口路段。倘若高速公路直接接上城市主、次干道，则同样存在出入口路段，这种情况因为高速公路与城市干道的通行能力匹配度差，容易造成出入口路段拥堵，如南京的沪宁高速公路早期与城市生活性主干道中山东路直接相接，造成新街口地区交通几近瘫痪，这种情况应该尽量避免。

城市出入口道路上一般同时分布有郊区进出的车辆与市内的车辆，同时还有一定数量的过境车辆。这几种性质不同、车速不同的车辆共同使用这段道路，使它在交通特性、交通组成、交通功能等方面都与一般公路和城市道路有较大差别。城市出入口道路的特性主要体现以下几个方面：

①过渡性。首先是交通组成的过渡性，由于出入口道路位于城市与郊区之间，一端连接城市道路，具有城市道路交通的特性，车种混杂、非机动车多、横向干扰大，另一端与郊区公路相连，具有公路交通的特性，车种简单、非机动车少、干扰少；其次是车速的过渡性，城市出入口道路连接的公路多为一级公路、二级公路，设计车速 60 ~ 100km/h，连接的城市道路一般为城市主、次干道，设计车速为 40 ~ 60km/h，因此在出入口路段，存在着车速的过渡；再次是通行能力

的过渡性,公路由于是连续流或者近似连续流的交通设施,通行能力一般较大。城市道路由于存在平面交叉口,属于间断流交通设施,通行能力受到折减。出入口道路的设计中要处理好公路和城市道路之间的通行能力匹配的问题,否则容易造成出入口路段的拥堵。

②集散性。城市化进程的加快进一步加强了城市的吸附作用,从而使周围地区的客、货流更加向城市聚集,通过城市的吸收、消化、加工提高,而后又由城市向四周扩散开去。开放式的城市出入口道路在这一集中和扩散的过程中发挥着重要的作用。

③复杂性。主要是指出入口道路与单纯的公路或者城市道路比较而言,在交通性质、道路功能、交通组成、交通干扰、交通环境等方面都要复杂得多。

(4)高速公路连接线

所谓的高速公路连接线(衔接线)是指连接高速公路与城市内部交通干道的道路,为城市承担对外和少量的过境交通,在形态上表现为放射状,是城市交通系统的有机组成部分,是城市出入境交通的重要组成部分。

由于高速公路是全封闭式的交通设施,连接线起着将高速公路正线和城市建成区、乡镇、厂矿、国省干线或者距离较远的另一条高速公路等连接起来的作用。对于城市来说,连接线的主要功能是集散出入境交通。作为高速公路与城市道路交通流进行互换的过渡道路,连接线能够为高速公路集中城市出入境交通,并且能够迅速将高速公路交通向城市交通进行转换和疏散,减少出入境交通的通行时间。

连接线同时具备合理引导城市发展的功能。连接线是城市扩展的伸展轴,构成了城市发展的最优方向,可以通过连接线的合理布局来引导城市发展。在城市边缘区内,由于连接线沿线地区联系十分便捷,而且大多具有相对较好的水电等基础设施,土地的开发往往拥有较高的经济性,因此连接线两侧将最先发展成为市区,并不断带动周围地区的开发与发展。

3.4 干线公路交通运行特征

3.4.1 干线公路交通流时间分布特征

(1)干线公路年平均日交通量变化特征

研究表明干线公路的交通量与经济社会发展水平、干线公路的等级、干线公路在路网中的地位以及区域综合运输网络结构等因素相关。分析干线公路的交通量变化趋势,把握影响干线公路交通量变化的主要因素,对理顺干线公路与城市发展的关系,制订合理的衔接方案有着重要的意义。

根据江苏省内几个城市国省干线公路连续式观测站点和高速公路联网收费站的交通量数据,选取三种经济社会、综合运输发展阶段干线公路交通量数据来分析其变化趋势及影响因素:

①经济社会平稳增长,城市化处于早期阶段,高速公路建设起步,国省干线公路是区域运输网络的主骨架。该阶段选取徐州结点城郊的 G104 茅村观测点、G311 田巷观测点 1990—1998 年的年平均日交通量观测数据。

②经济社会快速发展，城市化处于加速阶段，公路运输得到全面发展，高速公路在路网中承担主骨架作用。该阶段选取泰州结点宁通走廊2003—2011年高速公路、干线公路的交通量观测数据。

③经济社会高速发展，进入城市化后期阶段，区域综合运输得到全面发展，多样化、网络化的运输结构和复合型的运输走廊开始形成。该阶段选取镇江结点沪宁走廊2003—2011年高速公路、国省干线公路的交通量数据[74]。

在经济社会和城市发展的早期阶段，由于区域高速公路网络和综合运输网络尚未得到发展，普通国省干线公路在运输体系中承担着主要的作用，因而干线公路的交通量随着经济社会的发展总体呈增长趋势。如图3-4所示，1990—1998年期间，徐州结点G104、G311等国省干线公路的交通量均呈明显的增长趋势。

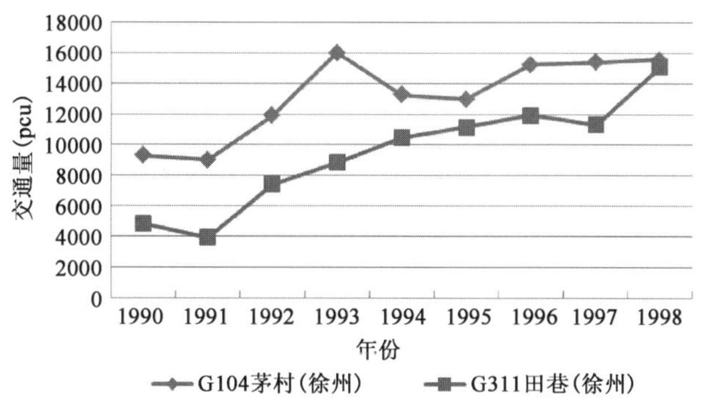

图3-4　徐州结点G104、G311交通量变化趋势

而当高速公路建设迅速发展，高速公路网络逐渐完善以后，高速公路运输网络逐渐承担起骨干运输作用，会分担部分原来由国省干线公路所承担的运输量，导致干线公路的交通量会出现不增反减的现象。如图3-5所示，泰州结点宁通走廊上，在宁通高速公路建成之前主要是由S336承担东西向的运输功能，2005年宁通高速建成通车后，S336的交通量出现了连续几年的下滑。但由于宁通走廊交通运输方式主要以公路运输为主，随着经济社会的快速发展，从2009年开始，宁通走廊的公路交通总量和S336的交通量均继续呈现增长的态势。

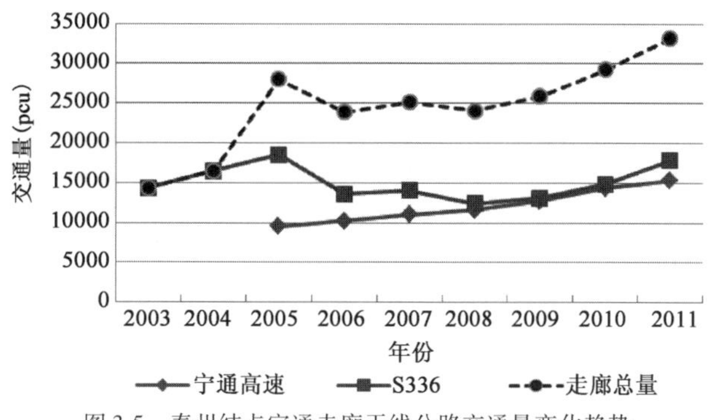

图3-5　泰州结点宁通走廊干线公路交通量变化趋势

对于综合运输全面发展，城市化水平进入后期稳定发展的地区，由于人们生活水平的提高，出行方式的多样化，人们越来越倾向于选择舒适性更高的轨道交通或者高速公路出行，使得这些区域的部分国省干线公路交通量表现出连续的下降趋势。如图3-6所示镇江结点，

2005 年随着沪宁高速改扩建的完成，沪宁高速在走廊中的交通分担率迅速上升，导致走廊内的 G312、S338 的交通量连续下降。2007—2008 年金融危机，走廊内交通总量有所下降，其后随着沪宁通道多条新的高速公路的建成、沪宁城际和沪宁高铁的运行通车，走廊内的公路交通总量增长缓慢，而 G312、S338 的交通量仍然处于下降趋势。

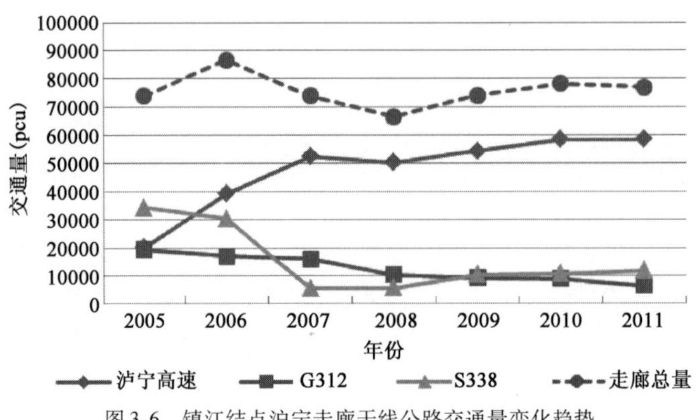

图 3-6 镇江结点沪宁走廊干线公路交通量变化趋势

(2)干线公路小时交通量分布特征

研究干线公路的小时交通量变化特征，能分析结点干线公路交通量高峰时段的分布特征，获得高峰小时流量比，为结点干线公路交通需求分析预测提供依据。

本书选取三类干线公路观测站的数据来分析小时交通量变化特征，第一类是通道型公路城郊观测点数据，第二类是城际型公路城郊观测点数据，第三类是组团间干线公路观测点数据。观测站数据均由江苏省路网管理与应急指挥中心获取，根据各观测点 2013 年 5 月 8 日 0 时 ~ 24 时小时交通量观测数据换算得到。

通道型公路的观测站点包含徐州 G310 茅村站、镇江 G312 浮桥站、镇江 S243 石马站、泰州 S232 碧桂园站。这类公路的小时交通量呈现比较明显的三个高峰时段，早高峰为 9:00 ~ 10:00，较市内交通高峰期滞后 1 ~ 2h，晚高峰为16:00 ~ 18:00，较市内交通高峰期提前 1 ~ 2h，这与这类公路承担较大比例的长距离过境交通的特点有关。除了早高峰和晚高峰之外，一般还有一个午高峰，午高峰的分布时间在各个观测点之间并不完全一致，大致为 12:00 ~ 16:00(图 3-7)。

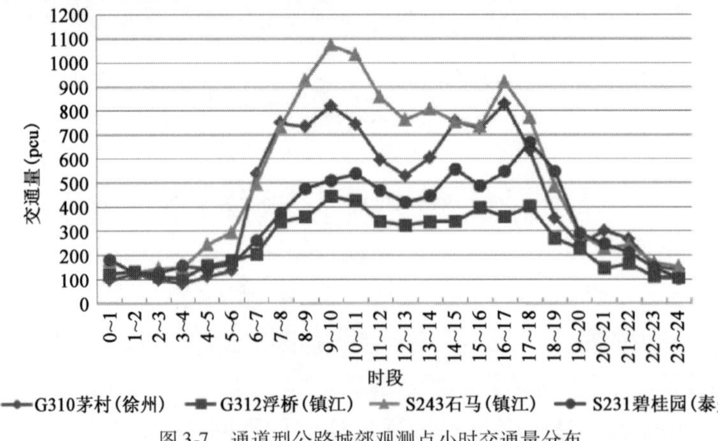

图 3-7 通道型公路城郊观测点小时交通量分布

城际型公路的观测站点包含镇江 S241 黄墟站、泰州 S336 口岸站、泰州 G328 塘湾站、扬州 S237 邵伯站。这类公路的早高峰时段为 7:00 ~ 9:00,晚高峰时段为 17:00 ~ 18:00,早晚高峰时段与市内交通高峰期基本吻合,这与这类公路承担较多的短途出入境交通有关。各个观测站的午高峰的出现时间也不完全一致,分布在 12:00 ~ 16:00 左右(图 3-8)。

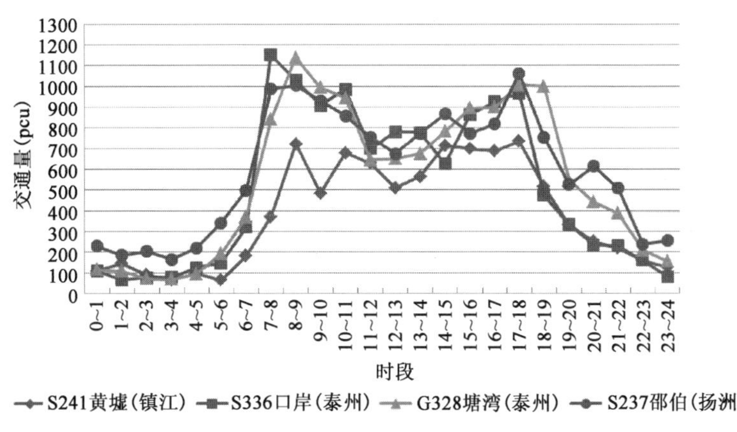

图 3-8 城际型公路城郊观测点小时交通量分布

组团间干线公路的观测站点包含镇江 S338 大运河桥站、无锡 S342 安镇站。组团间干线公路由于承担着内部交通和出入境交通的双重功能,市内交通与出入境交通的高峰时段错峰叠加,其小时交通量分布中表现出早高峰时段持续时间长,午高峰和晚高峰直接相贯通的特点。早高峰时段大致分布在 7:00 ~ 10:00,午、晚高峰时段分布在 14:00 ~ 18:00(图 3-9)。

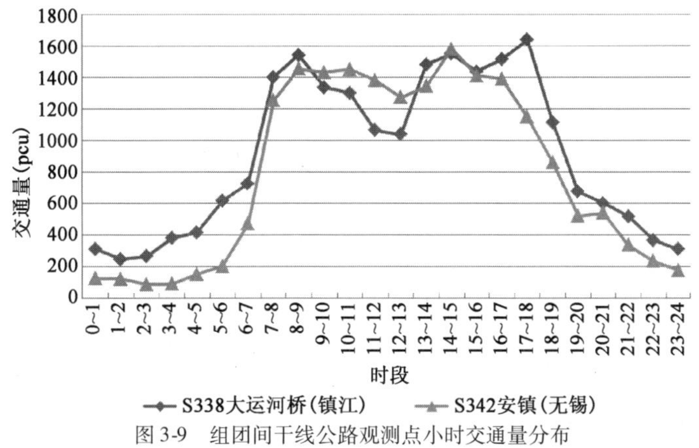

图 3-9 组团间干线公路观测点小时交通量分布

各个站点的高峰小时流量比相差不大,大致分布在 0.072 ~ 0.118 之间,略低于市内交通的高峰小时流量比。

3.4.2 干线公路交通流空间分布特征

空间分布指的是结点范围内干线公路各个路段交通量的变化特征。分析结点范围内干线公路交通量的空间分布特征,能指导干线公路各个路段交通组织方案的制订和道路横断面的规划设计。

选取镇江结点的 G312 和泰州结点的 S231 各个路段的交通量数据来分析干线公路交通

量的空间分布特征。其中 G312 为镇江结点东西向过境公路,从谷阳新城和中心城区之间穿过,已成为城区重要的主干道。2012 年 312 国道镇江城区改线段建设工程可行性研究中[75],在镇江结点共布设了浮桥、高资、扬溧高速交叉处、镇荣公路交叉处、谷阳大道交叉处、三山 6 处观测点调查交通量数据。S231 为泰州结点南北向过境公路,从泰州城东切线式经过海陵区,然后向南穿过高港区,是老城组团和高港组团之间唯一的快速连接通道。选取碧桂园、泰东、塘湾、富野村、刁铺、口岸、高港村 7 处交通量来分析其空间分布特征。各观测点的交通量数据均由《江苏省干线交通量调查资料汇编(2012)》[74]获得。

从镇江结点 G312 交通量空间分布可知,G312 在结点的交通量空间分布呈“单峰”状,即从郊外至中心城区交通量逐渐增大。这与 G312 从组团间穿过,承担城市主干道的功能和布局特点相吻合。而泰州 S231 的交通量分布则呈“台阶”状,即郊外公路路段交通量最低,至两端城区段交通量增大到一定数值,至两个组团间路段则继续增大到更高数值。主要是由 S231 的功能和泰州结点现状路网结构所决定的,S231 是泰州结点南北向过境量最大的过境公路,同时又是海陵老城组团和高港组团之间现状唯一的联系通道,还是宁通高速公路泰州连接线。随着泰州“双城”组团式城市的发展,老城海陵区和高港之间的地区如寺巷镇、野徐镇都开始填充式发展,沿线也产生了不少短途交通。这些交通的叠加,加上交通线路的单一,导致组团间 S231 的交通量比两端的城区段都要大很多。

由此可见,城市干线公路交通流空间分布特征与干线公路在城市路网中的布局和功能相关。

3.4.3 干线公路交通流组成特征

(1)客、货交通组成及变化趋势

了解结点干线公路客、货交通流的组成及其变化趋势,能为规划年结点干线公路交通量的分析预测、高快路网规模的测算提供必要的数据。本书选取镇江结点、泰州结点历年干线公路客、货交通组成数据来分析其变化特征。

从镇江结点、泰州结点干线公路历年的车种组成变化情况[75,76]分析可知,干线公路的交通组成呈现出以下几方面的变化趋势:

①客车比例呈上升趋势,货车比例下降。如镇江结点客货车比例由 2005 年的 54.8:45.2 变化到 2011 年的 65.3:34.7,泰州结点客货车比例由 2003 年的 56.0:44.0 变化到 2011 年的 64.1:35.9。

②客车中,小客车比例保持着较快的增长势头。镇江结点 2011 年小客车占交通总量的比例达到 59.2%,较 2005 年增加了 12.1 个百分点,泰州结点 2011 年小客车占交通总量的比例达到 58.0%,在路网交通组成中处于主要地位,较 2003 年增加了 9.4 个百分点。

③货车中,小货车、中货车、大货车均呈下降趋势,拖挂车所占比例有较大增长。镇江结点拖挂车 2011 年所占比例达到了 14.9%,较 2005 年所占比例增长了 9.3 个百分点,泰州结点拖挂车 2011 年所占比例达到了 10.3%,较 2003 年增长了 8.5 个百分点。

小客车的增长主要与近年来我国汽车工业的迅速发展,人民生活水平的提高,小汽车开始大规模进入普通家庭有关。拖挂车数量的增长主要是2005年后区域大部分高速公路陆续通车,以及沿江港口及产业区的快速发展,导致区域货运量及过境货运量大幅增加。

(2)过境/出入境交通比例及变化趋势

干线公路是城市与区域内其他城市联系的重要通道,干线公路过境交通量和出入境交通量的比例,能反映城市在区域中的区位特征和经济地位。同时,了解干线公路过境/出入境交通的比例及变化趋势,对制订干线公路与城市的衔接方案有着直接的指导意义。

根据《江苏省干线交通量调查资料汇编(2001—2012)》,并通过一定的补充调查工作,选取镇江结点通道型公路G312、城际型公路S238,泰州结点通道型公路S231、城际型公路G328四条干线公路历年的过境交通数据来进行分析。

通道型干线公路过境交通比例总体呈下降的趋势,其中G312过境交通比例由2005年的34.6%下降为2011年的26.1%,S231的过境交通比例由2003年的29.1%下降为2011年的24.8%。这主要有两个方面的原因,一方面,地区之间的分工细化,产品生产的本地化程度提高,减少了长距离运输原材料的需求;另一方面,人们生活水平的提高,高速公路网络的完善,高铁、城际铁路的建设,更多的长距离出行选择舒适度高、服务水平好的高速公路或高铁、城际铁路出行,使得干线公路上的过境交通比例呈下降趋势。城际型干线公路的过境交通比例相对通道型干线公路要明显偏小,而且历年来过境比例相对稳定,仅有小幅下降,如S238的过境比例维持在9.6%~11.3%之间,G328的过境比例维持在11.1%~13.5%之间。这主要是由于城际型公路主要承担相邻城市之间的中短途交通。相邻城市之间的联系变得密切,促进干线公路的交通量逐年增长,但对过境交通比例的影响并不大。

3.5　本章小结

本章将城市结点交通系统结构分为内部交通、出入境交通和过境交通三类;交通出行过程主要分为出入路段、集散路段和主出行路段三个层次,出行需求从原始的通行要求到出行的便捷性、舒适性和可靠性需求不断提高;城市越大,以出入境为目的的车流占的比例越大,过境交通的比例越小,而市内交通随着城市规模的增加而增加。城市结点道路系统分为干线公路系统、内部道路系统、衔接道路系统三个子系统,研究了各子系统包括的道路设施组成及其功能;交通走廊中,高等级干线公路的交通量逐年递增,城市结点处干线公路,尤其是组团间干线公路交通量较大,干线公路交通组成中小客车和拖挂车比例增加,城际型干线公路的过境交通比例相对通道型干线公路明显偏小,且历年以来过境比例相对稳定,仅有小幅下降。

第4章 城市结点衔接交通组织模式及服务体系设计

4.1 城市结点衔接交通组织模式

4.1.1 城市结点衔接交通组织的内涵

城市结点衔接交通组织指的是通过交通设施供给、交通管理与控制等手段,合理引导公路过境交通通畅经过结点,减少过境交通和城市交通之间的干扰,降低过境交通给城市带来的负面影响;合理疏散出入境交通,使之均匀地从城市各个方向的出入口道路进出结点,避免由于某一点压力过于集中而造成出入口道路交通拥堵。

4.1.2 基于路网效率的城市结点衔接交通组织模式

城市结点内部交通网络本身是个完善的系统,对外交通的引入,一方面,会给结点内部交通网络增加额外的交通负担,降低内部交通网络的效率;另一方面,内部交通也会给对外交通的运行带来一定的阻碍作用,降低公路交通通过或集散的效率。因此,合理的衔接交通组织模式,应是既能保证城市结点过境交通、出入境交通能够快速通过和快速集散,也能尽量降低对城市内部交通系统的影响。

本书从交通网络效率的角度,研究城市结点衔接交通的合理组织模式。

1)交通网络效率及其评价指标相关研究

网络效率的量化评价指标首先由复杂网络领域的研究学者提出,如 Latora 等人[77]提出了用网络中的最短路径来度量网络效率,认为网络效率和最短路径的长度成反比:

$$E(\boldsymbol{G}) = \frac{1}{n(n-1)}\sum_{i\neq j}\frac{1}{d_{ij}} \tag{4-1}$$

式中:d_{ij}——网络节点 i、j 之间的最短路。

显然该方法仅考虑了网络中的出行距离因素,因而无法适用于受交通流量、出行者择路行为、路段出行成本等因素影响的道路交通网络。

道路交通网络的效率评价指标主要分为三种类型,一类是基于路网通行效率的指标,主要由路网通行能力和服务水平两个指标分别对路网进行评价[78],即在道路面积率不变的条件下,最大路网效率应是路网达到最大容量与最高服务水平的状态;或是采用基于二者的综合评价指标[79],以克服二元指标的局限性,增强不同交通设施之间路网性能的可比性。第二类是基于路网形态构造的指标,如 Xie 等[80]采用网络结构熵(entropy)、网络布局模式(connection patterns)、路径连续性(continuity)三个方面的指标来评价道路网络的效率。这两类指标存在的主要问题是不能考虑出行者的择路行为对路网效率的影响,因而无法反映实际路网的运行状况。第三类是基于投入产出关系的路网效率指标，这类指标都是用考虑了出行者择路行为的路网均衡状态来评价路网的效率和性能。如 Nagurney 和 Qiang[81-83]用路网均衡状态平均每个 OD 对上单位出行成本能够服务的出行者数量来衡量网络效率：

$$E(\boldsymbol{G},q) = \frac{1}{n_{\boldsymbol{W}}}\sum_{w\in \boldsymbol{W}}\frac{q_w}{\lambda_w} \tag{4-2}$$

式中：$\boldsymbol{W}$——交通网络 $\boldsymbol{G}$ 中 OD 点对的集合；

$n_{\boldsymbol{W}}$——OD 点对的数量；

q_w——第 w 个 OD 点对的流量；

λ_w——平衡状态下第 w 个 OD 点对间的出行成本。

秦进等[84,85]从路段平均出行成本的角度，定义交通网络效率为路网均衡状态下，每条路段上单位出行成本能够服务的出行者数量：

$$E(\boldsymbol{G},q) = \frac{1}{n_{\boldsymbol{A}}}\sum_{a\in \boldsymbol{A}}\frac{\bar{x}_a}{\bar{t}_a} \tag{4-3}$$

式中：$\boldsymbol{A}$——交通网络 $\boldsymbol{G}$ 中路段的集合；

$n_{\boldsymbol{A}}$——路段的数量；

$\bar{x}_a$、$\bar{t}_a$——平衡状态下路段 a 上的流量和出行成本。

余孝军等[86]从系统整体的角度，综合考虑出行行为、出行成本、出行需求及路段流量等因素，定义网络效率为路网均衡状态交通网络中所有出行者的总收益，该效率值可用路段流量及出行效用来度量：

$$E(\boldsymbol{G},q) = -\sum_{a\in \boldsymbol{A}}\bar{x}_a\bar{t}_a \tag{4-4}$$

式中各参数的含义同式(4-3)。此网络效率为负数，和系统总的出行成本成反比。

这类效率指标虽然考虑了出行者的择路行为，但其主要强调的是指标的经济学解释性而忽略了对路网通行能力和服务水平的考虑，因而只适用于追求劳动生产率的运输网络，而不适用于受通过能力和服务水平约束的道路交通网络。

2)改进的道路交通网络效率测度模型

本书在已有研究的基础上，根据道路交通网络的运行特征和服务特征，提出改进的交通网络效率的测度模型。

(1)交通网络均衡模型

交通网络均衡条件是分析交通网络效率的基础，仍采用固定需求下交通网络平衡条件来进行分析研究。

设道路交通网络 $\boldsymbol{G}(\boldsymbol{N},\boldsymbol{A})$ 中，$\boldsymbol{N}$ 为节点集，$\boldsymbol{A}$ 为路段集(路段的数量为 $n_{\boldsymbol{A}}$)，$\boldsymbol{R}$、$\boldsymbol{S}$ 为 O、D 点对集合，$\boldsymbol{K}_{rs}$为 OD 点对 r、s($r\in\boldsymbol{R}$，$s\in\boldsymbol{S}$)之间所有路径的集合，q_{rs}为 OD 点对 r、s 之间的交通需求。则固定需求下交通网络用户平衡问题，可以用下面的数学规划模型来表示。

$$\min \quad Z(x) = \sum_{a\in \boldsymbol{A}}\int_0^{x_a} t_a(w)\,\mathrm{d}w \tag{4-5}$$

$$\text{s.t.} \sum_{k\in \boldsymbol{K}_{rs}} f_k^{rs} = q_{rs}, \forall r\in \boldsymbol{R}, s\in \boldsymbol{S} \tag{4-6}$$

$$x_a = \sum_{r \in \boldsymbol{R}} \sum_{s \in \boldsymbol{S}} \sum_{k \in \boldsymbol{K}_{rs}} f_k^{rs} \delta_{ak}^{rs}, \forall a \in \boldsymbol{A} \tag{4-7}$$

$$f_k^{rs} \geqslant 0, \forall k \in \boldsymbol{K}_{rs}, r \in \boldsymbol{R}, s \in \boldsymbol{S} \tag{4-8}$$

式中：t_a——路段 a 上的行驶时间，一般由 BPR 函数确定，即 $t_a = t_a^0\left[1+\alpha\left(\frac{x_a}{C_a}\right)^{\beta}\right]$，其中 t_a^0 为路段 a 的自由行使时间，x_a为路段 a 的流量，C_a为路段 a 的通行能力，α、β 为常数，取 $\alpha=0.15$，$\beta=4.0$；

f_k^{rs}——OD 点对(r,s)之间的第 k 条路径上的流量；

δ_{ak}^{rs}——路径/路段关联变量，若路段 a 在 OD 点对(r,s)之间的第 k 条路径上，其值为 1，否则为零。

目标函数式(4-5)是要最小化交通网络内的总的出行成本，约束条件式(4-6)是路径流量和 OD 需求的约束关系，式(4-7)是路径流与路段流的约束关系，式(4-8)是流量非负约束。

上述模型的求解方法有很多，常用的是 Frank-Wolfe 方法，其具体步骤参见文献[87]。

(2)交通网络效率测度模型

对于给定的交通网络 $\boldsymbol{G}$，若其 OD 间交通需求总量为 q，交通网络平衡状态下，定义网络效率为：

$$E(\boldsymbol{G},q) = \frac{1}{n_{\boldsymbol{A}}} \sum_{a \in \boldsymbol{A}} \frac{E_a}{\bar{t}_a} \tag{4-9}$$

式中：$\boldsymbol{A}$——交通网络 $\boldsymbol{G}$ 中路段的集合；

$n_{\boldsymbol{A}}$——路段的数量；

$\bar{t}_a$——平衡状态下路段 a 上的走行时间；

E_a——路段 a 的断面通行效率，由 BRILON[88]提出，定义为

$$E_a = \bar{x}_a \bar{\nu}_a T \tag{4-10}$$

式中：$\bar{x}_a$——平衡状态下路段 a 上的交通量(pcu/h)；

$\bar{\nu}_a$——平衡状态下路段 a 上车辆的行驶速度(km/h)；

T——单位时间，通常取 1h。

断面通行效率相当于物理学中动量的概念，其数值实际上是单位时间内通过断面的交通量与平均车速的乘积，能综合反映断面的服务水平和服务交通量。

将断面通行效率 E_a的表达式代入(4-9)，可得网络效率：

$$E(\boldsymbol{G},q) = \frac{1}{n_{\boldsymbol{A}}} \sum_{a \in \boldsymbol{A}} \frac{\bar{x}_a \bar{\nu}_a}{\bar{t}_a} \tag{4-11}$$

该模型可以理解为平均每条路段上单位出行成本能够服务的车公里数。可以看出，改进的网络效率测度指标不仅能够反映路网运行中成本与效益之间的关系，而且综合考虑了路网容量和服务水平。

3)路网效率实验分析

构造测试路网，采用路网效率测度模型，分析对外交通对路网效率的影响机理、路网中快

速干道的功效以及不同交通组织模式下路网效率的变化情况。

(1)测试路网构建

构造如图4-1所示的测试路网,该路网由城市内部道路和对外干线公路组成,其中城市内部道路由东西向和南北向各5条等间距道路组成,相邻道路之间的间距均为5.0km,这些道路纵横交叉,形成40条路段,并将城市内部划分为16个方形的交通小区;$\overrightarrow{AB}$、$\overrightarrow{CD}$为东西、南北向的两条对外干线公路,假设节点A、B、C、D为对外交通的发生吸引点。

(2)路网效率与交通需求的关系分析

为分析提出的路网效率模型与交通需求的关系,将图4-1所示的测试路网设置为均匀路网,即内部40条路段均假设为相同技术标准,路段参数详见表4-1。不考虑对外交通的情况下,根据前文提出的模型,编制路网均衡配流和路网效率计算程序,得到路网效率与内部交通小区之间交通需求之间的关系如图4-2所示。

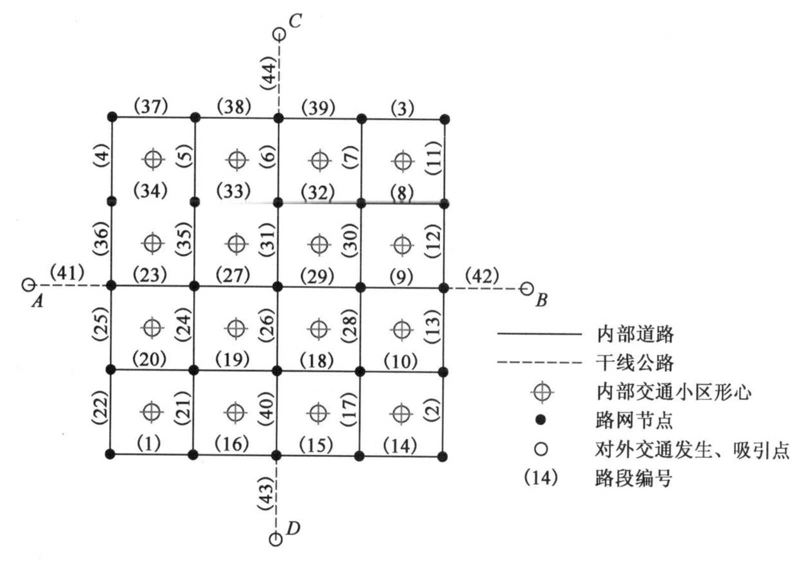

图4-1 测试路网示意图

测试路网情况表(均匀路网)

表4-1

路段编号	路段类型	路段长度(km)	路段通行能力(pcu/h)	路段自由行驶速度(km/h)
1～40	一般路段	5.0	1500	30

从图4-2中可知,随着小区间的交通需求的增加,路网效率呈现先增加后减小的变化趋势,即在小区间交通需求较小,路网剩余容量较大的情况下,随着交通需求的增加,平均每条路段上单位出行成本能够服务的车公里数逐渐增加,路网效率增加,在小区间OD为300pcu/h左右达到最大;随着交通需求的继续增大,路网中部分路段达到饱和,这时路段上的出行成本逐渐增加,路段上单位出行成本能够服务的车公里数反而会逐渐减少,路网效率降低。这与实际路网的运行情况是一致的,进一步说明了提出的路网效率模型的有效性。

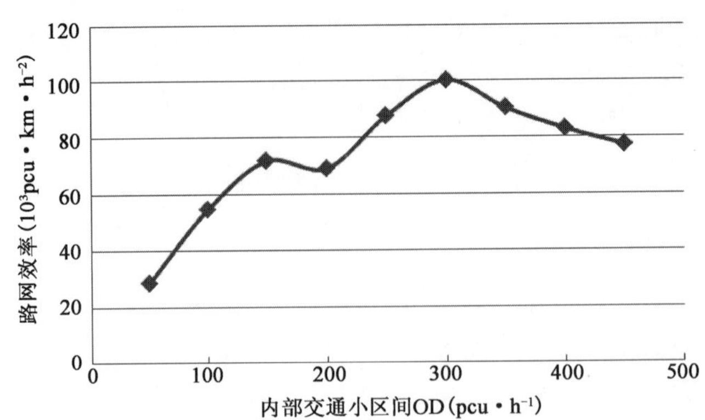

图 4-2 路网效率与内部交通需求之间的关系图

(3)对外交通对路网效率的影响分析

对外交通中的出入境交通和过境交通均要经过结点内部进行疏散、过境而达到出行目的地。本节将分析对外交通的引入,给内部路网运行效率带来的影响。考虑城市结点对外交通 OD 分布的一般情况,在图 4-1 所示的测试路网中,将对外交通 OD 需求结构分为两种情况:

对外交通 OD 需求结构一:$\overline{AB}$间、$\overline{CD}$间的过境交通量均占总交通量的 10%,即干线公路$\overline{AB}$、$\overline{CD}$均以出入境交通为主,过境交通相对较小。

对外交通 OD 需求结构二:$\overline{AB}$间过境交通量占 30%,$\overline{CD}$间过境交通量占 10%,即$\overline{AB}$向过境交通量集中。结点内部路段仍采用表 4-1 所示的参数,即均匀路网状态。

然后分内部小区间 OD 分布量为 100pcu/h、200pcu/h、300pcu/h 三种情况,分别测算随着对外交通需求的增加,对外交通 OD 需求结构一、结构二条件下路网效率的变化情况,如图 4-3a)、b)所示。

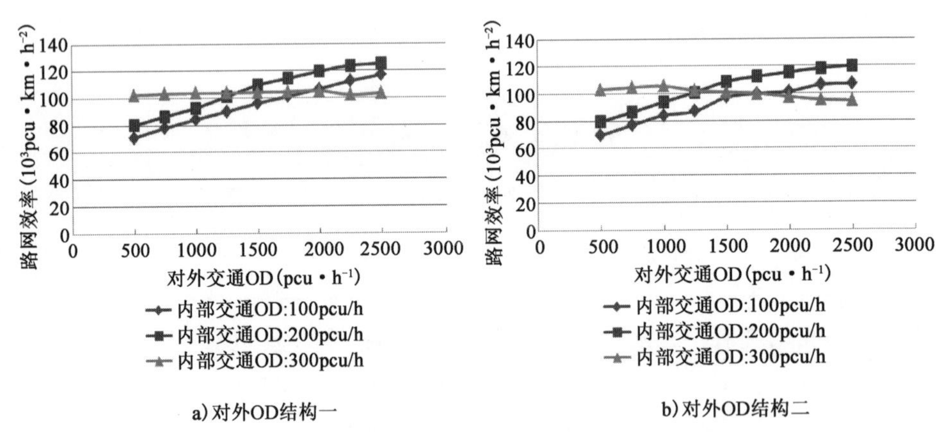

图 4-3 对外交通对路网效率的影响

两种对外交通 OD 需求结构下,当内部小区之间的交通需求为 100pcu/h、200pcu/h 时,即结点内部路网尚存在剩余容量的情况下,对外交通的引入,会增加结点内部路网的输送效率;

而当内部小区之间的交通需求达到300pcu/h时,即路网中部分路段达到饱和的状态,对外交通的引入,则会增加结点内部路网的交通疏解负担,虽然交通需求增加,但路网效率反而会有所下降。

(4)城市路网中快速干道系统功效分析

分析快速干道系统的设置对路网效率的影响,将图4-1测试路网中的18、19、24、35、33、32、30、28共8条路段围成的环路设置为快速干道,详细的路段参数如表4-2所示。

测试路网情况表(设置快速环路)　　表4-2

路段编号	路段类型	路段长度(km)	路段通行能力(pcu/h)	路段自由行驶速度(km/h)
18、19、24、35、33、32、30、28	快速干道	5.0	2500	80
其余路段	一般路段	5.0	1500	30

不考虑对外交通的情况下,随着内部交通需求的增加,设置了快速干道的路网与原均匀路网的路网效率变化情况如图4-4所示。同样的交通需求水平下,快速干道的设置一般情况下能提高路网效率水平1~4倍。当内部交通小区之间的交通分布量在100~200pcu/h时,能提高路网效率4~7.5倍。

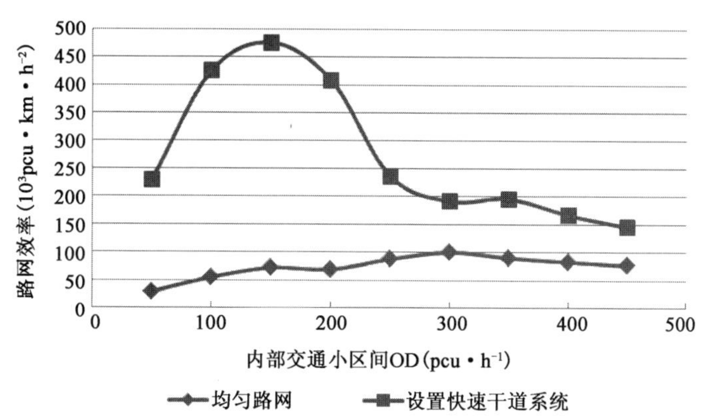

图4-4　快速干道对路网效率的影响(内部交通)

对外交通OD需求结构一、结构二条件下,当内部各交通小区间的交通分布量均为300pcu/h时,路网效率与对外交通需求之间的关系如图4-5a)、b)所示。两种对外OD结构下,快速干道系统的设置都能明显提高路网效率1~1.5倍。

(5)不同交通组织模式下路网效率分析

由于快速干道系统的设置能显著提升结点路网组织内部交通组织和对外交通组织的效率,在假定城市结点建设或规划建设有快速干道系统的情况下,利用路网效率测度模型,分别在对外交通OD需求结构一、对外交通OD需求结构二条件下,研究不同衔接交通组织模式的路网效率变化情况。

①对外交通OD需求结构一条件下。在这种条件下经过结点的各个方向的对外交通均以

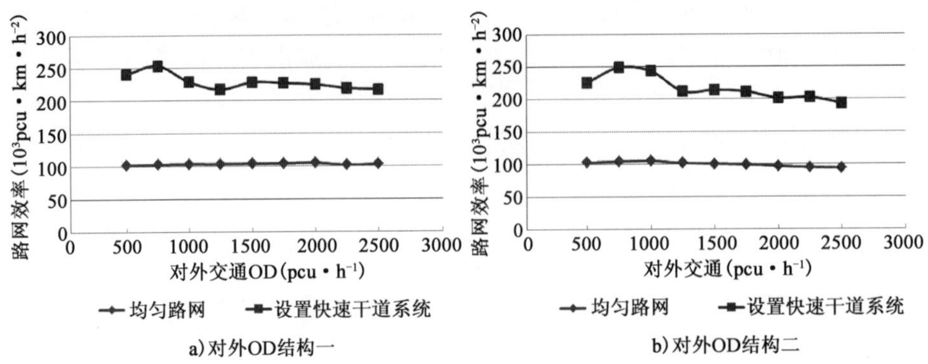

图 4-5　快速干道对路网效率的影响

出入境交通为主，没有集中的过境交通流向，此时对外交通组织的重点是出入境交通的处理，提出以下两种组织模式。

模式一：对外交通直接接上结点内部路网，通过内部路网完成对外交通的组织。该模式对应测试路网的路段参数如表 4-2 所示。

模式二：通过设置干线公路与结点快速干道系统之间的快速连接线，将对外交通引入结点快速干道系统，通过大容量的快速干道系统协助完成对外交通的组织。该模式对应的测试路网是在模式一的基础上，将 6、9、23、40 共 4 条路段设置为快速连接线，具体的路段参数如表 4-3所示。

测试路网情况表（对外交通接入快速路系统）　　表 4-3

路段编号	路段类型	路段长度（km）	路段通行能力（pcu/h）	路段自由行驶速度（km/h）
18、19、24、35、33、32、30、28	快速干道	5.0	2500	80
6、9、23、40	快速连接线	5.0	2000	60
其余路段	一般路段	5.0	1500	30

假设内部小区之间的交通分布量为 300pcu/h，求得以上两种对外交通组织模式下，路网效率与对外交通需求之间的变化关系如图 4-6a）所示。当对外交通分布量在 500 ~ 750pcu/h 的情况下，由于对外交通量较小，两种交通组织模式的路网效率相差不大；而随着对外交通分布量的逐渐增大，即大于 750pcu/h 的情况下，模式一的路网效率逐渐下降，而采用模式二组织的路网效率则不但不降低还能继续上升。

②对外交通 OD 需求结构二条件下。在这种条件下，对外交通组织，除了可以采用上述的模式一、模式二以外，还设置一种考虑流向集中那个方向过境交通组织的模式，即模式三。

模式三：设置干线公路与结点快速干道系统之间的快速连接线，将对外交通引入结点快速干道系统，路段参数同模式二。同时，为过境交通集中的方向设置直接式过境线路，快速疏导方向集中的过境交通。在测试路网图 4-1 中，由前文假设可知 $\overline{AB}$ 向过境交通流相对集中，将路段 27、29 设置为直接式过境线路，则该模式对应测试路网的路段参数如表 4-4 所示。

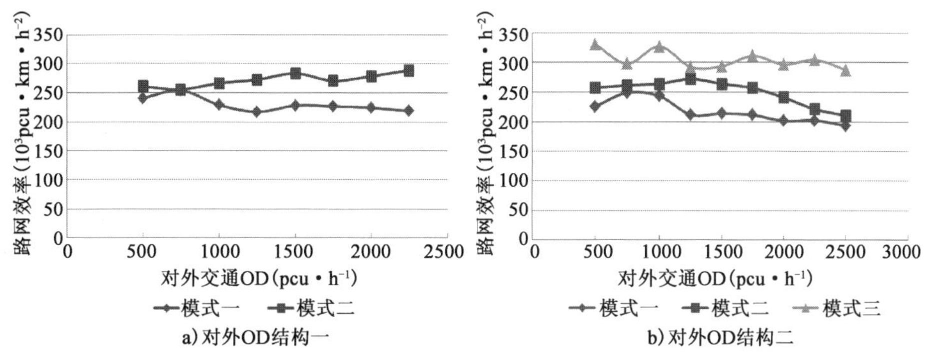

图4-6　交通组织模式与路网效率关系图

测试路网情况表(设置直接式过境线路)　　表4-4

路段编号	路段类型	路段长度(km)	路段通行能力(pcu/h)	路段自由行驶速度(km/h)
18、19、24、35、33、32、30、28	快速干道	5.0	2500	80
6、9、23、40	快速连接线	5.0	2000	60
27、29	直接过境线	5.0	2000	60
其余路段	一般路段	5.0	1500	30

假设内部小区之间的交通分布量为300pcu/h,可求得三种对外交通组织模式下路网效率与对外交通需求之间的变化关系,如图4-6b)所示。当对外交通分布量较小,大致在500~1000pcu/h的情况下,模式一与模式二的路网效率差别不大,这与需求结构一的情况类似;当对外交通分布量在1000~2000pcu/h的情况下,模式二的路网效率较模式一能提高15%~30%;当对外交通分布量超过2000pcu/h时,随着对外交通需求的增加,模式二的路网效率逐渐下降,慢慢又接近于模式一的路网效率,此时需要采用模式三,即不仅将对外交通引入快速干道系统,而且还设置直接式的过境线路疏导方向集中的过境交通,以满足对外交通的疏解需要,提高路网效率。

4)城市结点衔接交通组织模式研究

通过城市结点大容量的快速干道系统集中来组织对外交通,能够有效降低对外交通对城市交通带来的影响,保证结点路网有较高的运行效率。为有效地分离对外交通与结点内部交通,提升结点交通系统运行效率,本书提出基于轴辐式思想的城市结点衔接交通组织模式,通过结点高快路网络来集中进行过境交通、出入境交通的衔接组织。

经过城市结点的干线公路,其交通组成主要由过境交通流和出入境交通流组成,其中过境交通包括原路直接过境交通和需要进行方向转换的过境交通。如图4-7所示,5条干线公路交会的结点,干线公路两两之间的过境交通转换至少需要在10个交点完成,流线分布相当复杂,若不进行任何组织、引导,过境交通只能在结点内部完成过境和交通转换,这会给城市交通带给额外的负荷,也影响过境交通在城市结点的通过效率。对于出入境交通而言,随着城市规模的扩大,组团间距离越来越远,若没有合理的组织模式,出入境交通往往需要穿过不同的组团才能到达出行端点,易造成对外交通与城市交通的叠加,恶化城市交通环境。

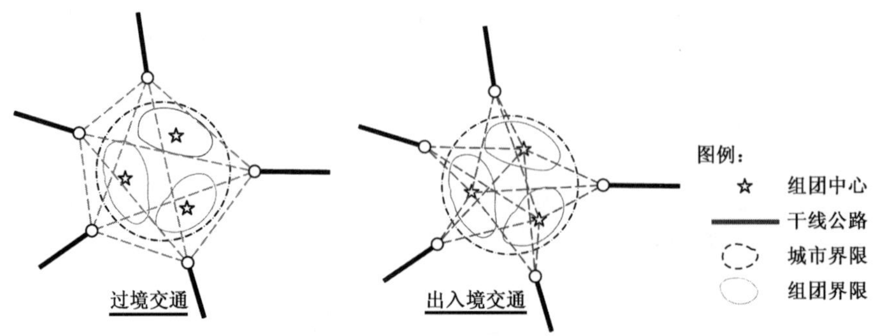

图 4-7　干线公路过境交通、出入境交通流线分布示意图

轴辐式网络起源于航空运输领域[89,90]。20 世纪 60 ~ 70 年代,航空运输需求快速增长,迫切需要构筑快速而低成本的运输系统。1979 年美国放松航空运输管制,航空公司出于市场竞争需要,不断探索既有效率又体现规模经济的运营组织方式,逐步形成了以枢纽机场为轴心、非枢纽机场为辐射支撑点的轴-辐式(Hub and Spoke)运输组织网络;20 世纪 90 年代开始的欧洲运输自由化也促进了轴-辐航空网络的形成[91]。轴辐式网络指的是网络中的大部分节点通过和网络中的一个或少量几个枢纽节点相互作用,实现货物、人员及服务的传递的一种网络结构[92]。与轴辐式网络直接对应,经常用来做比较的是点对点全连接网络。与传统的点对点网络相比,轴辐式网络中,乘客/货物从不同的出发地(Spoke)到达不同的目的地(Spoke),或者从相同的出发地到达不同的目的地,乘客/货物都必须先到达一个中间地点(Hub),在这里进行换乘、转载,然后享受优惠的直达式运输服务,目的是为了集中交通流量,实现规模经济效益,降低整个网络的运输成本[93]。

若借鉴轴辐式运输组织的思想,在干线公路系统与结点内部道路系统之间设置一个枢纽作用的衔接转换系统,如图 4-8 所示,干线公路不直接与结点内部道路衔接,而是将过境交通、出入境交通引入衔接转换界面,通过衔接转换界面来集中完成结点过境交通、出入境交通的引导、转换、疏散作业。从而将过境交通集中在结点外围转换,引导至各出口公路过境;将出入境交通匀化后引导至各出行端点附近,再经接口道路(出入口道路、连接线)进入结点内部[94]。

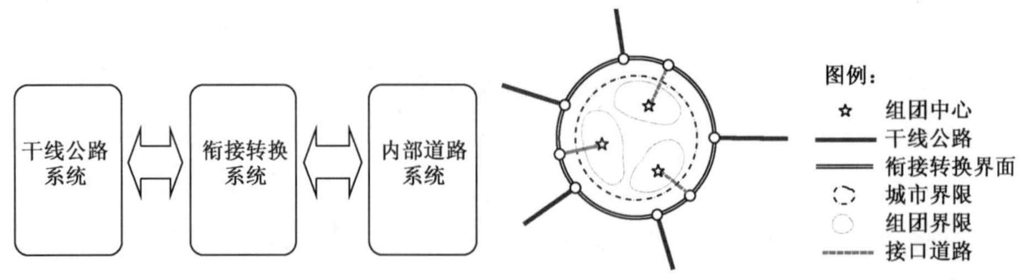

图 4-8　城市结点衔接交通组织模式

衔接转换系统的引入，将干线公路与结点内部交通衔接问题上升到干线公路系统与结点内部道路系统这两个系统之间的衔接，上升到干线公路网络与城市道路网络这两个网络层面的衔接，能从根本上把握和解决结点衔接交通组织问题。

大多数城市结点都开始规划建设的由绕城高速、快速路构成的高快路网络，是能起到枢纽作用的衔接转换设施，能作为结点内外交通衔接转换的界面。高快路网络是结点骨干道路系统，具有技术标准高、路网容量大、封闭性强的特点，能够简化内外交通衔接组织的流线，减少对外交通和城市交通之间的干扰，减少交通个体的平均出行成本，从根本上理顺结点内外交通之间的关系。高快路网络中，一般绕城高速以组织过境交通为主、出入境交通为辅，而快速路系统以组织出入境交通为主、过境交通为辅，二者协同配合，共同提升结点衔接交通整体运行效率。

4.2　城市结点衔接交通服务体系设计

4.2.1　衔接交通服务体系的要求与内涵

1）城市结点衔接交通服务体系的基本要求

作为服务于城市结点公路交通与内部交通衔接转换的交通体系，应从城市结点特定的路网结构条件和交通运输发展阶段出发，制订既符合城市结点特征，又适应交通运输的发展阶段要求的衔接交通服务体系。衔接交通服务体系应满足以下基本要求。

（1）分层次的服务要求

分层次服务的衔接交通体系包含两方面的含义：一是按照交通可达性和机动性的特征分层次组织；另一个是按照不同的交通服务对象分层次组织。城市结点随着城市空间的扩大，出行距离迅速增加，对道路运输机动性和可达性的要求均提高到一定程度。如组团间长距离的出行活动对交通系统的要求主要在机动性，而组团内小范围的活动对交通系统的要求则主要在可达性上；过境交通要求的是尽快顺畅通过结点城市，关注的是机动性，而出入境交通则要求能便利地到达出行目的地，关注的是可达性。城市结点机动性交通和可达性交通的分离，要求衔接交通服务体系能成为一个指向明确的系统，以提高内外交通衔接转换的效率。

同时，衔接交通的服务体系也应该区分不同交通服务对象。开放式干线公路的交通出行者和高速公路上的交通出行者的出行目的、对出行的时效性的要求均有不同；客车、货车的出行特征和要求又有所不同；不同收入阶层的人士，对交通“效用”的反应也完全不同。因此，应考虑不同服务对象的要求，建立不同层次的交通服务体系。

（2）交通分离的要求

交通分离就是通过管控手段，让不同性质的交通流实现空间或时间上的分离，减少不同性质交通流之间的干扰，纯化交通运行环境，提高交通运行效率。城市结点交通组成复杂，应通过适当地规划、管控措施，让过境交通和市内交通分离、出入境交通和市内交通分离、组团间长距离直达交通和沿线短途交通分离、客货交通分离。

传统组团式布局城市中，各组团多是依托干线公路发展起来的，对外公路往往通过组团中心,造成对组团内部交通的冲击,并使进出组团的出入境交通与通过组团的过境交通重叠,形成区间干路上强大的交通流。组团间的联系道路兼有公路和城市道路的功能,既担负组团间客货运输,又担负通过组团的过境交通,功能不明,定位不清,使得城市交通混乱无序、运行效率低下。组团间交通与城市对外交通所具有的不同交通特性决定了应建立相对独立的组团间联系通道与对外交通系统。组团间大量的通勤交通有明显的潮汐现象(方向不均匀系数高),这对组团间联系通道的规划设计(如横断面布置形式)和管理方法都有特殊的要求,不宜将组团间联系通道和对外交通系统混合。因此,各个主要组团应有独立的对外通道,分离出入境交通与过境交通,使对外交通与组团间、组团内交通互不干扰。

(3)交通连续的要求

交通连续就是保证大多数交通参与者在交通活动过程中,在时间、空间、交通方式上不产生间断。交通连续要求衔接交通组织遵循"分级衔接、逐层疏解"的思想,使车辆在连续流与间断流之间能够平滑过渡,不至于产生突变。平顺性的交通流转换,既是较高道路交通服务水平的表现,也能减小交通拥堵,减少汽车尾气排放对环境的污染,也是交通系统可持续发展的需要。

(4)交通负荷均分的要求

交通负荷均分指通过对路网交通流进行科学的调节、疏导,达到路网各节点交通压力逐步趋于大小一致,不会由于某一点压力过于集中而造成交通拥堵。对于过境交通,要尽量利用绕城公路的疏散作用,将各个方向的过境交通通过绕城公路均匀疏导,避免多条干线公路共线过境的情况;对于出入境交通,要尽量利用结点快速路系统和绕城公路的疏解作用,将出入境交通均衡分散到各条出入口道路,不至于在某一个方向的某条出入口道路集中过多的出入境交通,造成该道路的拥挤。

2)城市结点衔接交通服务体系的含义

根据城市结点对衔接交通服务的基本要求,本书提出基于轴辐式组织模式的衔接交通服务体系,其核心含义是:根据城市结点空间结构特征及内外交通衔接转换的要求,针对城市结点内外交通需求特征、交通设施资源供给特征进行衔接交通设施的规划、建设和管理,确立符合城市结点交通需求和资源供给能力的交通服务结构和与之协调的道路交通设施,建立高效的交通衔接转换系统。

4.2.2 城市结点衔接交通服务体系的构建及功能分析

1)衔接交通服务体系构建的目标体系

衔接交通服务的目标体系体现在交通畅达、交通经济、交通健康、交通安全四个方面。

交通畅达。公路交通往往要通过城市结点过境,或者进出城市结点,这无疑会给城市交通增加额外的负荷。对于城市结点来说,在外围组团发展的早期阶段,组团间的道路往往由干线公路所承担,干线公路既承担着过境交通、中心城区的出入境交通,又承担着日益增长的组团间联系交通。交通组成的复杂性会恶化城市交通环境,造成出入口道路拥堵,对外出行不畅。因此,衔接交通服务体系的首要目标,便是要以交通畅达为目标,构建内外分离、分层次的衔接交通服务体系，提高衔接交通的运行效率，同时减少对城市交通的干扰。

交通经济。交通是否便利、运输是否经济，对区域和城市的发展产生的影响是根本而深远的。便利、经济的运输条件是改善城市投资环境，扩大中心城市的经济腹地，全面提升城市经济竞争力的基本载体和重要手段。交通经济性的目标要求衔接交通服务体系的构建，一方面要尽量分离对外交通与城市交通，减少二者之间的干扰带来的交通效益的损失；另一方面也要考虑不给对外交通增加过多的绕行距离，确定相对平衡的绕行方案。

交通健康。干线公路和城市交通的建设、运营给人们带来生活便利的同时也带来了严重环境污染问题，尤其是过境交通中大型货车比重高，产生的尾气、噪声污染都比小汽车要严重得多。构建衔接交通的服务体系，必须要解决好公路交通带来的环境问题。交通健康主要考察交通对空气质量、工作环境、人居环境的污染状况和车内外环境的健康、舒适以及交通工具对能源、土地资源的消耗状况。衔接交通应该是资源高效、能源清洁、环境友好的交通服务系统。

交通安全。安全是人们对生命保障的基本需求，也是对交通最基本的要求。交通安全也是对衔接交通服务体系考核与评价的基本指标，在衔接交通服务体系设计中，必须满足大幅度降低交通事故率的要求。

2）衔接交通服务体系功能结构设计

根据轴辐式衔接交通组织模式，构建衔接交通服务体系的功能结构。按照城市结点衔接交通运行的特征，道路的功能、交通流特性，可以将衔接道路和承担了部分对外交通衔接功能的道路按从高到低划分为四个层次，即高速转换层、快速转换层、组团外集散层、组团内集散层，如表4-5所示。

衔接交通服务体系的功能结构　　表4-5

级别	功能层次	主要功能	交通设施
1	高速转换层	高速疏导高速公路过境交通，高速疏散高速公路出入境交通	绕城高速、穿越高速
2	快速转换层	快速疏导开放式干线公路过境交通，快速引导干线公路出入境交通至集散层	市区快速路系统、绕行公路
3	组团外集散层	承接转换层引导过来的出入境交通，向组团内部集散	绕行公路、城市出入口道路、高速公路连接线、组团间快速联系通道、组团间一般联系通道、组团出入干道
4	组团内集散层	将出入境交通集散至组团内部	组团边缘集散道路、组团内交通性主干道

其中高速转换层位于衔接系统中级别最高的层次，其主要服务对象是区域高速公路系统经过结点的过境交通流和出入境交通流，主要交通设施是环状的绕城高速公路和直接从组团间经过的穿越高速公路，车速最高，一般在100～120km/h，一般属于收费公路。其主要功能是疏导高速公路上的过境交通流通过结点，实现高速公路不同方向交通流的方向转换；将高速公路上的出入境交通流疏散，使其均匀通过下一层次的转换层或者集散层进入组团内部。同时，由于我国大多数大城市都制订了限制大货车白天进入市区的交通管理措施，因此绕城高速公路、越城高速公路也承担省干线公路上的货车过境交通的组织功能。

快速转换层位于衔接系统第二层次，其主要服务对象是除高速公路之外的开放式干线公路经过结点的过境交通流和出入境交通流，主要交通设施是市区快速路、绕行公路，车速高，一般在 60 ~ 100km/h。其主要功能是疏导干线公路上的过境交通流通过结点，实现干线公路不同方向交通流之间的方向转换；将干线公路上的出入境交通流疏散至集散层进入组团内部。

组团外集散层是介于转换系统和组团内部路网之间的过渡性道路，主要的交通设施包含绕行公路、城市出入口道路、高速公路连接线、组团间快速联系通道、组团间一般联系通道、组团出入干道等几种类型，车速较高，一般在 40 ~ 80km/h 之间，兼有公路和城市道路的性质。主要功能是实现转换层和组团内部道路之间出入境交通的转换。

组团内集散层是将组团外集散系统传递过来的出入境交通疏散到组团内部各个片区，是对外交通的最后一级疏散系统。一般通过在组团边缘设置等级相对较高的环状或切向干路，平衡和分散进入组团的交通流，形成“组团间联系道路—组团边缘集散道路—组团内交通干道”的衔接模式，组团间交通不是很集中的情况下，也可以直接接上组团内交通性主干道。

基于轴辐式组织模式的衔接交通服务体系的服务效应分析如表 4-6 所示。

衔接交通服务体系服务效应分析　　表 4-6

	服务项目	服务效应
过境交通	通过性	集中从高快路网络过境，通过性好
	与内部交通的关系	与内部交通分离
	与城市建设的关系	干线公路集中过境，集约性强，便于集中处理和城市建设之间的关系
	对城市环境的影响	集中从组团边缘或组团间过境，对城市环境影响小
出入境交通	可达性	通过高快路网络将出入境交通迅速向各目的地组团集散，可达性好
	交通负荷均匀性	通过高快路网络将出入境交通在路网上匀化处理，分散进入组团内部
	与内部交通的关系	与内部交通分离

3）衔接交通服务流线设计

交通运行流线是交通体系设计和交通组织策略的实施层面，根据轴辐式衔接交通组织模式和服务体系的功能结构，分别设计城市结点过境交通、出入境交通的运行流线。

（1）过境交通流线设计

轴辐式服务体系下干线公路的过境交通流线分三种情形（图 4-9）：①“出行起点—高速转换层—出行终点”，即过境交通主要通过绕城高速、穿越高速过境，其主要优点是减少了过境交通对城市交通、城市环境带来的负面影响，缺点是过境交通绕行距离较长，同时高速公路的收费也增加了车辆的运营成本。这种情形是我国大城市对干线公路上过境货车交通的流线管理模式。②“出行起点—快速转换层—出行终点”，即过境交通引入快速路系统，经快速路疏导过境。采用这种流线管理模式的优点是能缩短车辆过境的绕行距离和运营成本，缺点是过境车辆会给城市快速路增加一定的交通负荷和环境负荷。③“出行起点—高速转换层—快速转换层—出行终点”，是以上两种模式的综合，过境交通同时经由绕城高速和快速路过境，有利于选择综合性能更优的出行路径。

（2）出入境交通流线设计

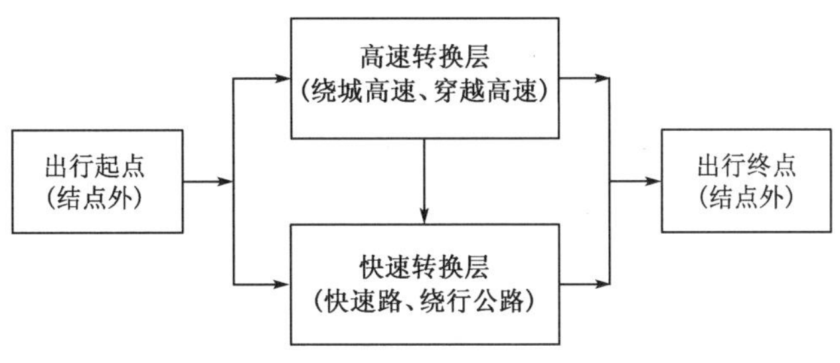

图4-9　过境交通流线设计

出入境交通流线设计也分为三种情形，以入境交通为例（图4-10）：①"出行起点—高速转换层—组团外集散层—组团内集散层—出行终点"，即利用绕城高速或穿越高速的高速疏解功能，将入境交通分散到各出行终点组团附近，分散进入组团内部，这种流线管理模式的优点是能平衡入境交通在路网上的均衡分布，能减小出入口道路的拥堵，缺点是收费的高速公路给出行者增加了额外的出行成本。②"出行起点—快速转换层—组团外集散层—组团内集散层—出行终点"，即入境交通经由快速路系统的疏解后，经组团外集散层分散进入各出行终点组团，优点与模式一类似，缺点是出入境交通会给城市快速路增加一定的交通负荷。③"出行起点—高速转换层—快速转换层—组团外集散层—组团内集散层—出行终点"，是以上两种模式的综合，通过高速转换层、快速转换层，逐级分散、疏解出入境交通，更利于在整个路网上匀化出入境交通的分布，减少局部路段的拥堵。

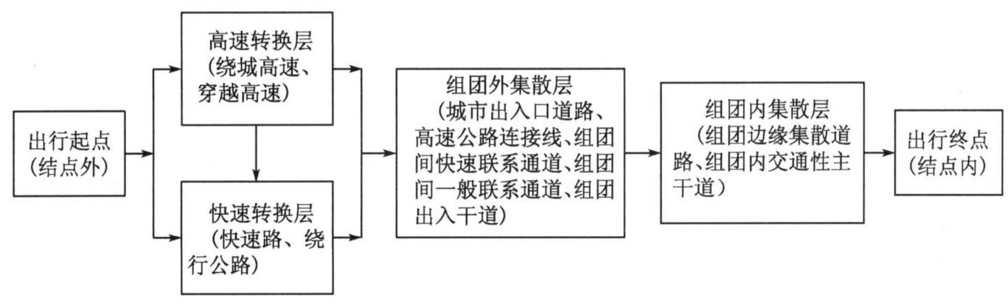

图4-10　入境交通流线设计

4.3　本章小结

本章提出了一个改进的路网效率测度模型，并运用该效率模型，分析了对外交通对城市内部交通的影响机理、路网中快速干道的功效以及不同交通组织模式下路网效率的变化情况。在量化研究的基础上，借鉴轴辐式运输组织思想，提出了将城市结点高快路网络作为公路交通与城市交通之间的衔接转换界面，利用高快路网络来集中组织对外交通的城市结点轴辐式衔接交通组织模式。分析了城市结点衔接交通服务体系的含义与构建要求，提出了衔接交通服务体系构建的目标，按照城市结点轴辐式衔接交通组织的特点，构建了衔接交通服务体系功能结构，并进行了衔接交通组织的流线设计。

第5章 城市结点干线公路交通需求分析方法

5.1 城市对外交通需求影响因素

运输需求是指一定时期内经济社会活动产生的旅客和货物空间位移的需要。运输需求来源于经济社会活动,从空间分布上可以分为市内出行和对外交通出行。对外交通出行是城市与周边区域的经济社会活动之间的相互作用,资源、劳动力之间的相互作用及其再生产产生的运输需求。城市对外交通需求受经济社会、居民收入、消费水平等各方面因素的影响,由于客、货运形成机理的不同,客运与货运有不同的影响因素。

5.1.1 城市对外客运需求影响因素

(1)经济社会发展水平

对外客运需求很大一部分来源于生产性出行需求,经济发展水平的高低、速度的快慢直接影响对外出行需求。经济发展水平高的地区、城市,旅客出行需求水平较高。经济社会发展水平通过影响人们的收入和消费而影响消费性的旅客出行需求。

(2)人口规模、结构及城镇化程度

人口数量增加时,相应的对外旅客出行需求就增加。城市规模和人口数量不同,对外交通需求的分布也往往有所区别。通常城市规模越大,过境交通比例越高,如表5-1为美国几个城市1990年调查的人口数量与过境交通比例的关系比较表[95]。另一方面,人口结构对对外旅客出行需求也产生影响,城市人口比乡村人口容易产生更多的出行需求,高收入的人群要比低收入的人群产生更多的出行需求。

过境交通比例与城市规模关系表 表5-1

城　市	人口数量(1990年)	出入境交通比例(%)	过境交通比例(%)	合计(%)
Chicago	6070000	95	5	100
Twin Cities	2464000	93	7	100
San Diego	2498000	88	12	100
Phoenix	2122000	86	14	100
Reno	255000	87	13	100
Wausau	37000	80	20	100

(3)居民消费水平

人们生活水平提高,探亲、休养、旅游、访友等需要必然增长,与此相联系的消费性出行也将随着生活水平的提高在数量和质量上发生变化。

(4)运输网的数量和质量

区域交通运输网络的建设和完善，安全、迅速、便利的运输服务，能大大提高居民出行的便利性，促进对外客运需求的增长。

(5)旅游业的发展

经济社会的发展带来人民生活水平的提高，外出旅游的需求在整个生活需求中的比例也越来越高，进而带动旅客出行需求的增加。

(6)其他因素

影响对外客运需求的因素还有经济政策、运输服务的质量和价格、信息化发展水平等方面。

5.1.2　城市对外货运需求影响因素

(1)经济社会发展水平

货物运输需求是派生需求，其大小、强度取决于城市和地区的经济社会发展水平，各个城市在不同的发展阶段对货运需求在数量上和质量上有很大差别。经济繁荣时期，市场活跃，消费增加，生产扩大，运输需求随之旺盛；而当经济走势平缓甚至下降时，则运输需求受到抑制。

(2)国民经济产业结构和产品结构

生产不同产品所引起的场外运量(包括所有原材料、辅料、能源、半成品和成品等的运量)差别很大，不同产品利用某种运输方式的产运系数(即产品的运输量与其总产值的比值)是不同的，不同的产业构成，在运输需求的量与质上要求不同，整个城市的农、轻、重及服务业的比例与其产品的种类结构会直接影响该社会的货运需求的数量与质量。

(3)能源结构与生产力布局

能源运输往往在社会总运量中占比较大的比例，能源结构的变动会导致货运需求无论是总量还是方向上大的变动。城市和地区的生产力布局则决定着资源产地、原材料产地、与产品消费地的空间距离，对货物运输的数量、方向、距离有决定意义。

(4)产品的商品化率和就地加工程度

对外货运需求主要来自对外商品流通，如果一个城市或地区的生产社会化程度高，产品的商品化率高，其产品流通的规模较大，产生的运输需求就多。

产品的就地加工程度也是影响对外货运需求的一个重要因素。若某种产品从初级产品到最终产品的生产过程在一个城市能够全部完成，则它不会有较多的运输需求产生。若产品的就地加工程度较低，则中间产品的地区间往来必然会形成较多的运输需求。

(5)其他因素

影响对外货运交通需求的其他因素还有区域交通运输网的数量和质量、国家政策、运输服务的质量和价格、信息化发展水平等几个方面。

5.2　城市干线公路交通需求特征

城市各组团大多是依托干线公路发展起来的，城市组团沿干线公路“串珠”式的发展，使得组团之间的干线公路兼有公路和城市道路的功能，既承担着各组团之间的客货运输，同时也承担着公路长途运输。这些道路既通行地方性车辆，又通行过境车辆和出入境车辆，既是城市组团间客货运输集散的通道，又是区域城市之间联系的纽带。表 5-2 列出了 G312 镇江段、S238 镇江段，S231 泰州段、G328 泰州段四条干线公路 2011 年的交通组成数据。城市结点干线公路的交通组成既不同于一般的公路路段交通组成特征，也不同于纯粹的城市道路交通组成特征。

城市典型干线公路交通组成 表 5-2

	城市内部交通(%)	出入境交通(%)	过境交通(%)	合计(%)
G312 镇江段	39.0	35.8	25.2	100
S238 镇江段	47.6	42.1	10.3	100
S231 泰州段	41.8	33.4	24.8	100
G328 泰州段	51.4	37.5	11.1	100

数据来源：《江苏省干线交通量调查资料汇编(2011)》。

城市结点干线公路同时承担城市内部交通需求和对外交通需求的这种特征，使得在分析干线公路交通需求时，既要分别研究分析内部交通需求和对外交通需求的方法，还要研究合并内、外交通需求的方法。

5.3 城市结点干线公路交通需求分析

5.3.1 现有对外交通需求分析方法概述

国内在大城市交通规划实践中，在对外交通的需求分析方面，大都采用简单的增长率法或“四阶段”法，得到城市各个主要出入口方向的出入境交通量及其分布、过境交通量及其分布，尚缺乏进一步分析各条干线公路的出入境交通量及其分布、过境交通量及其分布的有效方法。

国外城镇结点对外交通需求分析的方法主要有多元回归分析法、空间经济模型法、“四阶段”法、非集计模型法等。其中多元回归模型法和空间经济模型法需要采集的基础数据少，可以节省 OD 调查的费用，但是分析精度较低，只适用于区域经济社会发展平衡、稳定，路网结构简单的小型城市(镇)结点的对外交通需求分析。基于境界线法的“四阶段”法的优点在于无须获取结点以外区域的经济社会基础资料，OD 矩阵也能直接反映结点对外交通分布与区域路网结构之间的对应关系。主要缺点在于这种处理方式割裂了对外交通与区域经济社会发展之间的互动关系，尤其是当区域经济社会和路网结构发生较大变化的情况下，简单增长率法分析的交通生成量会与实际情况存在较大的出入。而基于离散选择法的 Logit 模型不仅具有良好的统计学解释性，而且能减少参数的数量，便于实际应用。然而这类方法也只能改善决定论方法的部分不足之处，对于城市规模大，对外交通路网复杂，未来综合交通系统结构变化显著的情况下仍然无法适用。

5.3.2 对外交通需求分析框架

基于影响区法的“四阶段”交通分析中，对外交通中的过境交通量常常被认为是外部影响区之间交通分布量。如图 5-1 所示，假设城市结点 A 的外部影响区 B、C 之间的交通分布量为 Q_{BC}，分别由三条干线公路 H1、H2 和 H3 承担，所承担的交通量分别为 Q_{H1}、Q_{H2}、Q_{H3}，即有

$Q_{BC}=Q_{H1}+Q_{H2}+Q_{H3}$。假设只有 H1、H2 经过结点 A 的境界线范围，而 H3 与结点 A 没有任何关系，显然，B、C 之间的交通分布中只有由干线公路 H1、H2 所承担的部分 $Q_{H1}+Q_{H2}$，才属于结点 A 过境交通的组成部分。

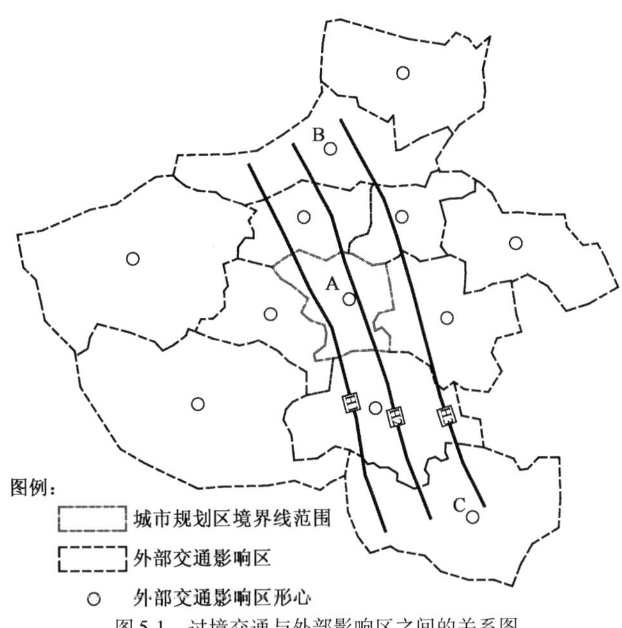

图 5-1　过境交通与外部影响区之间的关系图

过境交通与外部影响区之间的这种关系，说明基于影响区的“四阶段”法不能直接用于城市结点对外交通的分析预测，需要寻求改进的思路。

在考虑城市结点干线公路交通需求特征的基础上，提出采用以下相关联的两个阶段来进行城市结点干线公路交通需求分析，这两个阶段分别在区域范围内和结点范围内进行。

城市结点干线公路交通需求分析流程如图 5-2 所示。

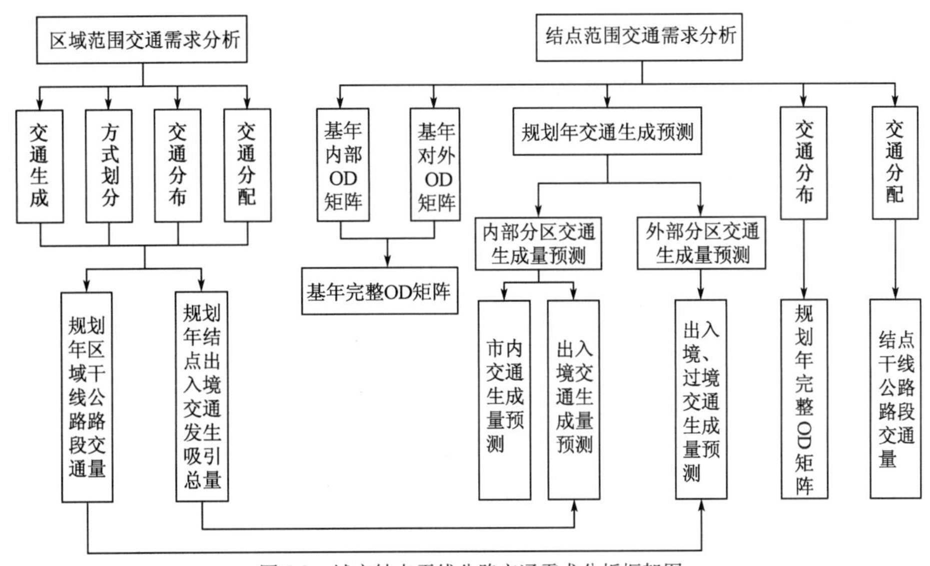

图 5-2　城市结点干线公路交通需求分析框架图

5.3.3 区域范围内公路网交通需求分析

第一阶段在区域范围内进行交通需求分析。此时将城市结点作为一个整体交通分区，即直接影响区，结点以外的区域按影响区法划为若干个外部交通分区（间接影响区），如图5-3所示。

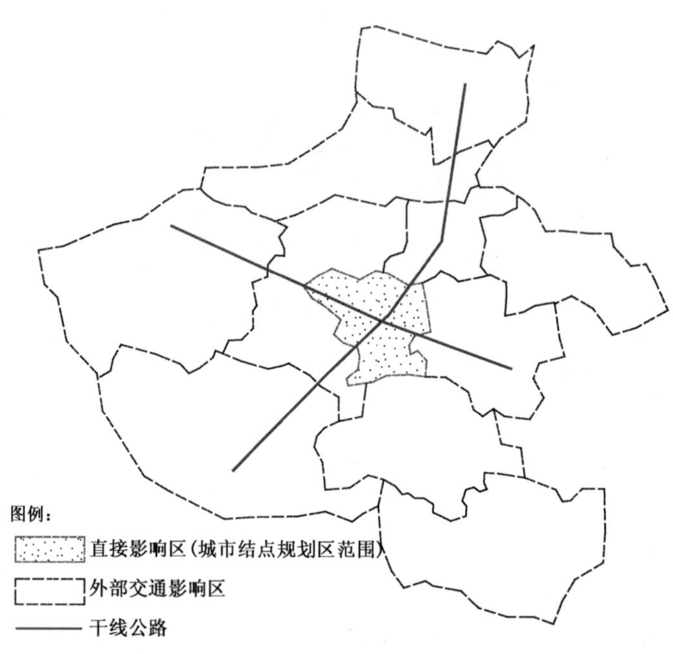

图5-3 区域范围交通分区划分图

交通分区划分后，在区域范围内进行规划特征年的公路网交通需求分析。区域公路网交通需求预测的任务是根据对历史和现状的经济社会、交通供应及交通特征资料的分析研究，推算规划年份的公路交通需求。预测内容总体上包括区域客运交通预测和区域货运交通预测两大部分。

区域公路网交通需求预测采用传统的“四阶段”方法进行，即按综合运输生成量预测、运输方式划分预测、机动车交通分布预测、机动车交通分配等几个阶段来进行。由于各省一般都定期进行全省OD调查和省域干线公路网规划，因而区域公路网需求分析一般可以在省域范围内进行。

（1）综合运输生成量预测

区域综合运输生成量预测与分析主要是利用历史的或调查的各类经济社会数据资料，各类交通方式的交通出行需求量数据资料，建立区域综合运输客、货运需求量与相应的经济社会变量之间的分析模型，并以此模型为依据分析预测未来区域综合运输客、货运需求量。依据上述交通运输与经济的相互关系，综合运输生成量的分析预测一般可以采用增长系数法、弹性系数法、时间序列预测法、多因素回归分析法或神经网络等方法[96-98]。

（2）运输方式划分预测

运输方式划分预测是估计不同运输方式的分担量，了解未来各种运输方式对运输需求的适应情况。运输方式的划分一般包含两部分内容：一是公路运输与铁路、水运、民航的运输方式之间的分担量预测；二是公路客、货运输不同车型的分担量预测。目前在运输系统规划中，基于随机效用最大化的方式选择模型得到了广泛研究和应用，模型的标定方法越来越接近出行者的心理和运输市场的实际。因此，这类模型提高了模拟出行者方式选择行为的精确性，其中在实践上得到广泛应用的是 Logit 模型。

通过运输方式分担预测，得到规划特征年区域内各种运输方式的客、货运分担率结构，从而分离出公路客、货运输总量。然后再根据公路客、货运车辆构成、实载率及车型换算系数分析预测结论，计算出规划特征年区域内总的公路客、货运发生（吸引）标准车辆数。最后根据各交通分区的人口、GDP 情况，以及未来的发展趋势，将区域内的公路交通发生（吸引）量分摊到各个交通分区，得到规划年各交通分区的交通发生（吸引）量。其中直接影响区的交通发生、吸引量即为规划特征年城市结点的出、入境交通总量。

（3）交通分布预测

公路网交通分布预测是将预测的各分区出行发生量、吸引量转化为未来各交通分区之间的出行交通量的过程。预测方法有很多，大体上分为三类：①增长率法，②重力模型法，③概率模型法。其中重力模型考虑了两交通区之间的吸引强度与吸引阻力，认为两交通区之间的出行吸引与两交通区的出行发生、吸引量成正比，与交通区之间的交通阻抗成反比。重力模型有多种形式，而以行程时间为交通阻抗的双约束重力模型是精度最佳的一种重力模型，尤其适用于公路网的交通分布预测。

（4）交通分配预测

交通分配预测是将各交通分区之间的交通 OD 分布量按一定的方法分配到具体的公路交通网络上的过程。通过交通分配，获得规划公路网络上的各个路段、各个交叉口在规划特征年的交通量。常用的交通分配预测方法有多路径分配法、容量限制分配法、增量加载分配法、用户平衡法等。交通分配后得到的各条干线公路在城市结点规划境界线附近路段的交通量，即为各条干线公路进、出城的交通量，该部分交通量包含了干线公路的出入境交通量和过境交通量。与城市规划境界线交叉的所有干线公路进、出城方向的交通量构成了规划特征年城市结点对外交通总量。

经过区域范围内交通需求分析，可以得到规划特征年城市结点的出入境交通发生总量、各条干线公路进出城交通总量。

5.3.4　城市结点范围内干线公路交通需求分析

第二阶段在结点范围进行交通需求分析。此时城市结点以城市各个组团、片区为基本单元，将结点规划区划分为若干个内部交通分区。同时采用境界线法在每条干线公路与结点规划区境界线交叉点设置一个虚拟对外交通分区，并假设该处为对外交通的发生、吸引点，如图 5-4所示。

结点范围的交通需求分析是在结点规划区范围内，将结点内部交通和对外交通放在一起

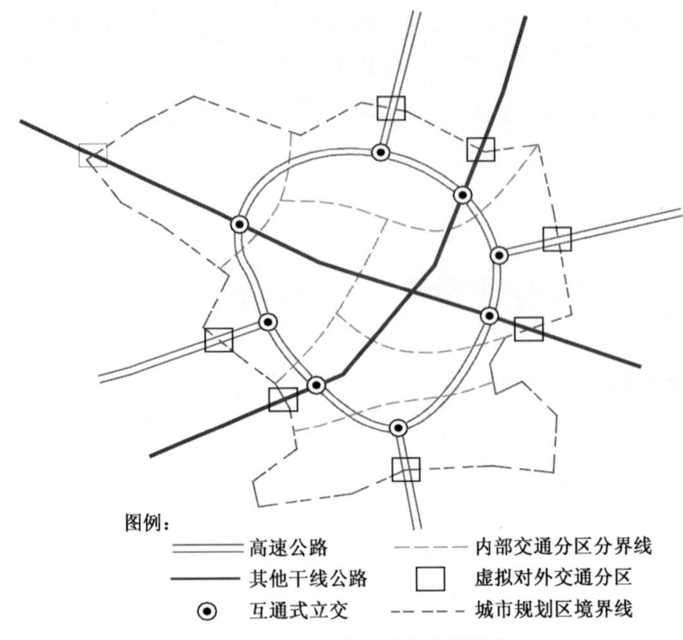

图 5-4　结点范围交通分区布设图

进行分析预测，采用的方法也是“四阶段”法，主要的步骤有现状 OD 调查与分析、规划年交通生成量预测、交通分布预测、交通分配预测。

1）现状 OD 调查与分析

结点范围内现状 OD 调查工作由城市居民出行 OD 调查、城市货流 OD 调查和对外交通 OD 调查组成。

通过城市居民出行调查，获得城市居民、流动人口现状的平均出行次数和出行总量、出行分布、出行方式结构。将城市居民和流动人口的出行 OD 叠加得到基年城市内部客运出行 OD，方式划分得到城市内部现状客运机动车 OD 矩阵。通过对城市内部货物源流调查，获取现状城市内部货运交通分布情况、货车车型结构、货车平均额载及实载率情况，进而得到现状城市内部货运机动车 OD 矩阵。

假设根据城市土地利用、经济社会特征等将结点内部划分为 n_1 个交通小区，其编号分别为 a_1，a_2，…，a_{n1}。则根据结点内部交通 OD 调查资料，整理得到内部交通机动车 OD 矩阵如表 5-3 所示。

内部交通机动车 OD 矩阵　　表 5-3

O	D a_1　$a_2 \cdots a_{n1}$	发　生　量	比　　例
a_1 a_2 … a_{n1}	$N_{n1 \times n1}$	$P^0_{n1 \times 1}$	$S_{n1 \times 1}$
吸引量	$A^0_{1 \times n1}$	Σ	100%
比例	$R_{1 \times n1}$	100%	

对于城市对外交通，需要在城市对外出入口道路设置 OD 调查点，进行 OD 调查以获取现状内部交通分区和对外交通分区之间机动车 OD 资料。其中境界线处的每个虚拟对外交通分区处均应布设 OD 调查点，将收集到的 OD 调查资料通过 OD 扩样后得到包含出境交通、入境交通及过境交通的基年对外交通机动车 OD 矩阵。

假设对外交通 OD 调查时，将结点规划区范围作为一个整体单元，记为 W_1，即有 $W_1=\sum_{j=1}^{n_1}a_j$。同时假定规划年经过结点的干线公路的数量为 n，即设置在境界线处对外交通分区的数量为 n，其编号分别记为 $W_2,W_3,\cdots,W_{n+1}$，则基年对外交通 OD 分布矩阵可表示为表 5-4 所示的结构形式。其中入境交通分布量 $F_{i\times1}(i=2,3,\cdots,n+1)$ 表示第 i 条干线公路对应的对外交通分区中，以结点内部为出行终点的交通量；出境交通分布量 $E_{1\times i}(i=2,3,\cdots,n+1)$ 表示第 i 条干线公路对应的对外交通分区中，以结点内部为出行始点的交通量；过境交通分布量 $G_{i\times j}(i,j=2,3,\cdots,n+1;i\neq j)$ 是第 i 条干线公路对应的对外交通分区，转移到第 j 条干线公路对应对外交通分区的交通量。这几部分交通分布量均可以通过设置在境界线处的 OD 调查点直接调查得到。

对外交通机动车 OD 矩阵　　表 5-4

O	D		Sum
	W_1	$W_2,W_3,\cdots,W_{n+1}$	发生量
W_1	内部交通	出境交通 $\boldsymbol{E}_{1\times n}$	
W_2	入境交通 $\boldsymbol{F}_{n\times1}$	过境交通 $\boldsymbol{G}_{n\times n}$	
W_3			
…			
W_{n+1}			
Sum	吸引量		Σ

为分析规划年城市结点干线公路的交通需求，需要将内部交通与对外交通统一考虑，即把上述两个 OD 矩阵合并为一个完整的 OD 矩阵。合并后的 OD 矩阵形式如表 5-5 所示，包括内部交通矩阵 $\boldsymbol{N}_{n1\times n1}$、过境交通矩阵 $\boldsymbol{G}_{n\times n}$、出境交通矩阵 $\boldsymbol{C}_{n1\times n}$、入境交通矩阵 $\boldsymbol{R}_{n\times n1}$4 部分。其中内部交通矩阵 $\boldsymbol{N}_{n1\times n1}$ 即为表 5-3，过境交通矩阵 $\boldsymbol{G}_{n\times n}$ 即为表 5-4 中对应的数值。而出境交通矩阵 $\boldsymbol{E}_{n1\times n}$、入境交通矩阵 $\boldsymbol{F}_{n\times n1}$ 则不能直接由以上两表得到，因为在对外交通 OD 调查中，可以容易知道某辆车是进城还是出城，但是很难知道该车具体要到城里的具体地点，因而在现状 OD 调查中，一般并不能得到对外交通分区 $W_i(i=2,\cdots,n+1)$ 与某个内部交通分区 $a_j(j=1,\cdots,n_1)$ 与之间的分布关系。

完整的 OD 矩阵 表 5-5

<table>
<tr><td colspan="2" rowspan="3">O</td><td colspan="2">D</td><td rowspan="3">Sum</td></tr>
<tr><td>W_1</td><td rowspan="2">$W_2, W_3, \cdots, W_{n+1}$</td></tr>
<tr><td>$a_1 a_2 \cdots a_{n1}$</td></tr>
<tr><td rowspan="4">W_1</td><td>a_1</td><td rowspan="4">内部交通 $\boldsymbol{N}_{n1 \times n1}$</td><td rowspan="4">出境交通 $\boldsymbol{C}_{n1 \times n}$</td><td rowspan="4">发生量</td></tr>
<tr><td>a_2</td></tr>
<tr><td>…</td></tr>
<tr><td>a_{n1}</td></tr>
<tr><td colspan="2">W_2</td><td rowspan="4">入境交通 $\boldsymbol{R}_{n \times n1}$</td><td rowspan="4">过境交通 $\boldsymbol{G}_{n \times n}$</td><td rowspan="4">发生量</td></tr>
<tr><td colspan="2">W_3</td></tr>
<tr><td colspan="2">…</td></tr>
<tr><td colspan="2">W_{n+1}</td></tr>
<tr><td colspan="2">Sum</td><td colspan="2">吸引量</td><td>Σ</td></tr>
</table>

若已知对外交通分区 W_i 的入境交通总量 F_i 和出境交通总量 E_i，W_i 与内部交通分区 a_j 之间的入境交通分布量 R_{ij}、出境交通分布量 C_{ji} 一般与两个方面的因素相关：一方面是与各内部交通分区的经济社会指标，如人口、机动车拥有量及土地利用等因素有关。由于在现状内部交通 OD 矩阵 $\boldsymbol{N}_{n1 \times n1}$ 中，各交通分区 a_j 发生量 P_j^0 与吸引量 A_j^0 的大小反映了该区交通量与上述各因素的关系，因而在寻找对外交通分区 W_i 与内部各交通分区 a_j 之间的分布关系时，可利用 OD 矩阵 $\boldsymbol{N}_{n1 \times n1}$ 中各分区的发生、吸引量的大小，依据一定的原理进行分配确定。另一方面与对外交通分区 W_i 和内部交通分区 a_j 之间的出行阻抗相关。离 W_i 距离远、出行时间长的内部交通分区的出入境交通吸引权较小，而离 W_i 距离近、出行时间短的内部交通分区则会具有较大的出入境交通吸引权。根据内部交通分区的经济社会特性和出行费用特性建立出入境交通的吸引权，并采用概率分配法进行各内部分区的出入境交通分布量预测。

定义内部交通分区 $a_j(j=1,\cdots,n1)$ 对于对外交通分区 $W_i(i=2,\cdots,n+1)$ 入境交通、出境交通的吸引权分别为：

$$L_{i,j} = \frac{A_j^0}{\sum_j A_j^0} \frac{1}{t_{i,j}^{r1}} \tag{5-1}$$

$$S_{i,j} = \frac{P_j^0}{\sum_j P_j^0} \frac{1}{t_{i,j}^{r2}} \tag{5-2}$$

式中：$L_{i,j}$、$S_{i,j}$——内部交通分区 a_j 对于对外交通分区 W_i 入境交通、出境交通的吸引权；

P_j^0、A_j^0——现状内部交通分区 a_j 的内部交通发生量、吸引量；

$t_{i,j}^{r1}$、$t_{i,j}^{r2}$——内部交通分区 a_j 与对外交通分区 W_i 之间的出行阻抗函数，r_1、r_2 为常数，可用最小二乘法进行拟定。

根据各个内部交通分区的吸引权，将对外交通分区 W_i 处调查得到的入境交通总量 F_i 和出境交通总量 E_i 进行分配，采用 Logit 分配模型[99]计算 W_i 与各内部交通分区 a_j 之间的入境交

通、出境交通分布量。

$$R_{ij} = F_i \frac{\exp\left(\frac{-\theta \cdot L_{i,j}}{\overline{L}}\right)}{\sum_{j=1}^{n1}\exp\left(\frac{-\theta \cdot L_{i,j}}{\overline{L}}\right)} \tag{5-3}$$

$$C_{ji} = E_i \frac{\exp\left(\frac{-\theta \cdot S_{i,j}}{\overline{S}}\right)}{\sum_{j=1}^{n1}\exp\left(\frac{-\theta \cdot S_{i,j}}{\overline{S}}\right)} \tag{5-4}$$

式中：$\overline{L}$、$\overline{S}$——内部交通分区 $a_j(j=1,\cdots,n1)$ 对于对外交通分区 W_i 入境交通、出境交通吸引权的均值。

由此可以得到包含内、外交通分布完整的现状机动车 OD 矩阵。

2）规划年交通生成量预测

规划年的交通生成量预测需分内部交通分区和对外交通分区进行，其中内部交通分区的交通生成量包含市内交通生成量和出入境交通生成量两部分，对外交通分区的交通生成量主要是对外交通分区的出入境交通和过境交通生成量之和。

内部交通分区的市内交通生成预测一般按市内客运出行、市内货运交通建立相应的模型进行预测。而内部交通分区的出入境交通发生量以及对外交通分区的交通发生量分析预测需要利用到第一阶段区域交通需求分析的结果，下面分别予以描述。

（1）市内居民出行生成量预测

城市居民出行生成量的预测方法主要有生成率法、类别生成率法、回归分析法、类别回归分析法等。这些方法能从出行主体特征的角度研究其与出行量的关系，具有概念清晰、目标明确的特点，但也存在需要基础资料过多、预测精度不够、不能体现出行生成与城市土地利用之间关系的问题[100]。有学者提出一种使土地利用形态与交通生成直接发生作用的宏观控制、微观协调的交通生成预测模型[101]，以出行发生量预测为例其实现步骤如下。

①确定日出行总量：

$$G_p = T_u \times K_u + T_s \times K_s \tag{5-5}$$

式中：G_p——城市日出行总量（人次/日）；

T_u、T_s——城市规划的居民和流动人口总量，可从城市总体规划中获取；

K_u、K_s——规划年城市居民、流动人口人均日出行次数，可视现状居民日出行次数和城市经济社会发展水平而定。

②确定各交通分区的出行生成权。根据不同性质用地的规模、各类用地出行生成基本权重、土地利用强度和交通分区区位，确定各交通分区的出行生成权。

$$k_j = \sum_l K_l A_{jl} B_{jl} H_j \tag{5-6}$$

式中：k_j——内部交通分区 $a_j(j=1,2,\cdots,n1)$ 的出行生成权；

K_l——第 l 类性质用地的出行生成基本权重；

A_{jl}——内部交通分区 a_j 第 l 类性质用地的规模；

B_{jl}——内部交通分区 a_j 第 l 类性质土地的利用强度；

H_j——内部交通分区 a_j 的区位系数。

③计算各交通分区出行发生量。内部交通分区 $a_j(j=1,2,\cdots,n1)$ 的出行发生量 G_{pj} 为：

$$G_{pj} = \frac{G_p \cdot k_j}{\sum k_j} \tag{5-7}$$

采用同样的建模思路，可以分析得到内部交通分区 a_j 的出行吸引量 G_{aj}。

(2)市内货运交通生成量预测

货运出行的影响因素复杂，基础资料的获取相当困难，比较理想的程序是采用简化的方法，先对城市货运总量进行预测，再分配到各交通分区[102]。以货运发生量预测分析为例，其实现步骤为：

①货运发生总量预测。影响城市货运生成总量的因素有工农业产值和产业结构等。比如，在生产结构基本不变的前提下，货运生成量与工农业产值成正比例增长。采掘、加工、能源、冶炼等工业每单位产值所产生的货运量远多于其他行业单位产值所产生的货运量。国民经济的集约化发展，产业结构不断调整，轻型高价货物的比例不断增加，会引起单位工农业产值货运量下降。

根据对这些因素的分析，建立货运生成与各产业产值的回归模型，即可对城市货运总量进行预测。

②各交通分区货运发生量预测。影响城市货运总量在各交通分区分配状况的主要因素为交通分区的地理位置、用地性质、用地面积等。可结合现状货运交通源的调查，统计分析现状不同地理位置、用地性质类别的交通分区单位用地面积的货运产生相对权值，以此为基础，考虑交通分区的地理位置、用地性质等，将规划交通分区与现状交通分区进行类比分析，确定各规划交通分区单位用地面积的货运产生、吸引相对权，或利用可比城市的相关资料类比确定相对权。当相对权值确定后，可以用下式预测各交通分区的货运生成状况：

$$TR_{pj} = \frac{w_{pj}AR_j}{\sum_j w_{pj}AR_j}TR_p \tag{5-8}$$

式中：TR_{pj}——内部交通分区 $a_j(j=1,2,\cdots,n1)$ 的货运生成量；

W_{pj}——交通分区 a_j 的货运生成相对权值；

AR_j——交通分区 a_j 的用地面积；

TR_p——城市货运生成总量。

采用同样的建模思路，可以分析得到内部交通分区 a_j 的出行吸引量 TR_{aj}。

得到内部交通分区 a_j 规划年的市内客运出行交通生成量 G_{pj} 和吸引量 G_{aj}、市内货运出行生成量 TR_{pj} 和吸引量 TR_{aj} 后，需通过居民出行方式划分、货运方式和车种结构划分，将客、货运出行发生、吸引量换算成机动车交通发生、吸引量，得到规划年市内客运机动车生成量 G'_{pj}、客运机动车吸引量 G'_{aj}，市内货运机动车生成量 TR'_{pj}、货运机动车吸引量 TR'_{aj}。则规划年内部交

通分区 a_j 总的市内机动车交通发生量 P_j 和吸引量 A_j 为：

$$P_j = G'_{pj} + TR'_{pj} \tag{5-9}$$

$$A_j = G'_{aj} + TR'_{aj} \tag{5-10}$$

（3）内部交通分区出入境交通生成量预测

在第一阶段区域范围交通需求分析中，将城市结点作为一个整体分区 W_1，结合区域经济社会发展预测，能够得到规划年 W_1 的交通发生量 X_{W_1}、吸引量 Y_{W_1}，易知，X_{W_1} 即为规划年内部交通分区 $a_1, a_2, \cdots, a_{n1}$ 的出境交通发生量之和，Y_{W_1} 即为规划年内部交通分区 $a_1, a_2, \cdots, a_{n1}$ 的入境交通吸引量之和。因此将 X_{W_1}、Y_{W_1} 分摊至 $a_1, a_2, \cdots, a_{n1}$ 之中，就能得到各内部交通分区 $a_1, a_2, \cdots, a_{n1}$ 的出境交通发生量、入境交通吸引量。分配方法依照权重按比例分配，即

$$T_j = X_{W_1} \frac{P_j}{\sum_j P_j} \tag{5-11}$$

$$M_j = Y_{W_1} \frac{A_j}{\sum_j A_j} \tag{5-12}$$

式中：T_j、M_j——规划年内部交通分区 $a_j(j=1,\cdots,n1)$ 的出境交通发生量、入境交通吸引量；

P_j、A_j——内部交通分区 a_j 的市内交通发生量、吸引量。

至此，可以得到规划年内部交通分区 $a_j(j=1,\cdots,n1)$ 的总的交通发生量 P_j^{T}、吸引量 A_j^{T}：

$$P_j^{\mathrm{T}} = P_j + T_j \tag{5-13}$$

$$A_j^{\mathrm{T}} = A_j + M_j \tag{5-14}$$

（4）对外交通分区交通生成量预测

假设在第一阶段区域交通分析中，路网交通分配得到规划年干线公路 $H_i(i=2,\cdots,n+1)$ 在境界线处进城、出城方向的交通量分别为 Q_{Ji}、Q_{Ci}，则与干线公路 H_i 对应的对外交通分区 W_i $(i=2,\cdots,n+1)$ 的交通发生量 U_i、吸引量 V_i 可直接由式（5-15）和式（5-16）得到：

$$U_i = Q_{Ji} \tag{5-15}$$

$$V_i = Q_{Ci} \tag{5-16}$$

于是得到规划年所有交通分区的发生、吸引量。

3）交通分布及交通分配预测

获得了城市结点包含内部、对外交通分区完整的现状 OD 矩阵和规划年交通生成量之后，运用交通分布预测模型，得到规划年城市结点完整的 OD 分布矩阵。由于对外交通分区并不是对外交通的实际发生、吸引点，此阶段交通分布模型不宜采用重力模型，可采用 Fratar 模型进行趋势型交通分布预测。该方法认为两交通区之间未来的交通量不仅与两交通区的交通生成增长系数有关，而且还与整个项目影响区域的各交通区的交通生成系数有关。

根据预测的规划年 OD 矩阵，通过行、列汇总的方式，得出规划年各个对外交通分区的出入境交通量、过境交通量，即得到规划年各条干线公路在规划区境界线处的出入境交通量、过境交通量。

将包含内、外交通分区的规划年完整 OD 矩阵在结点规划路网上进行交通分配，可得到结

点范围内包括干线公路在内各条交通干道预测交通量。

本章提出的城市结点干线公路交通需求分析方法综合了影响区法和境界线法的优点,克服了二者所存在的固有缺陷,能够获得与区域经济社会发展水平和区域干线公路网络布局相一致的对外交通需求结构。

5.4 实例分析

以泰州结点 2020 年干线公路交通需求预测为例,阐述上文提出方法的应用步骤。

1)区域范围交通需求分析

由最新的《江苏省省道公路网规划(2011—2020 年)》[103],2020 年经过泰州结点的干线公路布局如图 5-5 所示。

根据全省公路交通 OD 调查成果,运用公路交通生成预测模型,分析得到 2020 年泰州结点出境交通总量 X 为:客车 41559pcu/日,货车 25472pcu/日;入境交通总量 Y 为:客车 39929pcu/日,货车 24473pcu/日。建立全省干线公路网模型,将 2020 年交通分布矩阵在全省路网进行分配,得到各条干线公路各路段的客、货运交通流量。

2)结点范围交通需求分析

(1)交通分区

根据《泰州市城市综合交通规划(2011—2020)》[104],在规划境界线内共划分了 140 个交通小区,根据交通分析的需要,将规划年的交通小区合并成 11 个交通中区,在此基础上为得到大区组团间的出行交换量,将中区合并为 3 个大区,形成交通大区系统,具体分区明细如图 5-6和表 5-6 所示。研究对外交通需求,内部分区以交通大区为基本单元即可。

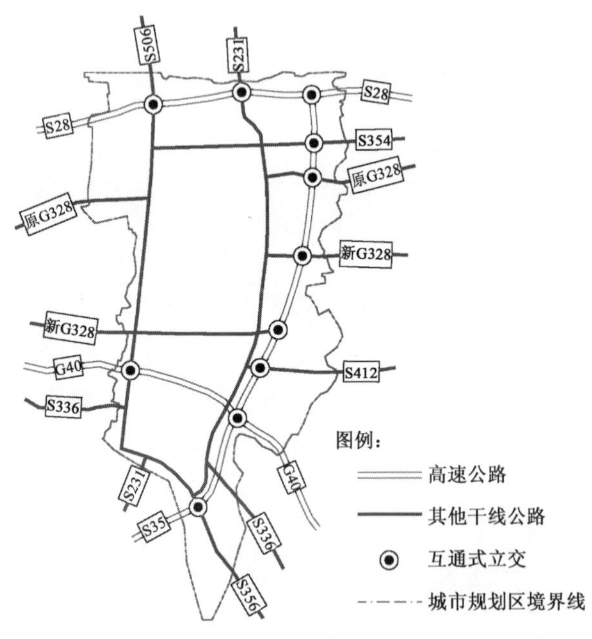

图 5-5　泰州结点干线公路规划布局图

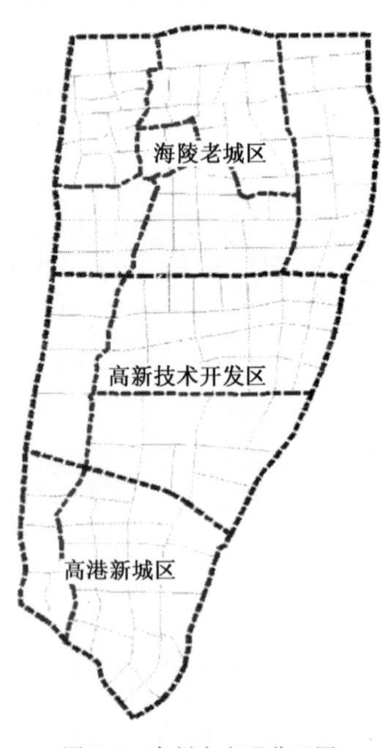

图 5-6　泰州市交通分区图

泰州结点内部交通分区表　　表 5-6

大区编号	大区名称	中区名称	小区数量
1	海陵老城区 (6 个中区,72 个小区)	老城区	4
		城西北片区	14
		高教园区	16
		高新技术园区	7
		南部新城	17
		站前新区	14
2	高新技术开发区 (3 个中区,38 个小区)	开发区北部片区	25
		开发区南部片区	9
		开发区西部片区	4
3	高港新城区 (2 个中区,30 个小区)	高港西部片区	5
		高港东部片区	25

根据境界线法,首先将规划区范围作为一个整体分区,编号记为 100,然后在各条干线公路与城市规划境界线交叉处设置对外交通分区,各对外交通分区与干线公路的对应关系及其编号如表 5-7 所示。

泰州结点对外交通分区表　　表 5-7

对外交通分区	对外干线公路	对外交通方向	对外交通分区	对外干线公路	对外交通方向
100		泰州结点	109	新 G328	姜堰
101	S28 高速	扬州	110	S412	南通
102	S28 高速	姜堰、南通	111	G40 高速	扬州
103	S506	兴化	112	G40 高速	靖江
104	S231	兴化	113	S336	扬州
105	S354	姜堰	114	S336	泰兴
106	原 G328	扬州	115	S356	泰兴
107	原 G328	姜堰	116	S231	扬中
108	新 G328	扬州	117	S35 高速	扬中

(2)基年 OD 矩阵

对结点内部交通与对外交通分别经过交通调查、分析与整理,得基年内部交通 OD 分布矩阵和基年对外交通 OD 分布矩阵,如表 5-8、表 5-9 所示。

基年内部交通 OD 矩阵 表 5-8

O	D			发生量	比例
	1	2	3		
1	$n_{1,1}$	$n_{1,2}$	$n_{1,3}$	P_1^0	P_1^0/Σ
2	$n_{2,1}$	$n_{2,2}$	$n_{2,3}$	P_2^0	P_2^0/Σ
3	$n_{3,1}$	$n_{3,2}$	$n_{3,3}$	P_1^0	P_1^0/Σ
吸引量	A_1^0	A_2^0	A_3^0	Σ	100%
比例	A_1^0/Σ	A_2^0/Σ	A_3^0/Σ	100%	

基年对外交通 OD 矩阵 表 5-9

O	D					Sum
	100	101	102	…	117	
100	内部交通	$e_{100,101}$	$e_{100,102,102}$	…	$e_{100,117}$	发生量
101	$f_{101,100}$	—	$g_{101,102}$	…	$g_{101,117}$	
102	$f_{102,100}$	$g_{102,101}$	—	…	$g_{102,117}$	
…	…	…	…	…	…	
117	$f_{117,100}$	$g_{117,101}$	$g_{117,102}$	…	—	
Sum	吸引量					Σ

根据上述合并 OD 矩阵的方法，得到完整的基年 OD 分布表，如表 5-10 所示。其中，

$$i_{m,n} = \frac{e_{100,n}P_m^0}{\sum_{k=1}^{m} P_k^0}$$

$$j_{n,m} = \frac{f_{n,100}A_m^0}{\sum_{k=1}^{m} A_k^0},(m = 1,2,3;n = 101,102,\cdots,117)$$

基年完整的 OD 矩阵 表 5-10

O	D							Sum
	1	2	3	101	102	…	117	
1	$n_{1,1}$	$n_{1,2}$	$n_{1,3}$	$i_{1,101}$	$i_{1,102}$	…	$i_{1,117}$	发生量
2	$n_{2,1}$	$n_{2,2}$	$n_{2,3}$	$i_{2,101}$	$i_{2,102}$	…	$i_{2,117}$	
3	$n_{3,1}$	$n_{3,2}$	$n_{3,3}$	$i_{3,101}$	$i_{3,102}$	…	$i_{3,117}$	
101	$j_{101,1}$	$j_{101,1}$	$j_{101,3}$	—	$g_{101,102}$	…	$g_{101,117}$	
102	$j_{102,1}$	$j_{102,1}$	$j_{102,3}$	$g_{102,101}$	—	…	$g_{102,117}$	
…	…	…	…	…	…	…	…	
117	$j_{117,1}$	$j_{117,1}$	$j_{117,3}$	$g_{117,101}$	$g_{117,102}$	…	—	
Sum	吸引量							Σ

(3)规划年各交通分区交通生成量预测

从规划年各内部分区的经济社会发展指标、人口及就业岗位分布、机动车保有量、土地利

用性质及强度等方面的因素，分析预测各分区的客、货运内部交通发生量。同时，将区域交通分析求得的规划年结点出境交通总量 X 和入境交通总量 Y 分摊至各内部分区，得到规划年各内部分区的出入境客、货交通发生量。

将各内部分区的以上两部分交通生成量合并，得到规划年各内部分区的客、货交通生成总量，如表5-11、表5-12所示。

2020年内部交通分区交通生成总量（客车）（单位：pcu/日） 表5-11

交通大区	发生量（P^T）	吸引量（A^T）
1	242893	240181
2	149985	152107
3	180068	178583

2020年内部交通分区交通生成总量（货车）（单位：pcu/日） 表5-12

交通大区	发生量（P^T）	吸引量（A^T）
1	29448	29225
2	18184	18508
3	21831	21730

设置在各条干线公路与境界线交汇处的外部交通分区在规划年的交通生成量，则直接由第一步区域交通分析中得到的各条干线公路在境界线处进、出城方向的交通量得到。第 n 条干线公路进、出城的交通量为 Q_{Jn}、Q_{Cn}，则与之对应的第 n 个对外交通分区的交通发生 U_n、吸引量 V_n 由式（5-17）和式（5-18）得到。

$$U_n = Q_{Jn} \tag{5-17}$$

$$V_n = Q_{Cn}(n = 101,102,\cdots,117) \tag{5-18}$$

各对外交通分区2020年客、货运交通发生、吸引量如表5-13、表5-14所示。

2020年对外交通分区交通生成量（客车）（单位：pcu/日） 表5-13

对外交通分区	发生量（U）	吸引量（V）	对外交通分区	发生量（U）	吸引量（V）
101	8040	8021	110	3570	3609
102	8098	8115	111	11997	12047
103	5525	5465	112	12543	12453
104	5677	5707	113	5890	5970
105	5293	5362	114	5939	5980
106	4442	4531	115	6095	6176
107	4517	4470	116	5664	5645
108	5809	5749	117	7958	8037
109	5738	5714			

2020 年对外交通分区交通生成量(货车)(单位:pcu/日)　　表 5-14

对外交通分区	发生量(U)	吸引量(V)	对外交通分区	发生量(U)	吸引量(V)
101	4928	4916	110	2188	2212
102	4963	4974	111	7353	7384
103	3386	3349	112	7688	7632
104	3479	3498	113	3610	3659
105	3244	3286	114	3640	3665
106	2723	2777	115	3736	3785
107	2768	2740	116	3471	3460
108	3560	3524	117	4877	4926
109	3517	3502			

(4)交通分布、分配预测

完整的基年 OD 矩阵及规划年交通生成量,运用交通分布模型,得到规划年完整的 OD 分布矩阵。在 OD 分布矩阵中,汇总相应的行、列可以得出境界线处各条干线公路的出入境交通量、过境交通量。

将规划年 OD 矩阵在结点骨架路网上进行交通分配,得到结点境界线范围内各条干线公路、各条内部道路各路段的交通量。

5.5　本章小结

本章分析了城市对外客运交通需求影响因素,包括经济社会发展水平、人口规模、结构及城镇化程度、居民消费水平、运输网的数量和质量、旅游业的发展等,城市对外货运交通需求的影响因素,包括经济社会发展水平、国民经济产业结构和产品结构、能源结构与生产力布局、产品的商品化率和就地加工程度等。分析了城市结点干线公路交通需求分析特征,提出了分层次处理内、外交通需求的城市结点干线公路交通需求分析框架与实现流程,将干线公路交通需求分析分为相互关联的区域层面和结点层面两个阶段来实现:区域层面的交通分析中,通过公路网交通需求分析的"四阶段"法,分析得到规划年城市结点的出入境交通总量、过境交通总量、干线公路出入城市的交通总量;结点层面的交通需求分析中,通过现状内、外交通调查与 OD 矩阵的合并处理、规划年交通生成量的分析、规划年交通分布及分配分析预测,进一步分析得到每条干线公路的出入境交通量及其分布、过境交通量及其分布,以及结点范围内干线公路各路段的交通量。

第6章
干线公路与城市交通系统衔接规划技术

6.1 干线公路与城市结点的衔接模式影响因素分析

将城市作为干线公路网中的一个结点,干线公路与城市结点衔接布局中有三个主要的元素:干线公路走向、干线公路与城市距离、干线公路与城市的联络线。前两个影响了干线公路与城市的衔接模型以及城市与干线公路的接口位置,第三个决定了干线公路与城市对外交通网络的接口数量和连接形式。城市区位、规模、空间形态,以及自然地理等因素,是城市结点干线公路衔接布局的主要影响因素。

1)区位

(1)交通区位

公路、铁路、水路枢纽城市,汇集了多条干线公路。一方面,干线公路布局方式要与综合交通网络进行协调,节约土地,减少过境交通对城市建设用地的分割,建设综合交通走廊;另一方面,干线公路的规划建设要服务城市结点的交通功能,保持并提升城市结点的枢纽地位。

(2)经济区位

经济社会发展水平,直接影响人们的出行行为,从而影响交通出行总量。此外,经济发达地区的道路建设资金比较充足,不仅能够保证公路建设的资金可持续性,也将提高公路设施的有效供给水平。

处于不同发展阶段的城市,城市扩张的速度不同,干线公路布局距离城市边缘的位置也不同:城市化水平在30%以下,城市规模扩张速度比较慢,干线公路的布局要接近城市边缘;城市化水平在30%~70%,城市规模处于快速扩张时期,干线公路的布局要满足城镇空间发展的预留空间;城市化水平在70%以上时,城市规模处于稳定时期,更多地从城市结点处的运输组织出发进行干线公路布局。

2)城市规模

城市的人口规模,决定了城市对外交通流占交通出行总量的比例,从而影响干线公路过境方式,以及干线公路与城市道路的衔接规划。

(1)中小城市,城市过境交通的比例远大于城市出入境交通。在干线公路过境交通与城市出入境交通、内部交通的矛盾体中,优先满足过境交通的快速过境交通需求。中小城市城市结点处,干线公路的数量较少,一般为2~3条。由于道路网发展规模的不足等问题,城市交通出行对干线公路的依赖较大。

(2)大城市,尤其是特大城市和超大城市,城市对外交通占出行总量的比例较大,城市对外经济交流较多,交通联系需求较大。城市结点处集结了多条干线公路,城市对外交通需要快速集散。

3)城市空间形态

城市空间形态发展和城市功能布局是区域城镇体系规划和城市规划的重要内容之一。城市空间形态发展和城市功能布局决定了现状和未来城市交通产生的特点和交通需求分布的大致规律,是构建合理的城市内部交通网络和对外交通网络的依据,也是决定干线公路与城市衔接网络布局的依据之一。

鉴于干线公路与城市空间形态存在着互动关系,如何合理有效地引导城市空间形态朝着城市规划目标方向健康发展,也是在干线公路与城市结点衔接规划时必须面对的问题。

4)自然地理因素

干线公路在城市结点处的布局形态受到自然地理条件的限制。自然地理环境由于其在工程可改造方面的差异,会对基于不同自然地理条件下的干线公路建设造成工程技术可能性和经济可行性上的差异,例如不良工程地质(如多山地形或者软土地质区)上的过境线路将使得工程技术难度加大、造价增加,某些天然地理障碍(如江河湖泊)也将使过境线路在布局时受到限制。

我国城市地形差异较大,过境干线公路一般距离城市较近,干线公路景观与城市景观的协调性、统一性问题显得尤为突出。干线公路与城市景观的协调性包含两个层次:①干线公路自身景观与沿线城市景观的协调性;②干线公路整体线位与城市景观的协调性。干线公路在设计时,应尽量避免对天然的江河湖泊、大的自然山体、城市生态保护带(区)等进行大的人工改动,减少影响。在具体线位选择时,要避免穿越这些地区,当受地形条件限制必须穿越时,应采取如隧道、桥梁、恢复山体的自然形态等必要的设计措施,削弱过境公路对自然景观的影响,减少过境公路建设过程中留下的非自然痕迹。

生态环境方面,修建干线公路势必对城市郊区的生态系统造成影响,包括农副业生产生态系统和动植物生态系统,都会受到不同程度的影响。干线公路过境线的修建以及投入运营,通过耗费资源、产生废弃物、改造地表和分割空间等形式,对地域空间内的自然地貌、地质、水文、植被以及野生动物生活空间产生影响。为了给城市保留可持续发展的生态空间,在规划干线公路时需要考虑农田、林牧渔场的分布,动植物的分布,水土资源的保护区分布等因素的限制,例如重要的农副业生产基地用地、珍稀动物保护区、城市水资源供给保护区等区域避免干线公路的穿越产生影响。

6.2 干线公路与城市结点的衔接模式

规划实践中总结出了若干干线公路与大型城市结点衔接的模式,在特定的城市发展和交通发展阶段,较好地处理对外交通和城市交通之间的衔接关系,可有效地引导和促进城市的发展。

(1)高速公路与城市结点衔接模式

高速公路与大型城市的典型衔接模式主要有分离式、穿越式、绕越式等几种形式,如图 6-1 所示。其中分离式是高速公路在离市区一定距离处通过,通过设置连接线的方式来实现与城市各组团之间的交通联系,如图 6-1a)所示;穿越式指高速公路从城市组团之间穿过,公路全封闭,或高架或地下或高填土穿过城市,过境交通和城市交通基本上不干扰,如图 6-1b)所

示；绕越式是高速公路不直接穿越中心城区，而是从城市的外围呈弧形或半环形、环形绕过，以减小对城市交通的干扰和城市用地的分割，如图6-1c)、d)所示。

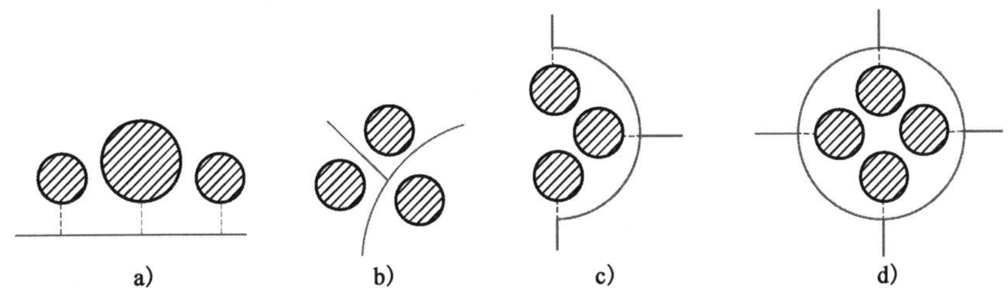

图6-1　高速公路与城市结点典型衔接模式

(2)普通国省干线公路与城市结点衔接模式

普通国省干线公路与城市结点典型的衔接模式有接入式、绕越式及穿越式等几种形式，如图6-2所示。

接入式是指干线公路直接进入城市内部，与城市主要交通干道直接连接，少量过境交通通过城市道路系统过境，如图6-2a)所示。这种衔接模式下，干线公路从城区内或城市组团之间穿过，与城市联结密切，城市道路直接与内部穿越干线公路相衔接，能实现干线公路交通与城市交通之间的快速方便地交换，但过境交通与城市内部交通存在一定干扰，适用于过境交通量较少的城市结点。

绕越式是指原有穿越城市的公路变成城市道路，新建干线公路自城市外围或组团间空地绕行，将过境交通分离，而出入境交通则依赖于原有公路进出城市或组团，如图6-2b)所示。受城市规模及空间形态影响，干线公路绕越模式可细分为直线绕越模式和环形绕越模式。直线绕越过境模式从城市的一侧通过，不因为城市规模过大而过度弯曲自身线形以构成环形或弧形，干线公路进入城市地域后通过连接线与城市对外交通网络进行衔接。出入口多分布于城市的一侧，单侧交通压力较大。环形绕越过境方式由于环线与城市的接触面较大，可设置出入口通道的位置较多，能够较为方便地依据城市形态和城市道路布局选择与干线公路相衔接的城市道路，使得对外交通在城市出入口道路上分布得更加合理，避免了过于集中的对外交通直接进入到城市中心区的主干道上。

穿越式是指干线公路从城市组团之间空地穿过，或高架、地下式穿过城市，过境交通和城市交通互相分离，如图6-2c)所示。干线公路既在城市结点外围形成环路，又从城市结点内部穿越而过，城市道路与干线公路在结点内外均有衔接点。

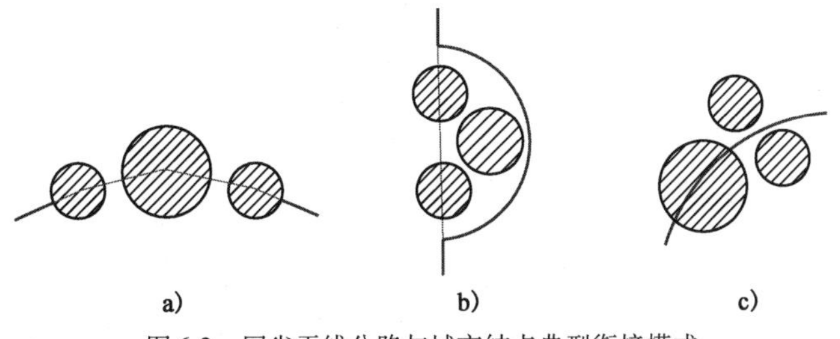

图6-2　国省干线公路与城市结点典型衔接模式

(3)干线公路与大型城市结点的系统衔接模式

任何一条经过城市结点的干线公路,均由过境交通和出入境交通组成,借鉴轴辐式运输组织思想,在干线公路系统与结点内部道路系统之间设置一个枢纽作用的衔接转换系统,如图6-3所示,干线公路不直接与结点内部道路衔接,而是将过境交通、出入境交通引入衔接转换界面,通过衔接转换界面来集中完成结点过境交通、出入境交通的引导、转换、疏散作业。从而将过境交通集中在结点外围转换,引导至各出口公路过境;将出入境交通匀化后引导至各出行端点附近,再经接口道路(出入口道路、连接线)进入结点内部。从干线公路系统和结点内部道路系统两个系统之间的衔接去处理,更好地把握和解决结点衔接交通组织问题。

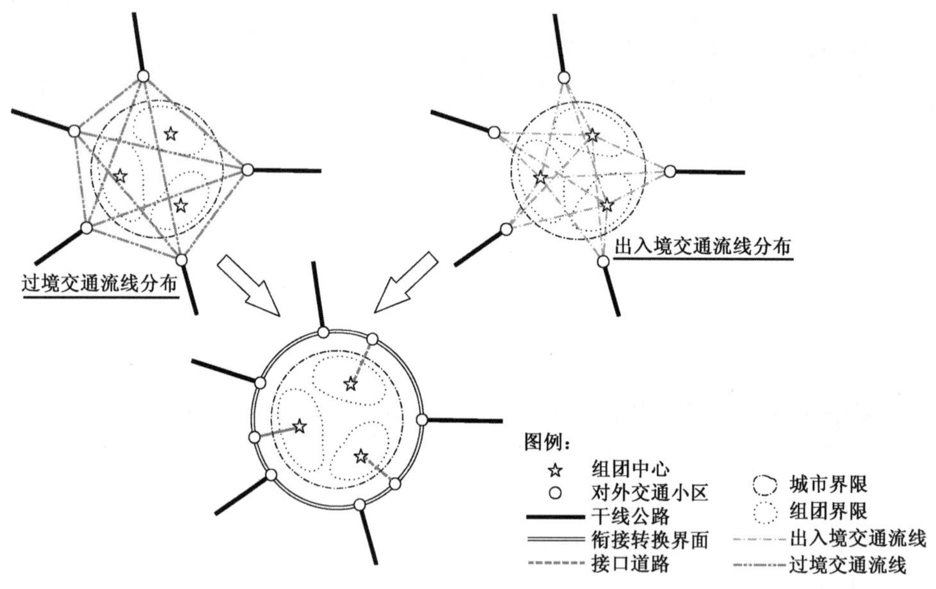

图6-3 干线公路与大型城市结点的系统衔接模式

大多数大型城市规划建设的由绕城高速、快速路构成的"高快路"系统,能起到枢纽作用的衔接转换设施,作为结点内外交通衔接转换的界面。"高快路"系统是结点骨干道路系统,具有技术标准高、路网容量大、封闭性强的特点,能够简化内外交通衔接组织的流线,减少对外交通和城市交通之间的干扰,减少交通个体的平均出行成本,从根本上理顺结点内外交通之间的关系。"高快路"系统中,一般绕城高速以组织过境交通为主、出入境交通为辅,而快速路系统以组织出入境交通为主、过境交通为辅,二者协同配合,共同提升结点衔接交通整体运行效率。

6.3 干线公路城市结点衔接方式

6.3.1 干线公路与高速公路的衔接

1)互通式立交

互通式立交是高速公路的重要组成部分,也是城市结点内外交通系统的重要衔接部分,它是在高速公路与高速公路之间、高速公路与主要干线之间、高速公路与大、中城镇及主要经济区域之间起连接作用的交通专用设施，有利于车辆的转向，在路网中起着流量方向转换的作用，其在城市结点处的布局对促进地方经济的发展及充分发挥高速公路网的整体效益起着不可替代的作用。互通式立交分为服务性立交和枢纽性立交。服务性立交具有区域服务功能，一般是高速公路与地方道路的相互交叉，具有出入口性质，又可称为出入口立交；枢纽性立交具有运输通道的转换功能，是高速公路与高速公路之间的相互交叉，具有枢纽性质。

对于互通式立交在城市结点处的布局，主要考虑的是位置和数量的确定。

(1)立交间距

城市结点处高速公路立交的设置，受到立交间距的约束。立交间距指两个相邻立交的变速车道端部之间的距离。

立交间距直接影响到立交的布局、数量、位置、投资以及形式选择。立交间距较大，虽然减少了投资，但是不能满足交通需求，不利于交通流的转换和高速公路网功能的发挥；立交间距较小，既会影响高速公路的通行能力和车辆的行车速度，而且容易导致交通混乱，增加交通事故，又增加了建设投资。立交的布局规划应详细分析立交间距，根据交通、经济、技术条件综合平衡后确定。

①影响立交间距的主要因素：

a. 交通密度；

b. 相邻立交之间的交织段要求；

c. 标志和信号布置的要求；

d. 驾驶员驾驶顺适的要求；

e. 景观及环境要求。

②互通式立交间距的分析与确定。互通式立交应满足车辆交织和变速、设置标志等的最小间距要求，最小间距为前一个立交的加速匝道长度加上后一个立交的减速匝道长度，再加上必要的安全距离之和。理论上互通式立交的间距足够大是理想的，但因受土地利用状况及流量转向需求的限制，有时间距相当小时也必须设置立交，此时应将两个相邻立交的加、减速匝道联结起来，构成集散道路。此外，间距还应维持相邻立交的交通平衡，并使驾驶员有足够反应时间看清沿线的交通标志。对于高速公路过境线上互通立交的设置，还应考虑增加路口的通行能力，以减少对城市干道的交通堵塞影响。标准间距见表6-1。

互通式立交的标准间距 表6-1

类　型	标准间距
工业地区和大城市周围	5～10km
有小城市分布的平原区	15～25km
重丘山区	20～25km
最大间距	20～30km
最小间距	1.5～4.0km

我国现行《公路路线设计规范》对互通式立交间距的建议值为:大城市、重要工业区周围为5~10km,一般地区为15~25km。

规范还规定最小间距为4km,最大间距不超过30km,否则应在适当位置设置U形转弯设施,以供误行车辆和公路维修车辆和救援车辆掉头之用。

国内的互通式立交间距相对较长,大多在15km以上,而国外大多在10km以内,互通式立交间距和经济发展水平有密切关系:经济越发达,城市化水平越高,互通式立交的平均间距越短。国外的互通式立交平均间距明显小于国内的立交平均间距,国内经济发达地区的立交平均间距明显小于经济相对落后的地区。

经济发展水平一定程度上影响和决定了城市化水平和城市对互通式立交个数的需求,从而影响了立交间距。在进行立交布局规划时,应充分考虑地区或城市的经济发展水平,合理把握和控制立交间距。经济发展水平高、城市化水平高的地区,立交间距可适当选取规范建议值范围的低值;而经济发展水平较低、城市化水平低的地区或城市,立交间距可适当选取高值。

(2)立交数量

互通式立交的形式灵活多样、功能特点各异,其适用范围、通行能力和工程造价等技术经济指标也各不相同,而且,在高速公路网规划的初始阶段,难以用立交的造价、占地或者单个立交的经济技术指标来定量表示城市对立交的需求。

日本在《高速公路几何设计要领》中,根据地区人口密度决定地区交通出行次数的关系,规定了按城市人口设置互通式立交数量的标准,见表6-2。

日本关于互通式立交设置数目的标准　　表6-2

城市人口(万人)	城市出入口立交(对最近的过境干线公路而言)
<10	1
10~30	1~2
30~50	2~3
>50	3

日本的这一规定是根据日本的情况而定的。日本的城市化水平高,经济发达,而且产业布局、城乡体系以及土地利用布局都相对稳定,人口密度和交通出行次数的关系也相对稳定,可以用地区人口来建立城市对立交的需求关系。然而,由于我国很多城市的经济按跳跃式发展,城镇体系布局和土地利用布局的变化也较大,相应地,城市的人口、经济、土地利用等指标也会产生较大变化。对我国城市而言,不应使用人口等单一的指标来分析立交需求,而应对与立交需求有关的多种相关指标进行综合分析,进而确定立交数量的合理范围。

枢纽性立交设在两条高速公路路线的交叉点,它的位置和数量是在高速公路的网络布局中生成的。服务性立交作为高速公路与地方道路和城市的连接点,其数量在高速公路网立交总数中占有较大比例,与所在城市的规模、人口、经济、交通需求、交通区位以及地理地貌特征等指标有着密切的关系。城市规模大、人口稠密、经济发达、交通区位重要的城市对高速公路的立交需求高,而城市规模小、人口稀疏、经济总量小、交通区位较弱的城市对立交的需求相对较低。表6-3中列出了江苏省13个地级市的立交数量,表中各城市的立交个数基本与城市的规模和区位相应。

江苏省部分城市过境高速公路互通式立交数量 表6-3

城　市	2003年立交个数	2010年规划立交个数	互通式立交总数
南京	22	10	32
镇江	7	4	11
常州	4	9	13
泰州	10	6	16
扬州	12	3	15
无锡	11	7	18
苏州	12	12	24
南通	4	7	11
盐城	15	2	17
徐州	12	5	17
连云港	14	3	17
淮安	12	3	15
宿迁	9	5	14

注:表中立交个数为城市结点处立交总数。

2)互通式立交结构形式的选择

规划立交的结构形式,主要考虑地形条件和高速公路线形两个因素。下穿式立交更适宜建在地势呈凸形与地形狭窄、受周围建筑物的限制而不易拆迁的地带,它对环境影响较小。上跨式立交宜建在地势呈凹形或平坦,且有广阔场地的地方。

(1)三支交叉的图形及适用范围

三支立交(图6-4)可由定向、半定向和环圈形匝道的不同组合形成。在T形和Y形之间没有严格划分界限,提出的基本形式适用于一个广大的交角范围。

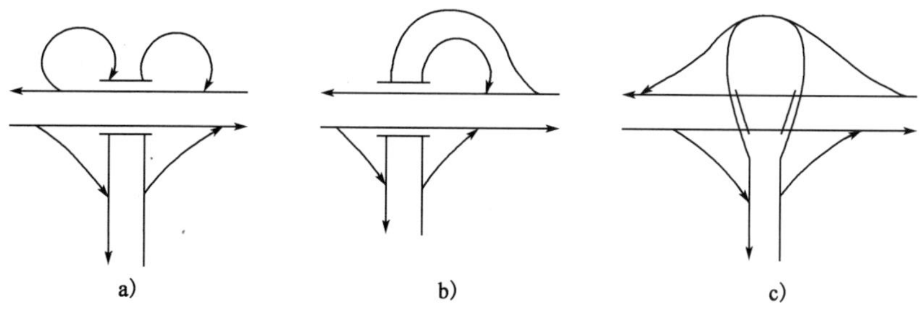

图6-4 三支交叉立交形式图

(2)四支立交的图形及适用范围

以环圈形匝道进行左转弯行驶的立交为苜蓿叶形立交。所有四个象限都有环圈形匝道者称为“完全苜蓿叶”,而所有其余的都称为“部分苜蓿叶”。

高速公路与快速路、主干路相交可采用图6-5中a)、b)、c)三种形式,它们都在相交道路上左转弯,对a)、b)两种图示的选择,应视占优势的转弯行驶和用地或场地限制而定。a)种类型更适宜于交叉口临近一条铁路、河流或其他平行式障碍时采用;b)种类型为高速公路的驶出车辆提供了较高速度的对角线匝道,而环圈匝道供相交道路较低速的车使用;c)种类型提供了一种高通行能力的立交形式;d)种类型适宜于市区外围的一条高速公路与高速公路相交,在交通运行上,虽然所有转弯都能提供连续运行,但左转弯运行长。在四支交叉中,也可以采用定向式立交,此类立交行驶距离较短,运行速度和通过能力较强。

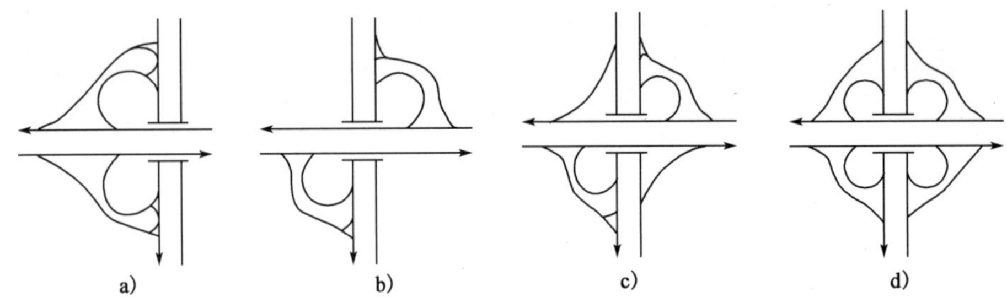

图6-5 四支交叉立交形式图

6.3.2 干线公路与城市道路的衔接

1)不同等级道路衔接方式

干线公路与城市的衔接是通过干线公路与城市道路的连接来实现的,干线公路与城市道路的连接应保证对外交通的畅通,避免对外交通集中在城市中心区内而导致城市内部交通的过分拥挤。干线公路与城市道路的连接必须考虑城市的规模和城市道路的类型。按照结点的规模可以分为以下两种情况。

(1)与大型城市结点道路的衔接

干线公路与大型城市结点道路的衔接一般存在以下三种情况:

①与城市快速路相衔接。城市快速路不仅具有快速联系城市各大片区、各组团的功能,还具有承担城市部分对外交通功能,与快速路连接可以快速通过和分散交通流,减少过境交通对城市中心区的干扰。大部分大城市都推荐快速路与城市的干线公路相衔接。在干线公路与城市快速路连接时,应注意控制快速路两侧的用地控制,防止道路的街道化现象。

②与城市主干路相衔接。在部分大城市或交通枢纽型城市,如果其内部还未形成完善的快速路网系统,可以采用主干路与之衔接。

③与次干路、支路等相衔接。如果采用次干路和支路等生活性道路与干线公路相连接,由于这类道路人群比较密集、道路标准低、通行能力小等自身的特点,难以满足结点的出入境需求,还会影响结点内部居民生活的环境和生活质量,给居民的出行安全带来影响。一般在设计中应尽量避免干线公路与次干路和支路的连接。

对于大型城市结点,各类道路之间的连接组合表如表6-4所示。

大型城市结点各类道路之间连接组合表 表6-4

道路类型	干线公路	快速干道	主 干 道	次 干 道	支 路
干线公路	○	○	◇	△	△
快速干道	○	○	○	△	△
主干道	◇	○	○	○	△
次干道	△	◇	○	○	○
支路	△	△	◇	○	○

注：○适宜连接；◇可以连接；△不宜连接。

(2)与中小型城市结点道路的衔接

中小型城市结点的交通性干道是城市的主骨架道路，承担城市间各分区的对外交通流汇集，各分区之间交通功能，道路标准较高，通行能力较大，可以满足城市对外交通要求。而中小型城市结点对外交通量较小，通过城市交通性干道(以主干路为主)，基本可以实现快速通过和集散的目的，可以满足城市对外交通的要求。

但中小城市过境公路连接主干道要注意以下几个问题：一是连接的主干道不能直接进入商业密集区或中心市区；二是主干道两侧建筑物红线和建筑物类型应适度控制，防止对外交通较大时出现拥挤和难以拓宽现象，避免人流出入较大的建筑物(如大型商场等)建在主干道两侧。

2)衔接段断面设计

根据城市道路设计规范，城市道路横断面一般包括机动车车行道、非机动车道、中央分隔带、两侧分隔带、人行道、绿化带等。部分道路横断面还有用于公交车的“港湾式”停靠站、停车带、景观设施等。

影响横断面各组成部分设置的因素很多，包括道路等级、交通量、设计车速、主要车型比例、管线要求、景观要求、绿化及安全因素等。

本节分别从出入口道路的红线宽度、横断面形式、机动车车道、非机动车道、分车带、绿化带等的设置进行阐述。

(1)红线宽度

道路红线的规划和控制可与城市道路一样，参考《城市道路交通规划设计规范》(GB 50220—1995)确定。

由于城市出入口道路兼具公路和城市道路的双重功能，对其红线宽度的确定必须考虑到城市用地远期发展的需求和道路所处的区位，根据其与城市建成区的距离，可以采用两种不同的断面设计：

①近城端：道路两侧的土地利用和交通流结构和城市建成区相似，道路的红线规划和控制可以参照《城市道路交通规划设计规范》(GB 50220—1995)进行设计。

②远城端：道路基本为机动车车道，未考虑到非机动车和行人出行的需求，作为远期建成区规划区域内的道路，应当通过严格控制红线两侧的用地或者采取建筑物退后的方式进行用

地开发,后退的距离视具体情况而定。

(2)横断面形式

道路横断面形式的不同,实际上源于其关注对象的不同,如公路主要考虑机动车交通,对非机动车和行人关注较少,公路一般不设置人行道和非机动车道;而城市中存在着大量的非机动车流和人流,决定着在城市道路断面的设计中,必须将其纳入考虑范畴。在城市出入口附近,由于道路兼具两方面的特性,对于这种类型的道路应该根据实地情况,因地制宜,不可照搬城市道路或公路的设计标准。

建议在城市道路和公路的衔接与过渡过程中,坚持三个方面的原则:

①鉴于目前城市化进程的加速和部分城市的跨越式发展,在城市出入口道路断面形式的选取中,应该考虑到未来非机动车与行人交通的需求;

②为了保障安全和车流的正常运行,出入口道路的机动车车行道数目应当坚持与公路和城市道路的机动车车道数相匹配的原则;

③公路与城市道路断面形式的改变不宜在桥梁、转弯处突变,建议在交叉口处完成断面形式的过渡与转变;如没有,亦可在远离城市的开阔地带路段处通过缓和曲线来实现断面的过渡与转换。

为便于统一阐述断面衔接的问题,在城市出入口道路和公路断面上引入城市道路中"分幅"的概念。则城市道路的横断面形式有单幅式、双幅式、三幅式和四幅式四种形式;而公路中除了作为汽车专用公路的高速公路和一级公路有分隔带,可以对应到城市道路的两幅路之外,其余公路均为单幅路。根据城市道路、公路的交通量、交通组成、实际行车速度等相关因素,建议城市出入口道路横断面形式如表 6-5 所示。

三种道路的横断面形式 表 6-5

城市道路横断面形式	城市出入口道路	公路横断面形式
单幅式	单幅式	单幅式
	单幅式过渡到两幅式	两幅式
两幅式	两幅式或三幅式过渡到单幅式	单幅式
	两幅式或三幅式过渡到两幅式	两幅式
三幅式	三幅式过渡到单幅式	单幅式
	三幅式过渡到两幅式	两幅式
四幅式	四幅式或三幅式过渡到单幅式	单幅式
	四幅式或三幅式过渡到两幅式	两幅式

(3)机动车车道的设置

出入口道路机动车道数的确定可根据单向设计小时交通量与单个车道的通行能力及其他修正系数计算,也可参照《城市道路交通规划设计规范》(GB 50220—1995)中对城市道路机动车道数的规定来设置,即大城市快速路 4 ~8 条、主干路 4 ~8 条、次干路 4 ~6 条。近城端出入口道路取上限值,远城端取下限值。根据出入口道路的特点,机动车道种类的确定应结合交通管制(按道行驶)要求,设置小型车道与大型(或混合)车道,按车型比例优化配置车道种类与条数,根据车型大小划分车道宽度,增加车道的利用率。

机动车道宽度为各条车行道宽度之和,其宽度包括机动车车身(以下简称“车身”)宽度及两侧横向安全距离(侧向摆动距离)。侧向摆动距离取决于车辆在行驶时摆动、偏移的宽度,以及车身与相邻车道或路侧带边缘必要的安全间隙,它与车速、路面质量、驾驶技术、交通秩序等因素有关。侧向摆动包括对向车辆之间的摆动、同向车辆之间的摆动以及车辆与侧石之间的摆动。根据国外经验,结合国内城市的实际调查数据,综合考虑有关计算理论,采用波良可夫公式对这些数值加以计算。

对向车辆之间的侧向摆动距离为:

$$D_1 = 0.7 + 0.02(\nu_1 + \nu_2)^{\frac{3}{4}}$$

同向车辆之间的侧向摆动距离为:

$$D_2 = 0.7 + 0.02\nu^{\frac{3}{4}}$$

车辆与侧石之间摆动距离为:

$$D_3 = 0.4 + 0.02\nu^{\frac{3}{4}}$$

车道所处的位置不同,相应的摆动距离也不同,根据上式计算得出的不同车速下的摆动距离见表6-6。

不同车速下车辆的摆动距离　　表6-6

车速(km/h) / 摆动距离(m)	120	100	80	60	50	40	30	20	10
对向摆动 D_1	1.92	1.76	1.60	1.43	1.33	1.23	1.13	1.02	0.89
同向摆动 D_2	1.43	1.33	1.24	1.13	1.08	1.02	0.96	0.89	0.81
与侧石间摆动 D_3	1.13	1.03	0.94	0.83	0.78	0.72	0.66	0.59	0.51

行驶中车辆两侧的摆动距离加上车身宽度,就是车道的计算宽度。车道划为小车道和大车道两种,部分道路另划有公交专用道和停车带(道),仅以有代表性的小汽车和大型车的车身宽度(1.8m、2.5m)作为车道宽度的计算基础。设车身宽度为 a,则不同位置的车道宽度计算公式为:

有中央分隔带时,最内侧车道宽度

$$b_{内} = D_3 + a + \frac{D_2}{2}$$

无中央分隔带时,最内侧车道宽度

$$b_{内} = \frac{D_1}{2} + a + \frac{D_2}{2}$$

中间车道宽度

$$b_{中} = a + D_2$$

外侧车道宽度

$$b_{外} = D_3 + a + \frac{D_2}{2}$$

道路的等级、行驶车速、车型比例以及车道所处的位置4方面因素决定了不同道路的合理车道宽度。

根据流量、密度、速度三要素之间的关系,可以得出两种极端的情况:当道路上车流密度较大时,车辆不可能以高速行驶,此时车辆的摆动距离不大;当车辆速度较高时,车流密度较低,此时车辆受周围其他车辆的影响较小,车道宽度对其行驶也没有什么限制。但是,当车流密度与车速都比较适中时:

①快速路级出入口道路的车道宽度。

道路特性:大型车辆所占比例较其他道路高,车道划分与公路相近,即分为主车道、超车道、慢车道或停车道,车辆以混行交通为主。

根据以上特性,一般计算快速路的车道宽度以普通汽车的车身宽度(2.5m)为标准;断面形式多以两块板为主,中央要求必须用分车带隔离,故对向车辆之间的影响因素可以不考虑,主要考虑同向车辆之间的影响;设计车速为60~80km/h。

取设计车速为80km时,最内侧车道、中间车道和外侧车道宽度取值3.75m,考虑设置0.50m路缘带,单向三车道的车行道道路单向总宽度为12.25m,单向四车道的车行道道路单向总宽度为16m。该车行道总宽度是考虑设置了包括人行道的路侧带时的车型道路宽度,若路侧位路肩时,则宽度要视具体情况而定。

②主干路级出入口道路的车道宽度。

取主干路的设计车速为60km/h,最内侧道路车道宽度取值3m,中间车道宽度取值3.75m,外侧车道宽度取值3.75m。

③次干路级出入口道路的车道宽度。

取次干路的设计车速为40km/h,由于道路宽度有限,内侧车道存在有中央分隔带和无中央分隔带之分。有中央分隔带时需考虑与侧石的距离,没有中央分隔带时需要考虑到对向车辆的摆动影响;外侧车道存在有无自行车混行的影响。

内侧车道宽度取值3m,中间车道宽度取值3m,外侧车道宽度取值3.5m。

(4)非机动车道的设置

我国许多城市出入口道路上至今仍有一定数量的非机动车行驶,特别是在近郊地区。为了满足这些交通需求及交通安全,出入口道路也应考虑非机动车道的设置,其确定方法分为近城端和远城端两种情况。

①近城端(横断面形式主要为三幅或四幅式):

a.最小宽度的要求。为了减少分隔带断口,减少对机动车的横向干扰,应考虑道路两侧建筑进出口的少量机动车在非机动车道上行驶,要求非机动车道宽度不小于3m。

b.容许的最不利组合的宽度要求。分析各种非机动车容许出现的横向组合方式,找出容许的最不利并行和超车组合计算其宽度。一辆自行车需宽度1m;一辆三轮车或板车需宽度2m;一辆畜力车需宽度2.5m。当城市出入口道路上四种非机动车均有,容许的横向组合有:

一辆畜力车、一辆三轮车相互并行超车需宽度为4.5m；一辆三轮车、一辆板车相互并行超车需宽度为4m；一辆畜力车、两辆自行车相互并行超车需宽度为4.5m；一辆板车、两辆自行车相互并行超车需宽度为4m。城市中两辆畜力车并行超车的情况很少发生，不作考虑。

上面4个容许组合，只有第一和第三是容许的最不利组合，取非机动车道宽为4.5m。

c.通行能力对宽度的要求。非机动车的标准车取用自行车，其他非机动车均折算成自行车，折算系数为：自行车1.0；三轮车、板车5.0；畜力车10.0。上列折算系数按我国公路工程技术标准采用，虽然有了新的折算系数的建议意见，由于未纳入标准，仍按原标准规定采用。根据非机动车的远景交通量与通行能力的关系确定自行车的车道数，非机动车道宽度应为自行车的车道数乘以一条自行车道宽，再加上0.5m的安全距离。

综上所述，非机动车道的宽度应取上面三个条件的最大值。

②远城端（横断面形式主要为单幅或两幅式）：

由于单幅式道路所能适应的交通量不大，其非机动车道宽度主要考虑路边临时停靠车辆所需的宽度。其中，允许停靠车辆，取3.0m；不允许停靠车辆，但有公交停靠站取3.0m；不允许停靠车辆，但有港湾式公交停靠站取1.0m，或视非机动车的交通量确定。对于横断面形式为两幅式的城市出入口道路非机动车道建议取消，主要由于非机动车交通量小于一个非机动车道的设计通行能力。

（5）人行道的设置

近城端的出入口道路一般存在很大的行人交通流量，仅仅通过原来公路的路肩作为人行道，远远不能适应城市化进程中行人交通需求，在这类地段应该按照《城市道路工程设计规范》（CJJ 37—2012）的要求，专门设置人行道，人行道的宽度宜按人流量的大小、街道化的程度、吸引人流的程度等因素综合考虑；而对于远城端，由于人流量稀少，公路路肩可以满足日常出行。

（6）分车带、绿化带及设施带的设置

分车带包括分隔带和路缘带。通常有四种形式，即双黄线、栏杆、分隔墩和绿化带。

城市主要出入口道路作为对外联系的主要通道，是特殊景观性道路，应考虑设置较宽的绿化分隔带。考虑到出入口主干道与城市环路的交叉口左转车流比较多，进口道必须增加车道数，可利用中央绿化分隔带增加左转车道，故其宽度也可设置为5.0m或8.0m，5.0m为一条车道加上安全岛，8.0m为2条车道加安全岛，8.0m还可以保证路段车辆掉头的需要。设施带主要包括路灯、标志牌、小品、景观等相关设施，一般需要宽度1.0m，基本设置在绿化带中，因此可与绿化带结合考虑。

（7）公交停靠站的设置

随着城区与郊区联系的紧密，城际交通出行的频繁，郊区公交成为郊区出行的主要方式之一，在出入口道路横断面规划中应充分重视和发挥郊区公共交通系统的作用，考虑公交停靠站的设置。为了减少对机动车流的干扰，公交停靠站应设置为港湾式停靠站。根据用地，港湾宽度设为2.5～3.0m。停靠站站台最小宽度为1.5m，设置港湾式停靠站时，尽量保证非机动车道与人行道的有效空间。

6.4 干线公路与综合交通枢纽的衔接

干线公路与其他运输方式的衔接,主要是与其他方式的运输枢纽间的衔接。加强干线公路与运输枢纽的衔接,可有效支撑并促进综合运输枢纽的形成与发展,加强综合运输体系内部的转换和互补,从而提升综合运输整体效率。

6.4.1 干线公路与航空枢纽的衔接

根据机场运输特点和规划管理范围,机场集疏运体系层次可分为:

第一层次:机场内部交通;

第二层次:机场内部与外围交通网络衔接;

第三层次:机场外围交通网络。

机场外围高等级集疏运公路网络呈环放射状,具体可分为机场快速环,主要功能为汇聚有快速集散需求的客货流,通过外围放射式高速公路进行疏散;机场干线环,汇聚一般需求的客货流;放射状道路,集散机场巨大的客货流量。

由于航空运输高时效性,以及典型的"以点带面"的运输服务方式,机场集疏运体系由高速公路、一级公路或城市快速路、主干道构成,航空枢纽体通过内部道路经互通立交与其集疏运道路衔接,共同完成机场快捷便利的集疏运任务,如图6-6所示。

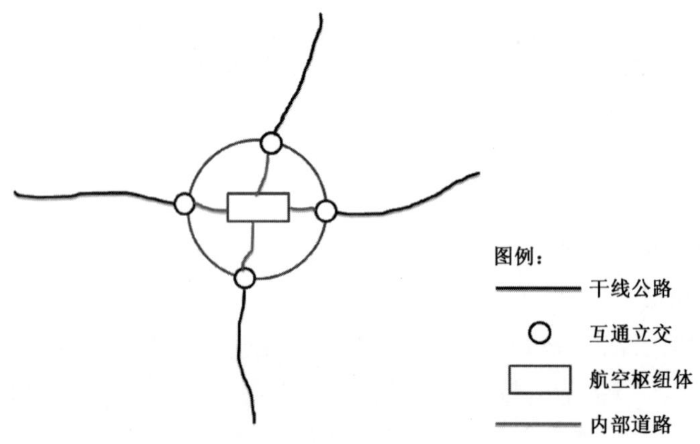

图6-6 航空枢纽集疏运体系图

6.4.2 干线公路与铁路枢纽的衔接

(1)铁路客运站

铁路客运站一般尽可能靠近城市,而不深入市区,主要通过城市快速路或主干路与干线公路衔接。

铁路客运站是区域铁路系统与城市联系的关键设施,在进行客运站布置时应注意以下几方面。

①客运站位置应根据铁路线路走向、城市用地的空间结构、城市交通条件等统筹考虑,宜

设在交通便利、客流相对较集中的地方，以保证铁路旅客运输与城市交通系统有较通畅的联系渠道。且客运站设在城市客流量较大的片区，使城市大部分客流能在短时间内集散，如果城市用地布局较分散且各片区均有较大的客流量时，客运站应尽量兼顾各区或设置两个以上客运站，以减少对城市交通的压力，同时也可减轻对铁路客运配套服务设施需求的压力。

②客运站应尽可能靠近城市，但不宜深入市区，并且应根据客流预测在规划中留出足够的发展余地。铁路深入城市对城市的交通、环境和整体形象影响很大，在中小规模城市客运站的设计中不宜采用，但因客运站主要是为旅客运输服务，在不对城市交通产生大的影响时，应尽量靠近城市。在特大城市采用深入市区的布置时，要处理好铁路两侧城市间的交通联系，在规划上预留并严格控制车站的发展用地。

③客运站是城市重要的窗口，客运站布置中应充分考虑城市景观建设和城市总体形象的需要。如南京火车站位于玄武湖北侧，建设时充分利用有利的环境和借景，建成后成为展示城市形象的重要窗口。

(2)铁路货运站

铁路货运站一般位于边缘地区，开发强度小，干扰交通少，通常可直接与干线公路衔接或通过城市主干道连接干线公路。

货运站是以办理货运作业为主的车站，同时也办理有关的货物运转作业，其布置应综合以下几个方面考虑。

①货运站应位于城市的货物集散中心，邻近大中型工矿企业区；多个货运站的设置应根据其性质和有效服务范围统筹考虑，选择合理的位置。统计表明，一般综合性货场的货运量80%以上的是工矿企业运量，城市居民货运量只占很少一部分。货运站与工矿企业邻近，可充分发挥工矿企业运输设备较齐全的优势，有利于货流的组织和运输，同时可节省货物的短途运输时间和费用。综合性货场的有效服务范围一般在3～8km，零担运输服务范围5～10km，危险品货场一般在10～40km。近年来地方交通设施快速发展，配套较齐全，货场的有效服务范围较以往增加很大。应充分考虑不同性质的货场的有效服务范围，并结合城市布局的特点合理选择货运站场的位置。

②货运站的设置应尽量与城市规划片区的性质相符合，向专业化方向发展。大城市的货物运输应尽量集装化，这样可以减少取送货物的车流，减轻城市交通的压力，促进相互发展。

③货运站与客运站的相互配置。中小城市和大城市的老站往往采用客货运一体布置的形式。当客运量增加后，不仅铁路运营上客货干扰很大，也使站前广场和城市集散干道上客货运车辆相互干扰。建议货运站尽量与客运站分设，以支线与正线相连，以尽端式布置于货流发生区。

6.4.3　干线公路与公路枢纽的衔接

1)公路客运站

(1)中长距离快速客运站场

高速公路为主体的高等级公路网络日趋形成，以高等级公路干线通道为依托，中长距离公路快速客运空前发展，迫切需要加强中长距离公路快速客运站场的配套建设。快速客运主要服务于城际商务、旅游、探亲出行，旅客在途时间一般在 2h 以上，人们选择公路快速客运出行主要是看中其便利、快速和舒适性。因此，中长距离快速客运站场选址需要充分考虑公路快速客运便利、快速、舒适的需要，尽量远离中心城区、靠近城市外环绕城高速公路及城市对外高速公路出入口，并利用公共交通联系中心城区。公路快速客运站场尽量靠近客流量较大方向的高速公路出入口，以保证充足的客流作业量、理想的客座率，对于客流量不是太大的快速客运线路可以考虑通过城市绕城高速，共享利用客流量较大方向的快速客运站场。

(2)短距离城间客运站场

短距离城间客运主要服务于郊区、郊县同中心城区间及乡村同县城间的交通出行，在途时间较短，一般在 2h 以内，便捷性是旅客对短距离城间公路客运服务品质的主要要求。在短距离城间客运站场选址时，主要考虑旅客出行的便捷性需要，尽量选择能够满足用地需求、适当靠近中心城区的地方，尽量选择在城市内环绕城公路及主要城市干道附近。为了让城区与不同方向的城间短距离客运均相对便利，尽量减少迂回运输，可以根据城区形态、沿城市内环向客运辐射区大致均衡地布局短距离城际客运站场。随着城乡交流日趋密切，城市公交网络与城间公路交通网络日趋完善，城市公共交通与城间公路交通管理体制的不断协调、统一，城间公路客运与城市公共交通将不断融合，城乡交通一体化进程将不断推进，未来短距离城间客运将不断公交化，短距离城间客运站同城市公交站场的规划建设也将不断融合。这样，短距离城间客运站相对靠近城区，旅客出行时需要花费在城市公交集散上的时间一般可以控制在半小时以内，相比郊区、郊县同中心城区间及乡村同县城间的在途时间，城市公交集散时间较短，旅客容易接受。

(3)旅游客运站

随着经济社会快速发展、人们生活水平不断提高，旅游出行日益成为人们消费性出行重要内容。虽然驾车旅行的比例越来越高，但旅游出行中，公共交通仍占主体，特别是公路客运，以其在中短途旅游出行、景点之间旅客集散等方面的优势占据旅游出行的主要市场。在自身和周边旅游资源丰富的城市有针对性地布局建设旅游客运站，是旅游客运发展的必然要求。旅游客运站布局选择尽可能靠近交通枢纽，以方便旅客换乘。结合旅游客运站建设游客集散中心，将有力地增强旅游客运站的竞争力。

2)公路货运站

(1)中长距离大型快速货运站场

产业规模化、专业化、集约化发展进程加快，跨区域分工协作生产加强，小批量、多品种、高附加值、强时效性货物跨地区的中长距离、快速货物运输需求不断增长，以快速发展的高等级干线公路网络为依托，中长距离公路快速货运需求随之增加，迫切需要加强中长距离大型公路快速货运站场的配套建设。为避免大型货车进出市区中心、影响城市交通，充分发挥专业化城市货物配送运输的优越性，有效提高运输效率。在中长距离快速客运站场选址时，尽量远离中心城区，选择高速公路出入口附近、土地空旷、可持续开发的区域。同时，根据实际需要，规划建设合理的公路配送连接线，连接大型货运站场与城市主要货物配送中心或货源集中地。同时，综合考虑货流的流量流向特点、城市对外高等级公路布局形态及城市公路快速货运发展需求，布局合理数量的快速货运站场，以有效提高公路快速货运站场利用率，保证公路快速货运站场的货流作业量。依此布址，实现出城货物集零为整、进城货物化整为零，避免大型货车进出市区，可以有效减少城市交通压力和城市环境污染，统筹发挥快速货运运能大、速度快和城市短距离配送运输经济、快捷的优越性，促进快速货运和城市配送运输的协调发展。

(2)片区性或专业性城市物流配送中心

现代物流服务快速发展，迫切需要科学规划布局物流配送中心，建立专业化、社会化的城市配送体系。不管是为生产企业提供个性化生产物流服务，还是为商贸、餐饮服务业提供实时配送服务，大都体现为小批量、多批次、高分散、强时效性的货物运输需求。通过货运站场集散、仓储、中转作业，为生产企业及商贸、餐饮服务业提供仓储缓冲与及时配送服务，日趋成为城市物流配送中心的主要功能需求。在片区性或专业性城市物流配送中心规划布局时，综合片区物流集聚情况、货物流量流向特点及城区形态，尽量选择用地条件宽松、交通条件良好、靠近物流集聚地的地方。在同一区域具有多个物流配送中心备选地址时，应主要考虑物流配送速度，按照“物流中心到各物流客户点途中运输时间大体相等”的原则，最后确定物流配送中心的位置。根据客户需求指令快速响应、及时配送是物流配送服务的主要追求目标，物流中心同客户间道路路况越好，配送速度越快，相隔距离可以相对远一些，反之，路况较差，相隔距离就应该相对近一些。

片区性或专业性城市物流配送中心可以大致沿城市内环外侧规划布局。这样，一方面，物流配送中心同物流客户间的距离适当，容易实现快速响应、及时配送的目标；另一方面，环城内环外相对于城市内环以内，站场用地相对宽松，便于可持续发展；减少大中型货车进出城内，也是缓解城市交通、治理城市环境和满足城区适当交通管制的必然要求。

(3)集装箱运输站场

我国公路集装箱站场主要集中在东部沿海地区尤其是口岸城市，约占总数的83%。内陆集装箱运输尚处于一种原始、粗放的状态，集装箱整箱运往内地的比例很小，大量适箱货主要还是以散货的方式集疏到港口，严重削弱了集装箱运输的内在优势，极大地增加了港口城市的负担。而且，现有站场设施和技术装备水平普遍较低，运输站场普遍缺乏内陆口岸功能。集装箱运输站场作为不同运输方式或同一运输方式的不同运输线路间集装箱运输相互衔接、转换和实现“门到门”运输的重要作业场所，也是集装箱由沿海干线港口向内陆腹地延伸运输的后方库场。适应集装箱运输快速发展的需要，以集装箱港口为基地，以集装箱国内运输通道为发展主轴，在集装箱生成量较大并具发展潜力的城市、靠近集装箱生成地、用地相对宽松的区域，有针对性地规划布局集装箱运输站场，逐步形成由集装箱港向内陆经济腹地放射线状的集装箱运输网络，并加强站场配套设施建设，不断提高站场设施的技术装备水平，完善管理手段，为集装箱运输提供质优、高效的中转、仓储、换装等物流服务，促进集装箱一体化运输系统的形成与发展。同时，在公路运输站场规划建设过程中，加强信息系统尤其是公共信息服务平台建设。通过信息系统规划和信息平台建设，促进各级公路运输站场、不同地区的公路运输站场以及机场、铁路站场、港口等实现信息资源共享，充分发挥运输站场的网络资源优势。

6.4.4 干线公路与港口的衔接

港口可分为两个层次集疏运体系:中长距离港口集疏运系统,支撑港口发展;本地级集疏运体系,发挥港口的辐射带动作用,促进城市发展。公路作为港口集疏运系统的主骨架,形成以港口为中心的放射形路网,构建各方向多层级的疏港交通主走廊,使疏港车辆能够方便、迅速地完成集散。专用的疏港货运道路对公路集疏运有很大的促进作用。在没有专用货运通道的情况下,也应考虑在高等级公路或城市快速道路上设置货车车道,一方面有利于货车通行,另一方面也能够改善道路交通秩序,提高整条道路的通行能力。港外附近区域的城市道路网与疏港道路应分离布设,只在必要的节点通过立交衔接,使疏港交通与城市交通互不干扰。

港区的道路层级可分为港内道路和港外道路,其与港口集疏运系统的衔接主要通过港外道路。港外道路为港区连接公路和城市道路的对外道路,应和城市对外公路网络有良好的衔接,设置立交进行衔接。

6.5 干线公路与城市交通系统衔接规划适应性分析要点

(1)结构合理性分析

城市结点干线公路规划方案由高速环线、干线公路环线和城市干道组成的三层道路骨架系统构成。高速环线一般位于城市最外侧,起到屏蔽过境交通压力、保护城市中心区的作用。部分结点高速公路还起到联系外围开发区至中心城区的功能。干线公路环线一般在高速环线内侧,与高速环共同构成主次分明的过境环线,并实现与城市道路有序衔接,避免过境交通对城市交通的干扰。

(2)服务效果分析

各道路之间实现互通有序衔接,保证车流的高效转换,满足城市出入交通,分离过境交通,避免对城市交通的干扰。外围高速公路与干线公路、城市道路设置互通,并与城市快速路相接,实现城市出入交通的快速转换。干线公路形成环线加放射的形式,与高速公路衔接,环线疏解过境交通,放射线主要承担城市的出入功能,与城市道路衔接,实现车流的过渡。

(3)与经济社会发展适应性分析

城市结点干线公路规划方案与经济社会发展适应性评价包含对区域资源开发的影响、对区域工业生产的影响、对区域商品流通的影响、对区域城镇化水平的影响几个方面。结点规划方案有利于改善城市对外联系和市域内的交通状况和环境,提高区域性交通干线附近土地的区位优势,即带来沿线土地增值效应。

(4)与城市总体规划协调性分析

规划方案应考虑特征年城市发展要求,从建设规模、技术标准等方面为城市发展预留空间,应考虑城市规划总体布局、发展方向、过境及出入境交通的流量流向,本着“因地制宜、远近结合、过境与出入境交通兼顾”的原则,缓解过境交通对城市交通的干扰程度,引导过境公路与城市路网各自发挥其作用,互不干扰,顺应城市总规确定的发展方向,明确其国省公路干线的主要功能。

6.6　本章小结

本章进行了干线公路城市结点衔接模式的影响因素分析，总结归纳了干线公路与城市结点典型的连接模式，基于轴辐式的衔接交通组织模式，提出了干线公路与城市结点的系统连接模式。从干线公路的衔接需求特性分析了干线公路不同情况下适宜的衔接模式，提出了综合考虑城市发展阶段性特征和干线衔接需求特性两因素来选择干线公路连接模式的思路和原则，对互通式立交合理间距、数量、断面等衔接要素进行分析研究。通过与其他方式的运输枢纽间的衔接，加强综合运输体系内部的转换和互补，从而提升综合运输整体效率，研究了不同类型的枢纽集疏运规划和干线公路的协调关系。从结构合理性、服务效果、经济社会发展适应性、城市总体规划协调性 4 个方面，构建了干线公路城市结点衔接规划方案适应性分析体系。

第7章
城市结点高快路网络布局规划方法

7.1 高快路网络特征

7.1.1 高快路网络的功能

高快路网络是为了适应城市群、都市圈和多中心组团式城市对交通运输机动性和可达性的要求而发展起来的。城市发展到一定阶段,客观上要求城市具有快速交通的层次,来适应城市扩张和区域交通发展带来的出行距离的增加。高快路网络作为城市路网结构的核心,它对城市发展的影响和作用,主要体现在以下几个方面:

(1)对城市土地开发的强烈引导作用

高快路网络的建设,将大幅度改善沿线土地的可达性(特别是出入口周围地区),明显地推动土地的再开发。同时,高快路网络的建设会改善整个城市运输网络的结构性能,提高城市的可达性,而这种可达性的提高在空间分布上的不均匀性,使有些经济活动会重新进行区位选择,从而导致城市空间结构的调整。

作为大运量的交通系统,高快路网络的出现将提高城市结点的交通供给质量,并由此刺激交通需求的增长,使其服务地区呈现人口增加、土地开发强度增大的趋势。往往是快速交通系统延伸到哪里,城市就随着发展到哪里。无论是国内外的旧城改造或新城发展项目,往往需要修建快速路或轨道交通进行支持,这已经成为实现城市规划发展意图的一种有效手段。

(2)联系各功能组团或分区,引导人口疏散

大城市的发展及用地功能调整,很多大城市不再追求高度集中的密集型布局,转向有机分散方向发展。居住、商业、工业、科技园区、对外交通枢纽等地域的分隔更加明显,空间距离更大。为了保证城市正常功能,提高城市的效率和活力,必须通过高快路网络使大城市各功能分区有便捷的联系,将空间上的长距离从时间上加以缩短[105]。

按照发达国家对城市发展布局的要求,如果城市快速路骨架网建成,并且减少红绿灯以及车流定向行驶,则中心城区任意一个点在10min左右即能到达城市快速路,然后在20min左右即可到达附近高速公路网,也就是30min左右能到达高速公路。如果能达到这样的水平,中国大型城市周围的边缘组团甚至新城会快速发展起来,人口也会逐步由内向外迁移,中心城区的压力会得到显著缓解。

(3)有利于形成合理的用地分区

为保证道路上最大的通过能力,高速公路和快速路均具备一定的封闭性,要求出入口间距较大,减少车辆出入造成的影响,从而不可避免地对两侧用地有隔断作用。对于城市用地布局

而言，高快路网络的规划建设必然使其形成相对独立的用地子区，用地子区内的道路网系统也因此而相对独立成网。这种双重功能子区的形成不仅有利于各子区内交通需求的层次划分，使长距离的区域性交通出行、中距离的跨区交通出行和近距离的区内交通出行进入各自功能等级的路网系统，形成结构清晰、功能明确的分层次交通体系。而且各用地子区边缘的高快路形成了封闭的环形线，提高了高快路网络的集散应变能力。对于城市的布局结构，可因相对可达性的提高和子区边界的阻隔性，逐步分散高度集中的城市结构，形成相对独立的城市发展组团。

(4)促进城市内部交通与对外交通的有序衔接

高快路网络不仅是城市内部道路网的主骨架，而且是区域城镇群路网的一部分。快速路系统与区域干线公路网有机衔接，通过建设高快路网络，将过境交通和出入境交通引入容量大、疏解能力强的高快速路网络之中，让过境交通由城市外围快速通过，出入境交通均匀疏散到各个组团后再分别到达出行端点，能大大提高结点交通系统的运输效益和转换效率，从而扩大城市的辐射吸引能力，提高城市在区域城镇群中的可达性，提升城市区位优势，并加强区域城镇群的经济联系，促进区域经济一体化的整合。

(5)提高对外交通枢纽的可达性和服务水平，构建一体化协调发展的综合运输系统

城市对外交通枢纽是城市内外交通网络以及不同区域交通网络间衔接换乘的关键节点，将城市之间、城乡之间的联系链接到城市内部交通网络，选择不同交通工具的旅客，市际交通与市内交通、干线交通与支线交通、快线交通与慢线交通换乘都在枢纽内完成[106]。通过结点高快路网络的建设，能将城市结点重要的对外交通枢纽串联起来，实现各个枢纽之间的快速衔接与转换；同时，由于高快路网络与区域干线公路网络有着便捷的联系，能够提升结点对外交通枢纽的辐射能力，给区域内各城镇提供高水平的交通服务，提升对外交通枢纽的区域共享水平，实现重要的交通枢纽服务区域化，构建一体化协调发展的综合运输系统。

7.1.2　高速公路和快速路差异性

从交通功能层面看，高速公路是承担过境交通和其城市自身的对外交通需求，快速路承担的是城市内部的中长距离出行交通需求，这是两者重要的功能性差异，这种差异决定了两种道路对应于不同的城市化发展布局。

高速公路是公路分类中的最高等级，是国家干道网的重要组成部分，严格执行全封闭管理运营模式，控制通行车型。而城市快速路是城市道路中的最高等级，由于城市交通多样复杂的特性，快速路在管理方面相对于高速公路开放。服务对象方面，高速公路的服务对象为区域性长距离交通，缩短区域性城市间的空间距离和时间距离，增加区域间的交通联系。高速公路通行的车辆为机动车，各种载荷的客车和货车，其中货车占据一定的比例。以沪宁高速为例，按标准车折算后，货车比例为42.5%。城市快速路的服务对象为城市中长距离出行交通，服务空间范围为城市内，连接城市内各组团，减少城市居民的出行时耗。城市快速路对于车辆种类限制较多，在很多城市的内环快速路上禁止黄牌车驶入，对货车分路段和时段实行限行措施，快速路车辆构成比较单一，主要是以小汽车为主，以及少量的公共汽车、单位班车以及特殊车

辆共同组成。

设施设计方面,高速公路与城市快速路也有较大的差异。主要包括以下几点:

(1)横断面设计

城市交通不只满足机动车的出行,还需要协同非机动车及行人出行需求。城市快速路在道路横断面的设计和处理上有较复杂的要求,主线上满足机动车出行的条件,有需要的情况下会在主线的一侧或者两侧设置辅路系统,并设置非机动车道和人行道。高速公路横断面设计只需要考虑机动车的通行要求,满足各项公路设计指标和标准即可,较城市快速路断面设计简单。

(2)红线控制要求

城市快速路对于红线控制的要求是比较高的,快速路属于城市道路系统,设计时需要考虑城市景观绿化,设置符合城市绿化要求的绿化带,而且快速路尤其需要注意建筑退让,控制好红线宽度。快速路红线宽度如果过大,会造成行人过街、信号控制等的不便和土地资源的浪费;过小,不满足通行能力和绿化要求,一般道路红线控制在 60 ~ 100m。而高速公路两侧多为非建筑用地,且不需要考虑市政设施布设,红线宽度一般在 26 ~ 80m。

(3)出入口数量和间距

大城市快速路一般会设置成"环状 + 放射状"的形式,且由于城市活动的频繁,出入口设置比较密集,设计车速 100km/h 的路段最小出入口间距为 260m,设计车速 100km/h 的路段最小出入口间距为 210m。北京市二、三环改造前平均间距分别为 270m 和 260m,改造后平均间距分别为 500m 和 560m。高速公路出入口的设置基本是在城市结点以及中途重要节点增设出入口,高速公路的出入口间距通常在 5km 以上,城市快速路上出入口数量会明显多于高速公路出入口数量。

(4)线形设计

快速路的线形需要根据城市形态和交通 OD 分配作适当调整,辅道设计需要协同城市其他主要干道,处理进出口匝道及交叉口的设计,《城市快速路设计规程》(CJJ 129—2009)规定了具体设计指标。高速公路作为连接城市之间的快速通道,考虑工程的经济性以及运输时效性,高速公路的线形选择以直线形为宜,曲线半径较大,《公路工程技术标准》(JTG B01—2014)规定了具体设计指标。一般情况下,与高速公路相平行的线位上会设置一条普通公路,当高速公路封闭或遇上其他不可抗因素时,普通公路可作为临时疏散道路。

城市快速路与高速公路在道路设施、交通特性方面存在着多方面的差异,如表 7-1 所示。高快路应根据各自的道路交通功能,发挥各自在城市道路交通网络中的作用。

高速公路与快速路的特性差异表 表 7-1

特征	高 速 公 路	快 速 路
服务对象	区域性长距离交通	城市内部中长距离交通,组团之间交通以及分流通过性交通
设计速度	设计速度为 80 ~ 120km/h	设计速度为 60 ~ 100km/h

续上表

特征	高 速 公 路	快 速 路
道路结构	区域内线形大多呈直线形，曲线半径大，有与之平行的普通公路	大城市内大多为放射性+环形，有与之并行的辅道
	互通间距大	出入口间距短，节点多
	视道路车道数和道路环境而定，通常在26m到80m之间	红线控制较宽，通常为60~100m
交通特性	交通连续流，没有明显高峰期	交通连续流，出入口交通组织复杂，高峰期规律性拥挤
	车种构成简单，变化显著，货车比例高	车种构成简单，变化小，小客车比例高
	车辆从收费站进出主线，实行车道限制策略和匝道控制策略	车辆从出入口进出主线，出入口成为制约快速路通行能力的“瓶颈”

7.1.3　高速公路和快速路相似相容性

由于城市区域化的不断扩张，在发达的大城市地区，快速路建设发展迅速，高速公路和快速路之间的联系越来越密切，部分路段界限模糊，高速公路和快速路具有了一定的相似相容性。

相似性具体体现：

(1)机动性

高速公路与快速路都是只允许汽车驶入的高等级道路，限制低性能机动车、非机动车、行人等的进入，最大限度地减少了道路横向干扰，提高了道路的机动性。

(2)主线交通连续流

高速公路和快速路沿线采用全封闭或者半封闭的模式，无交叉口及信号控制，在正常通行情况下，其路段上的交通流属于连续流。

(3)快捷性

高速公路和快速路技术等级高、路况好、运输条件及设备齐全，能最大限度缩短行程时间，方便人、车、货能快速到达目的地。

(4)高效性

相较普通国省道和城市主次干路来说，高速公路和快速路在运行效率上都具有优势，保证城市过境交通、出入境交通能够快速集散，尽量降低对城市内部交通系统的影响。

相容性具体体现：

(1)可过渡

高速公路和城市快速路的衔接可以通过高速公路线接线完成，衔接线作为高速公路与城市道路的过渡道路，具有较好的通过性和可达性，是对外交通和城市内部交通能否互不干扰的关键因素。规划合理的衔接线，是完成高速公路向城市快速路过渡性的重要因素。

(2)可无缝衔接

高速公路和城市快速路也可以通过互通立交直接衔接,作为交通转换界面,中心城区的快速路发挥集散功能,通过城市路网将大量的交通流迅速疏解。高速公路与快速路直接连接,二者通行能力匹配和设计车速相近,连续交通流能够保证高快路网络内部交通顺畅高效的运行。

(3)可替代转化

对于发达地区大城市,高速公路和快速路存在功能区分模糊和线位冲突,在城市历史发展进程中,规模不断扩张,高速公路线位处于城市化进程中的地区,两侧建设用地发展,城镇化水平提高,越来越多的城市内部交通利用其出行。城市需要在外围重新规划高速公路,原高速公路通过技术改造为快速路,按照城市道路的标准建设,北京、上海、重庆、南京等城市都经历了这个过程。在外围高速公路建成之前,城市内部交通需求和对外交通需求都很大,高速公路和快速路功能会交叉混合,不能从传统意义上定义为高速公路或快速路。如果道路两侧城镇化不是连绵发展带,而是串珠式形态布局,中心城市与周边小城镇交通联系强度较小,高速公路可以实现连接区域短距离出行的功能。

7.1.4 高快路网络结构形式

城市高快路网络常见的结构形式有“多环放射”“环形放射 + 网格”“带形”和“自由式”四种类型。

“多环放射”状高快路网络适用于集中型和放射型城市形态,城市中心功能较强,如成都(图 7-1)。高快路环线起到联系城市组团中长距离交通的功能,可以有效地剥离过境交通,高效组织出入境交通转换。高快路放射线为城市主要的功能走廊,两侧多为高强度的用地布局,串联各个功能区和外围新城。

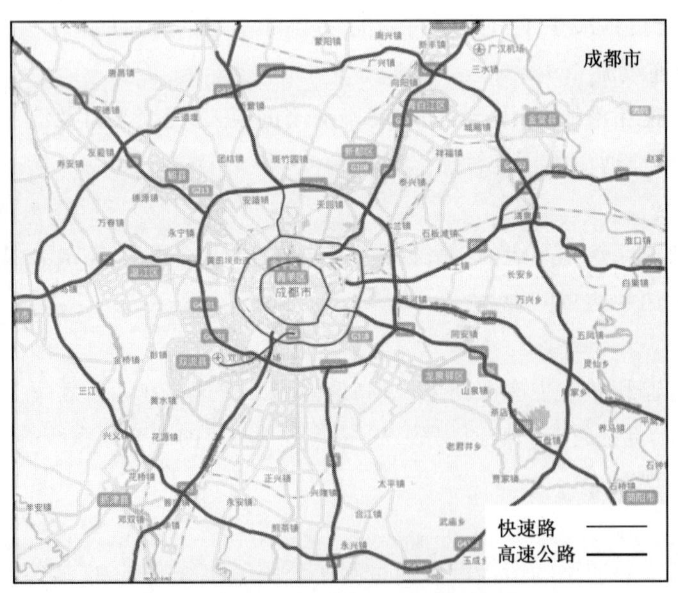

图 7-1 成都市“多环 + 放射”高快路网络

“环形放射 + 网格”适用性与“多环放射”网络类似,结点内部快速路总体呈现网格状,连接主城区各分片区，与外围组团的联系则通过放射状快速路来实现中快速路为网格状，城市发展较为均质，需要较密的快速交通干道疏解交通，北京为此类典型城市，如图 7-2 所示。

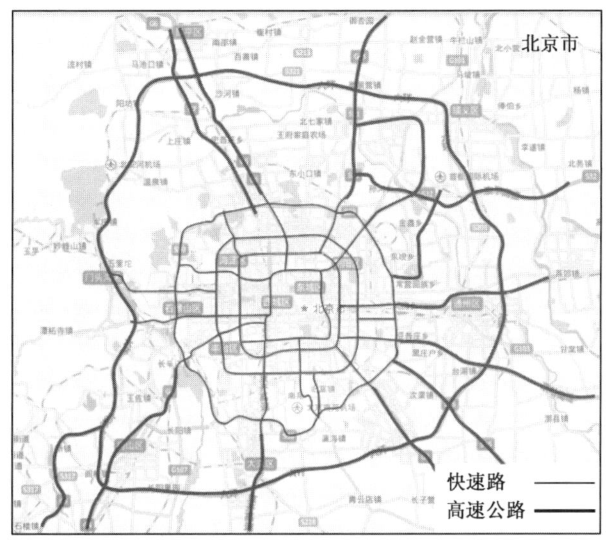

图 7-2　北京市"环形放射＋网格"高快路网络

"带形"高快路网络适用于带形城市，如深圳、兰州、镇江、拉萨、烟台等，受山川、河流等自然地形环境的影响，高速公路常常为直线穿越形式，过境交通能够被有效地剥离，快速路联系高速公路和城市各功能片区，既能高效地转换出入境交通，也是市内中长距离出行的快速通道，如图 7-3 所示。

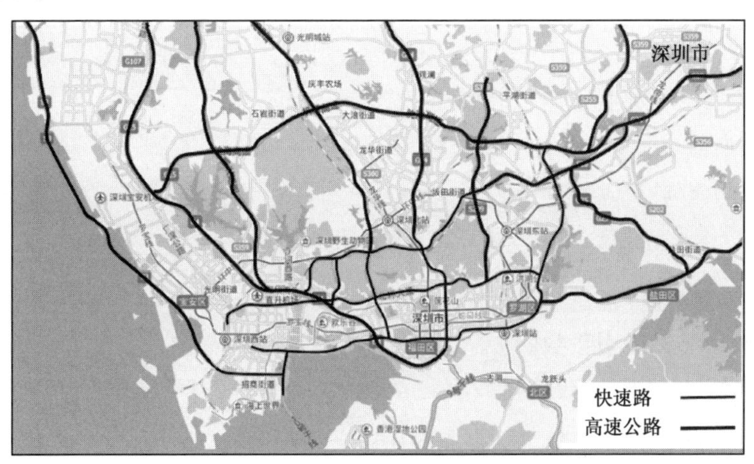

图 7-3　深圳市"带形"高快路网络

"自由式"高快路网络适用于多中心组团式布局城市或城市连绵区，受河流、湖泊、山丘等地形影响较多，如广州(图 7-4)、青岛等。高速公路承担城市和区域对外交通组织、货运交通和城际联系，串联结点重大对外交通枢纽，如机场、港口及口岸；快速路则承担城市主要发展组团之间联系，同时也是大型枢纽与市内腹地之间的快速联系通道。

图 7-4　广州市“自由式”高快路网络

7.2　高快路网络需求规模分析技术

7.2.1　高快路网络交通需求分析

高快路网络既承担结点的过境交通、出入境交通的组织，又承担着部分城市内部交通的组织。高快路网络上的交通量由三部分组成，其一是过境交通需求，即外部周边市区间的交通联系通过该城市结点的交通量；其二是出入境交通需求，即城市结点内部与外部周边市区的交通联系而产生的出入境交通量；其三是内部交通需求，即作为服务于组团之间中、长距离交通联系而产生的交通量。各项交通需求计算式分别如下。

(1)过境交通需求

过境交通需求的计算公式如下：

$$N_{\mathrm{EE}} = k_{\mathrm{EE}}\sum_{i=1}^{n}\lambda D_i^{\mathrm{EE}} l_i^{\mathrm{EE}} \mu_i \tag{7-1}$$

式中：N_{EE}——过境交通需求总量(pcu · km/h)；

k_{EE}——过境交通吸引系数；

λ——高峰小时流量比；

D_i^{EE}——第 i 种车型过境交通总量预测值(pcu/日)；

l_i^{EE}——第 i 种车型过境交通在高快路网络上平均行驶距离(km)；

μ_i——第 i 种车型的车型换算系数。

(2)出入境交通需求

出入境交通需求的计算公式如下：

$$N_{\mathrm{EI}} = k_{\mathrm{EI}}\sum_{i=1}^{n}\lambda D_i^{\mathrm{EI}} l_i^{\mathrm{EI}} \mu_i \tag{7-2}$$

式中：N_{EI}——出入境交通需求总量（pcu·km/h）；

k_{EI}——出入境交通吸引系数；

λ——高峰小时流量比；

D_i^{EI}——第 i 种车型出入境交通总量预测值（pcu/日）；

l_i^{EI}——第 i 种车型出入境交通在高快路网络上平均行驶距离（km）；

μ_i——第 i 种车型的车型换算系数。

（3）市内交通需求

对于城市尤其是大城市来说，高峰小时的车流量基本上是由客运车辆组成，这一方面是由于上班、上学出行是形成高峰小时的主要原因，另一方面为了缓解交通拥挤，许多城市采取了白天禁止货车通行的管制措施。市内交通需求主要指居民和流动人口的出行需求，计算公式如下：

$$N_{\mathrm{II}} = k_{\mathrm{II}}\sum_{j=1}^{m}\frac{\lambda E f_j l_j \mu_j}{r_j} \tag{7-3}$$

式中：N_{II}——市内交通需求（pcu·km/h）；

k_{II}——市内交通吸引系数；

λ——高峰小时流量比；

E——城市居民及流动人口出行总量（人·次/日）；

f_j——第 j 种交通方式的出行量占出行总量的比例（%）；

l_j——采用第 j 种交通方式在高快路网络上的平均出行距离（km）；

μ_j——采用第 j 种交通方式的典型车型的换算系数（pcu/veh）；

r_j——第 j 种交通方式典型车型的平均实载（人/veh）。

综上所述，高快路网络高峰小时交通总需求为：

$$\begin{aligned} N_{\mathrm{S}} &= N_{\mathrm{EE}} + N_{\mathrm{EI}} + N_{\mathrm{II}} \\ &= k_{\mathrm{EE}}\sum_{i=1}^{n}\lambda D_i^{\mathrm{EE}} l_i^{\mathrm{EE}}\mu_i + k_{\mathrm{EI}}\sum_{i=1}^{n}\lambda D_i^{\mathrm{EI}} l_i^{\mathrm{EI}}\mu_i + k_{\mathrm{II}}\sum_{j=1}^{m}\frac{\lambda E f_j l_j \mu_j}{r_j} \end{aligned} \tag{7-4}$$

以上相关参数的说明：

（1）高快路网络交通吸引系数。可根据城市的规模、形态、交通网络布局、交通管理政策，参照类似城市的调查数据选用。

①根据高快速网络的交通分担特征，过境交通、出入境交通基本由高快路网络集中组织。因此，过境交通、出入境交通的吸引系数可取值0.9～1.0。

②市内交通方面，根据高快速网络的交通分担特征，高快路网络主要承担市内交通中部分组团间中、长距离的交通，因此市内交通吸引系数根据城市路网结构可取值0.2～0.5。

（2）高快路网络上平均行驶距离。过境交通、出入境交通各种车型在高快路网络上的平均行驶距离，市内交通各种交通方式在高快路网络上的平均行驶距离，可根据城市的规模、城市的形态、道路网络的形态等因素综合分析确定。

7.2.2 高快路网络规模分析

由于城市结点高速公路网络属于国家层面或者省级交通管理部门层面的规划，在分析城市高快路网络的需求规模时，可以将高速公路的规划规模作为已知数据，仅测算城市快速路的需求规模。

假设规划特征年，城市结点范围规划的高速公路总车道里程为 T_g(km)，满足与高速公路一起构成高快路网络共同承担内、外交通组织功能的快速路需求规模为 T_k(km，车道总里程)，则有，

$$T_k \geqslant \frac{k_{\mathrm{EE}}\sum_{i=1}^{n}\lambda D_i^{\mathrm{EE}} l_i^{\mathrm{EE}}\mu_i + k_{\mathrm{EI}}\sum_{i=1}^{n}\lambda D_i^{\mathrm{EI}} l_i^{\mathrm{EI}}\mu_i + k_{\mathrm{II}}\sum_{j=1}^{m}\frac{\lambda E f_j l_j \mu_j}{r_j} - \alpha_{\mathrm{g}} C_{\mathrm{g}} f_{\mathrm{p}} f_{\mathrm{HV}} T_{\mathrm{g}}}{\alpha_{\mathrm{k}} C_{\mathrm{k}}} \tag{7-5}$$

式中：α_g——高速公路设计饱和度；

C_g——高速公路单向一条车道的理论通行能力(pcu/h)，根据设计车速按公路设计规范选取；

f_p——驾驶者总体特征修正系数，取0.95～1.00；

f_{HV}——交通组成修正系数，根据高速公路上车型组成确定；

T_g——高速公路的车道总里程(km)，由式(7-6)确定；

$$T_{\mathrm{g}} = \sum_{i=1}^{n} f_{\mathrm{N}i} L_i N_i \tag{7-6}$$

C_k——快速路单向一条车道的理论通行能力(pcu/h)，根据设计车速按城市道路设计规范选取；

α_k——快速路设计饱和度；

f_{Ni}——第 $i(i=1,2,\cdots,n)$ 条高速公路车道数修正系数，四车道取1.0，六车道及其以上取0.98～0.99；

L_i——第 $i(i=1,2,\cdots,n)$ 条高速公路长度；

N_i——第 $i(i=1,2,\cdots,n)$ 条高速公路车道数。

7.3 高快路网络布局规划

7.3.1 控制要素

城市高快路网络布局与城市地理条件、空间形态、用地布局、道路网络、客流走廊、货运通道以及客流货运集散点等要素息息相关，一般涵盖“面、线、点”三个层次。其中“面”层控制网络形态与结构，包括城市的地理条件、空间形态、用地布局、城市发展和相关规划以及道路网结构等方面；“线”层控制高快路线位选择，涵盖对客流走廊、货运通道以及土地利用互动的分析；“点”层控制线网路径局部走向与出入口的设置，包括城市中心体系、交通枢纽、工业园区等大型客流货运集散点。“面、线、点”三个不同的层次可表征整体和局部、系统与个体之间的关系。

1)"面"层控制要素

"面"层要素控制高快路网络整体形态与结构,提出高快路系统构成和功能层次,判断高快路网络基本架构,可形成备选线网方案。"面"层要素主要包括以下 5 个方面:

(1)地理条件

由于高快路建设标准较高,对城市地形和可用于道路建设的土地等要求都较高。由于需要保证高快路主线交通的畅通,对立交及出入口的间距和形式等都需要满足相应的要求,会对道路两侧用地的交通运行产生影响。城市高快路应充分结合河流、山体、铁路等屏障,尽量减少对周边用地的影响。尤其是在多河流、山地、湖泊的城市,高快路线位既应适应城市的地形走向,又能有效串联被分隔的几个片区,形成城市交通通道。

(2)城市发展

包括城市化发展水平、经济社会发展水平、城市人口与就业发展规模与分布等方面。通过这些要素分析,把握城市整体的发展阶段和水平,是高快路网络规划必要性与可行性分析、线网合理规模测算以及线路建设时序安排的基础。

(3)城市形态

城市形态与道路网形态紧密相关,高快路是道路网络的主骨架,是支撑城市发展的重要交通动力。从上节的分析中可以看出,城市空间形态和高快路网络存在一定的耦合性,在城市空间结构演变过程中,高快路网络与其保持协调一致。

(4)城市相关规划

依据城市总体规划、土地利用规划以及各片区规划等方面确定城市空间形态结构、中心体系架构、土地利用布局、产业分布以及文化环境保护等内容;依据城市交通发展战略规划、交通发展白皮书、综合交通规划以及各交通专项规划确定交通发展目标、发展模式、道路网络、公交网络、交通枢纽等规划方案。城市相关规划是高快路线网规划重要的控制要素之一,是确定线网功能层次、形态结构、控制差异化密度的基本依据,也是需求预测的基础。

(5)城市道路网结构

城市高快路是城市道路的一部分,高快路的规划必然会受到城市道路网布局的影响。我国城市道路网结构形式主要有方格网式、环形放射式、自由式和混合式等几种形式,高快路的形态布局应与道路网相适应。在规划高快路时,应尽量保证其两侧道路自身的完备性,提高整体路网的可靠性,当快速路发生严重拥堵,高速公路封闭时,两侧的常规道路能起到分流和保障通行的功能。

2)"线"层控制要素

"线"层要素用于控制高快路的功能定位、布局方向和具体线位。"线"层要素主要包括三个方面:客流走廊、货运通道和两侧土地利用。

(1)客流走廊

客流走廊是反映城市居民出行特征的虚拟路径,道路布局和客流集散点分布会影响走廊的方向,表征城市各交通小区间客流的联系强度,可分为主要和次要走廊。客流走廊是判定高快路网络架构和基本走向的重要因素。

(2)货运通道

城市货运通道应该与城市的土地利用和道路交通规划相协调,结合城市功能布局合理规划,使路线便捷,减少重复、迂回,运输社会化、集约化,降低运输成本。根据不同类型城市货运交通流(包括对外及过境)特性,结合城市道路、桥隧等级结构和通行能力,考虑沿线建筑对噪声和废气等环境要求,对城市道路网络重新划分,在不同区域确定不同层次的货运通道。

(3)两侧土地利用

道路两侧的土地利用是交通产生的“源”,快速路两侧和高速公路出入口交通可达性高,高快路建设会影响两侧地租的变化,改善区位条件和投资环境,居住小区和工业企业向此集聚,改变土地利用性质。

3)“点”层控制要素

“点”层要素包括城市主要客流货运集散点,是确定高快路路径和出入口布局的发生和吸引点。客流集散点可以按照功能定位、服务范围以及客流集散特征进行分区、分级和分类,大城市不同区位、不同用地性质的客流集散点、客流强度和特征存在较大差别。城市高快路线网是否合理,很大程度取决于串联节点是否合理,大型客流集散点是高快路网络规划的核心控制点,是线网布局规划中必须串联的要素。

客流集散点按所在功能片区划分,可分为居住区、行政中心、商业中心、科教区、对外交通枢纽、工业区、文化娱乐体育中心和旅游区等类别,其布局与城市规划密切相关,其中交通枢纽又包括机场、火车站、汽车站等,见表7-2。

客流集散点分类 表7-2

客流集散点分类	集散点包括范围	客流集散点分类	集散点包括范围
交通枢纽	机场、火车站、汽车站	行政中心	办公写字楼
居住区	大型居住片区	商业中心	商场及购物中心
旅游区	主要旅游景点	体育中心	运动场馆
工业区	工业及特色产业园区	医疗中心	医院

货运集散点按不同的交通枢纽划分,分为航港货运场站、铁路货运枢纽、公路货运枢纽和港口码头场站。货运场站需要便捷的集疏运通道,保障交通高效组织,降低货运车辆在工厂企业和枢纽场站之间的时间成本。高快路线网和枢纽场站的衔接规划,能尽可能地实现货物的直达运输,减少因中途多次转驳而造成货物的损耗与时滞。

7.3.2 高快路网络叠分布局规划

高快路作为大城市道路网的重要骨架道路,其布局规划非常重要,需综合考虑、细致研究。规划实践层面应用较多、相对成熟的道路网布局规划方法主要包括交通单元划分法、双层规划模型法、节点重要度法等[107],这些布局规划方法采用定性与定量相结合的思路。城市快速路的布局规划方法主要包括交通单元划分法、“点、线、面”要素分析法、控制点优化法、城市交通走廊分析方法等[105,108-111],高速公路在城市结点处的布局注重交通与城市的协调性,大城市的高速公路多为环形放射模式,形成较好的城市与区域交通转换界面,保障机动车高效运行。

大城市地域空间范围内的道路系统容纳了干线公路、快速路、主干路等多个功能层次的道路，不同功能等级的道路具有不同的技术特性，同时也是一体衔接、有机结合的共同体，客货在不同层级的网络中跨网流动。高快路作为重要的组织纽带，要体现规划的整体性和差别性，既要在布局规划中考虑不同路网的技术特性和布局特点，也要综合分析各功能层次路网在整体组合的状态下，车流相互影响、通道共享、运行组织等方面问题。

提出多层次路网叠合状态下的高快路网络布局规划，主要考虑以下几个方面：

(1)规划研究范围拓展和界定

城市道路网规划多在中心城区或主城区范围内开展，对于和城市外围的公路系统衔接缺少考虑，大城市规模不断扩张，大城市具有密切经济活动的功能地域随之扩大，需要研究全面反映交通出行活动和规律的空间范围。分析客流特征、需求预测等方面不局限于行政地区范围，考虑城市组团的交通出行，和不同层面和出行目的车流的相互影响，在规划范围的界定上充分与大城市整体空间界定标准一致。

(2)规划对象涵盖多层次道路交通线网

大城市道路交通系统是一个有机体，空间范围内包括高速公路、普通干线公路、城市快速路、城市主干路等多层次系统，各层次道路交通系统是相互关联、相辅相成的有机整体，布局规划对象涵盖所有发挥客货运功能的道路线网，统筹思考整体网络的体系架构、功能层次和衔接模式，才能规划设计出高效一体的网络布局。

(3)规划布局方法体现整体性和差别化

大城市道路交通线网具有层次多样性和功能差异性，不同层次的道路服务于不同层次的居民出行需求，不同层次的道路具有不同的技术标准和特征，在布局规划方法中应该充分体现各层次道路的差异化布局形态和规模；同时，各层次道路交通线网并不是简单地叠加在一起，而需要从路网整体车辆运行效率考虑相互之间的衔接组织，比如不同层次道路的间距、客流走廊的道路配置、道路节点的设置位置和形式等方面。多层次道路网络的规划过程是一个叠加与分离不断反复，实现线网调整和优化的过程，在规划的不同阶段，对不同层级的道路线网进行分离配置，叠加线网进行交通预测、网络衔接和评价优化，可有效提高路网的运行效率。

由于大城市道路交通线网不同功能层次的复杂性和差异性，布局规划过程中应进行叠加和分离机制，在传统面线点要素分析法的基础上，提出高快路网络叠分布局规划流程，试图在规划过程中反映不同层次道路与空间形态、土地利用以及相互间的互动关系，将叠加和分离的思想在整个规划过程中体现，既分层级、分区域进行线网布设，体现差异性；又兼顾各层线网之间的衔接，线网在叠加状态下进行交通需求预测、通道配置整合、枢纽节点衔接及整体评价优化。

叠分布局规划的基本思想是“分层布局，叠加衔接，整体优化”，目的是既体现差异化特征，又发挥整体网络效能。规划的总体流程如下，具体流程图参见图7-5。

步骤一：背景要素分析

①研究城市发展战略规划、城市土地利用规划、城市总体规划等上位规划以及交通相关规划，对相关现状的交通数据进行收集和调查；上位规划里确定了城市和交通的发展目标和模式，可进一步分析高快路的功能定位和发展目标；

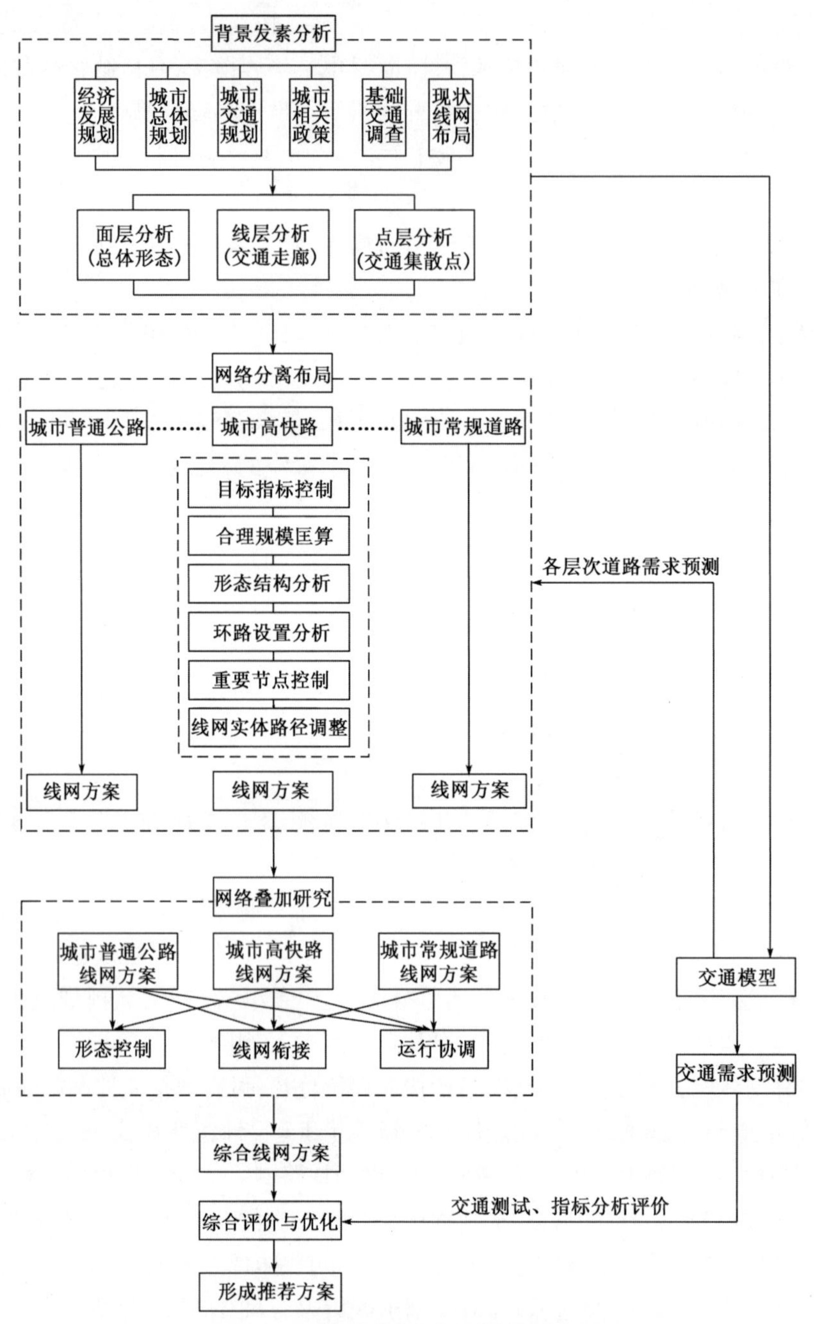

图 7-5　大城市高快路网络叠分规划流程图

②分析大城市空间形态结构，分区域的用地布局、人口与就业岗位分布以及交通出行特征，初步确定高快路的总体布局形态与规模；

③定性与定量结合分析，构建交通需求预测模型，采用蜘蛛网分配法，确定交通走廊的分布与量级；结合道路两侧用地开发、历史文化保护等基础资料，梳理快速交通引入的空间条件；

④对城市客流和货运集散点进行分区、分类梳理，把握集散点的需求规模。

步骤二:各层级线网分离布局规划

①在各层级道路线网所在区域规划目标指标的引导下,根据交通需求预测的结果,匡算各级道路合理规模,确定线网总体布局形态、交通走廊和重要的交通控制点;

②结合各区域速度目标值、道路及立交间距要求、网络控制形态及承载力要求,得到各层级线路网络初始方案,并分析线路具体开展的可实施性。

步骤三:整体网络叠加布局规划

①对各层级道路线网进行叠加,分析各功能区域线网形态的一致性与密度的合理性;

②对各层级道路线网的衔接性进行分析,对交通容量、断面设置等交通设施配置进行改善,针对通道条件、覆盖范围、土地和环保因素,调整线位方案;

③根据交通流特点和车辆运行组织方案的条件,对相关线路和节点进行调整,最终形成网络初步方案。

步骤四:高快路线网评价与优化

对整体线网路段交通运行参数进行分析,进行方案综合评价及优化,形成最终推荐的高快路网络布局方案。

不同层次线网具有不同的功能定位、发展目标和技术要求,服务于不同空间层次的交通出行,在线网布局规划中需要有针对性的独立开展研究,同时各层次线网有机结合,在叠加状态下综合分析网络衔接、运行协调和服务水平。结合高快路线网规划的基本流程,分析大城市高快路线网布局规划不同阶段对网络进行叠加和分离研究的阶段判断,如表7-3所示。

高快路网络布局规划不同阶段叠加和分离阶段选择　　表7-3

规划阶段	叠加研究	分离研究
路网形态结构	√	√
交通走廊甄选	√	√
用地耦合分析	√	√
交通集散点判别		√
各层次线网初始方案生成		√
衔接节点位置决策	√	√
衔接节点方案→线网优化	√	
道路线网交通预测	√	√
线网综合评价→线网优化	√	√
线路运行组织→线网优化	√	

7.3.3　高快路初始网络生成方法

高快路初始网络生成是指在确定的规划期限和范围,对城市高快路线位走向、节点位置等进行初步的规划设计。城市高快路网络方案的形成一般要经过以下的过程:高快路网络合理规模的测算,高快路网络形态的确定,重要交通集散点的控制,高快路线位落地调整,高快路初始网络生成,结合交通测试的线网评价与优化调整,调整后形成最终的高快路网络方案。

1)高快路初始网络生成流程

通过研究分析城市背景和上位规划,划分城市交通小区,构建交通小区蜘蛛网,采用最短路分配方法,得到虚拟蜘蛛网分配交通走廊,判定城市快速路网的初始走廊;分析城市空间形态布局,对过境模式进行选择,分析绕城高速公路的设置,得到高速公路在城市结点的过境走廊;判断与选取城市交通集散点,计算交通集散点的重要度值,构建起讫点选择与集散点有向图,进行线路搜索确定交通集散点匹配集,生成高快路虚拟网络;应用最短路交通分配技术,进行高快路虚拟路径的落实,最终确定高快路具体线位;逐条布设,优化成网,确定高快路初始网络。经过高快路衔接节点布局选址决策,调整高快路初始网络的衔接节点,得到高快路网络布局方案。生成流程如图7-6所示。

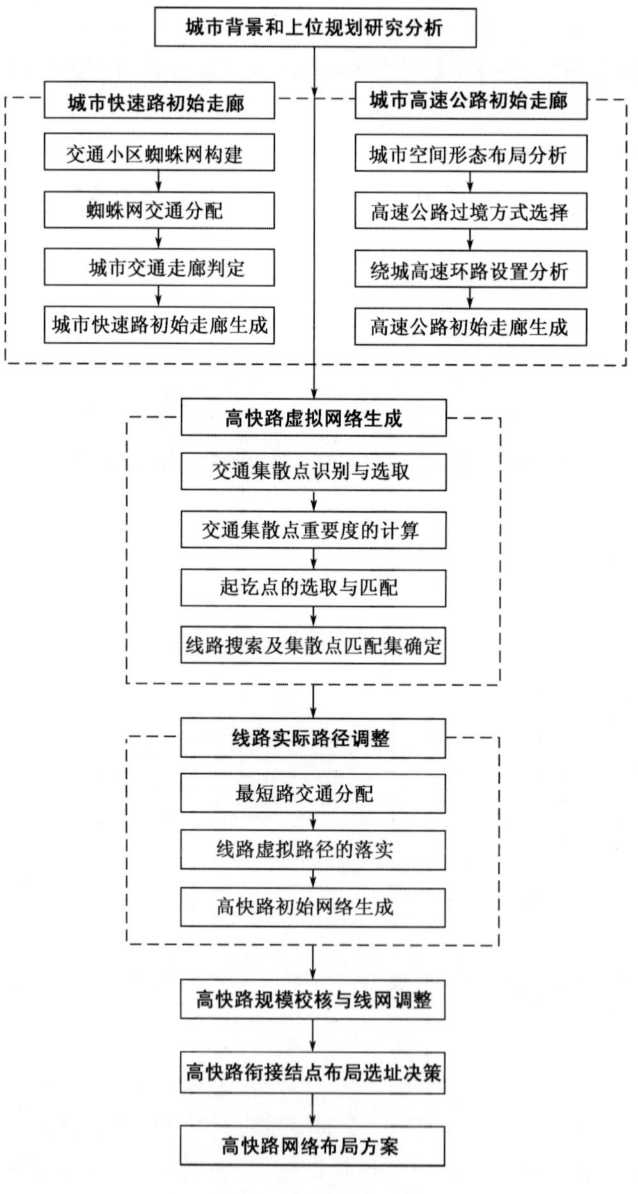

图7-6　高快路初始网络生成流程图

2）城市快速路初始走廊生成

城市交通走廊是在城市复杂的交通网络系统中，起到串联城市功能中心、支撑城市新区建设、拓展城市轴向空间的作用，组织区域交通、城市交通和沿线经济社会活动的交通设施密集带。

城市交通走廊可以反映出城市交通的空间分布和流量集聚情况，对研判城市交通走廊引导城市发展起着重要的作用，也是分析和选择快速路线位走向的基本依据。快速路线位与交通需求关系密切，只有尽可能地将快速路布设在交通主走廊上，才能真正发挥快速路的骨架作用。在新建快速路或者对既有线路进行改造优化的情况下，分析交通走廊非常必要，只有合理把握规划年城市的交通走廊，才能为线路布设以及优化调整做好支撑。

（1）虚拟蜘蛛网交通分配基本原理

虚拟蜘蛛网本质上属于简化的交通期望线，是在一般交通期望线的基础上，剔除跨区间的期望线，仅保留相邻小区的期望线，使得期望线网互不交叉。处理后的蜘蛛网期望线是反映交通小区空间联系分布特征的网络，在交通专业软件中，可以先由交通小区的质心数据生成邻接矩阵，使用期望线分布生成虚拟蜘蛛路网，局部连接可手动添加或修改，偏移交通小区质心得到蜘蛛网的分配质心，分析城市形态、发展方向等情况，将向心或离心方向的交通小区作为邻接交通小区，再添加虚拟蜘蛛网的属性，在此路径基础上进行交通分配，可以得到交通空间分布特征。

（2）虚拟蜘蛛网构建与交通分配方法

①虚拟蜘蛛网构建方法。交通走廊是一种抽象虚拟路径，显示城市交通流量在某个通道位置的空间集聚情况，交通走廊可以在实际路网上进行分配得到，也可以通过表征交通小区联系特征的虚拟路网分配得到。虚拟蜘蛛网是一种虚拟的三角网络结构，与实际道路网存在一定差别，构建时将划分的交通小区质心按照规划路网情况，在存在通路的情况下，两两相连，最终得到的虚拟路网，如图7-7所示。

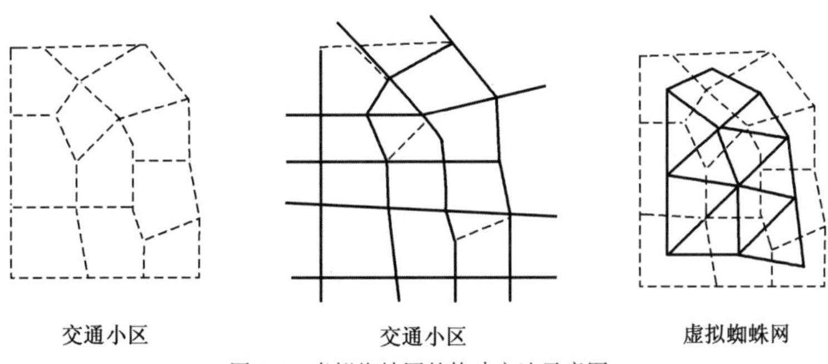

图7-7　虚拟蜘蛛网的构建方法示意图

②虚拟蜘蛛网交通分配方法。将构建好的虚拟蜘蛛网采用最短路（全有全无）分配方法，将交通OD分配到蜘蛛网上，得到规划年交通流量在虚拟蜘蛛网上的分布情况，图7-8和图7-9分别为某城市中心城区虚拟蜘蛛网和交通分配图。虚拟蜘蛛网的生成主要依据交通小区，交通小区划分大小的程度将影响蜘蛛网交通分配的精度。一般来说，划分交通小区的面积越小，虚拟蜘蛛网越密集，交通分配后将能更加层次清晰地反映交通走廊的分布特征和规模。

图 7-8 某城市虚拟蜘蛛图

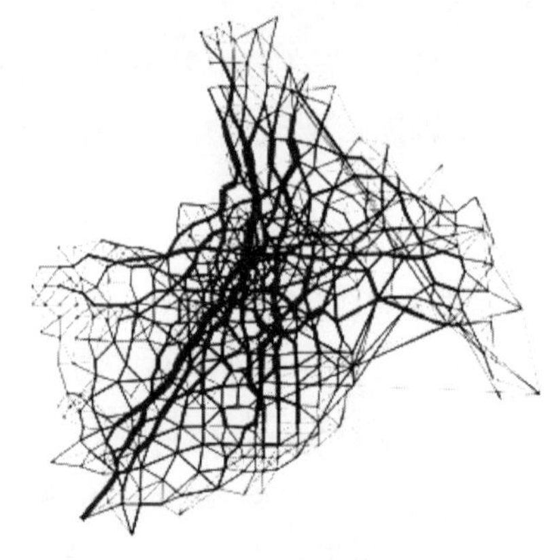

图 7-9 某城市虚拟蜘蛛网配流图

(3)基于蜘蛛网分配的交通走廊判定过程

①交通走廊分级。在虚拟蜘蛛网交通分配以后,可以进行交通走廊的分析判断。为快速路网规划做好铺垫,根据集聚交通量规模和延伸尺度,将交通走廊分为主要走廊和次要走廊。交通主要走廊是城市交通规模最大的运输通道,延伸尺度常常贯穿整个中心城区,甚至郊区范围,是快速路线位布设的首要选择。次要走廊的交通量规模小于主要走廊,延伸尺度常常联系大型组团、新区或新城,是快速路线路加密时优先考虑的路径。

②交通走廊判定。虚拟蜘蛛网分配形成了初始虚拟交通走廊网络形态,可以基本反映出城市交通空间联系分布情况。由于划分交通小区尺度的不均匀性,交通分配时仅以质心连杆长度作为分配阻抗,会导致部分区域交通走廊不够准确或存在偏差。还需要对初始虚拟蜘蛛网交通走廊做进一步分析和调整,综合考虑城市发展轴线、土地利用性质及布局、大型交通发生源和道路网布局等要素,进行交通走廊的综合判定,尽可能将虚拟路径与实际道路相衔接,提出"先主后次、虚实结合"的交通走廊判定方法,更好地指导后期快速路的布设。

考虑城市发展轴线和中心,判定交通主要走廊。城市发展轴线一般是城市在历史发展进程中的主要交通廊道,在城市发展初期,城市的各种功能主要沿轴线布局,包括城市商业办公中心、综合客运枢纽等聚集在城市发展轴线上,城市交通主要走廊与城市发展轴线有较强的对应关系。城市发展中心包括商业、商务、休闲、旅游不同的功能极,是城市交通吸发量较为密集的地区,也是交通走廊的串联点,在虚拟蜘蛛网上寻找交通量级较大的路径,与城市中心对应,可以确定出交通主要走廊。

结合城市用地性质布局和交通集散点,判定交通次要走廊。对组团型城市而言,交通走廊主要在组团的中部经过,串联各组团中心;结合用地性质和布局结构、大型交通的集散点,可以在初始虚拟蜘蛛网交通走廊形态上,梳理出各组团交通次要走廊的分布,如图 7-10 所示。

结合城市道路网和交通集散点,调整交通主次走廊。将虚拟蜘蛛网生成的交通走廊充分与实际道路衔接,根据城市道路网和大型交通集散点的分布特征,在中心城区和外围组团道路网络密集地区,对虚拟路径进行适当调整,作为城市快速路的初始走廊。

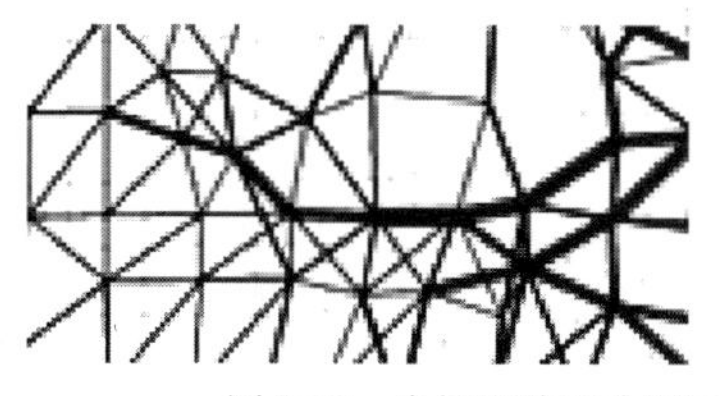
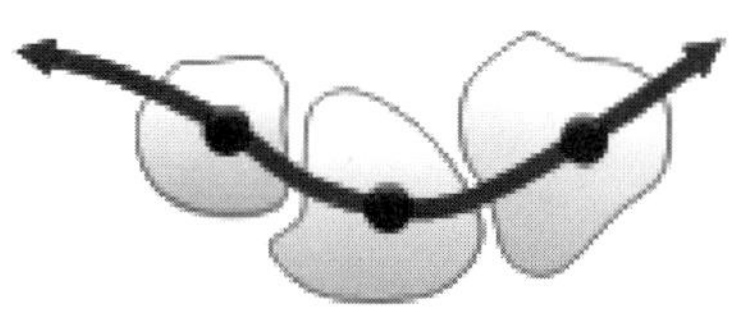

图 7-10　虚拟蜘蛛网分配网络与城市组团及中心关系示意图

3）城市高速公路初始走廊生成

（1）高速公路过境方式选择

不同规模和形态的城市，高速公路过境方式应该与城市发展、城市形态相协调，大城市多由几条高速公路汇聚，和不同方向均有联系。集中型、放射型、星座型和组团型的大城市都以环形绕越式为主；带型以直行分离或通过式为主，平行于城市长轴方向；散点型以内部穿越式为主，见表 7-4。

城市形态和高速公路过境方式匹配关系　　表 7-4

城市形态类型	高速公路过境方式选择
集中型	环形绕越式
	直线通过式
带型	直线分离式，走向平行于城市长轴
	直线分离式或内部穿越式，走向平行于城市短轴
放射型	环形绕越式
	直线分离式
星座型	环形绕越式
	直线通过式
组团型	内部穿越式
	直线通过式
散点型	内部穿越式

（2）绕城高速环路设置

环形绕越式在大城市中应用比例较高，且选线、选型等建设工作复杂，环形绕越高速公路的环线半径一般由城市发展规模决定，线位涉及范围一般为城市近郊区、远郊区和乡村。北京的五环路建设时为最外围的一条高速公路，极大改善了北京城市交通条件，产生了巨大的经济社会效益，促进了沿线土地开发，2004 年取消收费，从高速公路改造为快速路，依次在外围建设六环高速公路和七环高速公路，公路环之间的地带可以绿化，改善生态环境，防止城市“摊大饼”式的无序蔓延，引导城市健康发展。中国大城市绕城高速环路的里程和半径如表 7-5 所示，绕城高速环路半径和人口的关系分布图如 7-11 所示，绕城高速环路半径和建成区面积的关系分布图如 7-12 所示。

我国部分大城市绕城高速环路里程和半径　表7-5

城　市	绕城高速环路里程(km)	绕城高速环路半径(km)	城　市	绕城高速环路里程(km)	绕城高速环路半径(km)
苏州	216	34.4	郑州	106	16.9
广州	195	31.0	合肥	105	16.7
武汉	191	30.4	长沙	98	15.6
上海	189	30.1	洛阳	98	15.6
北京	188	29.9	哈尔滨	92	14.6
重庆	188	29.9	徐州	92	14.6
福州	153	24.4	长春	90	14.3
南京	147	23.4	西安	88	14.0
天津	142	22.6	宁波	86	13.7
石家庄	124	19.7	成都	85	13.5
杭州	123	19.6	沈阳	82	13.1
贵阳	121	19.3	南宁	82	13.1
昆明	113	18.0	银川	79	12.6
济南	108	17.2	南昌	72	11.5

数据来源:相关工程项目。

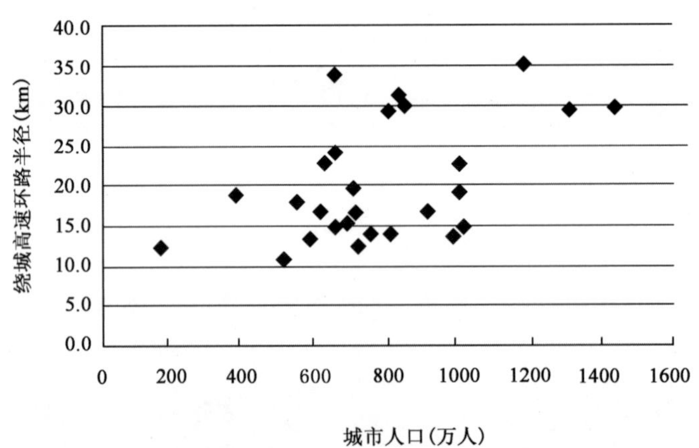

图7-11　中国部分大城市绕城高速环路半径和人口关系图

大城市绕城高速环路半径和人口相关性不明显,和城市建成区面积存在一定的相关性,建成区面积在小于500km^{2}范围内,绕城高速半径集中于12~25km,建成区面积在500~1600km^{2}范围内,绕城高速半径集中于22~35km,城市需要根据社会、经济、地形、发展控制边界等因素确定高速走廊。

在进行绕城高速公路环线布局时,由于大城市空间范围较大(半径30~50km),国际大城市空间层次划分如表7-6所示,可以根据大城市的产业布局和用地情况,使高速公路从中心城市与郊区间穿过,降低对城市的分隔影响,其半径一般为15~30km,并与服务沿线产业契合,方便车流转换和客货运输。

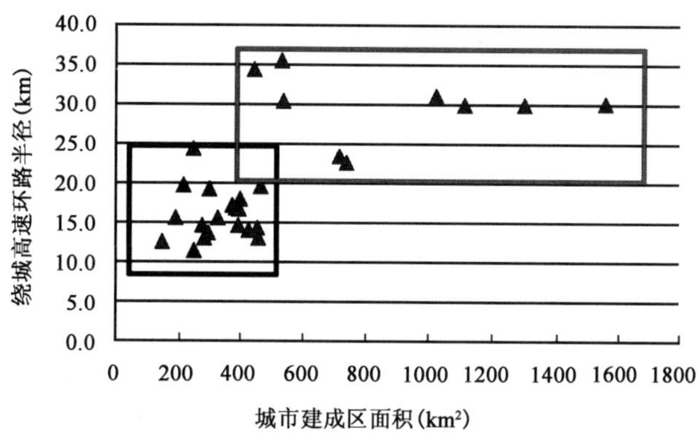

图 7-12 中国部分大城市绕城高速环路半径和建成区面积关系图

国际大城市空间层次划分 表 7-6

区域划分	伦敦	巴黎	东京
中心城区(km)	20	18	15
郊区(km)	30 ~ 40	30 ~ 45	30 ~ 50

资料来源:毛保华《城市综合交通结构演变的实证研究》。

4)基于点层的虚拟高快路网络生成

(1)确定点的重要度。

①识别交通集散点。交通集散点是城市交通发生吸引源,包括城市片区中心、客运枢纽和货运枢纽。片区中心体系包括行政中心、商业中心、大型居住社区和旅游中心等,客运枢纽包括公交枢纽站、公路客运站、铁路客运站和机场等,货运枢纽包括空港货运场站、公路货运站、铁路货运站和港口码头场站等。

②构建重要度指标体系。依据城市交通集散点所在的区位条件、交通发生吸引能力和相对可达性,采用层次分析法从目标层、准则层和指标层三个层面建立交通集散点的指标体系,大城市交通集散点重要度具体指标体系如图 7-13 所示。

③确定重要度指标权重。定量指标一般通过调查或查阅相关统计获得,定性指标值可以通过专家打分法进行处理。各个指标单位不同、量纲不同、数量级不同,需要进行标准化处理。标准化数据在[0,1]范围,同时没有改变数据本身的差异性。构建判断矩阵,计算相对重要度,专家打分确定指标层对目标层权重。

④计算重要度。计算城市交通集散点 $i(i=1,2,\cdots,m)$ 的重要度 E_i。

$$E_i = A \cdot Q_i = \sum_{j=1}^{n} a_j \frac{x_{ij}}{\sum_{i=1}^{m} x_{ij}} = \sum_{j=1}^{n} a_j q_{ij} \quad (i = 1,2,\cdots,m) \tag{7-7}$$

式中:E_i——交通集散点 i 的重要度;

m——交通集散点个数;

n——指标个数;

q_{ij}——交通集散点 i 第 j 个指标经过归一化处理后的数值。

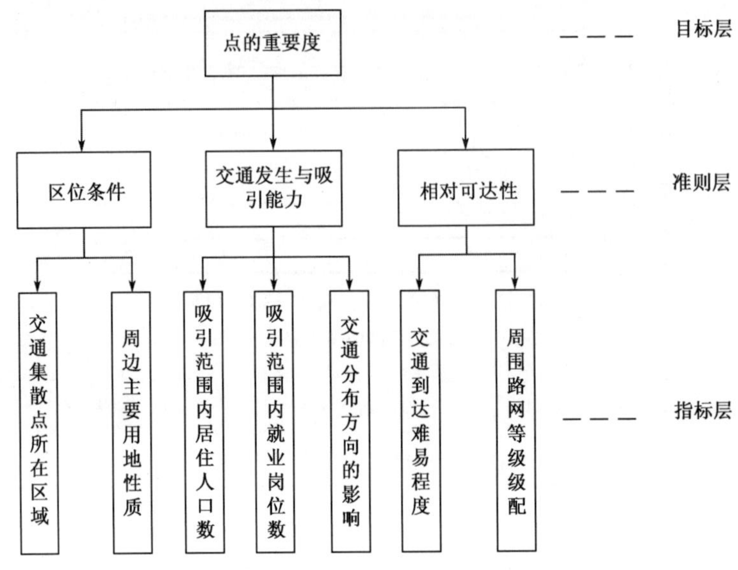

图 7-13 交通集散点重要度指标体系示意图

(2)确定线路起讫点

确定起讫点(S_i, E_i),为了实现高快路与城市其他方式的对外交通枢纽有效衔接,实现快速高效转换,依据交通集散点重要度指数和面层线网初始走廊结果,在绕城高速公路上选取一定数量的起讫点,设在城市主要对外出入口位置。

(3)确定起讫点间有效交通集散点匹配集

①建立起讫点与集散点间有向图。构建城市平面直角坐标系,如图 7-14 所示。(S_i, E_i)为起讫点,S_i为起点、E_i为终点,有向路径是为了保证快速路的方向性,依次连接的两个节点需要满足:$|x_i^n - x_i^s| < |x_i^{n+\lambda} - x_i^s|, \lambda = 1,2,\cdots$。

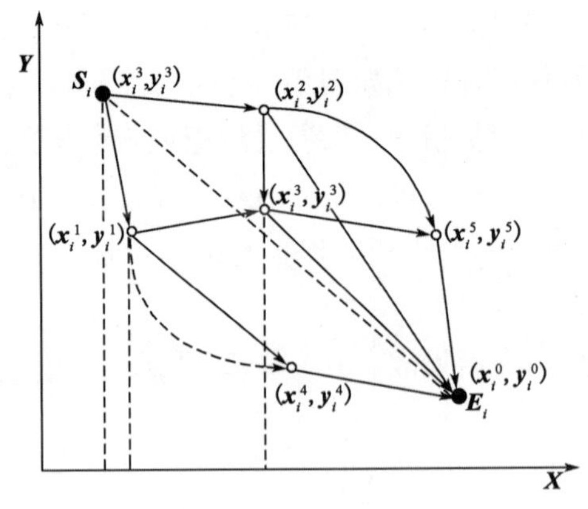

图 7-14 节点连接示意图

②确定有效交通集散点匹配集。从 S_i点到 E_i点串联各集散点形成的第 k 条路径称为集散点匹配组 $\boldsymbol{D}_i^k = \{d_i^{k1}, d_i^{k2}, \cdots, d_i^{kt}\}$,其中 d_i^{k1} 对应(x_i^1, y_i^1),d_i^{kt} 对应(x_i^t, y_i^t),并且 $d_i^{kh} \in \boldsymbol{P}, h \in \{2,3,$

$\cdots,t-1\}$。采用 Double-Sweep 算法求解起讫点间的多条路径[112]，得到集散点匹配组的集合 $\boldsymbol{BD}_i=\{D_i^1,D_i^2,\cdots,D_i^k\}$。

(4)确定最佳集散点匹配组

计算集散点匹配组集合 $\boldsymbol{BD}_i=\{D_i^1,D_i^2,\cdots,D_i^m\}$ 中每条路径的重要度 E^j。

$$E^j=\sum_{i=1}^{n}E_i \quad j\in(1,2,\cdots,m) \tag{7-8}$$

$$E^k=\max\{E^1,E^2,\cdots,E^m\} \tag{7-9}$$

式中：E_i——交通集散点 i 的重要度；

n——匹配集 $\boldsymbol{D}_i^j$ 交通集散点个数；

E^j——匹配集 $\boldsymbol{D}_i^j$ 的重要度。

选取所有匹配集中重要度最大值 E^k，则第 k 个匹配组对应的路径是最好的。

5)基于线层的实际路径调整

交通集散点匹配组的集合 $\boldsymbol{BD}_i=\{D_i^1,D_i^2,\cdots,D_i^m\}$ 通过确定选择途中的交通集散点，判断大致的线路走向，形成有效串联交通集散点的路径。虚拟路径与实际道路网的结合，需要比对规划道路网的流量，城市交通 OD 通过最短路分配方法得到路段流量，参考路段流量，将虚拟路径对应到具体的道路上。

由于交通集散点在部分区域相对密集，同时经常位于路网节点位置，所以搜索出的高快路虚拟路径与路网匹配程度较高。将最短路分配结果与虚拟路径进行叠加(图7-15)，在高快路具体路径尽可能与交通走廊一致的原则下，进行高快路具体路径布设，优选出高快路交通线路。

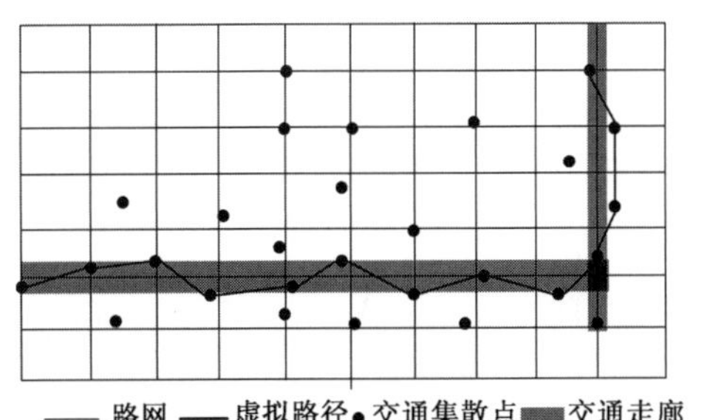

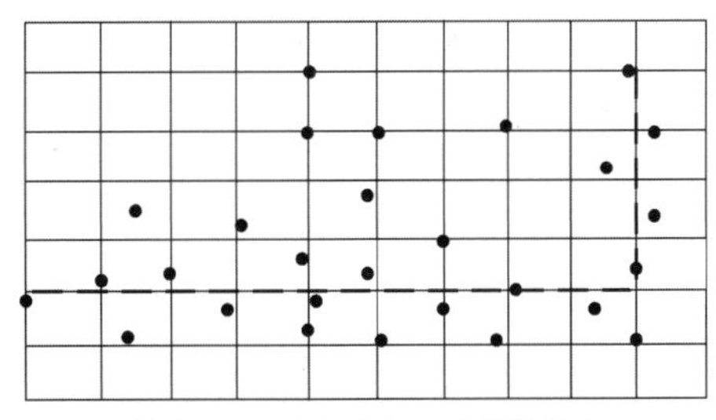

图7-15　路径调整落实示意图

在实际分配过程中，由于大城市发展的阶段性，可能会存在已有高速公路占用快速路线位的情况，一方面需要在城市的更外围建设高速公路，代替已有高速公路分离过境交通的功能，另一方面需要对占用快速路线位的高速公路进行城市化改造，纳入快速路系统范畴，承担城市出入境和组团间中长距离交通的功能。

7.4　本章小结

本章研究了高快路网络对城市发展的影响和作用；从服务对象、设计速度、道路结构、交通特性分析高速公路和快速路差异性；两者具有机动性、主线交通连续流、快捷性、高效性的相似性和可过渡、无缝衔接、替代转化的相容性;高快路网络结构形式包括“多环放射”“环形放射+网格”“带形”和“自由式”四种类型。从过境交通、出入境交通及城市内部交通分析了高快路网络交通需求,采用供需平衡法测算高快路网络需求规模。从“面、线、点”三个层次梳理了高快路网络布局规划的控制要素;提出了“分层布局、叠加衔接、整体优化”的高快路网络叠分布局规划流程,并判定叠加和分离选择的不同阶段;重点研究了高快路初始网络的生成方法,依托蜘蛛网交通分配方法,提出了城市快速路走廊判定技术,通过理论计算和城市案例,确定高快路环线半径的范围,应用基于节点重要度和路径随机搜索方法,生成虚拟高快路网络,匹配实际道路网络,得到高快路网络布局方案。

第8章
干线公路与城市结点衔接方案优选

8.1　干线公路与城市结点连接模式选择

在第6章中，分析了城市规模、城市形态等影响因素，并归纳梳理了不同的衔接模式的特点。实际情况下，重点问题是如何根据城市的规模、形态选择干线公路与城市合理的连接模式。当城市规模和城市形态基本确定情况下，通过认识城市自身发展特征和干线公路特性，综合考虑选择合理的连接模式。

1）高速公路与城市结点连接模式的选择

高速公路是专供汽车行驶、严格限制出入、全立交，采用较高技术指标的交通设施，服务于省际、都市圈和城际间的快速公路交通，连接省会城市、地级市、绝大多数县级城市、重要沿海沿江港口、机场、公路铁路枢纽、国家级旅游景区、军事战略要地等，提供大容量、高速度和中长距离的运输服务。高速公路的技术和功能特点决定了其与城市连接时，必须保证高效的通过性和便捷的衔接转换性，因此连接模式应以立体式为主。具体而言，在高速公路和城市路网建设的早期，与组团型城市连接的模式主要是分离式、绕越式和穿越式；待组团型城市绕城高速建成、城市快速路建设起步后，新增高速公路的连接模式应主要考虑接入绕城高速或城市快速路系统，通过城市结点高快路网络来集中组织高速公路过境交通和出入境交通。

2）开放式干线公路与城市结点连接模式的选择

与高速公路相比，普通国省干线公路、重要县道则具有开放性的特点，与沿线城镇布局和产业发展关系更为密切。干线公路和城市结点构成的"干线公路—城市结点"系统存在着互动互扰的作用机制。在时间维度上，干线公路发展与城市发展往往表现为非同步，且相互追赶的互动关系；在空间维度上，干线公路发展与城市发展则表现为既排斥又吸引的互动关系。干线公路与城市发展的这种密切关系，使得需要站在对城市发展阶段性特点、干线公路衔接需求特性分析的基础上，来选择干线公路与城市合理的连接模式。

（1）连接模式选择的影响因素

影响开放式干线公路与城市结点连接模式的因素主要有两个方面：城市发展的阶段性特征和干线公路的衔接需求特性。

①城市发展的阶段性特征

城市的发展过程都是从小到大，分阶段进行的。不同的城市发展阶段，干线公路对城市的影响和所起的作用不同，城市对干线公路的需求程度也不一样，因而对干线公路与城市的衔接模式也有着不同的要求。

城市发展的初级阶段，外围组团需要与中心城区有着便利的运输条件来提升其可达性，同时干线公路作为人流、物流的通道，对于城市组团的发展和布局有着很大的吸引与积聚作用。因而，城市发展的初期阶段一般要求干线公路以穿过式的形式与之连接，干线公路既是区域运输通道，又是城市发展的主轴线，以充分发挥其集聚功能，推动城市的发展。

城市发展的加速阶段，伴随着城市的快速机动化进程，干线公路与城市交通之间开始出现矛盾，穿城而过的过境交通对城市形成巨大的交通负荷，城市交通和过境交通之间的功能开始相互排斥，周边土地边际效益下降，城市运转功能下降。此时，一般需要干线公路能以切线式或绕行式的形式从城市或组团边缘经过，一方面分离过境交通，减少其对城市交通的负面影响，另一方面继续发挥干线公路的引导功能，引导城市空间结构的进一步发展和城市产业布局的调整。

城市发展的成熟阶段，道路交通网络的发展从以往侧重数量和规模上的“外延”发展，转向注重服务质量与外部环境效益的“内涵发展”。区域综合交通呈现出一体化协调发展局面，区域之间、城市各组团之间出现多样化的交通联系方式，城市结点高快路网络建设完善，干线公路支撑区域一体化的功能加强。此时，需要干线公路接入高快路网络，通过高快路网络集中组织过境交通和出入境交通，以提高干线公路和结点道路系统的整体运行效率；对于过境交通方向集中的干线公路，也可以从组团间或者采用高架的方式穿越式过境，以提高过境交通的运行效率和服务水平。

其中组团型城市发展的阶段性特征及其对干线公路的衔接要求如表 8-1 所示。

组团型城市发展的阶段性特征及其对连接模式的要求 表 8-1

组团型城市发展阶段	初期阶段	加速阶段	成熟阶段
城市发展特征	城市极化效应明显、外围组团萌芽	城市扩散效应发挥，组团发展迅速	城市规模稳定，组团功能完善，区域一体化进程加速
对干线公路的要求	发挥干线公路的集聚作用	既能保证一定的通过性，又能继续发挥对城市发展的引导作用	提高干线公路运行效率和服务质量，支撑区域一体化进程
适宜的连接模式	穿过式、接入式	切线式、绕行式	系统连接式、穿越式

②干线公路的衔接需求特性

经过城市的干线公路按其衔接需求特性可分为通道型公路、城际型公路和一般型公路三种类型。

通道型公路位于国家或省域运输通道内，服务于通道沿线市、县（县级市）之间的中程距离的客货运输，交通总量大、过境交通所占比例也很大，干线公路具有明显的通道特征。经过城市结点时，主要需要解决的问题是保证其方向集中的过境交通能迅速通过结点，适宜的连接模式有切线式、绕行式、穿越式、系统连接式等。

城际型公路为相邻地市、市县（县级市）提供中短途的城际客货运输服务，交通总量大，出入境交通占较大比例，经过城市结点时，主要需要解决的问题是让集中的出入境交通能快速集散到城市各个组团、片区，避免出入口道路的拥堵。适宜的连接模式有接入式（接入快速路）、系统连接式等。

一般型公路位于县域运输通道内，为连接相邻重点乡镇的便捷通道，提供短途集散运输服务，交通总量不大，基本为出入境交通，适宜的连接模式为接入式（接入主干道）、系统连接式。

干线公路的衔接需求特性及其适宜的连接模式如表8-2所示。

干线公路的衔接需求特性及其适宜的连接模式　　表8-2

干线公路类型	衔接需求特性	连接模式
通道型公路	过境交通能迅速通过	切线式、绕行式、穿越式、系统连接式
城际型公路	出入境交通能快速集散	接入式、系统连接式
一般型公路	交通量不集中	接入式、系统连接式

（2）干线公路与城市结点连接模式选择的双因素原则

从上文的分析可知，城市发展的阶段性特征和干线公路的衔接需求特性影响着干线公路与城市结点连接模式的选择，即对于具体某一城市、具体某一条干线公路而言，需要同时考虑以上两个因素确定其合理的连接模式（表8-3）。

干线公路连接模式选择的双因素　　表8-3

干线公路衔接需求特性分类 / 城市发展的阶段性特征	通道型公路	城际型公路	一般公路
初级阶段	穿过式	接入式（接入主干道）	接入式（接入主干道）
加速阶段	切线式、绕行式	接入式（接入快速路）	接入式（接入主干道）
成熟阶段	系统连接式、穿越式	系统连接式	系统连接式、接入式（接入主干道）

对于通道型公路，在城市发展的初期阶段，公路交通量和城市交通量均不大，公路交通和城市交通之间的矛盾并不突出，可以采用穿过式的连接模式与城市结点连接；到城市发展的加速期，穿城而过的过境交通和城市交通之间的矛盾越来越突出，此时宜将干线公路改线走城市边缘过境，采用切线式或绕行式的连接模式，既达到分离过境交通的作用，也能引导城市空间结构、产业布局新一轮的调整；进入城市发展的成熟期后，宜采用系统连接模式或穿越式与城市结点连接，以提高干线公路的通行效率和服务水平，促进区域城市之间的密切协作。

对于城际型干线公路，在城市发展的初期阶段，可以采用接入式的形式直接接上城市主干道；到了城市发展的加速期，为避免出现出入口道路拥堵，宜结合城市快速路的建设，将其接入城市快速路，通过快速路来快速集散出入境交通；到城市发展的成熟期，结点高快路网络建设完善后，则宜与高快路网络相连接，通过高快路网络来集中疏散出入境交通。

与通道型公路、城际型公路相比，一般公路由于交通量相对较小，在城市发展的各个阶段，在所连接的城市道路有一定剩余通行能力的前提下，均可以直接接上城市交通性主干道。在结点高快路网络建设完善的情况下,也可以接上高快路网络集中组织对外交通。

(3)泰州市结点干线公路连接模式演变实例分析

泰州组团式城市的发展迄今主要经历了两个阶段[113](图 8-1):初期阶段,即 20 世纪 90 年代以前,此时城市的发展主要集中在海陵老城区,高港开始起步发展。此阶段,干线公路 G328、S231、S336 等均以穿过式的连接模式与海陵老城区和高港新区相连接(图 8-1a);加速阶段,21 世纪初迄今,海陵老城区不断扩张,同时城市沿海陵与高港形成的带形发展轴不断拓展。此阶段干线公路 G328、S231 均改线绕行式经过海陵老城区,S231、S336 仍以穿过式经过高港新城。S231 同时也是高港组团与海陵组团间主要的连接通道,在支撑城市组团的形成和发展中发挥了重要的作用(图 8-1b)。

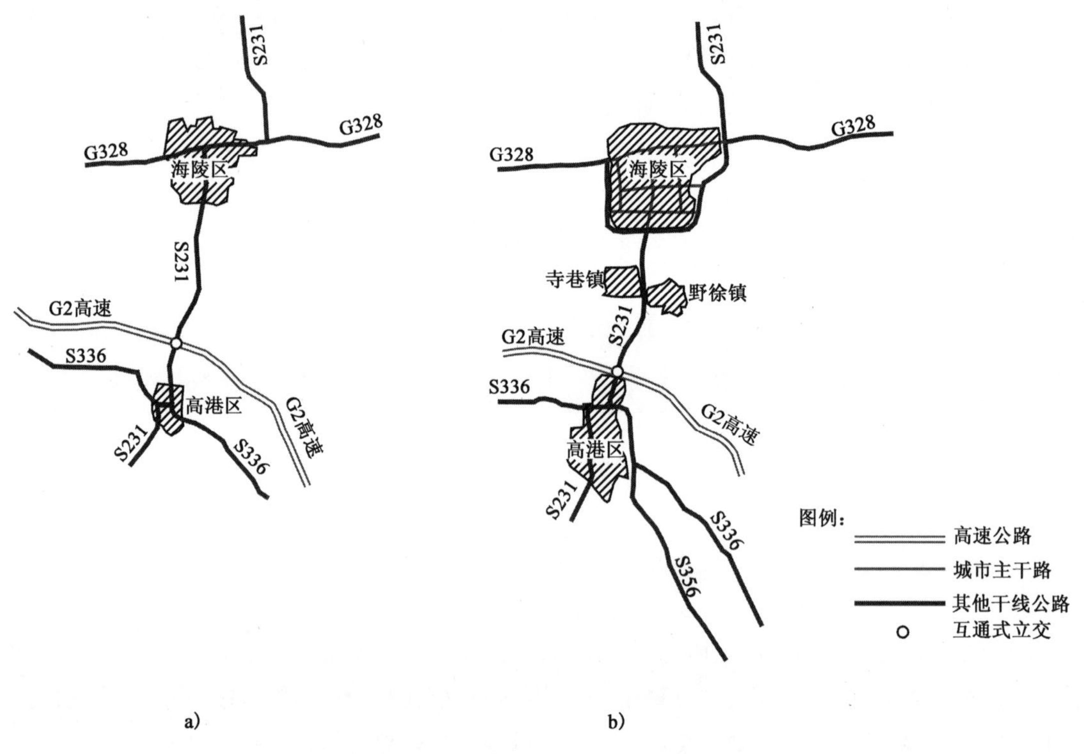

图 8-1　泰州市结点干线公路连接方式演变阶段图

随着城市规模的不断拓展,泰州市结点城市总体空间布局正在从“单核心”向“双城带状组团式”格局转变。城市总体规划确定的城市结构形态为海陵城区与高港城区的“双城”带状组团式结构,中心城区发展方向为南拓、东进、西优、北控,将形成海陵老城区、高新技术开发区、高港新城区三大城市组团的有机结合,无缝对接。如图 8-2 所示,2020 年泰州结点将形成完整的“双城形态”,建成“四横三纵”的快速路系统[104],与 G2 高速、S28 高速、S35 高速一起构成泰州结点高快路网络。经过结点的干线公路 G328、S231、S336、S354、S356、S412、S506 等均以系统连接式接入高快路网络。

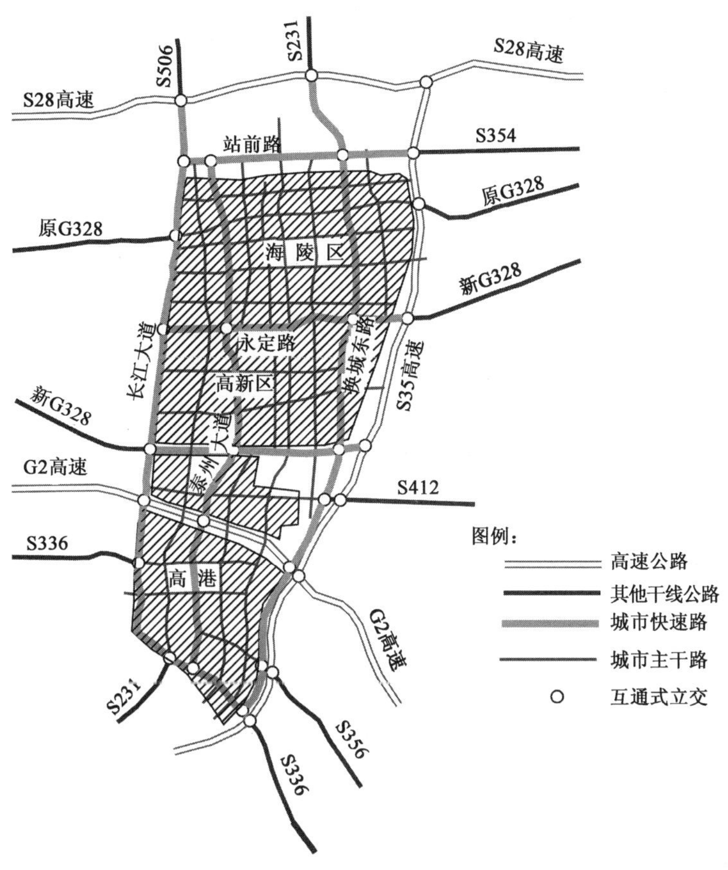

图8-2　泰州结点干线公路连接方式规划图

8.2　干线公路衔接方案评价

连接模式的选择解决了干线公路“怎么样”与城市连接的问题，接下来的问题是干线公路“从哪里”与城市衔接，即衔接方案的决策问题。本节在建立干线公路衔接方案决策指标体系的基础上，提出灰色格序决策方法来进行干线公路与城市衔接方案综合决策。

8.2.1　衔接方案评价指标体系

1）指标体系构建的原则

对于评价指标体系的制订，指标范围越宽，指标数量越多，则方案之间的差异越明显，有利于判断和评价，但确定指标的大类和指标的重要程度就越困难，处理和建模过程也越复杂，因而歪曲方案的本质特性的可能性也就越大。评价指标体系要全面地反映出所要评价系统的各项目标要求，尽可能地做到科学、合理，且符合实际情况，并能广为接受。为此，需在全面分析系统的基础上，首先拟订指标草案，经过广泛征求专家意见，反复交换信息、统计处理和综合归纳等，最后确定系统的评价指标体系。

在确定指标体系时，应遵循下面的基本原则[114]：

(1)目的性原则。整个系统评价指标体系的构成必须紧紧围绕着系统评价目的分层展开,使最后的评价结论能正确反映评价主体的评价意图。

(2)系统性原则。指标体系应能全面地反映被评价对象的综合情况,从中抓住主要因素,既能反映直接效果,又要反映间接效果,以保证系统评价的全面性和可信度。

(3)可操作性原则。一个系统评价方案的真正价值只有在付诸实践后才能够体现出来,要求指标体系中的每一个指标都必须是可操作的,指标含义明确,能够及时收集到准确的数据,计算简单,易于掌握。

(4)定量指标与定性指标结合使用原则。既可使评价具有客观性,便于数学模型处理,又可弥补单纯定量评价的不足及数据本身存在的某些缺陷。

(5)指标之间应尽可能避免显见的包含关系。对隐含的相关关系,要在模型中以适当的方法消除。

(6)可比性原则。指标的选择要保持同趋势化,以保证可比性。即所建立的评价指标体系必须对每一个评价对象是公平的、可比的。

(7)指标设置要有重点。重要方面的指标设置得尽量细密,次要方面的指标可降低要求,以简化工作。

(8)指标要有层次性。即建立系统评价指标体系的层次结构,这可以为衡量评价效果和确定指标的权重提供方便。

2)指标体系构建的依据

干线公路衔接方案的决策涉及一系列复杂的因素,评价指标系统必须建立在科学分析的基础上,能够客观、全面地反映实际情况。干线公路衔接方案决策指标的制订应围绕衔接方案的布局结构、性能这两方面展开。

(1)衔接方案的布局结构

干线公路衔接方案的布局结构指的是干线公路在城市结点范围的路线走向及其与城市道路系统的衔接关系。干线公路衔接布局合理与否,会直接影响干线公路在城市结点的通行效率,也会影响到干线公路功能的发挥;同时,干线公路衔接布局应当与城市发展方向、城市空间布局的规划、城市路网结构的规划相协调,这样才能制订符合城市规划方向的衔接规划方案,避免重复建设工作。因此,分析干线公路的衔接布局结构,是分析干线公路衔接方案合理与否的基础。

(2)衔接方案的性能

干线公路衔接方案的性能是指衔接方案的功能和实施效果。良好的干线公路衔接方案,应该能够提高干线公路在城市结点的运行效率,让过境交通和出入境交通能够很便捷地通过或者进出结点;还应该具有良好的工程经济型和环保性。

3)指标体系构建

在构建干线公路城市衔接方案决策指标体系时,应在能够全面反映结构功能的基础上,构建能较客观反映和表征衔接方案优良性的决策指标体系。根据干线公路衔接方案的主要影响因素,通过专家咨询和打分,结合经验判断,从系统、应用和可操作的角度将整个指标体系分为三个层次:目标层、准则层和指标层。

(1)目标层

目标层是干线公路城市衔接方案决策指标体系的最高层,干线公路城市衔接方案决策的目标在于综合评价各个衔接方案的合理性,反映出各个衔接方案存在的问题,判断出最优的衔接方案,最终作为指导干线公路衔接布局的规划依据。

(2)准则层

准则层是连接目标层和具体指标层的桥梁,是对目标层含义和范围的进一步明确,也是对下设指标层内容的综合概括,包括运输经济性、规划布局协调性、工程可行性和环境敏感性。

运输经济性是干线公路衔接方案最基本的依据之一。干线公路在城市之间的路段,由于技术标准高,往往具有比较良好的通行条件,运输效率高。干线公路经过城市结点范围时,由于与城市交通在时间上和空间上的重叠,会给干线公路的行驶条件带来一定的影响,导致干线公路行驶的延误。如早期干线公路从城镇的中间穿过,干线公路成为城市道路网络的组成部分,过境交通和出入境交通需要经由多信号控制交叉口的城市内部路网。公路交通流和城市交通流之间的交叉,不仅影响了公路交通经过结点的效率,也给城市交通增加了额外的交通负担,使得原本不堪重负的城市交通运行状况更加恶劣。理顺干线公路与城市结点之间的衔接关系,首先需要考虑的就是设置合理的干线公路衔接方案,通过有效地分离对外交通和城市交通,减少对外交通对城市交通的影响,达到提高对外交通运输效率的目的。

规划布局协调性是指干线公路衔接布局与城市总体规划的契合度。城市结点范围内干线公路是区域各城市之间公路交通流的通道,也是城市内部各组团间交通联系的辅助交通网。干线公路衔接方案与城市规划是否协调,不仅直接影响过境干线公路的使用功能、社会经济效益,而且会影响城市将来的拓展空间、方向和规划的实施。干线公路的衔接方案要能与城市发展的方向相协调,对干线公路衔接方案的选择,应在考虑城市规划布局和发展方向、过境及出入境交通的流量和流向等因素的基础上,从建设规模、技术标准等方面为城市发展预留空间。干线公路便利的运输条件使得其沿线具有吸引城市各类产业发展的区位优势,因此干线公路衔接方案还应当适应城市结点的产业带分布、产业带的发展方向,以发挥干线公路为城市产业发展的引导和支撑作用。同时,干线公路衔接方案应当与城市规划路网相协调,发挥干线公路对城市发展的伸展轴作用。干线公路衔接方案还应当能与城市重要运输枢纽有效衔接,以促进城市结点各种运输方式之间的顺畅衔接转换。

工程可行性指的是衔接方案的工程经济性能。干线公路的衔接方案属于重大的交通基础设施投资项目,因而在满足运输经济性与规划布局协调性的基础上,还需要对拟建项目进行全面技术经济分析和科学论证,分析预测项目建成后的社会经济效益。再综合论证项目建设的必要性、财务的营利性、经济上的合理性、技术上的先进性以及建设条件的可能性和可行性,从而为投资决策提供科学依据。

环境敏感性是指生态系统对区域内自然和人类活动干扰的敏感程度,它反映区域生态系统在遇到干扰时,发生生态环境问题的难易程度和可能性的大小,并用来表征在同样干扰强度或外力作用下,各类生态系统出现区域生态环境问题可能性的大小。减少对自然生态环境的破坏,是经济社会可持续发展的基本要求。干线公路在建设期、运营期都会自然环境造成一定的影响,比如建设期会破坏自然的地形地貌,给城市带来扬尘、水源的污染,运营期由于干线公路过境交通中货车比例较大,给城市带来的空气、噪声等污染。干线公路衔接方案的布局,应当能尽量减小对城市自然和人文景观的破坏,降低过境货车给城市生活带来的空气、噪声污染。

(3)指标层

指标层是构成干线公路衔接方案决策指标体系的最基本元素,是对应目标层四方面内容的具体评价指标,表述各个分类指标的不同要素,通过定量或者定性指标直接反映干线公路衔接方案的优劣性能,具体指标见表 8-4[115]。

干线公路城市衔接方案决策指标体系 表 8-4

目标层	准则层	指 标 层	指标类型	权重
干线公路城市衔接方案综合决策值	运输经济性	过境交通平均行驶时间(min)I_1	定量,成本型	ω_1
		过境交通平均行驶距离(km)I_2	定量,成本型	ω_2
		出入境交通平均行驶时间(min)I_3	定量,成本型	ω_3
	规划布局协调性	与城市空间结构的适应性 I_4	定性,效益型	ω_4
		与城市产业布局的协调性 I_5	定性,效益型	ω_5
		与城市综合交通系统的衔接性 I_6	定性,效益型	ω_6
	工程可行性	工程总造价(亿元)I_7	定量,成本型	ω_7
		内部收益率(%)I_8	定量,效益型	ω_8
		投资回收期(年)I_9	定量,成本型	ω_9
	环境敏感性	大气、噪声污染影响 I_{10}	定性,效益型	ω_{10}
		自然和人文景观影响 I_{11}	定性,效益型	ω_{11}
		环境敏感点影响 I_{12}	定性,效益型	ω_{12}

4)决策指标的说明

表 8-4 中指标根据可量化与否可分为定量型指标和定性型指标,根据目标趋势又分为成本型(越小越优型)指标和效益型(越大越优型)指标。

(1)运输经济性指标

运输经济性指标可用干线公路交通经过城市结点时的平均通过时间和通行距离来表达。一般来说,过境交通和出入境交通的通过时间越短,绕行距离越短,运输经济性就越好,对城市交通的干扰也越低。运输经济性指标可分为干线公路上过境交通经过结点的平均行驶时间(I_1)、过境交通经过结点的平均行驶距离(I_2)及出入境交通到达出行端点的平均行驶时间(I_3)三个子项。

若记 $\boldsymbol{E}$ 为对外交通分区形心点集合,$\boldsymbol{D}$ 为内部交通分区形心集合,则在交通均衡状态,干线公路过境交通经过结点的平均行驶时间 I_1 可由式(8-1)计算得到:

$$I_1 = \frac{\sum_r \sum_s (q^{rs} \sum_a t_a^{rs})}{\sum_r \sum_s q^{rs}} \tag{8-1}$$

式中：r——任一过境交通出行起始点，$r \in \boldsymbol{E}$；

s——任一过境交通出行终讫点，$s \in \boldsymbol{E}$；

q^{rs}——起讫节点 r 和 s 之间的过境交通量；

t_a^{rs}——过境交通出行节点 r 和 s 之间的任一出行路径中路段 a 上的出行时间，min。

干线公路过境交通经过结点的平均行驶距离 I_2 分别可由式(8-2)计算得到：

$$I_2 = \frac{\sum_r \sum_s \sum_p (f_p^{rs} l_p^{rs})}{\sum_r \sum_s \sum_p f_p^{rs}} \tag{8-2}$$

式中：f_p^{rs}——起讫节点 r 和 s 之间第 p 条路径上的过境交通量；

l_p^{rs}——起讫节点 r 和 s 之间第 p 条路径过境行驶距离，km。

干线公路出入境交通经过结点的平均行驶时间 I_3 可由式(8-3)计算得到：

$$I_3 = \frac{\sum_r \sum_d (q^{rd} \sum_a t_a^{rd}) + \sum_d \sum_r (q^{dr} \sum_a t_a^{dr})}{\sum_r \sum_d q^{rd} + \sum_d \sum_r q^{dr}} \tag{8-3}$$

式中：r——任一入境交通出行起始点(出境交通的出行终讫点)，$r \in \boldsymbol{E}$；

d——任一入境交通出行终讫点(出境交通的出行起始点)，$d \in \boldsymbol{D}$；

q^{rd}——起讫节点 r 和 d 之间的入境交通量；

q^{dr}——起讫节点 d 和 r 之间的出境交通量；

t_a^{rd}——入境交通出行节点 r 和 d 之间的任一出行路径中路段 a 上的出行时间(min)；

t_a^{dr}——出境交通出行节点 d 和 r 之间的任一出行路径中路段 a 上的出行时间(min)。

(2)规划布局协调性指标

规划布局协调性指标可分为与城市空间结构的协调性(I_4)，即干线公路衔接方案与城市总体规划、城市空间结构发展方向的适应情况；与城市产业布局的协调性(I_5)，即干线公路衔接方案与城市结点的产业带分布、产业带发展方向的协调性；与城市综合交通系统的衔接性(I_6)，即干线公路衔接方案与城市道路系统、城市重要运输枢纽的衔接是否合理。规划布局协调性指标均为定性表达，采用评语集 $\boldsymbol{V}$ = {很好，较好，一般，较差，很差}，并用10分制赋予其对应的评分实现量化，即 $\boldsymbol{V} = \{9,7,5,3,1\}$。

(3)工程可行性指标

工程可行性指标指干线公路衔接方案直接的工程经济成本、收益及投资风险性。工程可行性可以用工程总造价(I_7)、内部收益率(I_8)、投资回收期(I_9)三个分项指标来评价，这三项指标均为项目经济分析评价中的重要参数，可由方案的经济评价报告直接获取。其中工程总造价反映了方案的工程规模大小，内部收益率和投资回收期能反映方案的财务可行性及投资风险性。

(4)环境敏感性指标

环境敏感性指标包含：①干线公路衔接方案给城市带来的空气、噪声的污染程度(I_{10})。一般过境交通中货车比例较大，从城市边缘经过结点的方案，给结点带来的空气、噪声污染程度较轻，反之若从城市内部穿越，则带来的污染程度较重；②干线公路对城市自然和人文景观的影响（I_{11}），包括干线公路自身景观与沿线城市景观的协调性、干线公路整体线位与城市景观的协调性；③干线公路对环境敏感点的影响（I_{12}），即是否存在环境敏感点，以及采取的措施是否合理。环境敏感性指标也均为定性的表述方式，采用上述的五级评语集和 10 分制赋值的方式来实现量化。

8.2.2 灰色格序决策方法

干线公路衔接方案决策问题同大多数工程规划、建设项目的决策一样，属于多属性决策问题。传统的多属性决策方法主要有灰色关联法、模糊综合评判法、集对分析法、Vague 集等，这些方法有一个共同的假设，就是认为决策者的偏好关系应该满足连通性公理，即决策者能够确定备选方案集合中每对元素的优劣次序。然而现实中由于决策环境的复杂性以及决策者的有限理性，决策者的偏好关系并不一定满足连通性假设。近年来，人们开始研究一类较为普遍的序结构——格，这种序结构并不要求偏好关系满足连通性条件，运用格序结构，决策者可以将对决策方案模糊的、不清晰的偏好关系合理地有序化、结构化，并在此基础上进行科学的系统分析和理性推断[116]。格理论的提出，为多目标决策问题的解决提供了一种崭新的数学工具，在众多领域得到了广泛的应用。本书用灰色关联度代替欧式距离来度量备选方案与理想方案之间的贴近程度，构造灰色格序决策方法来改进已用的格序决策理论，并将其应用于干线公路衔接方案的决策，为类似的多目标决策问题提供了一种新思路。

1）灰色格序决策方法的基本原理

假设待决策的问题共有 m 个备选方案，其评价指标数为 n。根据格序理论，若备选方案能形成有限格，即任意两个方案均有上、下确界，则其顶元素自然就是最优方案。若不能形成有限格，则可以把正理想方案（PIS）和负理想方案（NIS）作为虚拟方案，分别看作顶元素和底元素，构造一个格，通过比较每个方案与正理想方案、负理想方案的接近程度来判断其是否为最优解或满意解。采用灰色关联度来衡量方案之间接近程度，决策的原则是备选方案与正理想方案的灰色关联度越小越好，而与负理想方案的灰色关联度越大越好。

2）灰色格序决策方法的实现步骤

（1）建立评价指标矩阵

设 p_{ij}为方案 G_i 关于指标 I_j 的评价值，建立原始评价矩阵为：

$$
\begin{array}{c} \\ \boldsymbol{P} = \begin{array}{c} G_1 \\ G_2 \\ \vdots \\ G_m \end{array} \end{array}
\begin{array}{c} \begin{array}{cccc} I_1 & I_2 & \cdots & I_n \end{array} \\ \begin{bmatrix} p_{11} & p_{12} & \cdots & p_{1n} \\ p_{21} & p_{22} & \cdots & p_{2n} \\ \vdots & \vdots & \vdots & \vdots \\ p_{m1} & p_{m2} & \cdots & p_{mn} \end{bmatrix} \end{array}
\tag{8-4}
$$

（2）指标的无量纲化处理

不同的评价指标往往具有不同量纲，不同目标趋势，因而缺乏可比性，数据处理之前需进行无量纲化处理。常用无量纲化方法有标准化处理法、极值处理法、线性比例法、向量规范法及功效系数法等,其中极值处理法是根据模糊数学隶属函数理论,用从优隶属度将数据序列化成同一个数量级,无量纲化后的数据与原始数据相比,能满足单调性、差异比不变性、平移无关性、缩放无关性、区间稳定性等理想性质,在多属性决策问题中得到了广泛的应用。选用极值处理法来进行指标无量纲化处理。

根据极值处理法,对于成本型指标,有:

$$p'_{ij} = \frac{U_j - p_{ij}}{U_j - L_j} \tag{8-5}$$

对于效益型指标,有:

$$p'_{ij} = \frac{p_{ij} - L_j}{U_j - L_j} \tag{8-6}$$

式(8-5)、式(8-6)中,p'_{ij}为经过无量纲化处理后的评价值,$p'_{ij} \in [0,1]$;L_j、U_j 分别为评价指标 j 的下限和上限。

(3)指标权重的确定

指标权重确定的方法主要有主观赋权法与客观赋权法两类。与主观赋权法过分依赖于专家的经验不同,客观赋权法能根据原始数据之间的关系来确定权重,具有较强的数学理论依据,因而客观性更强。本书采用客观赋权法中常用的熵值法来确定评价指标的权重。

熵值法来源于信息论中熵的概念,其定义如下:

定义 8.1[117]:设非负序列 $\boldsymbol{X} = \{x_1, x_2, \cdots, x_k\}$,且$\sum_{i=1}^{k} x_k = 1$。则称 $E = -(\ln k)^{-1} \sum_{i=1}^{n} x_i \ln x_i$ 为序列 $\boldsymbol{X}$ 的信息熵,且规定 $0\ln 0 \equiv 0$。

可见,信息熵 $0 \leqslant E \leqslant 1$,特别地,当 $x_1 = x_2 = \cdots = x_m = 1/m$ 时,$E = 1$。因此易知,E 值越大,序列 $\boldsymbol{X}$ 越趋于常数列,即序列 $\boldsymbol{X}$ 中的元素偏差程度越小;E 值越小,序列 $\boldsymbol{X}$ 中的元素偏差程度越大。即序列 $\boldsymbol{X}$ 的信息熵 E 是能反映序列 $\boldsymbol{X}$ 中元素偏差程度的一种度量。根据客观赋权法的原理,评价指标 I_j 下各方案指标值偏差越大,则该评价指标对方案优选或排序的作用越大,该评价指标的权重也应越大;反之,则该评价指标对方案优选或排序的作用越小,该评价指标的权重也应越小。因此,可以用熵值法来确定各指标的权重系数,步骤如下:

首先计算第 $j(j = 1, 2, \cdots, n)$ 项指标下,第 $i(i = 1, 2, \cdots, m)$ 个方案的特征比重:

$$z_{ij} = \frac{p'_{ij}}{\sum_{i=1}^{m} p'_{ij}} \tag{8-7}$$

显然有$\sum_{i=1}^{m} z_{ij} = 1$,则根据熵的定义,第 j 项指标的熵值可表示为:

$$e_j = -(\ln m)^{-1} \sum_{i=1}^{m} z_{ij} \ln(z_{ij}) \tag{8-8}$$

由式(8-8)可知,对于第 j 项指标,若 z_{ij}差异越小,则 e_j 越大,此时指标对系统的贡献度越小;特别地,当全部 z_{ij} 相等时,$e_j=1$,此时指标 j 对决策无任何贡献。对于第 j 项指标,其权重系数可以表示为:

$$\omega_j=\frac{1-e_j}{\sum_{i=1}^{n}(1-e_j)} \tag{8-9}$$

(4)决策矩阵的计算

定义算子 $d_{ij}=\omega_j p'_{ij}$,则决策矩阵 $\boldsymbol{D}$ 为:

$$D=\begin{bmatrix} d_{11} & d_{12} & \cdots & d_{1n} \\ d_{21} & d_{22} & \cdots & d_{2n} \\ \vdots & \vdots & \vdots & \vdots \\ d_{m1} & d_{m2} & \cdots & d_{mn} \end{bmatrix} \tag{8-10}$$

(5)构造正、负理想方案,绘制 Hasse 图

构造正理想方案(PIS)M^+ 和负理想方案(NIS)M^- 分别为:

$$\begin{aligned}\boldsymbol{M}^+ &= \{\max(d_{i1}),\max(d_{i2}),\cdots,\max(d_{in})\} \\ &= \{m^+(1),m^+(2),\cdots,m^+(j),\cdots,m^+(n)\}\end{aligned} \tag{8-11}$$

$$\begin{aligned}\boldsymbol{M}^- &= \{\min(d_{i1}),\min(d_{i2}),\cdots,\min(d_{in})\} \\ &= \{m^-(1),m^-(2),\cdots,m^-(j),\cdots,m^-(n)\}\end{aligned} \tag{8-12}$$

将正理想方案和负理想方案作为虚拟方案,分别看作顶元素和底元素,考察方案之间的关系,构造一个格,绘出 Hasse 图。

(6)计算各备选方案与正、负理想方案之间的灰色关联度

以决策矩阵 $\boldsymbol{D}$ 为基础,计算第 i 个方案与正理想方案关于第 j 个指标的灰色关联系数:

$$r_{ij}^+=\frac{s+\zeta S}{\Delta_i(j)+\zeta S},\zeta\in(0,1) \tag{8-13}$$

其中,$\Delta_i(j)=|m^+(j)-d_{ij}|$,$s=\min_i\min_j\Delta_i(j)$,

$S=\max_i\max_j\Delta_i(j)$,$\zeta$ 为分辨系数,这里按一般情况取 0.5。

则第 i 个方案与正理想方案的灰色关联度为:

$$R_i^+=\frac{1}{n}\sum_{j=1}^{n}r_{ij}^+,(i=1,2,\cdots,m) \tag{8-14}$$

同理可计算第 i 个方案与负理想方案关于第 j 个指标的灰色关联系数 r_{ij}^-,则第 i 个方案与负理想方案的灰色关联度为:

$$R_i^-=\frac{1}{n}\sum_{j=1}^{n}r_{ij}^-,(i=1,2,\cdots,m) \tag{8-15}$$

(7)计算正、负理想方案之间的灰色关联度

计算正理想方案与负理想方案关于第 j 个指标的灰色关联系数：

$$r'_j = \frac{s+\zeta S}{\Delta(j)+\zeta S}, \zeta \in (0,1) \tag{8-16}$$

其中，$\Delta(j) = |m^+(j) - m^-(j)|$，$s = \min\limits_j \Delta(j)$，$S = \max\limits_j \Delta(j)$，$\zeta$ 为分辨系数，此时因参考序列与各比较序列相距较远，可取 0.8～1.0 之间较大值[118]，这里取 0.8。

则正理想方案与负理想方案的灰色关联系数矩阵为：

$$\boldsymbol{R}' = [r'_1, r'_2, \cdots, r'_j, \cdots, r'_n] \tag{8-17}$$

正、负理想方案之间的灰色关联度为：

$$\boldsymbol{R} = \frac{1}{n}\sum_{j=1}^{n} r'_j, (i=1,2,\cdots,m) \tag{8-18}$$

(8)计算各备选方案与理想方案之间的综合贴近度

计算方案 i 与理想方案之间的综合贴近度：

$$C_1 = q\frac{R_i^{+}}{R} + (1-q)\left(1 - \frac{R_i^{-}}{R}\right) \tag{8-19}$$

式(8-19)中，q 为乐观系数，$0 < q < 1$，一般取 $q = 0.5$。

(9)最优方案的选择

决策者根据 $C_i(i=1,2,\cdots,m)$ 的大小，选出最优方案。

8.2.3　实例分析

以泰州结点 G328 衔接方案决策为例，阐述灰色格序决策方法的应用。

(1)备选方案概况

G328 是经过泰州的一条重要的东西向干线公路，起初的线位从泰州老城区“穿过式”过境，十多年前进行了一轮改线建设，路线从现状老城区的南侧绕行经过结点。随着社会经济和城市的发展，过境交通与城市交通之间的干扰越来越大，干线公路两侧城市化加深，公路功能发挥受到影响，亟须进行新一轮的改建。在新一轮改扩建工程预可行性研究中，提出了以下三个衔接方案[119]：①方案 A(北线方案)：路线从姜堰自东向西利用 G328 最初的线位，采用高架的形式直接穿过老城区，然后沿原线位向扬州方向延伸；②方案 B(中线方案)：路线经过姜堰后即向南改线，在现状建成区的南侧边缘经过泰州主城区，然后继续向扬州方向延伸；③方案 C(南线方案)：路线在方案 B 的基础上，继续向南偏移，通过规划预留的姜寺路走廊自东向西经泰州结点。

(2)决策指标的建立及无量纲化处理

根据专家咨询、方案测试及综合分析，建立三个比选方案的决策指标如表 8-5 所示。对于定性型指标，采用前文提出的 5 个等级描述其评价值：$\boldsymbol{V}$ = {很好，较好，一般，较差，很差}，并

用 10 分制赋予其对应的评分实现量化，即$\boldsymbol{V}=\{9,7,5,3,1\}$。

决策指标表

表 8-5

方案	决策指标(p_{ij})											
	I_1 (min)	I_2 (km)	I_3 (min)	I_4	I_5	I_6	I_7 (亿元)	I_8 (%)	I_9 (年)	I_{10}	I_{11}	I_{12}
A	19.6	21.2	19.2	3	3	5	11.9	15.2	13.1	3	3	5
B	20.9	22.6	17.8	9	9	9	7.9	18.2	10.9	7	9	7
C	23.7	25.7	25.6	7	7	5	9.0	16.7	11.8	9	7	9

依据式(8-5)、式(8-6)对表 8-5 中的指标值进行无量纲化处理。对于定量型指标，上限值和下限值分别由各方案中该指标的最大值、最小值分别乘以系数 1.05、0.95 得到；定性型指标，上限值取 10，下限值取 0。无量纲化处理后得到表 8-6 的数据。

决策指标无量纲化值

表 8-6

方案	决策指标无量纲化值(p'_{ij})											
A	0.84	0.85	0.77	0.02	0.02	0.05	0.12	0.16	0.19	0.02	0.02	0.05
B	0.64	0.64	0.91	0.93	0.93	0.90	0.92	0.81	0.84	0.63	0.93	0.48
C	0.19	0.19	0.13	0.63	0.63	0.05	0.70	0.48	0.58	0.93	0.63	0.90

(3)决策矩阵的计算及理想方案的构造

根据式(8-7)~式(8-9)，求得权重矩阵$\boldsymbol{\omega}=(0.04,0.04,0.06,0.10,0.10,0.20,0.06,0.05,0.04,0.10,0.10,0.09)$。由$d_{ij}=\omega_j p'_{ij}(i=1,2,3;j=1,2,\cdots,12)$求得决策矩阵$\boldsymbol{D}$：

$$\boldsymbol{D}=\begin{bmatrix}0.034 & 0.035 & 0.045 & 0.002 & 0.002 & 0.011 & 0.007 & 0.008 & 0.008 & 0.002 & 0.002 & 0.005\\ 0.026 & 0.026 & 0.054 & 0.097 & 0.097 & 0.181 & 0.057 & 0.038 & 0.034 & 0.066 & 0.097 & 0.044\\ 0.008 & 0.008 & 0.008 & 0.066 & 0.066 & 0.011 & 0.043 & 0.023 & 0.0023 & 0.097 & 0.066 & 0.084\end{bmatrix}$$

根据决策矩阵$\boldsymbol{D}$，构造正理想方案(PIS)矩阵$\boldsymbol{M}^+$：

$$\boldsymbol{M}^+=(0.034\ 0.035\ 0.054\ 0.097\ 0.097\ 0.181\ 0.057\ 0.038\ 0.034\ 0.097\ 0.097\ 0.084)$$

负理想方案(NIS)矩阵$\boldsymbol{M}^-$：

$$\boldsymbol{M}^-=(0.008\ 0.008\ 0.008\ 0.002\ 0.002\ 0.011\ 0.007\ 0.008\ 0.008\ 0.002\ 0.002\ 0.005)$$

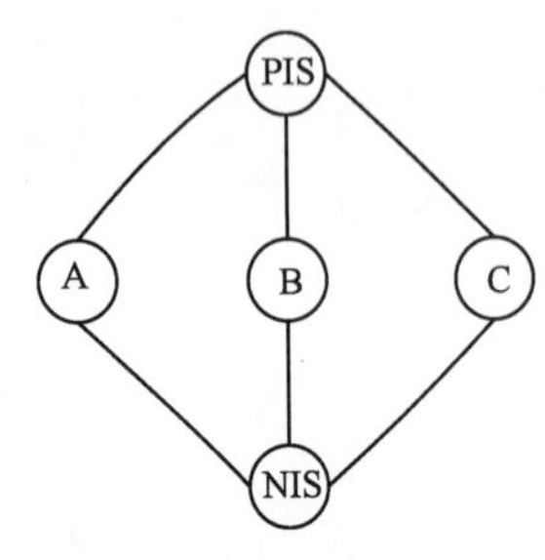

图 8-3 各方案的 Hasse 图

比较各方案之间的关系，绘制 Hasse 图如图 8-3 所示。

(4)计算灰色关联度

根据式(8-13)~式(8-14)，求得各备选方案与正理想方案之间的灰色关联度为：

$$\boldsymbol{R}^+=(0.650,0.936,0.775)$$

同理，可求得各备选方案与负理想方案之间的灰色关联度为：

$$\boldsymbol{R}^-=(0.935,0.621,0.760)$$

根据式(8-16)~式(8-18),求得正、负理想方案之间的灰色关联度 $\boldsymbol{R}=0.767$。

(5)计算各方案与理想方案的综合贴近度

由式(8-19)计算各备选方案与理想方案之间的综合贴近度:

$$C_1=0.314, C_2=0.706, C_3=0.510$$

由 $C_2>C_3>C_1$,确定方案B为最优方案。

(6)决策结论分析

为分析灰色格序方法决策的有效性,同时运用灰色关联法、常规的格序决策法对以上三个备选方案进行决策分析。三种方法得出的方案综合评价值列于表8-7。

三种决策方法评价值比较表　　表8-7

方　案	综合评价值(贴近度)		
	灰色关联法	格序决策法	灰色格序法
A	0.410	0.106	0.314
B	0.601	0.873	0.706
C	0.505	0.465	0.510

从表8-7中可以看出,灰色格序的评价结论与灰色关联法、常规格序决策法两种方法得出的评价结果一致。同时,由于灰色格序综合了以上两种决策方法的优点,评价值反映出来各方案之间的综合差异值介于以上两种方法之间。分析比较表8-6中各方案的指标,综合专家的咨询意见,可以知道A、B、C三个方案中,方案B确实整体较优,但是方案A、C的部分指标也存在一定优势,即各方案之间的差异既不像灰色关联法得出的那么小,也不像普通格序决策法得出的那么大,由此可见,灰色格序法的评价结论更能反映各备选方案之间的实际优劣关系。

8.3　城市结点互通式立交一体化布局模型

城市绕城高速公路上承担内、外交通衔接转换的互通式立交,是内、外交通衔接转换的重要节点,其布置数量及布置区位的合理与否,影响到内、外交通衔接转换的效率。本章重点研究城市绕城高速公路互通式立交的分类、布局特点及一体化布局模型。

城市往往设置有绕城高速公路来作为内、外交通衔接转换的界面。绕城高速公路地处城市的城乡接合部,是城市与乡村的交界面,而互通式立交正是这一界面上公路与城市道路相互转换的重要节点。绕城高速公路在内侧与城市快速路和主干道衔接,在外侧则与城市对外公路相通。绕城高速上互通式立交自然成为公路与城市道路两个系统的转换界面。绕城公路上互通式立交设置的数量、位置及形式合理与否,直接关系到绕城高速功能的发挥。布设不合理,易造成车辆绕行或相互干扰,直接影响结点内外交通系统衔接转换的效率,降低结点交通系统的整体服务水平[120]。绕城高速公路互通立交的设置应从系统的角度,从总体布局上来统筹考虑,应结合规划路网结构,处理好交通需求、城市远期规划及周边路网的关系,做到既能够提升出入境交通的可达性和便利性,又不影响过境交通及结点内部交通系统的运行效率。

8.3.1 绕城高速公路互通式立交分类

根据我国公路设计的相关规范、技术标准，以及相关学者的研究，本书将绕城高速公路互通式立交分为枢纽立交、次枢纽立交及一般型立交三类。

其中，枢纽立交是绕城高速公路与放射线高速公路、城市快速路相交处设置的立体交叉，其主要功能是连接起放射状高速公路、城市快速路和环状的绕城高速，通过绕城高速公路实现各条放射状高速公路之间的过境交通转换，实现放射状高速公路、城市快速路之间的对外转换。这类立交交通量大，车辆转换功能要求高、等级高，是城市外围重要的交通转换枢纽，其形式一般为定向型或半定向型互通。

次枢纽立交设置在绕城高速公路与开放式干线公路相交处，其主要功能是实现干线公路交通和高速公路交通之间的转换，包括将干线公路上的过境交通（主要是货运车辆）引导至绕城高速公路过境，将绕城高速公路上的出入境交通通过干线公路引导而进出城市道路系统。其形式一般为双喇叭形互通或苜蓿叶形互通。

一般型立交指绕城高速公路与连接线、次干道及次要公路相交形成的互通式立交，该类立交多为绕城高速公路为发展城市及地方经济开设的进出口，主要服务于城市组团或片区的出入境交通。其形式一般为单喇叭互通、环形互通或菱形互通。

绕城高速公路互通式立交的分类、功能及常见形式如表 8-8 所示。

绕城高速公路互通式立交分类　　表 8-8

分类	设置区位	功　能	常见形式
枢纽立交	绕城高速公路与放射状高速公路、城市快速路交叉节点	实现放射状高速公路之间的过境交通转换，实现放射状高速公路、城市快速路之间的对外转换	定向型、半定向型
次枢纽立交	绕城高速公路与开放式干线公路交叉节点	实现干线公路和高速公路之间的过境交通、出入境交通转换	双喇叭形、苜蓿叶形
一般立交	绕城高速公路与地方道路（次要公路或城市主、次干道）交叉节点	服务于城市组团或片区的出入境交通	单喇叭形、环形互通或菱形互通

8.3.2 绕城高速公路互通式立交一体化布局模型

绕城高速公路上三类互通式立交中的枢纽立交和次枢纽立交的设置是由相交道路的性质和功能所决定，客观存在着较大的交通转换需求，是必须设置互通式立交的交叉区位。在路网规划时，首先应根据各相交道路的特性，确定枢纽立交和次枢纽立交的设置。

绕城高速公路上一般型立交则主要是为了服务于城市及组团的出入境交通而设置的，其设置数量和设置区位需要根据组团的规模、出入境交通组织需求的分析来确定。一般型立交主要通过连接线实现绕城高速公路和组团内部出入境交通的沟通，也有部分设置在次要公路、城市主、次干道与绕城高速交叉处。采用系统工程的思想来研究绕城高速公路一般型立交的设置数量和设置地点，构建绕城高速公路互通式立交一体化布局模型。

1）基于轴辐式衔接交通组织模式的出入境交通路由特性

首先给出城市组团与绕城高速相对位置关系的两个定义。

定义8.2：若城市组团与绕城高速公路的空间位置贴近，绕城高速公路从组团的边缘经过，则称这类组团为绕城高速公路的近邻组团；反之，若组团与绕城高速的空间不直接贴近，中间有其他组团相隔离，称此类组团为绕城高速公路的远邻组团。

如图8-4所示，除了中心组团M与绕城高速公路为远邻关系外，其他组团与绕城高速公路均为近邻关系。

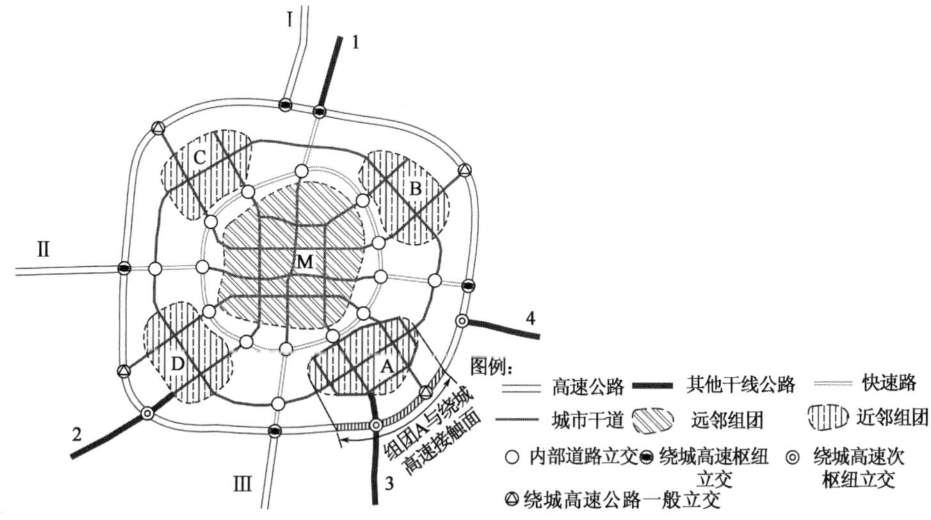

图8-4　绕城高速公路与组团的相对关系图

定义8.3：对于近邻组团，将其两侧边缘向绕城高速投影，形成的投影范围定义为该近邻组团与绕城高速公路的接触面。

图8-4示意了边缘组团A在绕城高速上的接触面范围。

根据轴辐式衔接交通组织的要求和提高路网运行效率的原则，远邻组团的出入境交通主要通过绕城高速公路的引导、分散至设置在组团之间的放射状快速路而进出城，避免穿过近邻组团。远邻组团与绕城高速之间的出入境交通转换主要通过放射状快速路与绕城高速公路交叉处的枢纽型立交来完成。

对于近邻组团，来自于高速公路的出入境交通，应通过绕城高速公路引导至接触面后，通过设置在接触面范围的互通式立交就近出入组团。来自于干线公路的出入境交通可以分为三种情形：

（1）情形一，干线公路与绕城高速公路交叉处位于该近邻组团与绕城高速公路的接触面范围以内，如图8-4中3号干线公路与组团A之间的关系即属于这种情形。这种情形下，干线公路的出入境交通直接通过与之对接的城市干道进出组团。

（2）情形二，干线公路与绕城高速公路交叉处不在该近邻组团与绕城高速公路的接触面范围以内，并且该干线公路没有直接与快速路系统连接。如图8-4中2号、4号干线公路与组团 A 之间的关系即属于这种情形。这种情况下干线公路的出入境交通先通过绕城高速公路引导至接触面范围后，通过接触面范围的互通式立交出入组团。

(3)情形三，干线公路与绕城高速公路交叉处不在该近邻组团与绕城高速公路的接触面范围以内，并且该干线公路直接接入快速路系统。如图 8-4 中 1 号干线公路与组团 A 之间的关系即属于这种情形。这种情形下干线公路出入境交通直接通过快速路系统引导进入组团，不再经由绕城高速组织。

2)一般型立交的布局特性及要点分析

一般型立交的布局，需要解决两个问题：一是立交设置的数量，二是立交设置的区位。一般来说，一般型立交设置的越多，组团出入境交通可达性越好，但对绕城高速公路的直行交通的干扰越严重，会影响绕城高速的运行效率，因此也需要控制绕城高速公路立交设置的最小间距。

(1)近邻组团新增一般型立交设置数量估算

以每个近邻组团为分析单元，按照通行能力匹配的原则，估算每个组团最少需要新增连接线的数量，从而确定一般型立交的最少设置数量。

$$N_{\min_i} = \frac{(Q_{Fi} + Q_{Ai})}{\lambda \cdot C_d} - N_{Si} \tag{8-20}$$

式中：$N_{\min_i}$——第 i 个近邻组团最少需要设置的一般型立交数量；

Q_{Fi}——第 i 个近邻组团的来自高速公路的出入境交通总量(pcu/h)；

Q_{Ai}——第 i 个近邻组团的来自上述情形一、情形二干线公路的出入境交通总量(pcu/h)；

λ——连接线出入境交通承担率；

C_d——单条连接线的设计通行能力(pcu/h)，可先按四车道城市主干道的标准考虑；

N_{Si}——第 i 个近邻组团与绕城高速公路接触面范围已设置的立交数量。

关于连接线出入境交通分担率 λ，由于绕城高速公路连接线两侧一般为城市内部开发区域，两侧会有大量的短途交通进入连接线，考虑用连接线的部分容量来组织出入境交通，λ 一般可取 0.4～0.6。

各组团最多可增设的服务型立交的数量按绕城高速互通式立交的最小间距来控制，由式(8-21)计算。

$$N_{\max_i} = \frac{L_i}{d_{inc}} - N_{Si} \tag{8-21}$$

式中：$N_{\max_i}$——第 i 个近邻组团最多可增置的一般型立交数量；

L_i——第 i 个近邻组团与绕城高速公路的接触面在绕城高速上投影长度(km)；

d_{inc}——绕城高速公路互通式立交最小间距(km)；

N_{Si}——同式(8-20)。

绕城高速公路上互通式立交的间距与交通量、绕城高速公路车道数、车速及地形等因素有关。杜立平等[121]对我国已建的 35 座城市的绕城高速公路互通式立交的平均间距进行了统计分析,发现我国绕城高速公路相邻互通式立交平均间距在4.20~9.78km之间。高鲁宾等[122]根据环线立交的特点、国内外的经验,认为绕城高速公路上互通立交的平均间距在5.0~8.5km比较合理。立交的最小间距还应满足车辆交织和变速、设置标志等交通安全方面最基本的需要[123],一般情况下,建议绕城高速公路互通式立交最小间距按3~5km控制。

(2)一般型立交选址条件分析

适合设置一般型立交的地点,一般可以分为两种情况。一种情况是绕城高速公路与次要公路交叉处。这类公路自身交通量不大,设置互通式立交后,能同时起到绕城高速公路连接线的作用,疏导绕城公路上部分的出入境交通。另一种设置情况是通过专用的连接线来实现,连接线的一端与绕城高速公路交叉设置互通式立交,连接线另一端连接组团内的主、次干道。适合与连接线相连的道路应从路网等级指数、通行能力、负荷度、路网连接度、在对外交通中的地位、社会及环境影响等方面综合分析来确定,一般应该是交通性的主、次干道,机动车道双向四车道以上,有较大的剩余通行能力,路网连接度好,便于集散出入境交通的道路。

3)绕城高速公路互通式立交一体化布局模型及求解方法

初步估算了一般型立交的设置数量的备选地点后,需要从结点路网整体运行效率最优的角度,进行互通式立交一体化布局分析,从而确定最佳的互通式立交设置数量和设置地点。

互通式立交一体化布局的问题可以归结为交通网络设计的问题。交通网络设计问题,主要是指在一定的投资约束条件下,考虑交通出行者行为选择的同时,改善某些路段或在交通网络中添加新的路段等,以使整个交通网络达到某种系统指标最优的投资决策问题[124]。在20世纪70~80年代以前,国内外在进行道路网络布局和优化时采用的方法主要是经验调查法、数理解析法以及“四阶段”法,这些方法分别存在着主观性太强、缺乏整体性、理论薄弱等缺点,且往往更偏重于路网规划而不是路网优化[125]。1973年,Morlok首次提出了定量的交通网络设计问题,此后在国际上形成了交通规划领域中的一个新的研究方向——网络设计问题(Network Design Problem,NDP),并吸引了国内外大批学者投入其研究行列[126,127]。

道路交通网络规划设计过程中,主管部门会决策采用科学合理的方案,以便使整个交通系统的性能最优(拥挤度最小、社会效益最大等),但是它不能控制交通出行者的出行选择行为,而出行者会随着网络特性的改变及时调整自己的出行方式,以使自己的出行费用最小。这是一个典型的“领导者-追随者”对策问题,可用双层规划数学模型描述如下:

$$\min_{u} Z[u,v(u)] \tag{8-22}$$

$$\text{s.t. } G[u,v(u)] \leqslant 0 \tag{8-23}$$

其中$v(u)$由下述规划求得:

$$\min_{v} z(u,v) \tag{8-24}$$

$$\text{s.t. } g(u,v) \leqslant 0 \tag{8-25}$$

式中,$Z[u,v(u)]$是上层规划的目标函数,常用的目标函数有①固定需求条件下的系统出行阻抗最小[127-129];②建设项目投资额最省[130,131];③固定需求条件下的网络备用能力最大[132]；④弹性需求条件下的用户盈余(consumer surplus)最大[133]；⑤多目标优化[134-137]。u 是上层规划的决策变量，G 是上层决策变量的约束函数。$z(u,v)$ 和 v 分别是下层规划的目标函数和决策变量，g 是下层规划的约束函数。下层规划一般使用用户最优平衡配流模型，常用的有固定需求的用户平衡(User Equilibrium，UE)配流模型和基于 Logit 分布的随机用户平衡(Stochastic User Equilibrium，SUE)配流模型，也有学者认为使用弹性需求的 UE 模型和 SUE 模型更切合实际[135]。

本书采用交通网络设计的双层规划模型来研究城市结点绕城高速互通式立交一体化布局问题，并在上层问题的目标函数中引入出入境交通可达性的指标。即互通式立交一体化布局的目标，是在备选的若干个可以设置互通式立交的位置中，选择最优的立交设置区位和数量，在满足资金等相关约束条件下，使结点交通系统总出行时间最小、各对外交通分区与各组团之间的出入境交通可达性最好。

考虑交通网络节点集合 $\boldsymbol{N}$ 和路段集合 $\boldsymbol{A}_0$ 构成的节点交通网络 $\boldsymbol{G}_0(\boldsymbol{N},\boldsymbol{A}_0)$。设所有出行起点 O 和出行终讫点 D 构成的点集分别为 $\boldsymbol{R}$、$\boldsymbol{S}$，$\boldsymbol{R}\subset\boldsymbol{N}$，$\boldsymbol{S}\subset\boldsymbol{N}$。设城市规划区共划分为 m 个组团，组团中心节点构成的集合为 $\boldsymbol{C}$。设共有 n 个对外交通分区，分区交通发生吸引点构成的集合为 $\boldsymbol{W}$。

假设有第 i 个组团有 K_i 条备选连接线(对应 K_i 座互通式立交)要添加到网络 $\boldsymbol{G}_0$ 中，所有 m 个组团备选的连接线总数为 K，即 $K=K_1+K_2+\cdots+K_m$，设 K 条备选路段构成的路段集合为 $\boldsymbol{A}_1$。对于 K 条备选路段，一共有 2^K 个添加方案，其中包括不添加任何新路段的方案。不同的决策方案分别用决策变量 U_j，$j=0,1,2,\cdots,D(D=2^K-1)$表示：

$$\boldsymbol{U}_0=(0,0,\cdots,0,0,0)$$

$$\boldsymbol{U}_1=(0,0,\cdots,0,0,1)$$

$$\boldsymbol{U}_2=(0,0,\cdots,0,1,0)$$

$$\cdots$$

$$\boldsymbol{U}_j=(u_{j,1},u_{j,2},\cdots,u_{j,1},\cdots,u_{j,k})$$

$$\cdots$$

$$\boldsymbol{U}_D=(1,1,\cdots,1,1,1)$$

互通式立交一体化布局规划的目标就是从 2^K 个添加方案 $\boldsymbol{U}_j(j=0,1,2,\cdots,D)$中选择最优的决策方案 $\boldsymbol{U}^*$(相应此时的网络为 $\boldsymbol{G}^*$)，使整个网络的性能最佳。网络的性能由网络$\boldsymbol{G}_j=(\boldsymbol{N},\boldsymbol{A}_{U_j})$的系统总出行时间、各组团中心与对外交通分区之间可达性的加权和来表达。这里路段集合 $\boldsymbol{A}_{U_j}$表示原有路段集合 $\boldsymbol{A}_0$ 和方案 j 中新建路段集合的并集。

由以上定义和假设，采用双层规划的方法对互通式立交一体化布局问题进行如下描述：

上层问题：

$$\min_{U_j} Z=\sum_{a\in \boldsymbol{A}_{U_j}} t_a(x_a,U_j)\cdot x_a+\phi\sum_{i\in \boldsymbol{C}}\frac{1}{\omega_i e_i} \tag{8-26}$$

$$\text{s. t.} \quad e_i = \sum_{l \in \boldsymbol{W}} \frac{Q_i}{c_{il}(U_j)^{\beta}} \quad \forall i \in \boldsymbol{C} \tag{8-27}$$

$$N_{\min_i} \leqslant N_{\mathrm{int}_i} \leqslant N_{\max_i} \quad \forall i \in \boldsymbol{C} \tag{8-28}$$

$$\sum_{a \in \boldsymbol{A}_1} g_a(U_j) \leqslant B \tag{8-29}$$

$$\boldsymbol{\lambda}_{\mathrm{low}} \leqslant \boldsymbol{\lambda}_a \leqslant \boldsymbol{\lambda}_{\mathrm{sup}} \quad \forall a \in \boldsymbol{A}_{U_j} \tag{8-30}$$

上层问题的目标函数为系统的总效应，它等于两项之和，第一项为网络总出行时间，第二项为各个组团出入境交通可达性的倒数。处于上层的路网规划者通过选择在路网添加若干连接线（互通式立交）的最优决策使系统总阻抗和组团出入境交通可达性倒数的加权之和最小。其他参数及表达式的说明如下。

x_a——路段 $a, a \in \boldsymbol{A}_{U_j}$ 上的交通流量，$\boldsymbol{x} = (\cdots, x_a, \cdots)$ 为其向量表示，隐函数 $x_a = x_a(\boldsymbol{U}_j)$ 由下层问题确定；

$t_a(x_a, \boldsymbol{U}_j)$——路段 $a, a \in \boldsymbol{A}_{U_j}$ 上的走行时间函数，对于给定的 $\boldsymbol{U}_j$，假定其关于 x_a 为连续可微的严格增函数；

ϕ——综合了多目标之间权重与不同度量单位匹配等信息的比例系数；

e_i——组团 $i, i \in \boldsymbol{C}$ 出入境交通的可达性，根据 Hansen 势能模型[138]由(8-27)式定义，其中 Q_i 为组团 i 的出入境交通总量；$c_{il}(\boldsymbol{U}_j), i \in \boldsymbol{C}, l \in \boldsymbol{W}$ 为组团 i 与对外交通分区 l 之间的最短走行时间；β 为修正系数；

ω_i——组团 $i, i \in \boldsymbol{C}$ 可达性的权重系数；

N_{int_i}——组团 $i, i \in \boldsymbol{C}$ 实际增设的一般型立交的数量，由给定的 $\boldsymbol{U}_j$ 确定，$N_{\max_i}$、$N_{\min_i}$ 为组团 i 需增设立交数量的上、下限值；

g_a——为新建互通式立交及配套的连接线路段 a 的投资额预算；

B——为预算总投资额的上限；

$\boldsymbol{\lambda}_a$——路段 $a, a \in \boldsymbol{A}_{U_j}$ 的负荷度（V/C 比）。$\boldsymbol{\lambda}_{\mathrm{sup}}$、$\boldsymbol{\lambda}_{\mathrm{low}}$ 为允许的路段负荷度上、下限值。

下层问题：

$$\min_x T(f) = \sum_{a \in \boldsymbol{A}_{U_j}} \int_0^{x_a(U_j)} t_a(w)\,\mathrm{d}w \tag{8-31}$$

$$\text{s. t.} \quad \sum_p f_p^{rs} = q_{rs} \quad \forall r \in \boldsymbol{R}, s \in \boldsymbol{S}, p \in \boldsymbol{P}_{rs} \tag{8-32}$$

$$x_a = \sum_r \sum_s \sum_p f_p^{rs} \delta_{a,p}^{rs} \quad a \in \boldsymbol{A}_{U_j} \tag{8-33}$$

$$x_a \geqslant 0 \quad a \in \boldsymbol{A}_{U_j} \tag{8-34}$$

下层问题为标准形式的用户平衡配流模型，相关参数的说明如下。

r——任一出行起始点，$r \in \boldsymbol{R}$；

s——任一出行终讫点，$s \in \boldsymbol{S}$；

$\boldsymbol{P}_{rs}$——连接起讫节点 r 和 s 的所有路径的集合；

f_p^{rs}——起讫点 r 和 s 之间路径 p 上的流量；

q_{rs}——起讫点 r 和 s 之间的交通需求量，q 为当前 OD 矩阵；

$\delta_{a,p}^{rs}$——为路径/路段关联因子，若路段 a 在起讫点 r 和 s 之间的路径 p 上，其值为 1，否则为零。

求解交通网络设计双层规划模型的方法主要有灵敏度分析算法、分支定界法、梯度算法、遗传算法（Genetic Algorithm）、模拟退火算法（Simulated Annealing Algorithm）等。而对于实际一个城市的绕城高速互通式一体化布局问题，存在以下两个方面的特点，一是路网规模大，路段数、节点数达到几百个以上，传统的数学建模方法难以处理；二是备选方案极为有限，一般是在现有互通式立交布局的基础上，增设少数几个互通式立交，可行的组合方案一一列举出来工作量并不大。本书提出上层问题采用简单的枚举法，列出满足约束条件的所有可行的方案，下层 UE 配流问题可以借助大型交通规划软件如 TransCAD 建模，得出备选方案下各个路段的流量、走行时间。求解方法的实现步骤如下：

（1）逐一分析规划特征年各个近邻组团需要增设的一般型互通数目的最小值 $N_{\min_i}$、最大值 $N_{\max_i}$，$i=1,2,\cdots,m$。

（2）根据各个近邻组团需要增加互通的数目，选定 $N_{\min_i} \leqslant K_i \leqslant N_{\max_i}$ 个互通设置备选区位，m 个近邻组团总的备选区位为 $K=K_1+K_2+\cdots+K_m$。

（3）列出 K 个备选地点的 2^K 个互通式立交添加组合方案，根据上层规划问题的约束条件，剔除掉其中不满足条件的添加方案，剩下的每个方案依次在 TransCAD 中建模，运用 UE 配流，得出平衡状态下各个路段的流量、走行时间，然后返回上层模型，计算各个添加方案的目标函数值。

（4）选择目标函数值最小的方案作为互通式立交一体化布局的最优方案。

8.4 本章小结

本章从城市发展的阶段特征分析了不同城市发展阶段对干线公路连接模式的要求，从干线公路的衔接需求特性分析了不同类型干线公路适宜的连接模式，提出了综合考虑城市发展阶段性特征和干线衔接需求特性两因素来选择干线公路连接模式的思路和原则。从运输经济性、规划布局协调性、工程可行性、环境敏感性四个方面，构建了干线公路衔接方案决策的指标体系。将灰色关联法和格序决策理论相结合，构造了干线公路与城市衔接方案决策的灰色格序方法。分析了城市结点绕城高速公路互通式立交的分类及其特征，在对绕城高速公路对外交通路由特性分析的基础上，提出了以系统运行时间和对外交通可达性二者组合效应最好为目标的绕城高速公路互通式立交一体化布局模型，并分析了模型求解的实用方法。

第9章 城市结点衔接道路横断面规划设计技术

横断面是道路的各项功能在路段上反映和集成,其设计的好坏直接关系到道路功能、空间、用地效率、景观等方面的成败。衔接道路横断面规划设计也是干线公路与城市结点衔接规划的重要内容之一。

本章在分析衔接道路功能特性的基础上,探讨如何从规划、设计、运行、使用管理"四位一体"的角度构建道路横断面规划设计指标,并进行衔接道路横断面形式的规划。同时,本章还将进一步研究衔接道路断面中广泛使用的主辅路断面形式规划设计技术,研究城市化进程中干线公路断面城市化改造技术要点。

9.1 衔接道路横断面规划设计特点和要求

干线公路与城市结点衔接道路主要包括绕城公路、越城公路、绕行公路、出入口道路、连接线以及组团间的联系道路等。与纯粹的公路、城市道路不一样,衔接道路交通组成复杂,往往既含有公路客货运交通,也含有城市内部的客货运、非机动车、行人交通;既含有要求快速通过的过境交通,也含有需要沿线出入的短途交通。交通组成的复杂性,反映了衔接道路功能的复杂性,这给衔接道路的横断面规划设计提出了更高的要求。

(1)道路功能的复合性

道路功能的复合性是衔接道路最突出的特点。从服务范围来看,衔接道路既承担过境交通需求,又承担城市出入境交通以及内部沿线的交通需求,使过境交通的快速通过需求和地方交通便捷汇入都受到影响;从服务对象来看,衔接道路既服务于结点内外机动车交通,在部分路段也有慢行交通(非机动车和行人)的服务需求。多重功能的叠加,使得干线公路衔接段的规划设计复杂化,需要根据当地的交通发展需求和道路网条件,重新确定干线公路的衔接段的功能,分析满足功能所需的预期交通量和交通组成的服务等级,然后确定线路的走向和建设标准。

衔接道路功能的复合性要求断面设计中要尤其体现交通分离的思想。首先是快、慢交通的分离,要通过断面的设计,让长距离的过境交通和沿线的出入交通流实现空间上的分离,减少二者之间的干扰;其次是机、非的分离,即机动车交通和非机动车交通的分离,创造人性化的慢行交通环境,提高交通安全;再次就是客、货分离,衔接段和城市内部道路不完全一样,还存在部分的货运交通,货运交通会给城市带来大气、噪声方面的污染,会给小汽车为主的城市交通的运行效率带来一定的影响,因此应该从路网分流、断面分流等各方面予以处理。

(2)资源环境的约束性

资源环境的约束性是公路建设可持续发展的要求。可持续发展涉及人类社会的许多方面，公路交通可持续发展就是其中之一。作为经济发展和社会进步的基础设施，公路交通有其自身的特点和发展规律，这就要求我们应用可持续发展观点对其进行深入的研究和探讨。尤其是随着我国公路建设的大规模展开，可持续发展也提到了一个更为重要的高度，需要交通管理部门及交通工程工作者结合我国的国情，解决好公路建设与可持续发展之间的统一对立关系。公路交通可持续发展的目标就是在推进公路交通建设和发展的同时，重视生态环境的保护和资源的合理开发利用，不仅合理安排好当前公路交通的发展，而且要为未来的公路交通发展创造良好的条件。公路交通可持续发展是一个理想的宏观目标，该目标的实现，意味着人们的公路交通观念要有一个根本性的转变，在整个发展过程中，要协调好资源、环境、社会及经济发展之间的关系[139]。

衔接道路往往位于结点边缘区或者经过结点内部，占据着宝贵的城市用地资源，衔接道路的建设受资源环境的约束比常规的公路建设更严格。衔接道路的加宽改造，往往会占用更多的城市用地，或增加不菲的拆迁费用，往往会带来生态、大气、噪声及水质等方面的污染。这就要求在断面规划设计中，进行精细化的方案比选，在保证干线公路交通功能的前提下，尽量采用资源节约型、环境友好型的道路断面形式。

(3)沿线土地利用的适应性

交通规划与土地利用两者之间存在一种相互联系、相互制约的循环作用与相互反馈关系。土地利用结构决定交通运输需求，交通设施的改善又反过来改变土地利用的强度和模式。城镇用地强度影响城镇道路交通运行，城镇土地利用的合理性直接影响城镇道路交通的通行能力。在城镇道路两侧开发建设交通吸引量或交通发生量较大的建设项目，势必会增加道路上的交通量，也会造成人、车频繁出入和穿越道路，影响道路通行能力。此外，道路的交通容量在一定时期内是有限的，如果道路两侧的用地强度过高，开发建设强度过大，极有可能使产生的交通量超过现有道路的交通容量，造成道路路段的交通拥堵，影响整个路网的交通运行。

与纯粹的公路路段不同，衔接道路往往位于城市规划区范围或城市建成区范围。城市规划中对衔接道路两厢的用地开发模式存在两种情况：一种是限制开发模式，即采用绿化隔离带控制衔接道路两侧的开发；另一种是开放式模式，即完全按照城市内部的开发模式规划衔接道路两厢的城市开发。开放式模式下道路两厢的用地类型、用地开发强度，以及预留给道路的可用红线宽度都存在着较大的差异性，衔接道路横断面的规划设计需要适应不同情况下两厢土地利用的开发情况，形成与两厢土地开发良性互动的横断面形式。

(4)综合交通运输体系的协调性

综合交通运输体系是由彼此协作、相互补充与紧密配合的各种运输方式的交通线路、站港和枢纽所共同组成的，并以交通线路为连接线，交通枢纽和站港为连接点，而且还具有一定的组合结构与等级层次的、可进行直达运输或联合运输的交通运输体系。城市综合交通运输体系则是通过城市道路、轨道交通、铁路、水路(只限部分城市)、航空线路、管道等连接各停车站场、火车站场、飞机场、港口等交通枢纽以及城市繁华中心、国际会展中心等交通流量较大的公共场所和其他重要交通站场的交通体系[140]。

我国的城市处在快速发展阶段，城市交通不断发展变化，在资源环境的压力下以及城市发展的转型阶段,不少城市提出了优先发展公交、积极倡导建设慢行交通系统等低碳模式的综合交通系统建设目标,城市综合交通战略的转型也给道路系统的建设提出了新的要求。

衔接道路往往是城市结点干道系统的重要组成部分,有的衔接道路还是连接区域综合交通运输系统和城市综合交通运输系统的重要纽带。因此,衔接道路横断面的规划设计要与结点综合交通运输体系的规划相协调,适应结点交通发展模式和交通发展战略的要求。

9.2　衔接道路横断面形式研究

9.2.1　“四位一体”的道路横断面设计指标

我国现有的公路和城市道路横断面设计方法均是基于道路的技术等级分类来进行的。如《公路工程技术标准》(JTG B01—2014)将公路划分为高速公路、一级公路、二级公路、三级公路及四级公路五个等级,并规定了每个等级公路的标准横断面形式。《城市道路交通规划设计规范》(GB 50220—1995)和《城市道路设计规范》(CJJ 37—2012)中以城市道路在城市总体布局中的骨架作用和交通地位作为分类依据,将城市道路分为快速路、主干路、次干路和支路四种类型。若直接按城市道路的类别来进行横断面设计,存在以下两点明显的不足之处:①无法体现出优先服务观点。城市道路的服务对象大致分为4种:常规公交、小汽车、非机动车和行人。不同的交通方式在同一等级道路上的优先权不同,同一种交通方式在不同等级道路上的优先权也不同,这些方面应该在横断面设计上能有所体现。②各类道路等级划分不够明确清晰,没有从道路的规划、设计、运行和使用管理等方面对其提出具体的要求,因而针对性不强。

道路横断面设计是面向规划、设计、运行、使用管理等多个层次的系统工程,与道路使用功能相协调是道路横断面布置的基本出发点,节约资源、以人为本合理布置车行道、人行道、非机动车道和公交专用车道是道路横断面布置的重要原则。为克服传统横断面设计方法的不足,国内不少城市针对路网分级体系和道路横断面设计已做出相关研究,并提出了新的横断面设计指标体系[141],如上海、北京、成都、无锡等。本书贯彻“规划、设计、运行、使用管理”相结合“四位一体”的思想,提出衔接道路横断面设计的指标体系,如表9-1所示。

“四位一体”的道路横断面设计指标　　表9-1

指标名称		指标说明	指标内容
规划	道路功能	道路在对外交通组织中功能定位	高速转换、快速转换、组团外集散、组团内集散
	道路红线宽度(m)	道路在城市控制性详细规划中的红线宽度	40~80
	两侧用地性质	道路两侧的用地性质	居住、公建、工业、绿地等
	机动车交通吸引源密度	道路两侧用地机动车交通发生吸引量的聚集程度	高密度、中密度、低密度
	慢行交通吸引源密度	道路两侧用地慢行交通发生吸引量的聚集程度	高密度、中密度、低密度

续上表

指标名称		指标说明	指标内容
设计	设计车速(km/h)	与两侧土地利用、空间环境相协调的行车速度	40～100
	路幅形式	路幅内机非分隔、人非分隔设施的设置情况	单幅路、双幅路、三幅路、四幅路
	双向机动车道数	与两侧土地利用、通达特征相协调的机动车道数	4～8
	人行道宽度(m)	道路两侧供行人通行空间的最小值	0～5.0
	非机动车道宽度(m)	道路两侧非机动车通行空间的最小值	0～5.0
	慢行空间布置	道路内非机动车道和人行道的布设位置	独立式、机非共板式、人非共板式
	路肩设置	道路外侧路肩的设置情况	设置、不设置
	公共交通车道布置	实行公交优先通行的车道形式、位置和数量	公交专用路、公交专用车道、公交优先车道
	公共交通车站布置	与公共交通模式相协调的车站形式和位置	港湾式公交站台、直线式公交站台
	公共设施带设置	人行道内侧布设标志牌、公交站牌、杆线等公用设施空间设置	设置、不设置
运行	道路通达特征	由出行目的引发的主要交通行为特征	过境交通、出入境交通、内部交通
	服务优先主体	道路优先服务的出行方式	机动车交通、公共交通、慢行交通
	车辆运行管理	与两侧土地利用、道路功能相协调的货运交通组织	禁止、限制、允许
	公交运行模式	与两侧土地利用、通达特征相协调的公交运营模式	长途客运、公交快线、公交干线、公交支线
使用管理	道路接入管理	道路两侧地块出入口位置和转向限制	禁止、适当、允许
	路内机动车停放	道路红线内非机动车停车泊位的设置	禁止、适当、允许
	慢行过街	路段和交叉口供行人、非机动车穿越过街的设施	禁止穿越、限制穿越、自由穿越
	出租汽车停靠	与两侧土地利用、通达特征相协调的出租汽车停靠管理	禁止、短时停靠、专区停靠、长时停靠

基于“四位一体”的横断面设计指标体系全面考虑了道路横断面在规划、设计、运行及管理的各个阶段的要求，规划阶段将道路功能定位和道路两侧土地利用（道路网络功能、红线宽度、两侧用地性质、交通吸引源密度）作为道路横断面设计的前提和基础，设计阶段则将道路建成后的交通运行、公交优先、慢行保障等方面的因素列为考虑的核心内容。

9.2.2 衔接道路横断面形式研究

根据“四位一体”的横断面设计指标，将绕城高速公路、穿越高速公路、绕行公路、出入口道路、连接线以及组团间的联系道路等衔接道路根据其规划特性、运行特性和使用特性，归纳为四种典型的横断面设计形式，如表9-2所示。

各断面形式特征及适用性说明如下：

断面形式A：即高速公路断面或不设辅道快速路的断面形式，主要服务于过境交通及组团间快速联系的机动车交通，适用于绕城高速公路、两侧限制开发的穿越高速公路和组团间快速联系通道。

断面形式B：为典型的"主路＋幅路"的断面形式，能同时服务于组团间长距离快速联系交通和沿线的短途出入交通。该断面形式主要适用于两侧有土地开发的穿越高速公路或组团间快速联系通道。

断面形式C：为标准的城市道路三块板形式，机非分离、人非分离。该断面形式主要适用于城市出入口道路近城端、高速公路连接线近城端及组团间一般联系通道。

断面形式D：为在公路横断面的两侧增设简易的慢行板块而形成，慢行板块一般由公路的硬路肩适当加宽而设置。该断面形式主要适用于城市出入口道路远城端、高速公路连接线远城端及边缘绕行公路。

表9-2中给出了各类断面形式的主要规划设计指标和要求。

"四位一体"的衔接道路横断面形式　表9-2

断面形式D		指标名称	断面形式A	断面形式B	断面形式C
规划	道路功能	高速转换、快速转换	高速转换、快速转换	组团外集散	组团外集散
	道路红线宽度(m)	30~70	50~80	40~60	30~40
	两侧用地性质	绿地	居住、公建	居住、公建、商业	工业用地、物流仓储用地、绿地
	机动车交通吸引源密度	控制出入	中密度	高密度	低密度
	慢行交通吸引源密度	禁止慢行交通进入	中密度	高密度	低密度
设计	设计车速(km/h)	80~100	主路:80~100; 辅路:30~40	40~60	40~60
	路幅形式	双幅路	四幅路	三幅路	双幅路、单幅路
	双向机动车道数	6~8	主路:6~8; 辅路:2~6	4~6	4~6
	人行道宽度(m)	—	2~4	3~5	1.5~2.5
	非机动车道宽度(m)	—	2.5~3.5	3.5~5.0	1.5~2.5
	慢行空间布置	—	非机动车道布设在辅道上/独立式	独立式/人非共板式	人非共板式
	路肩设置	设置	不设置	不设置	设置
	公共交通车道布置	—	优先车道/专用车道	优先车道/专用车道	—
	公共交通车站布置	不设站	港湾式	港湾式	不设站/直线式
	公共设施带设置	不设置	设置	设置	不设置

续上表

断面形式 D		指标名称	断面形式 A	断面形式 B	断面形式 C
运行	道路通达特征	过境交通/组团间快速直达交通	过境交通/组团间快速直达交通/沿线交通	出入境交通/沿线交通	出入境交通/过境交通
	服务优先主体	机动车交通	机动车/公共交通	机动车/公交/慢行交通	机动车交通
	车辆运行管理	允许过境货车通行	适当允许货车通行	禁止货车通行	适当允许货车通行
	公交运行模式	长途客运/公交快线	公交干线	公交干线/支线	长途客运
使用管理	道路接入管理	禁止	主路严格控制、辅路可接入	可接入	可接入
	路内机动车停放	禁止	主路禁止、辅路允许	禁止	允许
	慢行过街	禁止	慢行立体过街	限制穿越	限制穿越
	出租汽车停靠	禁止	主路禁止、辅路允许	短时停靠	允许
适用情况		绕城高速、两侧限制开发的穿越高速或组团间快速联系通道	两侧有土地开发的穿越高速或组团间快速联系通道	城市出入口道路近城端、高速公路连接线近城端、组团间一般联系通道	城市出入口道路远城端、高速公路连接线远城端、边缘绕行公路

9.3 衔接道路主辅路断面规划设计技术

在分析主辅路各种组合方案优缺点的基础上，建立主辅路断面组合方案测度指标体系，然后探讨主辅路断面组合方案量化决策的方法，为主辅路断面组合方案的比选问题提供科学手段。

9.3.1 辅路的功能及设置类型

辅路的基本功能可以分为三种：服务功能、集散功能、分流功能。其中服务功能指的是地块受主路分隔后，辅路能为沿线地块出入交通起到对外的联络作用；集散功能指的是辅路能为进、出主路的交通流起到与区域路网之间的集散作用；分流功能指的是辅路具有独立承担交通、分流主路交通量的作用。

将上述三种基本职能进行组合后，辅路可归结为四种类型，如表 9-3 所示。

辅 路 分 类 表　　表 9-3

辅路类型	设置形式	与主路关系	功　　能
服务型	间断设置	不连通	服务功能
集散型	间断设置	连通	集散功能，兼有所在路段的服务功能
服务—集散型	连续设置	连通	服务功能、集散功能
复合型	连续设置	连通	服务功能、集散功能、分流功能

（1）服务型辅路

即辅路不直接与主路的进出口相连通，与主路系统几乎完全隔离。一般设置在以下几种情况：①主线的分隔作用造成沿线的出入口被封堵；②主线的分隔作用造成横向道路被截断；③需在主线两侧设置养护、维修、消防等特种需求的通道。服务型辅路根据实际需要及工程实施条件，可在主线两侧间断进行设置，也可只在主路单侧间断设置。同时，辅路一端或两端需接通外围路网，以解决沿线出入交通的问题，主路两侧之间的联系可通过临近的立交桥孔或横向通道沟通。

（2）集散型辅路

集散型辅路主要服务对象是进、出主路的交通流，其功能是将进、出主路的交通流通过辅路的过渡作用，再集散至横向道路或沿线的交通源。集散型辅路的上游起始于主路出口，下游终止于主路进口，因而在形式上可以看作是主路进出口的延伸。同样，按实际情况及工程实施条件，集散型辅路可以在主路单侧或两侧间断设置。

（3）服务-集散型辅路

服务-集散型辅路同时具备服务与集散两种功能，是连续设置的辅路。服务-集散型辅路也是最广泛采用的辅路类型之一，适用于土地开发强度高地区的快速路、过境公路。在这些地区，主路沿线两侧的出入口和横向支路密集，两侧地块的服务性交通需求大，需要连续设置的贯通性辅路来承担对沿线土地利用开发的支撑作用。服务-集散型辅路一般由多个“集散段”和“非集散段”首尾相接串联而成。在“集散段”上，有较多进出主路的车流，交通量明显比“非集散段”大，所需车道数也较多。因而，服务-集散型辅路应按交通量的大小分段确定车道数。

（4）复合型辅路

复合型辅路是集服务、集散、分流功能于一体的而要求连续设置的辅路。与服务—集散型辅路相比，虽都是连续设置，但复合型辅路具有独立承担交通量、分流主路交通的作用。一般设置在下列情况之一：①主线走廊交通量大，需辅路承担一定的分流作用；②道路网规划要求辅路作为主路的分流道路，以分担路网交通；③主路实行客运车专用，辅路需承担货运车交通；④辅路需作为公交走廊。

复合型辅路除了要求在一定范围的贯通外，辅路的车道数一般较其他类型的辅路要多，除了具备提供“集散”“服务”等功能的附加车道外，还应设置有承担路网分流作用的基本车道。复合型辅路与主路共同构成复合道路，分工协同实现道路的复合功能，即主路承担长距离出行的交通，辅路承担短距离的出行交通及其他特定交通。在我国大城市的中心城区，因交通量大，过境公路主路常采用“高架＋地面道路”的形式，这种情况下辅路就具有复合型的功能，与主路共同承担交通量。

9.3.2　主辅路断面组合类型及优缺点分析

主路、辅路在断面上的组合形式可以分为主、辅路并行式和分离式两类。

（1）主、辅路并行式

这是一种较常见的方式，即主路置于中间，辅路设置在两侧（车辆单向行驶）或单侧（车辆双向行驶),主、辅路的平、纵面指标一致,主路与辅路间通过绿化带(或栏杆)分隔,如图9-1所示。其主要优点是:①能一次性解决道路的"通达性"与"机动性"两大功能要求,改善沿线街区的交通状况,能带动沿线的开发建设;②主路与辅路联系紧密,可较方便地开设主路与辅路间出入口。主要缺点在于:主路与辅路并行设置占用路幅宽度较宽,且辅路的线形标准与主路完全一样,不能根据实际情况灵活变化,以至可能会增加工程量和拆迁量;道路两侧居民过街不易,沿线单位必须右进右出,进出不易。

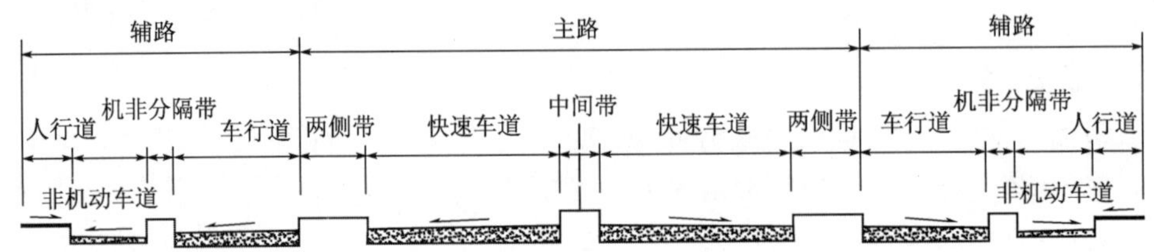

图9-1 主、辅路并列式断面

(2)主、辅路分离式

是一种灵活的设置方式,即主路、辅路在平面或纵面上互相独立,主、辅路之间的联系通过二者之间的出入口或互通式立交完成。这种方式的优点在于:①主路上出入口较少、干扰较少,可提高运行车速;②其设计较灵活,能根据制约条件灵活布置主、辅路的组合形式,在满足主路交通功能的同时,让辅路更好地服务两侧用地的开发;③在城区段,主、辅路纵面分离的组合形式可以通过减小路幅总宽度来达到减少拆迁量的目的。主要缺点在于:①主路与辅路之间的联系较弱,辅路往往自成体系,须通过间距较大的主、辅路出入口,或汇入横向的干路后,通过干路和主路的互通式立交进入主路;②主、辅分离的形式虽然能减少拆迁量,但往往需要建设桥梁、隧道等构造物,直接工程费用高。

主、辅路分离的实现形式主要有以下几种情况:①主路高架式(图9-2)。即主路采用高架桥的形式与地面辅路在纵面上分离,二者之间通过出、入口匝道连通。高架式的优点是能立体使用道路空间,增加道路的有效使用面积。而且高架路通行能力大,行车速度快,无平面交叉,安全性好。缺点是噪声污染、影响城市景观、防灾效果差。主路高架式适用于建筑密集、地价昂贵、交通繁重、地形条件受限制、红线宽度较窄、沿线交叉口多和横向干扰大的路段。②主路路堤式(图9-3)。主路的车行道高于临街地面高程,辅路与两侧街道处于同一平面并相互连

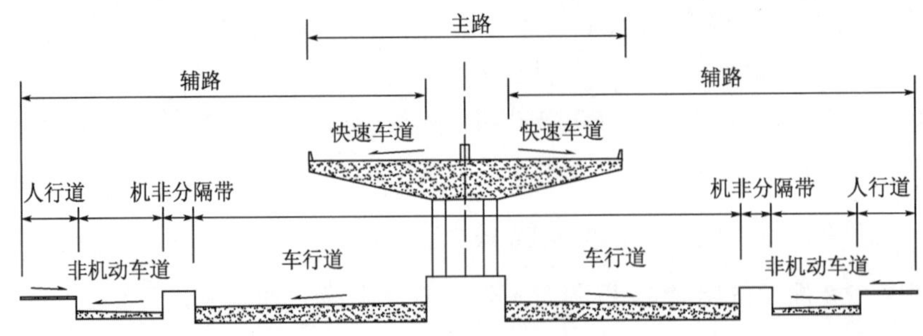

图9-2 主路高架式断面

接,便于和两侧街坊沟通,减少两侧用地的开发代价。缺点主要是主、辅路联系不便。③主路路堑式(图9-4),主路车行道路低于临街道路路面,与地面道路的高差不低于车辆通行净空要求,辅路与两侧街道处于同一平面,并相互连接。这种形式优点是可以减小车流对沿街区的干扰和噪声,便于横向道路跨越,有利于交通组织,缺点是对地形要求较高。④主路隧道式(图9-5),一般用于道路两侧联系紧密,且道路穿越的地区对环境保护要求比较高的情形。隧道形式的优点是对环境影响小,缺点是造价高,对通风、事故排除、地质等要求条件高。

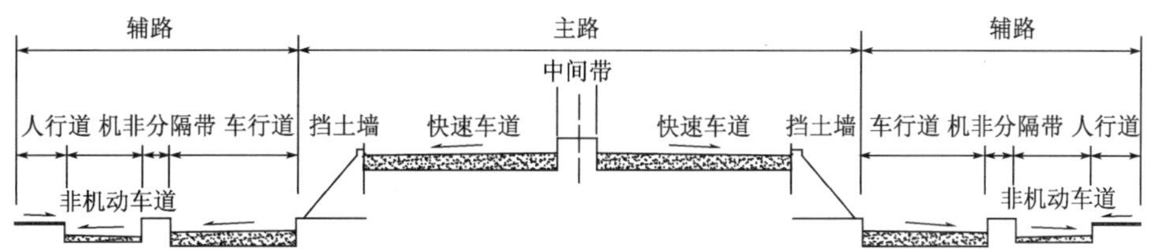

图9-3　主路路堤式断面

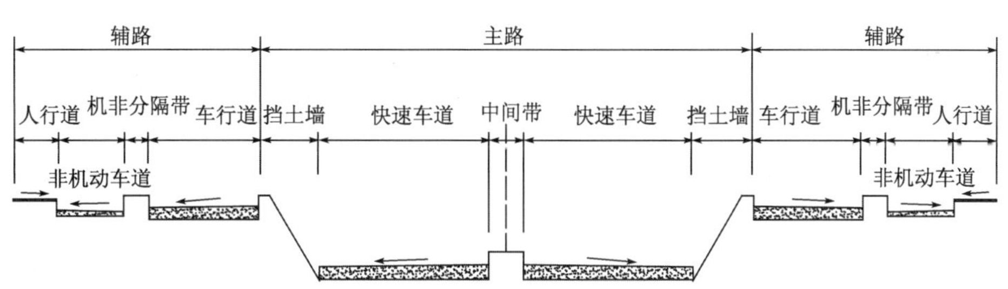

图9-4　主路路堑式断面

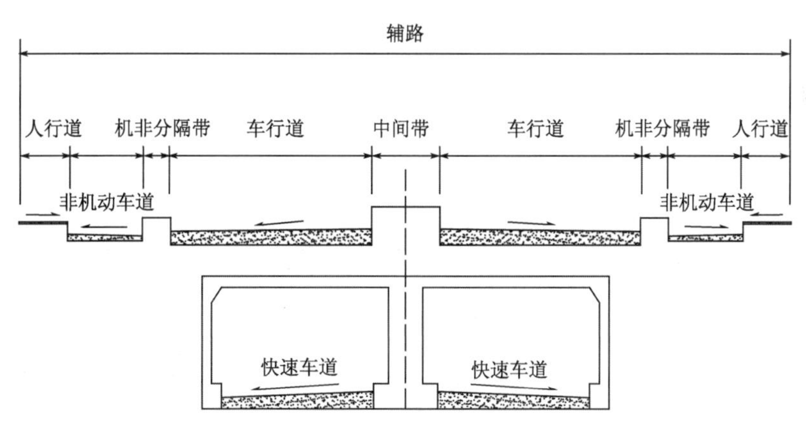

图9-5　主路隧道式断面

主、辅路断面的各种组合形式及其优缺点如表9-4所示。

主、辅路断面组合形式及其优缺点　　表9-4

组合形式	组合特征	优缺点分析
主、辅路并行式	主路置于中间,辅路设置在两侧或单侧,主、辅路的平、纵面指标一致	优点是主路与辅路联系方便;缺点是占用路幅宽度较宽,增加工程量和拆迁量,两侧居民过街、沿线单位出入不便

续上表

组合形式		组合特征	优缺点分析
主、辅路分离式	主路高架式	主路采用高架桥的形式与地面辅路在纵面上分离	优点是能立体使用道路空间;缺点是噪声污染、影响城市景观、防灾效果差
	主路路堤式	主路车行道高于临街地面高程,辅路与两侧街道处于同一平面	优点是便于和两侧街坊沟通,减少两侧用地的开发代价;缺点主要是主、辅路联系不便
	主路路堑式	主路车行道路低于临街道路路面,辅路与两侧街道处于同一平面	优点是可以减小车流对沿街区的干扰和噪声,横向道路方便跨越;缺点是对地形要求较高
	主路隧道式	主路隧道式、辅路地面式	优点是对环境影响小;缺点是造价高,对通风、事故排除、地质等要求条件高

9.3.3 主辅路断面组合方案影响因素及测度指标

1)主辅路断面组合方案影响因素分析

影响主辅路断面组合方案的因素可归纳为交通功能的要求、沿线条件的要求和工程经济性三个方面。

(1)交通功能

设置主辅路断面的衔接道路,一般都属于城市路网中的重要道路,有些甚至还是城市高快路网络的组成部分,实现断面完善的交通服务功能,是主辅路断面组合形式需要考虑的最主要因素。

实现主辅路断面的交通功能,首先应该保证断面的机动车通行能力能够满足交通需求。道路断面采用主辅路形式的原因主要是由于道路功能的复合性所决定的,即这种道路既要承担过境交通及中、长距离的组团间联系交通,又要承担道路两侧沿线的短途交通。在选择主辅路断面组合形式时需要根据道路在路网中的功能,道路两侧的土地利用性质,分析道路在规划特征年的交通组成结构及交通需求总量,从而确定主辅路断面主路、辅路的组合形式及各自的车道数。

主辅路的交通功能还体现在主路、辅路之间衔接转换是否便利。主辅路断面中虽然主路、辅路在物理上是分隔开的,一般主路在道路的中央,服务于过境交通及中、长距离的组团间联系交通,辅路在道路的两侧,服务于两侧沿线的短途交通。但是主路和辅路之间也需要能够便利地进行转换、过渡,以实现不同交通流之间的衔接。不同的主辅路组合形式,主路和辅路之间的交通转换的便利性并不一样。比如主辅路并行式的断面,主路和辅路之间的进出联系通过主辅路之间的开口就能实现;而主辅路分离式的断面,主路和辅路之间的进出联系则往往需要设置专门的匝道来实现。

沿线出入交通的组织和行人过街交通的组织是否方便也是主辅路断面组合形式选择时需要考虑的因素。主辅路并行式的断面形式,主路与辅路在一个平面,主路的封闭性特征使得两侧辅路的出入交通只能实现右出右进的交通组织形式,行人过街也只能采用立体式过街方式。而主辅路分离式如主路高架式的断面,地面道路作为慢行辅路使用,两侧的出入交通及行人过街的组织等方面要灵活得多。

（2）沿线条件

主辅路断面形式的选择除了考虑交通功能之外，还要考虑组合方案与道路沿线条件的适应性，即断面布设应该考虑与沿线地形、土地开发利用状况的协调。主辅路的路幅一般较宽，若沿线的地形起伏大，采用并行式的断面会比分离式的断面增加更多的工程量；一般地势平坦、开发强度低的新建城区比较适合于采用主辅路并行式的形式；而建筑密集、地价昂贵及地形条件受限制的路段则适宜采用主路高架的形式。

断面组合形式还应该考虑对沿线城市景观、环境的影响程度。一般来说，高架形式的断面对城市景观、环境的影响程度要大，而路堑、隧道形式的断面对城市景观、环境的影响程度要相对较小。

（3）工程经济

设置主辅路的道路大都属于重大交通基础设施项目，具有工程投资大、影响性广的特点。因此主辅路断面形式的选择，还应该考虑工程经济的因素。表征主辅路断面经济性的要素主要包括工程建设费用和运营养护费用，其中工程建设费用是项目建设期内发生的总费用，主要由建安费、征地费和拆迁费等组成，以万元/公里为单位来表示；运营养护费用指项目建成后，后期的养护、排水、照明及通风等方面的费用，以万元/（公里·年）来表示。

2）主辅路断面组合方案测度指标体系

根据以上对主辅路断面组合方案影响因素的分析，采用定性分析统计调查、专家咨询等方法，经过归类、筛选和鉴别，建立主辅路断面组合形式的测度指标体系如表9-5所示。

主辅路断面组合形式测度指标体系　　表9-5

目标层	准则层	指标层	指标类型	权重
主辅路断面组合形式综合测度	交通功能	主辅路断面总的通行能力（pcu/h）I_1	定量	ω_1
		主辅路之间交通组织的难易性 I_2	定性	ω_2
		道路两侧出入交通组织的难易性 I_3	定性	ω_3
		道路两侧过街慢行交通组织的难易性 I_4	定性	ω_4
	沿线条件	与沿线地形地质条件的协调性 I_5	定性	ω_5
		与沿线土地开发状况的协调性 I_6	定性	ω_6
	工程经济	工程建设费用（万元/公里）I_7	定量	ω_7
		运营养护费用[万元/（公里·年）]I_8	定量	ω_8
	景观环境	对城市景观的影响程度 I_9	定性	ω_9
		对沿线环境的影响程度 I_{10}	定性	ω_{10}

9.3.4　主辅路断面组合方案综合测度模型

主辅路断面组合方案的比选属于多属性决策问题，它普遍存在于决策领域，并且有着广泛的实际应用背景。由于信息的模糊性及不确定性，一般采用模糊（Fuzzy）集理论来处理这类问题[142,143]。传统的模糊集方法反映了指标模糊信息的肯定隶属情况，体现了决策者对模糊概念的肯定与否定两方面信息的判断，然而却忽略了介于肯定与否定之间的踌躇信息的体现。1993年，Gau和Buehere[144]提出了Vague集概念，通过引入真、假隶属度和踌躇度概念以详细描述决策者对备选方案认识的肯定程度、否定程度和踌躇程度，从而能更好地反映决策者对事物的把握程度和认识水平。后来在Chen、Hong等学者[145-148]的进一步研究下，产生了基于Vague集的多属性决策方法，并在工程领域得到了一定的应用。本书在建立主辅路断面组合方案测度指标体系的基础上，探讨将测度指标转换为Vague的方法，建立基于加权记分函数的备选方案优劣性能综合测度模型，为主辅路断面组合方案的比选问题提供一种科学决策的方法。

1）Vague集的基本概念

设$\boldsymbol{U}$是一个论域，$x \in \boldsymbol{U}$为论域$\boldsymbol{U}$中任何一个元素。$\boldsymbol{U}$上的一个实数值Vague集$\boldsymbol{A}$是由真隶属函数t_A和假隶属函数f_A所描述：

$$t_A:\boldsymbol{U} \to [0,1], f_A:\boldsymbol{U} \to [0,1]$$

其中，$t_A(x)$是从支持$x \in \boldsymbol{A}$的证据所导出的$x \in \boldsymbol{A}$的肯定隶属度的下界，称之为Vague集$\boldsymbol{A}$的真隶属函数；$f_A(x)$是从反对$x \in \boldsymbol{A}$的证据所导出的$x \in \boldsymbol{A}$的否定隶属度的下界，称之为Vague集$\boldsymbol{A}$的假隶属函数，且$t_A(x)+f_A(x) \leqslant 1$；另外，称$\boldsymbol{\pi}_A(x)=1-t_A(x)-f_A(x)$为$x$关于$\boldsymbol{A}$的未知度或踌躇度，$\boldsymbol{\pi}_A(x)$的值越大，说明$x$相对于$\boldsymbol{A}$的未知信息越多，显然$0 \leqslant \boldsymbol{\pi}_A(x) \leqslant 1$。

根据以上定义，则x关于$\boldsymbol{A}$的隶属度可由$[0,1]$上的子区间$[t_A(x), 1-f_A(x)]$表示，或者称$[t_A(x), 1-f_A(x)]$是x在Vague集$\boldsymbol{A}$中的Vague值。由此可见，Vague集通过隶属度函数表示对一个对象的支持度、反对度和踌躇度，从三个方面对研究对象进行描述，充分表述对事物不确定性的描述能力。

2）主辅路断面组合方案综合测度模型

设$\boldsymbol{A}=\{A_1, A_2, \cdots, A_m\}$为一组候选方案，$\boldsymbol{I}$为方案评价指标集，$\boldsymbol{I}=\{I_1, I_2, \cdots, I_n\}$，则候选方案$A_i$满足评价指标集$\boldsymbol{I}$的程度可以用Vague集表示如下：

$$\boldsymbol{A}_i=\left\{I_i, [t_{ij}, (1-f_{ij})]\right\}$$

其中，$t_{ij}+f_{ij} \leqslant 1, 1 \leqslant i \leqslant m, 1 \leqslant j \leqslant n$。

基于Vague集的多属性决策问题，就是如何从Vague集表示的候选方案中选出满足决策者要求的最佳方案来。其主要需要解决两个方面的问题：隶属度函数的构造、综合测度模型的构造。

（1）隶属度函数

对于定性指标，可采用5个等级描述其隶属度：$\boldsymbol{V}$=｛很好，较好，一般，较差，很差｝。用Vague集表示集合$\boldsymbol{V}$为：$\boldsymbol{V}=\{[0.85, 1.00], [0.70, 0.85], [0.55, 0.70], [0.35, 0.55], [0.00, 0.35]\}$。

对于定量型指标，可分为效益型指标和成本型指标。对于效益型指标，隶属度函数由下式确定：

$$t=\frac{s-s_{\min}}{s_{\max}-s_{\min}}\times\left(\frac{|2s-s_{\max}-s_{\min}|}{s_{\max}-s_{\min}}\right)^{1/3} \tag{9-1}$$

$$f=\frac{s_{\max}-s}{s_{\max}-s_{\min}}\times\left(\frac{|2s-s_{\max}-s_{\min}|}{s_{\max}-s_{\min}}\right)^{1/3} \tag{9-2}$$

对于成本型指标,隶属度函数由下式确定:

$$t=\frac{s_{\max}-s}{s_{\max}-s_{\min}}\times\left(\frac{|2s-s_{\max}-s_{\min}|}{s_{\max}-s_{\min}}\right)^{1/3} \tag{9-3}$$

$$f=\frac{s-s_{\min}}{s_{\max}-s_{\min}}\times\left(\frac{|2s-s_{\max}-s_{\min}|}{s_{\max}-s_{\min}}\right)^{1/3} \tag{9-4}$$

式中,s 为备选方案对于某指标的量化值;$s_{\max}$ 和 $s_{\min}$ 分别为该指标的理论最大值和理论最小值,可根据经验或规范确定。

(2)综合测度模型

综合测度模型用来表示备选方案满足决策者要求的程度,一般采用记分函数的形式来表达。许昌林等在文献[149]中提出了一种加权记分函数来评价方案的优劣,该方法不仅考虑因素全面,而且大大简化了计算过程,是 Vague 集一种方便有效的记分函数。本书采用该加权记分函数的思想来构造主辅路断面组合方案综合测度模型。

假设对于评价指标 $I_1,I_2,\cdots,I_n$,按其重要性各自赋予一定的权重值,记为 $\omega_1,\omega_2,\cdots,\omega_n$,其中 $\omega_1,\omega_2,\cdots,\omega_n\in[0,1]$,且 $\omega_1+\omega_2+\cdots\omega_n=1$。则方案 $\boldsymbol{A}_i$ 关于指标集 $\boldsymbol{I}$ 的综合测度模型可表示为:

$$W_I(\boldsymbol{A}_i)=\sum_{j=1}^{n}\{XH[t_{ij},1-f_{ij}]\times\omega_j\} \tag{9-5}$$

式(9-5)中,$W_I(A_i)(i=1,2,\cdots,m)$表示方案 $\boldsymbol{A}_i$ 满足决策者要求的程度,$W_I(\boldsymbol{A}_i)$值最大对应的方案 $\boldsymbol{A}_i$ 为最优方案。

$XH([t_{ij},1-f_{ij}])$为方案 $\boldsymbol{A}_i$ 关于指标 I_j 的综合测度值,可根据 t_{ij} 和 f_{ij} 的相对大小关系,由下式确定[247]:

$$XH([t_{ij},1-f_{ij}])=\begin{cases}2t_{ij}, & t_{ij}>f_{ij}\text{ 且 }t_{ij}+f_{ij}=1\\ t_{ij}+f_{ij}+(t_{ij}-f_{ij})\pi_{ij}, & t_{ij}>f_{ij}\text{ 且 }t_{ij}+f_{ij}<1\\ -(t_{ij}+f_{ij})\pi_{ij}, & t_{ij}=f_{ij}\\ t_{ij}-2f_{ij}-(t_{ij}+f_{ij})\pi_{ij}, & t_{ij}<f_{ij}\end{cases} \tag{9-6}$$

指标的权重系数 $\omega_1,\omega_2,\cdots,\omega_n$ 则由以下线性规划问题求得。

$$\max\sum_{j=1}^{n}\sum_{i=1}^{m}\{XH([t_{ij},1-f_{ij}])\times\omega_j\}$$

$$\text{s.t.}\begin{cases}\omega_1^l \leqslant \omega_1 \leqslant \omega_1^r \\ \omega_2^l \leqslant \omega_2 \leqslant \omega_2^r \\ \quad\vdots \\ \omega_n^l \leqslant \omega_n \leqslant \omega_n^r \\ \omega_1 + \omega_2 + \cdots + \omega_n = 1\end{cases} \tag{9-7}$$

式(9-7)中 ω_j 和 ω_j^r 分别为指标 I_j 的重要程度的真隶属度值和假隶属度值,$j=1,2,\cdots n$。

3)算例分析

(1)备选方案概况及评价指标的建立

南京绕城公路(柳塘至刘村段)城市化改造工程中[150],共提出了三个主辅路断面组合方案:①方案 A:主辅路并行式;②方案 B:主辅路分离式(主路高架式);③方案 C:主辅路分离式(主路路堤式)。其相应技术经济指标数值与定性评价如表 9-6 左侧所示。

(2)Vague 值转换

对于定性型指标,根据其评价等级直接采用前文所述的方法转换为对应的 Vague 值。定量型指标根据式(9-1)~式(9-4),计算各方案关于评价指标的 Vague 值。假设 $s_{\max}$ 等于各备选方案中该指标的最大值乘以系数 1.05,$s_{\min}$ 则等于各备选方案该指标的最小值乘以系数 0.95。以 A 方案通行能力指标 I_1 的 Vague 值计算为例,$s_{\max}=21689\times1.05=22783$,$s_{\min}=18538\times0.95=17611$,$s=18538$,则

$$t=\frac{18538-17611}{22783-17611}\times\left(\frac{|2\times18538-22783-17611|}{22783-17611}\right)^{1/3}=0.155$$

$$f=\frac{22783-18538}{22783-17611}\times\left(\frac{|2\times18538-22783-17611|}{22783-17611}\right)^{1/3}=0.708$$

同理可计算出其他各方案定量型指标的 Vague 值。转换后各方案诸指标完整的 Vague 值列于表 9-6 右侧。

主辅路断面组合方案指标评价值及 Vague 值 表 9-6

指　标	指标原始数值			Vague 值		
	A	B	C	A	B	C
I_1	18538	21698	21066	[0.155,0.292]	[0.659,0.825]	[0.464,0.769]
I_2	很好	较差	较好	[0.85,1.00]	[0.35,0.55]	[0.70,0.85]
I_3	一般	较好	较差	[0.55,0.70]	[0.70,0.85]	[0.35,0.55]
I_4	一般	较好	较差	[0.55,0.70]	[0.70,0.85]	[0.35,0.55]
I_5	很差	较差	很好	[0.00,0.35]	[0.35,0.55]	[0.85,1.00]
I_6	一般	很差	较好	[0.55,0.70]	[0.00,0.35]	[0.70,0.85]
I_7	18307	23939	14082	[0.316,0.772]	[0.094,0.167]	[0.901,0.943]
I_8	54	68	52	[0.660,0.825]	[0.137,0.253]	[0.806,0.892]
I_9	一般	很差	较好	[0.55,0.70]	[0.00,0.35]	[0.70,0.85]
I_{10}	一般	较差	较好	[0.55,0.70]	[0.35,0.55]	[0.70,0.85]

（3）备选方案综合测度值计算

根据专家咨询意见，得到各指标 $I_j(j=1,2,\cdots,10)$ 重要性的真隶属度值 t_j 和假隶属度值 f_j 如表 9-7 所示。

指标重要度的隶属度值　　表 9-7

指　标	t_j	$1-f_j$	指　标	t_j	$1-f_j$
I_1	0.15	0.80	I_6	0.10	0.70
I_2	0.05	0.90	I_7	0.20	0.70
I_3	0.05	0.90	I_8	0.10	0.75
I_4	0.05	0.90	I_9	0.10	0.70
I_5	0.15	0.75	I_{10}	0.05	0.80

记 $\omega_j(j=1,2,\cdots,10)$ 为指标 I_j 的权重，由式（9-7）得到线性规划模型

$$\max 0.301\omega_1+1.2\omega_2+1.11\omega_3+1.11\omega_4-1.26\omega_5+0.293\omega_6-0.062\omega_7+0.43\omega_8+0.293\omega_9+1.11\omega_{10}$$

$$\text{s.t.}\ 0.15\leqslant\omega_1\leqslant 0.20\quad 0.05\leqslant\omega_2\leqslant 0.10\quad 0.05\leqslant\omega_3\leqslant 0.10\quad 0.05\leqslant\omega_4\leqslant 0.10\quad 0.15\leqslant\omega_5\leqslant 0.25$$

$$0.10\leqslant\omega_6\leqslant 0.30\quad 0.20\leqslant\omega_7\leqslant 0.30\quad 0.10\leqslant\omega_8\leqslant 0.25\quad 0.10\leqslant\omega_9\leqslant 0.30\quad 0.05\leqslant\omega_{10}\leqslant 0.20$$

求解该模型，可得：

$\omega_1=0.15,\omega_2=0.05,\omega_3=0.05,\omega_4=0.05,\omega_5=0.15,\omega_6=0.10,\omega_7=0.20,\omega_8=0.10,\omega_9=0.10,\omega_{10}=0.05$

则根据式（9-5），可得方案 A、B、C 的综合测度值分别为：

$$W_I(\mathrm{A})=0.132,W_I(\mathrm{B})=-0.726,W_I(\mathrm{C})=0.766$$

由此可知方案 C 为最优方案，该结论与传统的模糊评判法得出的结论一致。从各方案的综合测度值还可以看出，由于同时考虑了支持度、反对度和踌躇度三方面的模糊信息，基于 Vague 集的综合测度模型得出的评价值区分度更明显，便于从复杂多属性的决策问题中选出最优方案。

9.4 干线公路断面城市化改造技术

我国城市化步伐不断加快，城市人口不断增加、城区面积迅速扩大，很多城市的发展规模远远超出原规划区范围，导致城市的基础设施无法满足日益膨胀的城市人口需要，一些原本位于城市周边的公路面临着定位及功能的转变，需要按照城市道路的标准和要求实施城市化改造。本节重点论述在公路宽度不足、无配套管（杆）线、无人行系统、缺少照明设施、绿化景观较差、与两侧建筑高差大的现状条件下，如何将不同技术标准、使用功能有明显差异的干线公路改建为城市道路的技术思路和技术策略，为相关的工程实践提供技术指引。

9.4.1 干线公路城市化改造的意义

我国公路与城市道路的规划、建设和运营管养一直以来都是处于完全分开的状态。原有连接城际、城乡之间的干线公路，在城市经济发展过程中发挥了非常重要的作用。然而随着城市化进程的推进，城市空间结构调整的加快，这些干线公路沿线两侧街道化现象日益严重，干线公路运行效率日益下降，亟须通过技术改造来实现干线公路的功能转换，提升道路的服务品质。干线公路城市化改造的意义主要体现在以下几个方面。

(1)能适应干线公路交通量的增长及交通结构的变化，改善沿线交通条件

干线公路的集聚功能使得城市化进程中其往往会演化成城市发展的主轴线，然而随着城市的快速发展，干线公路不仅交通总量增长迅速，交通组成结构也较以往发生了根本性的变化。这主要体现在干线公路除了承担对外的出入境交通、过境交通之外，沿线用地的出入性交通也日益增长，如表9-8所示。干线公路交通总量及交通结构的变化，使得干线公路的运行速度日益降低，服务水平逐渐下降，交通拥堵、交通事故频发。原有干线公路状况难以承担来自过境交通、出入境交通和城市内部交通的多重压力，亟须采用一定的技术手段对干线公路进行提质改造，理顺干线公路的服务层次，重新恢复干线公路的交通服务品质。

部分干线公路城市化改造前交通组成结构　　表9-8

干线公路	城市内部交通(%)	出入境交通(%)	过境交通(%)	合计(%)
南京绕城公路	20.14	45.96	33.90	100
S122南京段	47	36	17	100
南京江北大道	41.4	41.2	17.4	100

数据来源：南京市公路管理处《干线公路城市化改造综合技术研究》研究报告，2013年。

(2)能支持、引导和服务沿线土地开发

城市土地开发和新城建设需要完善的路网系统加以支撑，然而一般干线公路的功能主要体现为城市出入境交通和过境交通走廊，干线公路的技术条件对沿线路网在一定程度上形成了阻隔，影响了城市路网系统的连通性，从而抑制了沿线土地的升值和开发，造成了沿线土地资源的浪费。

若能根据城市的发展需要，进行干线公路的城市化改造，将干线公路改造成具备城市功能的城市快速路或主干路，以发挥其对城市空间结构演变的引导功能，通过大容量、快速化的交通条件支撑，促进城市周边组团的迅速发展，促进城市内部人口、产业的向外迁移。同时能够进一步改善城市的投资环境，为沿线土地开发利用提供良好的交通环境，以适应和加快区域经济发展和产业结构调整的步伐。

(3)是建设城市生态廊道，整治沿线环境的需要

干线公路尤其是高速公路一般填土高度较高，高填方的路基对两侧地块形成了“城墙”效应，影响了道路沿线的景观效果。同时，干线公路沿线一般也没有形成统一的绿化景观带，受两侧地块的影响，绿化景观支离破碎，无法形成完整的绿色走廊，导致绿化景观缺乏层次感和生态美感。随着干线公路周边逐渐发展为城市区域，对沿线的生态景观要求越来越高，迫切需要道路

沿线的绿色生态能与现代化城市融为一体，从而需要对干线公路沿线绿化景观进行统一、全面的设计。

9.4.2 干线公路与城市道路的差异性分析

在我国，干线公路与城市道路在服务对象、道路功能、断面构造方面均存在着显著的差异。

(1)服务对象的差异

干线公路的主要服务对象是城市对外机动车交通，服务对象比较单一。而城市道路的服务对象不仅包含城市内部各组团之间的机动车交通、组团内部的机动车交通，而且还包括公共交通、非机动车和行人等慢行交通，服务对象呈现出多元化的特征。

(2)道路功能的差异

干线公路的主要功能是为城市提供对外交通的服务，是城市与区域中其他城市之间联系的纽带。

城市道路的功能则主要分为三个部分：交通功能、城市功能、景观功能。其中交通功能是城市道路的主要功能，但城市道路的交通功能较干线公路所提供的对外交通功能要复杂得多。城市道路的交通功能除包括组团间长距离的机动车交通服务、组团内或道路沿线短途机动车交通服务外，还包括城市的公共交通服务，以及为非机动车及行人等提供的慢行交通服务。城市功能主要是城市道路作为城市工程管线的走廊功能、作为市政公共设施的配置空间功能，一方面，城市道路往往是城市中各种地下、地上管线的布设走廊，城市道路应为工程管线的合理布局预留足够空间；另一方面，公交港湾式停靠站、交通标志、路灯、路边停车带、变配电箱、电信交换箱、广告牌、街具等市政公共设施均需依托城市道路空间进行布置。城市道路的景观功能主要是为城市提供绿化种植的空间。随着我国城市建设不断发展，人民物质水平的提高，对精神层面的要求也越来越高，城市的景观也逐渐成为城市规划建设需要考虑的重要方面之一，道路街景和道路两侧建筑景观共同构成城市外在风貌，形成人们对城市的深刻印象。

(3)道路横断面构造的差异

道路横断面是道路功能的重要体现之一，是公路与城市道路之间功能差别的重要体现，决定着道路交通、城市和景观功能的实现。

公路横断面主要的组成要素有中央分隔带、车行道、硬路肩、土路肩、边坡等。其中车行道是横断面的主体部分，是供机动车行驶的单元。中央分隔带是分隔对外机动车辆的设施，设置在一级公路、高速公路上。硬路肩供车辆紧急停车使用，土路肩和边坡起到保护路基、路面的作用。

城市道路横断面的组成要素有中央分隔带、机动车道、辅道、非机动车道、侧分带、人行道、绿化带、设施带等。其中机动车道位于横断面的中间部位，供机车车辆行驶使用。在两侧有开发的城市快速路路段，除了布置中间快速机动车主线以外，一般还在两侧布置机动车辅道，以供道路两侧的出入交通使用。中央分隔带用于分离对向的机动车流，主要用于快速路和城市主干道。非机动车道和人行道是供非机动车、行人等慢行交通参与者使用的空间。侧分带是分隔机动车主线和辅道、机动车道和非机动车道的空间，设施带是布设地上杆线、标志牌、公交站牌、电话亭等设施的空间,绿化带是种植行道树、花草等植物的空间。绿化带一般可结合中央分隔带、侧分带、设施带布设,也可以单独布设。

干线公路与城市道路功能、横断面构造的详细比较如表 9-9 所示。

干线公路与城市道路的功能及横断面构造比较　　表 9-9

<table>
<tr><th>类型</th><th colspan="2">道路功能</th><th>横断面构造</th></tr>
<tr><td>干线公路</td><td colspan="2">对外交通功能</td><td>中央分隔带、车行道、硬路肩、土路肩、边坡</td></tr>
<tr><td rowspan="8">城市道路</td><td rowspan="5">交通功能</td><td rowspan="2">组团间长距离机动车交通服务</td><td>中央分隔带</td></tr>
<tr><td rowspan="3">机动车主线、机动车辅道</td></tr>
<tr><td>组团内或沿线短途机动车交通服务</td></tr>
<tr><td>公共交通服务</td></tr>
<tr><td>慢行交通服务</td><td rowspan="2">非机动车道、人行道</td></tr>
<tr><td rowspan="2">城市功能</td><td>工程管线走廊</td></tr>
<tr><td>市政公用设施布置空间</td><td>设施带</td></tr>
<tr><td>景观功能</td><td>城市绿化空间</td><td>绿化带、侧分带</td></tr>
</table>

9.4.3　干线公路横断面改造方案适应性分析

1)干线公路断面改造方案影响因素

影响干线公路横断面改造方案的因素可分为道路的功能、红线宽度、交通组成、路基填土高度、沿线土地开发利用情况等几个方面。

(1)道路功能

干线公路原先在公路网络中的功能地位、干线公路改造成城市道路后在城市路网中的功能,是决定断面改造方案最主要的因素。根据干线公路的衔接特性,将干线公路按其功能划分为通道型公路、城际型公路及一般型公路三种类型。而根据干线公路的技术经济特征,干线公路城市化改造后,一般会演变为城市路网中的快速路、骨架性主干路和一般性主干路等几种功能形式。干线公路原有的功能类型和改造后的功能类型决定着道路的交通总量及交通结构,决定着道路横断面形式的选择。

(2)红线宽度

红线宽度涉及两方面的问题,一是城市规划设计部门对干线公路改造后道路红线宽度的界定,是规划的城市道路用地的边界线;另一方面是公路的用地范围宽度问题。公路路堤两侧排水沟外边缘(无排水沟时为路堤或护坡道坡脚)以外,或路堑坡顶截水沟外边缘(无截水沟为坡顶)以外不小于 1m 范围内的土地,在有条件的地段,高速公路和一级公路不小于 3m、二级公路不小于 2m 范围内的土地为公路用地范围。公路用地范围是在公路建设期间根据国家征用土地的法规征购的,是供公路修筑路基和排水系统,设置防护设施和服务设施,以及供公路修筑和养护取土、弃土、路侧绿化等使用的土地。

公路用地范围的宽度与公路路基宽度、路基的填土高度、边坡坡率及排水构造物的尺寸有

关。路堤式路基的用地总宽度可由式(9-8)计算得到:

$$B = 2(i_{slope} \cdot H + B_{berm} + B_{ditch} + B_{land}) + B_{rw} \tag{9-8}$$

式中:B——公路总用地宽度(m);

B_{rw}——公路路基宽度(m),与公路的等级、设计车速、车道数有关;

H——路基平均填土高度(m),路基填土高度一般情况下分布在1~6m范围;

i_{slope}——路基边坡坡率,一般填土高度<8m时,路基边坡坡率为1∶1.5;

B_{berm}——路基护坡道宽度(m),护坡道一般设置宽度为1~2m;

B_{ditch}——路基排水沟宽度(m),路堤一般采用梯形排水沟,总宽1.2~1.8m;

B_{land}——路基排水沟外边缘至用地界的距离(m),该距离一般设置为1~3m宽。

若取路基平均填土高度 $H=2$m,可计算出各级公路用地范围宽度值的大致范围,如表9-10所示。

干线公路用地宽度一般值($H=2$m)　　表9-10

指　　标	二级公路	一级公路		高速公路		
		四车道	六车道	四车道	六车道	八车道
设计车速(km/h)	60~80	60~100	80~120			
路基宽度 B_{rw}(m)	8.5~12	20~26	32~33.5	21.5~28	33.5~34.5	38.5~42
公路总用地宽度 B(m)	21.5~25	38~44	50~51.5	39.5~46	51.5~52.5	56.5~60

公路用地范围是可以直接利用的供城市化改造的宽度范围,是无需二次征地的范围。然而由于城市道路往往需要增设慢行交通板块、各种分隔带、绿化带及设施带,一般所需要的路幅宽度要比干线公路可利用的用地宽度要大一些,确定干线公路城市化改造断面方案时,除了考虑干线公路可利用的用地范围以外,还要根据两侧用地出让的情况,在技术经济比选的基础上,合理确定道路路幅宽度。

(3)交通组成

交通组成是影响横断面组成、横断面尺寸的重要因素。分析干线公路横断面改造方案时,不仅要考虑干线公路原先的交通组成,如过境交通、出入境交通及内部交通组成,客、货运交通组成,慢行交通组成等特征,而且也要考虑干线公路改造成城市道路后,通过新的城市路网交通组织后的交通组成结构,从而综合分析,确定道路横断面各部分的组成及细部尺寸。

(4)路基填土高度

干线公路建设期间考虑到路基稳定、桥涵的设置等情况,一般路基高度要比两侧的原始地面高出很多。干线公路改造成城市道路后,随着两侧用地的开发,地块的出入交通需要能够便捷地接入道路主线,地块内部的管线设施需要能够接入布设在道路下面的干管。若将地块高程抬高,会成倍增加地块的开发成本;而若将道路高程降低,也需要付出一定的工程成本。应根据干线公路的填土高度、沿线地块的竖向规划来综合分析,确定经济合理的横断面方案。

(5)土地开发

沿线的土地利用开发是干线公路城市化改造的驱动力。但是不同的土地开发类型、不同的土地开发强度所产生的交通吸引类型、交通吸引强度均有所区别。如开发强度较高的商业用地、居住用地、公共管理与公共服务用地会在沿线产生较集中的出入性机动车交通流、慢行交通流,而工业用地、公用设施用地、物流仓储等用地在道路沿线所产生的出入性机动车交通、慢行交通都要弱很多,在确定横断面改造方案时应区别对待。

2)干线公路横断面改造形式的适应性分析

根据干线公路的功能特性及其现状的技术条件,来分析干线公路适宜改造成的道路类型及横断面形式。

对通道型干线公路而言,其交通组成上既包含有长距离的过境交通,也包含沿线的短途交通,过境交通的组织要点是能够让其高速通过,而沿线交通的组织要点则是能保障进出方便。对于通道型干线公路横断面改造的基本出发点是分离过境交通和市内短途交通,分离快、慢交通,其适宜改造成的道路类型主要是主辅路形式的城市快速路。其中,当路基填土高度较高($H \geqslant 3$m)时,可采用主路路堤式、辅路分离式的断面形式;当路基填土高度不高($H < 3$m)时,采用主路高架式的断面形式。若能够通过城市路网的交通组织,将干线公路的过境交通从别的通道中分离出去,则通道型干线公路也能改造成城市交通性的主干道。

城际型干线公路的交通流主要由出入境交通和沿线短途交通组成,出入境交通的组织要求是能快速集散,避免集中而产生拥堵。城际线干线公路适宜改造成的道路类型主也是主辅路形式的城市快速路,通过主路来疏散出入境交通,辅路来组织沿线的短途进出交通。当路基填土高度较高($H \geqslant 3$m)时,可采用主路路堤式、辅路分离式的断面形式;当路基填土高度不高($H < 3$m)时,采用主辅路并行式的断面形式,以增强主路和辅路之间的联系,满足主路出入境交通沿线集散的要求。同样,若能通过城市路网的交通组织,将干线公路的出入境交通提前分离出去,城际型干线公路也能改造成交通性的主干道。

一般型干线公路由于交通总量不大,交通组成也没有通道型公路和城际型公路那样复杂,改造成城市道路的时候,主要是完成功能转变,在干线公路断面上增加慢行交通板块即可。适宜改造成的道路类型是城市交通性主干道和一般型主干道。

各类干线公路适宜改造成的道路类型及断面形式如表 9-11 所示。

干线公路适宜改造的道路类型及断面形式 表 9-11

道路类型		城市快速路	城市交通性主干路	城市一般性主干路
通道型干线公路	$H \geqslant 3$m	主辅路(主路路堤式)	×	×
	$H < 3$m	主辅路(主路高架式)	四块板、三块板	×
城际型干线公路	$H \geqslant 3$m	主辅路(主路路堤式)	×	×
	$H < 3$m	主辅路(并行式)	四块板、三块板	×
一般型干线公路		×	三块板、两块板	三块板、两块板

9.4.4 干线公路横断面改造技术要点

干线公路改造为城市道路,最根本的目标是要实现公路功能向城市道路功能的转变,而横断面作为实现道路功能的主要手段,是干线公路改造工程的重点。道路横断面的改造应该以功能改造为导向,用功能改造来指导横断面构造的改造,以构造改造来实现功能转换。

1)交通功能的改造

交通功能改造是干线公路功能改造的主要内容,在公路断面的基础上,要实现城市道路复杂的交通功能,需要在以下几个方面进行改造和处理。

(1)机动车道的调整

机动车道宽度的问题:我国的《公路工程技术标准》(JTG B01—2014)和《城市道路设计规范》(CJJ 37—2012)对机动车道宽度分别作了相应的规定。其中城市道路的车道宽度除了考虑车速外,还考虑了车型的组成。实际上,城市道路的基本车道宽度在规划的基础上还可以适当压缩,主要有两方面的原因。一方面,经过小汽车工业的迅速发展阶段,在我国城市道路机动车交通流车型构成中,60% ~70%的车流为小型车,大货车所占比例很低,仅有的大客车也主要是公交车、单位通勤车及长途客车。国内不少学者、规划设计人员提出细化机动车道(小车道、大车道、公交专用道或摩托车道),合理缩窄机动车道宽度的措施,这是节约城市道路资源,提高道路通行能力,贯彻实施公交优先政策的有效途径,具有较为现实的意义[151-153]。另一方面,城市主、次干路设计行车速度一般为30 ~60km/h,加上道路沿线出入口、公交停靠站、交叉口等的影响,实际行车速度往往大大低于设计车速,加之道路平整度及车辆性能已有较大改观,所以有条件减少车辆的安全距离,压缩机动车道和路缘带宽度。

对于干线公路改造成城市主、次干道,城市道路小车道宽度宜为3 ~3.25m,公交专用道宽度宜为3.5m,大车道宽度宜为3.75m;对于干线公路改造成快速路主线的情况,由于设计车速为80 ~100km/h,大型车及过境车所占比例比其他等级城市道路上要高出许多,故建议从安全角度考虑,仍按《城市道路设计规范》(CJJ 37—2012)中要求来选择车行道宽度。

机动车车道数的问题:由于城市道路交通量大,功能复杂,一般情况下要比公路需要更多的车道数以满足交通需求。车道数的增加,可以通过压缩基本车道宽度、路缘带宽度、中央分隔带宽度,以及利用硬路肩来实现。若车道数仍然不够,则只有通过加宽路基、路面来增加新的车道。

主辅路的设置问题:根据干线公路改造后在城市路网中的功能定位,若为快速路或者交通性主干道,一般情况下机动车道宜采用“主路 + 幅路”的设置形式。干线公路改造成城市道路主辅路断面的实现途径可分为两种情况:①干线公路路幅作为干线公路主线,在两侧或单侧增设辅道,主要适用于道路两侧用地限制不大的情况。辅道与主线的组合形式根据原公路的高程、地形情况综合确定。若原公路高程与两侧地块相差不大,地势也平坦,则优先选用主、辅路并行式的组合形式;若原干线公路高程两侧地块高出很多,或者沿道路横向地势起伏较大,则可设置分离式的辅道。②干线公路原路幅作为辅道,新建高架桥或者下穿隧道作为主线,主要适用于道路两侧用地紧张、拆迁量大的情况。

(2)公交优先的保障

公共交通的服务是体现城市基本职能的特征之一,是城市道路的重要功能。根据我国城市交通可持续发展的要求,公交优先已上升为一项基本国策,建立公交都市将成为我国大、中城市发展的必由之路。公交优先是在道路交通资源一定的条件下,给予公交车辆较多的道路交通资源。从长远角度来看,公交优先能够提高城市居民的生活出行效率,拉动和优化城市空间的合理布局，提高地面公共交通的服务水平和运营效率。

我国的公交线路一般分为地铁、高架轻轨、有轨电车、BRT、公交直达快车线、公交干线、公交支线、辅助公交线等类型。除地铁外，其余的公交线路都要布设在城市道路之上。干线公路改造为城市道路，要根据城市道路在公交网络中的地位，在横断面上进行相应的考虑和安排。一般来说，对布设高架轻轨的主干路，可利用中央分隔带建高架桥墩；对布设有轨电车、BRT以及公交直达快车线的快速路、主干路，公交专用道可布设于中央分隔带两侧，并利用中央分隔带设站；对布设有公交干线、公交支线的主干路、次干路，公交专用道可布设在外侧，并利用机非分隔带或设施带设站[154]。

(3)慢行板块的添加

公路改造中，需要根据两侧的土地利用特性、交通需求特性增设非机动车道单元和人行道单元，构成城市道路的慢行板块，供非机动车、行人等慢行群体使用。公路断面在郊区路段，为解决混合交通的问题，往往在机动车道外侧增设简易的慢行板块。作为城市道路标准的慢行板块布置形式主要有三种：①独立式，非机动车、行人行驶空间独立，非机动车道、人行道及其与机动车道之间均采用物理隔离，适用于道路等级高，行人、非机动车流量大的路段；②人非共板式，适用于非机动车较少或需要限制非机动车的干道；③机非共板式，适用于等级不高、车速低及非机动车流量小的道路。

非机动车道与人行道宽度的设置，需要从两个方面予以考虑：①根据道路的功能、等级，道路两侧的土地利用性质，慢行交通的发生吸引强度，按《城市道路工程设计规范》(CJJ 37—2012)选用合适的非机动车道宽度和人行道宽度。②按工程管线布置要求计算非机动车道和人行道的宽度。为实现城市道路的工程管线走廊的功能，城市生活中的各类市政管线，往往都要布置在非机动车道和人行道下面，以减少机动车长期车辆荷载对管线可能造成的破坏，也便于检修。《城市工程管线综合规划规范》(GB 50289—2016)规定了各类管线之间的安全间距，需要根据管线的类别及其最小间距要求来计算非机动车道和人行道的最小设置宽度。

(4)中央分隔带的利用

若干线公路改造为快速路或交通性主干道，需保留中央分隔带构造，以发挥其分隔对向快速交通的作用。对于交通性主干道，还可以利用中央分隔带宽度进行交叉口进口拓宽、掉头车道、行人过街安全岛等设置，此时往往需要将中央分隔带加宽至5～8m。若需要利用中央分隔带布设轻轨交通的桥墩，或者布设BRT车站，则需要将其加宽至10m左右。

若干线公路改造为城市生活性主干道或次干道，可以压缩甚至取消中央分隔带的设置，用隔离栅栏代替，或者设置双黄线。压缩出来的宽度可以用于增加机动车道的数量。

2)城市功能的改造

干线公路转换为城市道路，要实现城市道路的城市功能，需要进行两个方面的改造工作：工程管线及市政设施的布设、道路高程的处理。

干线公路上一般没有管线设施，而城市道路是承担各类市政公用设施的重要载体，包括给水、雨水、污水、电力、通信、燃气、热力、照明、绿化等管(杆)线均需要依托城市道路布设，这些管线是维护城市日常运转、满足人们基本生活需要的保障[155]。这些管线一般均布设在非机

动车道或人行道地面以下的空间，其中检修频次低、受力性能好的雨水、污水管道常布设在两侧非机动车道下面，其余的管线一般布设在两侧的人行道、设施带下面。

城市道路地面以上空间还需要考虑公交港湾式停靠站、交通标志、路灯、路边停车带、变配电箱、电信交换箱、广告牌、街具等市政公共设施的布设，一般是在人行道内侧设置2～4m的设施带来提供这些设施布设的空间。

实现城市功能的另一个方面是道路的高差问题。解决道路高差的有效方法主要是设置分离式的路基。对于两侧需要增设辅道、慢行板块的道路，可设置主、辅路分离式的断面形式，将辅路和慢行板块的高程降到与地块高程一致的水平，地块交通直接和辅路、慢行板块联系，通过辅路和主路之间的联系匝道进出主路。对于两侧仅需增加慢行板块的道路，可设置坡向外侧倾斜的侧分带来调整高程，让非机动车、人行道的高程接近地块高程。

3）景观功能的改造

道路景观绿化是城市道路的一个重要组成部分，具有改善道路环境、净化空气、消减噪声、提高安全交通性、有利布设工程管线等功能。影响城市道路景观设计风格的主要因素是道路两侧的用地性质。道路周边用地性质决定了其两侧的建筑界面，直接影响到道路景观的整体风貌和景观内涵，从而决定了道路的使用人群。而道路的主要使用人群又决定了道路的景观是“外向”的视觉形象性景观，还是“内聚”的生活性景观。除了道路周边用地性质以外，道路的功能也是影响道路景观定位的重要因素。

《城市道路绿化规划与设计规范》（CJJ 75—1997）规定，不同红线宽度的道路应达到相应的绿地率，即“红线宽度大于50m的道路绿地率不得小于30%；红线宽度为40～50m的道路绿地率不得小于25%；红线宽度小于40m的道路绿地率不得小于20%”。道路绿化景观带的设置，一方面是结合中央分隔带、侧分带、设施带等构造，在其范围内营造与城市建筑景观相呼应、地缘环境相适应的道路景观；另一方面，结合道路红线规划和用地规划，可以设置单独的绿化景观带。

9.5　本章小结

本章首先分析了衔接道路横断面规划设计的特点和要求，然后从规划、设计、运行、使用管理“四位一体”的角度提出了衔接道路横断面设计的指标体系，从而将衔接道路的横断面归纳为四种典型的形式，并指出了其适用条件。在分析影响衔接道路主辅路断面组合形式因素的基础上，构建了主辅路断面组合形式测度的指标体系，并提出了基于Vague集的主辅路断面组合形式综合测度模型，并以南京绕城公路城市化改造主辅路断面形式的方案比选为算例，阐述了模型的分析步骤。分析了干线公路城市化改造的意义，探讨了公路和城市道路服务对象、功能及断面构造上的差异。在剖析干线公路断面城市化改造方案影响因素的基础上，分析了通道型干线公路、城际型干线公路及一般型干线公路断面城市化改造方案的适应性。最后，提出了以功能改造为导向的干线公路城市化断面改造思路，并从交通功能改造、城市功能改造、景观功能改造等方面提出了断面改造的技术要点。

第 10 章
高速公路与城市道路衔接交通语言系统设计

10.1 高速公路与城市道路衔接区域综述

10.1.1 衔接区域概念

高速公路与城市道路衔接的直观形式是衔接道路,工程实践中称其为连接线,有学者称其为联络线,认为“大城市或特大城市过境高速公路中每一条至少有 1 ~ 2 条联络线,中小城市一般有 1 ~ 2 条联络线,应保持其快速、便捷和通畅,并将其纳入城市道路交通系统的综合规划中”[156]。

徐文学[157]和刘进明[158]等人对衔接线做出了如下的定义:连接高速公路与城市对外交通干道,为城市承担出入境和少量过境交通的道路。在形态上表现为放射状,与城市的环路一起构成城市对外交通网络,是连接城市交通与区域交通的桥梁,也是城市交通系统的有机组成部分。

本书对衔接区域作出界定:衔接区域是区域城镇体系里兼有城市道路和高速公路用地特征的过渡地带。为城市承担出入境交通和少量过境交通,是城市与外界进行物质流、能量流、信息流的交换通道,是连接城市交通与区域交通的桥梁,同时兼具高速公路与城市道路的部分交通功能是城市交通体系的重要组成部分。

定量地讲:衔接区域由三部分组成,第一部分是以高速公路连接线与快速路平面交叉口或减速车道的渐变段起点作为基准点,距基准点前 2km 处开始到基准点的高速公路区域;第二部分是快速路区域,一般大城市指环城高速公路;第三部分是指临近高速公路或城市快速路入口前三个主要路口处开始的城市道路区域。

10.1.2 衔接区域功能

衔接区域的道路不仅负担了一部分公路性质的长途客货运输,还负担了城市与郊区、卫星城镇之间的短途客货运输,即衔接区域同时通行地方车辆和过境车辆。

高速公路上的连续车流转换到城市道路上的间断车流,必须要有一个过渡过程,而这个过渡则要通过衔接区域来实现。因此,衔接区域对城市的出入交通起着十分重要的作用,它的节点设置的合理与否也决定了高速公路与城市道路的过渡好坏。而且,城市对外交通和内部交通能否互不干扰,它扮演了关键性的角色。

从图 10-1 中可以看出,衔接区域作为高速公路与城市干道之间的过渡区域,负责车流的集结和疏散,它除了将城市内部的对外交通汇集到出入口,还可以把从高速公路中分流出来的

交通流经过衔接区域到城市道路进行疏散,在城市道路和高速公路之间起到协调作用。

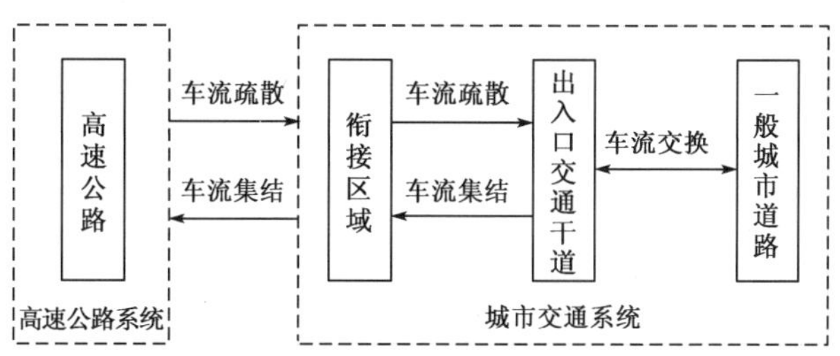

图 10-1 衔接区域的功能定位

为了保证车辆的过渡井然有序,衔接区域应该具有良好的可达性,具有以下几个功能:

(1)满足过境交通的要求

过境交通由两种形式组成,一是城市外围绕行的交通;二是直接穿过市区的交通。绕行的交通主要是通过衔接区域汇入其他国道或是公路,到达另一个城市。而从市区内穿过的交通则通过转到城市主干路,汇入城市的道路网络系统中。衔接区域要满足过境交通的需求,防止它与内部交通产生冲突。

(2)高效集散出入境交通

作为城市对外交流的主要通道,其主要的功能就是集散出入境交通。即高效的对外交通进行集中和疏散。所以对衔接区域进行布局的时候,要兼顾技术因素和出入境效率。

(3)合理引导城市的发展

衔接区域处在城市的扩展区域的延伸轴线上,它的合理布局能够引导周围土地的开发利用,并带动城市的建设发展。

10.1.3 衔接区域的交通流特性

衔接区域的道路作为高速公路与城市道路的连接通道,故它具有高速公路和城市道路的双重交通特性。概括起来,主要有以下几个方面。

(1)交通流的组成特性

在高速公路和城市道路的衔接区域,主要汇集有三种交通流:城市内交通、出入境交通和过境交通。

城市内交通是指出行的起讫点都是在城市内部区域,它的路网属于城市道路网络,也有些大城市在周边有卫星城或城市组团,为了加强主城和副城、卫星城之间的联系,主城与这些外围功能区的交通联系有时要借助高速公路等干线公路。如此一来,便会导致城市内的路网载体由简单的城市道路扩展到了过境高速公路以及市郊高速公路干线。

出入境交通就是指城市的对外交通,是城市和城市间、城市和镇村间的联系交通。它主要是靠高快速路和干道之间的转换,完成交通的出入。城市规模越大,出入境交通流就越小。

城市过境交通是出行的起讫点均不是该城市范围内的交通。通常情况下,过境交通流则和城市规模成反比。即城市规模越大,其过境交通流反而越小。原则上城市的过境交通通常以环路加交通管制绕城而行,不能从市中心穿过。如若穿过城市内部,也宜采用地下或高架道路的形式。

(2)交通流的组织特性

由于三种交通流路网载体不同,故其交通流组织也不同。

出入境交通流和一部分城市内部的交通流汇集到城市出入通道,然后通过城市干路合流到衔接区域,即在衔接区域上汇集有不同的两种交通流。其中,出入境交通流经过衔接区域转向高速公路,融入高速公路交通流中;而另外部分的城市内部交通流则通过衔接区域向城郊干线路网分流。

(3)交通流的集散特性

交通网络的功能可以分通过性和集散性两种。通常城市道路和高速公路主要承担着通过性这个功能。但是当一个城市的吸引力和辐射力较强时,它会集聚大量的客货流到城市,并进行疏散,而这个集聚和扩散的过程则是由衔接区域的路网来承担。

(4)交通流的纵向变化特性

衔接区域的道路交通量的大小与距离城市的距离成反比关系。衔接区域离城市越远的一端,它的交通量越少,而且降幅较大。郑祖武根据大量实地观测数据,提出以下交通量纵向分布的数学公式[159]:

$$N_x = N_0 \cdot e^{x(\alpha+\beta x)} \tag{10-1}$$

式中:x——衔接区域近城端的距离;

N_0——衔接区域近城端的交通量;

N_x——衔接线距离近城端公里处的交通量;

α、β——交通量的纵向分布参数,可从三个以上断面交通量观测值和回归分析的方法求得。

计算公式如下:

若衔接区域近城端的距离 x 与衔接线距离近城端公里处的交通量 $\hat{N}_x$ 满足一元回归模型:

$$\hat{N}_x = \alpha + \beta x$$

其中 α,β 为回归系数,则根据最小二乘法可求得 α,β 的值,计算公式为:

$$\alpha = \overline{N}_x - \beta \bar{x} \tag{10-2}$$

$$\beta = \frac{\sum_{i=1}^{n} x_i N_{xi} - \bar{x} \sum_{i=1}^{n} N_{xi}}{\sum_{i=1}^{n} x_i^2 - \bar{x} \sum_{i=1}^{n} x_i} \tag{10-3}$$

其中,$\overline{N}_x = \frac{1}{n}\sum_{i=1}^{n} N_{xi}$,$\bar{x} = \frac{1}{n}\sum_{i=1}^{n} x_i$。

(5)交通量的方向不均衡特性

在衔接区域的双向交通,表现出来就是进城和出城两种,在高速公路或是城市道路中,双向交通的不均衡系数小于55.5%,差别不是很大。但是衔接区域的交通量则存在较大的差别,这是因为进城和出城的高峰时间不一致,从而导致双向交通不均衡系数过大。

10.2　驾驶员对指路标志信息的需求特性分析

指路标志系统的设置,很大程度上来说是由出行者对指路标志信息的需求决定的。而对衔接区域的整个路网系统来说,它受三个特征因素的影响,分别是路网层次布局、交通流状况、土地利用布局。

10.2.1　不同路网层次条件下对标志信息的需求特性

衔接区域的路网层次主要由高速公路层、快速路层、干道层以及部分集散道路层所组成,下面就这几个层次展开具体的分析:

(1)高速公路、快速路层

高速公路和快速路主要起着集散交通的作用,主要扮演了承担部分过境交通和出入境交通的角色,同时对城市内部交通流的均衡也有一定的作用。当然,驾驶员由于出行目的的不同,对信息的需求也有差异化。对有出入境需求的出行者而言,目的是准确地到达城区的目的地,想通过信息的获取选择正确的节点进入干道。对于过境交通而言,希望获取的是连续性的过境信息。

(2)干道层

干道层属于城区道路,它对城区与外围组团、组团和组团之间的快速通过有着重要的意义。干道上车流量较大,车速较快,驾驶员行驶的时候都期望可以较快捷、方便地通过,对该干道层的指路信息需求包括两个方面:首先,希望获得干道上连续的指路标志信息,引导驾驶员通过最优路径到达期望的城市区域内目的地,也包括出城通道。其次,出行者出于对交通情况,尤其是拥堵情况了解的需求,希望获得干道上的可变交通信息,以方便驾驶员采取最短的绕行路径,从而避免交通拥堵的加剧和行驶时间的浪费。

(3)集散道路层

对于高速公路与城市道路的衔接区域而言,是指部分靠近城市出入口的集散道路。集散道路可以快速地完成干道与地方性道路之间的转换,驾驶员想通过获取其他干道和集散道路的信息,方便对周围的交通流状况做出预估,进而选择合适的行驶路径。同时,也希望能够从指路标志信息中获得所能够到达的一些城市小区域,从而合理地选择转入地方性道路的节点,进而达到分散地方性道路交通压力的目的,如表10-1所示。

不同路网层次道路的交通信息需求　　表10-1

道路类型	高速公路、快速路	干　道	集散道路
指路信息拟达到的目标	合理地诱导长距离的交通流,实现区域之间的快速交通通行	对大区域范围内的交通流进行有效的分流和合流,保证干道快速、畅通运行	对地方性道路与干道之间的交通流进行有效的合流与疏散,达到均衡路网交通流的目的
信息需求	快速连接的过境高速以及干道的交通状况;各节点所能到达的远、近目的地名称和里程等	干道上节点所连接的快速路及其他干道和部分集散道路的名称、交通状况、重要地点的名称和里程	所连接的干道和地方性道路的交通状况、重要地点的名称和里程

10.2.2 不同交通流条件下对标志信息的需求特性

将该区域的交通流划分为6类，交通流特性不同，驾驶员对标志信息的需求也表现出较明显的差异性。具体如表10-2所示。

各类型交通流需求信息一览表 表10-2

交通流类型	内　　容	指路信息拟达到的目标	信息需求
1类	内环路所围区域内交通流	针对各区域路网分布特点，诱导车辆充分利用区域内道路，少走弯路	区域内主要道路交通状况
2类	内环路内区域与内、外环之间区域联系的交通流	诱导车流不要过度集中于连接两区域的干道，避免造成局部性拥堵	两区域内主要道路交通状况
3类	外环、绕城高速公路以外区域与内环所围区域之间联系的交通流	诱导车流从多个入口进入市区，不要集中在某个出入口	相关区域内主要道路交通状况
4类	内、外环所围区域间的交通流	诱导车流不经过市中心，尽量利用城市外围区域的道路	城市外围相关道路交通状况，市中心主要交通状况
5类	外环、绕城高速公路以外区域与内、外环所围区域之间联系的交通流	诱导车流合理利用外环、绕城高速路出入口	外环、绕城高速公路以及干道交通情况
6类	指外环、绕城高速公路外不经过城市区域内的过境交通流	使驾驶员熟悉外环、绕城高速周边道路交通状况	外环、绕城高速公路以及过境高速公路交通状况

10.2.3 不同土地利用布局条件下对标志信息的需求特性

经济快速发展伴随着城市化进程的不断提高，城市在积极向外拓展的过程中，出现了以老城区为中心的卫星城或是都市圈的组团格局。而这样的城市组团带来了一种新的现代化城市交通体系：城市的内部交通、外围交通环及放射线道路相结合，环线和放射线道路两侧的用地迅猛地发展。但大多数现代城市的布局依旧以中心区作为核心区域，沿着交通主干道方向发展。城市用地大致可以分为以下三种主要的类型：

(1)城市核心区

此类区域的道路网络密度高，土地利用开发程度大，交通流量大且密度较高，表现出较为拥挤的城市交通。对该区域指路标志信息应该以合理诱导交通流，均衡城市路网，减少大面积拥堵的产生为主要目标。它的指路信息既要指向城市内部的主要区域或是重要目的地，也包括组团之间。同时，对它的交通组织还应辅以部分指示和禁令标志。缓解市区内部，尤其是市中心的交通压力。

(2)城市轴向辐射区

此类区域的道路网络结构较为完善，交通流呈现出较为明显的时间和空间上的“潮汐”特征，它的土地利用随着干道的流向，在两侧发展起来。该区域道路上的交通流以中长距离的运输为主，它的指路信息则是为快速服务的、主要指向市中心重要区域和外围的组团区域。

(3)城市外围联系区

该区域交通流较为复杂,呈客货混行状态,呈现出沿高快路系统环状发展的布局特点。该区域和外环的快速路之间存在较多的连接点。它的指路信息更多的是指引道路交通更好地完成出入境的功能,总结如表10-3所示。

不同用地类型的交通信息需求　　表10-3

用地类型	城市核心区	城市轴向发展区	城市外围联系区
土地布局	高度密集	沿交通线两侧发展	沿高速路环状发展
交通特征	拥挤	“潮汐”交通	快速、畅通
指路信息拟达到的目标	合理诱导交通流,避免中心区交通压力过大,保证中心区与外围组团有效衔接	合理诱导城市外围组团交通流,实现外围组团区域快速交通	合理诱导出入城交通流,实现绕城和过境交通流快速畅通
信息需求	市区主要地名、区域名称,市区与外围组团连接的干道、集散道路的名称及交通状况	连接内外区域的干道、集散道路名称及交通状况、区域名称及里程	市内区域、外围环状快速道路周边区域、过境高速公路通往外省、市区域名称及里程、各连接道路名称及交通状况

10.3　衔接区域指路标志分级设置

10.3.1　指路标志设置的基本原则

(1)指路信息服务对象原则

指路标志设计的使用对象主要是陌生的驾驶员,既不是熟悉路况者,也不是普通行人。在设计过程中应首先考虑陌生驾驶员的需要,做到通过沿途指路标志的信息能够使陌生驾驶员在标志的指引下顺利到达目的地。

(2)四大指路信息和重要性排序

①公路指路标志具有四大指路信息,按照其在指路标志设置中的重要性排序如下:道路路线名;方向;地点名;距离。其中,必须强调的是“道路路线名”始终是驾驶员最为关心和重要的信息,排在首位。

②以路线名为主,地点名为辅的原则。指路标志的主要作用是引导陌生驾驶员顺利到达目的地;在指路标志板上,路线名始终是首要的,其次才是地点名,尤其是在路网复杂的情况下。

③指路标志中方向信息的特殊重要性。因为当驾驶员已经选择进入某条线路之后,最关心的是要进入这条线路的正确方向。在线路走向的方向性十分清楚的情况下,这种岔道口的指路最为重要和简便的方法是指出线路名和方向,地点名甚至可以省略。

④信息的可视性和可读性原则。指路标志信息的可视性是指交通标志内容是否可以在正常行驶速度下看清,标识信息的字体尺寸是否可视正确。在标志信息可视条件下,应确保驾驶员在规定的速度下,能够在相当远的一个距离处识别字体和信息内容。

标志的可读性是指驾驶员在正常行驶速度下,在有限的时间内,能够读懂和理解标志板面中所有重要内容。由于在驾驶过程中,驾驶员能够看见并且理解的信息量是有限的。理论证明,一般情况下驾驶员在公路交通行驶环境下最多能够看清 6 ~ 8 个信息。交通标志显示的信息量不可过载。

⑤信息的统一性、连续性和重复性原则。信息统一性是指重要的相同信息在前后不同标志板面上重复出现时,应保持信息一致。信息连续性是指在指路引导过程中信息必须是连续不间断的,决不能在一个连续提供的重要信息之间因穿插其他信息而遗漏信息。信息的重复性指重要指路信息的重复显现,比如路线名、重要地点名等信息,应该在到达该线路或地点之前重复提示至少 2 ~ 4 次。

10.3.2 指路标志分级设置的范围

一般情况下,城市道路与高速公路衔接信息的设置范围如下:

(1)在城市市区内的高速公路或快速路与出城的高速公路有直接连接的情况下,出城衔接高速公路的指路信息设置范围原则上是在市区高速公路(包括高架、环城高速)和快速路上“全线”设置的,它们主要通过地点距离标志显示所有与出城高速公路的衔接信息。

(2)城市主干路、次干路与出城高速公路有直接连接情况时,出城衔接高速公路的指路信息设置起始范围是从干路接近城市中心的某个重要交叉口(高速公路入口到信息起始点的参考距离为 5 ~ 10km)开始设置,并且可以采用交叉口指路标志前方控制性地点名为高速公路名称的形式,或者沿途用路边高速公路名小标志连续显示高速公路的衔接信息。

(3)城市中心区域的重要交叉口,在有条件的情况下,可以通过路边小标志或交叉口指路标志(与高速公路有直接连接的情况)显示与出城高速公路衔接信息,这些衔接信息可以是指向与高速公路有连接的城市主干路、快速路或城区高速公路。

10.3.3 指路标志分级设置步骤

衔接区域具有较为明显的集散性交通功能,该区域的指路标志系统的设置思路基本上采取以“面—线—点”的渐进模式来展开。从“面”上来说,就是从考虑整个衔接区域路网的交通流量和流向特征出发,在高速公路或是城区内部的重要节点设置相应的指路标志,在大范围内对交通流进行合理的分流和控制,以达到均衡整个路网的效果。从“线”上来说,就是对区域路网中的各条道路上的标志进行系统完整的完善,使之有完备的连续性,做到相交连接,在指路标志的指引下形成一条完整连续的行驶路线。从“点”上来说,就是讲指路标志的设置落实到各个局部区域的重要节点上,高速公路的匝道入口、城区内部的交叉口等,完善整个路网的连续贯通。

基于层次性的要求,根据路网内不同的道路层的不同功能,对指路标志的重要节点进行划分;然后,根据组成节点的道路的交通特征和交通流走向,确定每一个节点处指路标志的信息的合理选取。最后根据节点的层次划分进行具体的指路标志的设置。

为了更好地对衔接区域的指路系统进行设置,按照路网功能的不同将指路系统的节点划分成三类,分别为一级节点、二级节点、三级节点。其中一级节点指的是过境高速公路和城市快速路组成的交叉口;二级节点是指城市快速路与城市干道组成的城区出入口;三级节点指的是靠近衔接区域的干道与干道以及干道与集散道路道组成的立交或平面的信号交叉口。

1)一级节点标志的设置

一级节点是由过境高速公路和城市快速路衔接而成的,交通特点是车辆以过境车辆为主,无非动车和行人,行驶速度快;呈现封闭行驶状态的连续车流,道路通行能力强,服务水平高,不易发生拥堵现象。一级节点虽然离城市中心距离较大,但是它对中心区的交通流控制有着直接的影响。从交通组织方面来看,它们对城市的整体交通管制有着重要的作用,同时也是城市内外交通流分流和合流的主要控制点,这些节点的指路标志的合理设置可以使车辆快速安全地出入城区。

城市尤其是大城市的快速路主要由绕城公路组成,标志设置时应该从整体布局考虑,先对全段线路按方向分段,然后按照驾驶行进的方向,用阿拉伯数字依次编号,一个互通作为一个节点,采用一个编号。

(1)信息的选取

互通式立交是该类节点的主要呈现形式,节点处的指路标志信息是下一个相邻的同级,即一级节点。这类节点的信息选取分为两种情况:第一种是由过境高速公路进入快速路,在匝道处的指路标志信息也应该传递出驾驶员在快速路所处的位置和方向。依照就近原则,标志信息应指出最近的快速路所连接的城市重要区域或是代表性建筑。以便于出行者可以快速正确地选择快速路的出口来进入相应的城区干道。第二种是由快速路进入过境高速公路,这时应该在匝道处指出所连接的高速公路的名称,以及经过该高速公路所能到达的其他高速公路、国道、省道的名称或者所能到达的周边相邻区县、城市、著名地点的名称和里程。

(2)指路标志的设置

主要考虑的是匝道处的标志设置,通过标志的设置实现以下四个功能:

①在匝道出口上游一定距离(500m 处)设置预告标志,给出各个车行道通向的目的地名称,使得驾驶员能根据其出行目的地选择适当的车行道行驶,并准备改变相应的驾驶动作行为。

②在匝道出口前 200m 处,再次给出预告指路标志,给出匝道下游的路线信息及主线通往目的地名称及里程,使得驾驶员再次确定行车路线。

③在匝道处设置指路标志,提供与匝道出口或相交的各条路线通往地点的相关信息,设置在匝道起点处三角形渠化带附近,使得驾驶员能预见下游复杂的道路线形。

④在匝道出口出设置确认指路标志,提供确认信息,使驾驶员确定其选择的路线是否正确。设置在出口匝道下游的道路上,距出口匝道起点一定距离处。

2)二级节点标志的设置

按照节点划分的标准,可知二级节点是由城市快速路与城市干道组成的交叉路口。组成二级节点的道路交通特点是交通组成复杂,车辆种类繁多,客货混行现象较为严重,非机动车辆和行人较少;随着与城市干道之间距离的越短,交通量越多,而且交通的干扰因素也不断增加,车辆行驶的速度开始下降,连续车流渐渐变成间断流,信号控制增多,拥堵和延误现象开始出现。从交通组织方面来看,这些节点起到了均衡城市内部的交通流和高效快速地进出城的作用。

(1)信息的选取

这类节点通常呈现出以互通式立交为主的形式。其信息的选取也分为两种情况:第一种是指经由快速路转入城市干道入城的车辆,驾驶员在节点进行路径选择的时候遵循的是就近入城的原则,从分岔点进入干道公路时必须指明。因此,在进入干道前就标明所处的快速路的方位,例如快速路西段、北段等,在出口预告标志上标有主要道路、火车站、著名旅游景区等标志性建筑的名称,以防给驾驶员员带来绕行的不便。第二种情况是车辆由市区内的干道驶向城市周边的快速路,按照就近原则,在市区行驶的车辆在指路标志信息的引导下快速驶入匝道口,也起到了缓解市区交通压力的作用。这时指路标志的信息不仅包括快速路节点编号和方位,还有前方的出境高速公路以及省道名称。

(2)指路标志的设置

除了信息选取的不同外,匝道处标志的设置同上。

3)三级节点标志的设置

按照节点划分的标准,三级节点指的是由靠近城市出入口的干道与干道、干道与集散道路以及集散道路与集散道路组成的交叉路口,基本上都布设有信号控制和城区指路标志。组成三级节点的道路作为城市的主要交通通道,交通流密度高,包含有大量的非机动车和行人,上下班高峰容易出现大面积的拥堵和延误现象;车辆的行驶速度降低,车流呈现为明显的间断流。经过这些节点交通流可以快速高效地到达市内的目的地,同时市区内的车辆也可以快速地驶入二级节点,进而达到出城的目的。具体来说,这类节点分为以下两类:

(1)干道与干道交叉构成的三级节点指路标志设置

①信息的选取。信号交叉口、立交桥是这类节点的主要形式,对这类信息的选取,主要是从区域的大范围角度来考虑交通的连续性和畅通性问题。这类节点的布设主要是基于干道与干道组成的交叉口的指向,它跨过一些地方性道路组成的更小的节点,依次指向周围的同类节点的干道信息。如果小范围内有二级节点交叉口的存在,则它的指路标志中也要标出二级节点。极少数情况下指出过境高速公路与快速路交叉构成的一级节点,方便出城车辆的驾驶员选择合理的节点出境。

②指路标志的设置。如图 10-2 所示,在横向或者是纵向的三级节点中间,存在着许多更小的交通节点。根据前文的要求,三级节点信息的选取是跨越中间的更小的节点,而直接指向下一个三级节点。基于横向右侧的远方能够到达二级节点,还要附加上该二级节点的信息。

(2)干道与集散道路、集散道路与集散道路交叉构成的三级节点指路标志设置

①信息的选取。这部分的交通流主要是由于交通管制而分流出来的,讨论的是衔接区域内的指路标志的设置情况,这里的交叉口节点是指靠近城市出入口的部分节点。它们对均衡城市内部路网的交通流起到十分关键的作用。其指路标志的指向由道路实际的交通流量决定,内容包括组成下个节点道路名称、节点相邻的道路等,最终目的是保证指路信息的连续性。在出城时,为了方便驾驶员更好地选择行驶路径,可以附加部分二级节点。

②指路标志的设置。由干道与集散道路、集散道路之间交叉构成的三级节点指路标志指向如图 10-3 所示,三级节点 A 和 B,其横向和纵向直接指向下一个此类节点,同时,因为 A 点

和 B 点的横向右侧以及 B 的纵向前方可以到达相隔的干道,所以附加上该干道的名称。

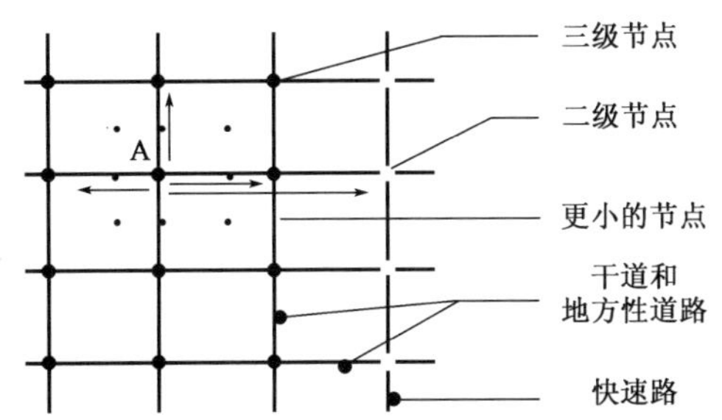

图 10-2 由干道与干道交叉构成的三级节点的指路标志指向

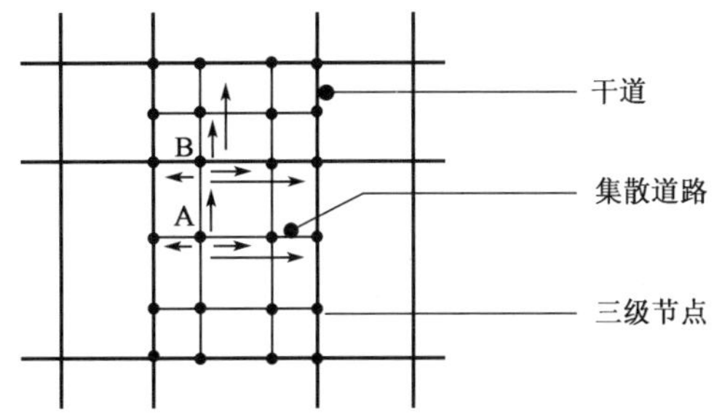

图 10-3 三级节点指路标志指向图

节点划分具有层次性,同时每一层次的节点处的指路标志要传达的信息也有明显的不同。对高快路而言,它从城市大范围的角度对交通流进行分区域的引导,在保证指路标志保持连续性的同时,也对城市周边的相邻城镇做出了指示信息,以方便过境交通实现转换,标志的设置使得城市外围的交通流得以畅通和连续。对干道而言,它保证城市内主要道路之间的交通标志指路信息形成较为完整连续的指引信息,从而满足城市内部较为连续的交通流的需要,同时也完成干道与快速路之间的转换功能,实现两个节点层之间的交通流顺畅的要求。对集散性道路而言,指路标志的设置从更小范围内满足了交通流的通达性,与外围车流有机结合,使路网交通流形成连贯的统一整体,保证了整个路网交通流从城市外围到内部任一小区域的流通与顺畅。

10.4 指路标志设计参数计算

10.4.1 指路标志前置距离的确定

指路标志的前置距离,即指路标志设置的位置,它的合理程度对指路标志效果的发挥有很大的作用。按照心理学的认知角度来说,因为人的记忆分为感觉记忆、短时记忆和长时记忆,而对指路标志的认知主要是短时记忆的功能,所以这就限制了驾驶员对指路标志记忆的时间。如果前置距离过长,那么驾驶员有可能在还没有到达改变驾驶行为的节点的时候,对之前指路标志信息的记忆就已经模糊,从而无法判断驾驶行为而错过匝道进出口,进而无法准确或是及时地到达目的地。如果指路标志的前置距离过短,那么驾驶员在解读理解完指路标志信息的内容后,可能导致没有充分的时间采取相应的改变驾驶行为措施,那么也就失去了设置指路标志的意义,甚至还会造成追尾等交通事故。目前,我国的很多城市的衔接区域的指路标志前置距离的设置没有明确的技术标准。

下面来构建车辆行驶模型和驾驶员对标志的认知模型,分析计算相关的参数,如图 10-4 所示。

在图 10-4 中,F 代表的是行驶过程中驾驶员看到的指路标志,G 点表示交叉口停车线的位置,即需要作出路线选择的节点,在衔接区域表现出来的就是三个级别的节点位置。从图中可以看出,驾驶员在行驶到 A 点的时候,注意到了标志,但是无法辨清标志的形状、内容、颜色等;达到 B 点的位置的时候,驾驶员能够清楚地识别标志,接收标志给予的道路空间信息;驾驶到 C 点时,对标志已经完整地识读完毕,而 BC 这个过程也成为认读过程,在这个过程中产生的距离记为 R;认读过程结束之后,大脑开始对输入的指路信息与记忆中的认知地图进行拟合,分析处理后再对手脚发布相应的指令动作,到达 E 点的时候驾驶员就根据指令作出相应的动作准备,例如换道、减速或是改变方向转向等。而在这个驾驶过程中,因为标志牌的高度、距离以及人的视野和视角的限制,标志牌已经消失在驾驶员的视力范围之内,将 CE 这段过程称为反应时间。等车辆驾驶到 G 点的位置的时候,驾驶员已经完成了整个动作,从 E 到 G 点的这个距离,称之为行动距离,记为 L。

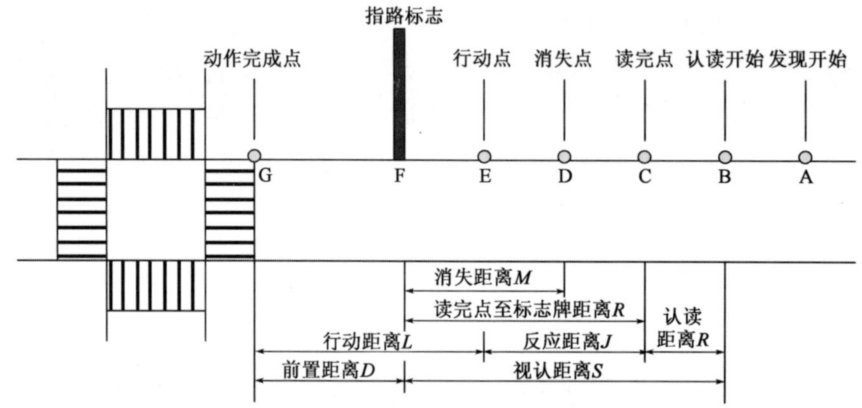

图 10-4　驾驶员行驶模型示意图和对标志的认知模型图

在这个过程中,从驾驶员对指路标志开始认读的 B 点到标志牌的位置 F 点的距离,记为 S,表示视认距离;从标志消失的 D 点到标志牌 F 点的距离,记为 M,表示消失距离。如果消失距离大于认读距离,就表示驾驶员没有足够的时间认读完指路标志。也就是说驾驶员在接下来不能完成变换车道、转变方向和减速停车等行为。如果要有合理的路线选择时间,这个过程中的行动距离 L 就要满足式(10-4)和式(10-5):

$$L = R + D - J \geqslant (n-1)L_1 + \frac{V_1^2 - V_2^2}{254(\phi + \varphi)} \tag{10-4}$$

$$R \geqslant M = \frac{H - H_0}{\tan\alpha} \tag{10-5}$$

式中: n——车道数;

L_1——变化一个车道所需的距离(m);

V_1——认读标志时的车辆行驶速度(km/h),也可采用 85% 位车速,或者所在道路的限制速度。

V_2——采取行动后的速度(km/h);

ϕ——道路阻力系数($\phi = f + i$),其中 f 为滚动阻力系数,i 为道路纵坡度;

$\frac{V_1^2 - V_2^2}{254(\phi + \varphi)}$——减速(停车或改变方向)所必需的距离(m);

J——反应距离(m);

H——标识上边缘离地的高度(m);

H_0——驾驶员的视线高,取1.2m;

α——消失点与路侧标志上边缘的仰角。

下面对式(10-4)和式(10-5)中的各种位置参数的计算方法进行介绍:

(1)L_1 的计算

汽车变换车道要兼顾很多因素,包括车速、车流密度、车道数以及道路条件。本书在计算变换车道的最短距离时,只是考虑了部分必要的影响因素。在道路中变换车道时,要超越邻车道的汽车,然后行驶到邻车道上。变换车道的过程和超车过程极其相似,所以在模型计算中可以采用超车试验结果来计算。汽车超车过程如图10-5所示。

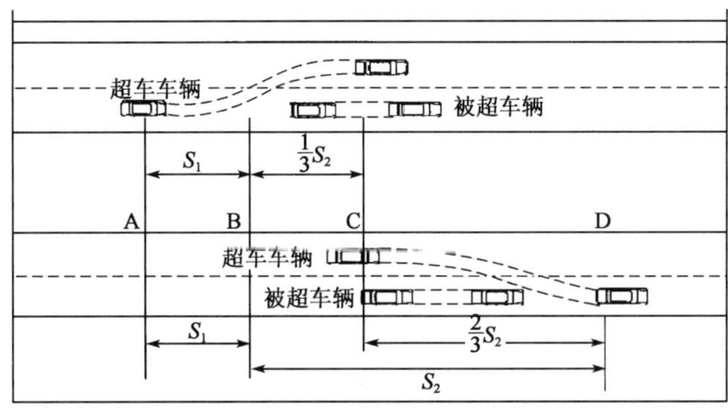

图10-5　汽车超车过程图

汽车以 V_0 的速度在道路上行驶,当它到达A点的时候开始做超车的加速度准备,等它行驶到B点的时候,行驶速度已经增加到 V_1,然后保持 V_1 的速度,换车道在和被超车相邻的车道上匀速地行驶,等到了C点和被超车拉开一定的距离后,它又返回到了原来的车道D点上,再返回正常的车速,这就是一个完整的超车过程。在这个过程中,超车距离指的就是从B点到D点的距离,这段时间有9.3~10.4s。而C点作为一个中间点,BC段的行驶时间约占其中的1/3,CD段约占2/3。其中C点到D点的行驶过程非常接近于汽车的变换道的行驶过程,可以用这个理论来计算 L_1,即变换一个车道所需要的距离。由上分析可知变换一次车道需要6.2~6.9s的时间,把这个时间记为记为 t_2,那么:

$$L_1 = \frac{V_1}{3.6} \cdot t_2 \tag{10-6}$$

(2)关于 f 与 φ 的取值问题

轮胎与路面的变形,导致车轮在路面滚动的时候存在一定的阻力。f 作为滚动阻力系数,它和路面的类型、车辆的行驶速度以及轮胎的材质结构等因素有关。当然,当轮胎的类型和车速的范围较为固定的时候,它就只是常数,它的大小随路面类型的不同而不同,国内一般采用的计算值如表10-4所示。

各类路面滚动阻力系数值　　表 10-4

路面类型	潮湿不平的土路	干燥平整的土路	碎石路面	表面平整黑色	水泥及沥青混凝土路面
f 值	0.07 ~ 0.15	0.04 ~ 0.05	0.03 ~ 0.05	0.02 ~ 0.025	0.01 ~ 0.02

φ 指路面附着系数，这个主要与路面的粗糙程度和潮湿泥泞程度有关，同时，它也受轮胎的花纹和气压、车速和荷载等的影响，国内一般采用的计算值见表 10-5[160]。

各类路面上附着系数的平均值　　表 10-5

路面类型	路面状况			
	冰滑	泥泞	潮湿	干燥
水泥混凝土路面	—	—	0.5	0.7
沥青混凝土路面	—	—	0.4	0.6
过渡式及低级路面	0.1	0.2	0.3	0.5

（3）关于 V_1 与 V_2 的取值问题的选取

在路网中行驶的车辆，进入交叉口的进口道的时候，都会比路段上行驶的速度要低。假设车流正常，没有发生拥堵，那么在交叉口这个节点附近的车速应该由车流继续行进的方向来决定。设路段上行驶的车速为 V_1，那么，直行车在进口道的车速 V_2 通常是 $7/10V_1$，而左右转向的速度更低，通常取 $1/2V_1$。[161]

（4）反应距离 J 的计算[162]

反应时间是从感知信息到大脑发出命令的这个过程的时间，包括刺激的传递时间和大脑的分析时间。车辆行驶过程中，反应时间表现出来就是驾驶员认读标志后经过加工判断，再采取措施的瞬间到汽车起作用的瞬间，汽车行驶所花费的时间。反应距离就是指在反应时间内汽车行驶的距离。

反应时间由两部分组成，一为感觉时间，二为制动反应时间。感觉时间不仅和驾驶员的视力、大气的能见度及标志的三要素有关，还和驾驶员对指路标志信息的分析加工以及采取行动的过程有关。

在指路标志的设计上，通常采用的感觉时间为 1.5s，制动反应时间为 1s。两者加起来的总时间 $t_1=2.5$s，在这个时间内汽车行驶的距离为：

$$J=\frac{V_1}{3.6}\times t_1 \tag{10-7}$$

将式（10-7）代入式（10-4）计算：

$$L=R+D-\frac{V_1}{3.6}\times t_1\geqslant(n-1)\frac{V_1}{3.6}\times t_2+\frac{V_1^2-V_2^2}{254(f+i+\varphi)} \tag{10-8}$$

从而可以得出指路标志设置的前置距离 D 的值：

$$D\geqslant(n-1)\frac{V_1}{3.6}\times t_2+\frac{V_1^2-V_2^2}{254(f+i+\varphi)}+\frac{V_1}{3.6}\times t_1-R \tag{10-9}$$

式(10-9)中 R 是个未知参数，如果要使 D 的值最大，则要求 R 取最小值，而由上文已知，R 的最小值为 $(H-H_0)/\tan\alpha$，因此式中的三个参数 H、H_0、α 分别取以下值来计算：

H 为标志边缘离地面的高度，其值等于标志牌高度与标志净高之和。标志净高包含满足视认性要求和行车安全两方面的要求，设为 H_1。设标志牌高度为 b，那么 $H=b+H_1$；H_0 为驾驶员的视线高，以小汽车为标准取 1.2m；α 为消失点与路侧标志顶边的仰角度，取 7°。由此可得 R 的最小值为：

$$R \geqslant \frac{H-H_0}{\tan\alpha}=\frac{b+H_1-1.2}{\tan 7^\circ}=\frac{b+H_1-1.2}{0.123} \tag{10-10}$$

将式(10-10)代入(10-9)，即可得前置距离 D 的最小值为：

$$D \geqslant (n-1)\frac{V_1}{3.6}\times t_2+\frac{V_1^2-V_2^2}{254(f+i+\varphi)}+\frac{V_1}{3.6}\times t_1-\frac{(b+H_1-1.2)}{0.123} \tag{10-11}$$

式(10-11)即为指路标志前置距离的计算公式。

10.4.2 指路标志文字尺寸的确定

1)汉字与视标的转化关系

(1)视角

由外界两点发出的光线，经眼内结点所形成的夹角，称之为视角。通常将最小视角也称为一分视角，在平时生活中接触到的视力表的设计单位就是一分视角。而人的视角的大小和视力表显示的视力呈倒数关系，比如视力为 1.5，能够分辨细小物体的能力，也就是视角为 0.67′。

(2)汉字与视标的转化关系

视标为规则的 E 字，每个笔划在各个地方都等宽，并且笔画间距也与笔画宽度相等。与此相比，汉字构造复杂，由于笔画、字形等因素导致了辨认困难，造成其视认特性与视标不同。某视力水平下能辨认视标的最小视角可以由视力表查到，而同样视力水平下能辨认的汉字最小视角则未知，因此需要找到同等条件下汉字视角与视标视角的转化关系，不同视角条件下汉字的正确辨认率，如表 10-6所示。

不同视角条件下汉字的正确辨认率 表 10-6

视角(′)	13.8	14.6	15.5	16.3	17.2
正确辨认率(%)	82.3	87.6	97.8	98.6	98.6

当汉字视角在 15.5′~17.2′这个范围内时，人对汉字的辨认率较高，而且差别不是很大，而当视角下降到 14.6′，人对汉字辨认的正确率急剧地下降，说明也存在着一个稳定的趋于范围。根据上面的数据，下面将汉字所需的最小视角定为 15.5′。那么视力为 1.0 的出行者的视标最小视角为 5′，这时的汉字与视标的换算系数为：

$$C=\frac{15.5}{5}=3.1$$

2）基于可视性理论与运动学理论的字高公式

在道路和车辆条件较为稳定的情况下，车辆的行驶速度保持一定范围，那么视认距离 S 与汉字高度 h 呈现出正相关的线性关系。而当汉字的高度保持一定的数值的时候，视认距离则和车辆的行驶速度成反比关系。视认距离的大小和汉字高度、行车速度及标志牌自身的因素都有关系。可视性理论公式是设计交通标志文字高度的一个准则。基于以下两个临界条件建立模型，如图 10-4 所示。

（1）驾驶员从 B 点开始识读标志。

（2）驾驶员在 C 点完全解读完标志信息的含义，但是如果解读完的时候车辆已经行驶到了 D 点，即解读完标志的点和标志的消失点重合了，而这个也是标志设置有效的最低条件，也是视认的最不利的条件。

根据示意图 10-6 可建立以下方程：

$$H = S \times \alpha \tag{10-12}$$

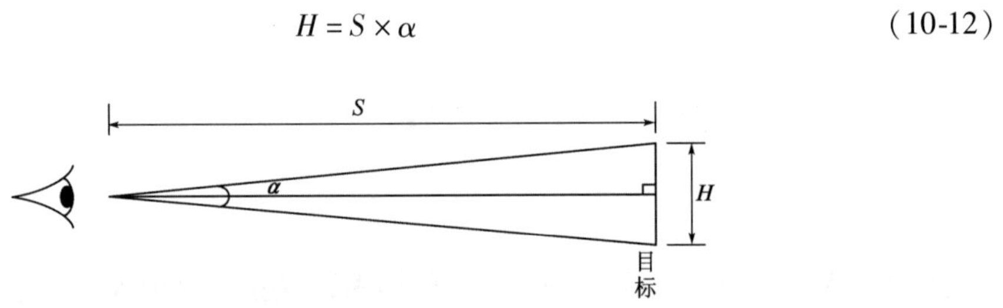

图 10-6　汉字高度对驾驶员眼睛形成的视角

其中，S 是为标志的视认距离，表示的是从认读点 B 到指路标志设置点 F 的距离（即 BF 段）。

$$S = v \cdot t + M \tag{10-13}$$

α 是驾驶员解读指路标志符号和文字信息的时候所需要的视角的大小，只要通过视力表查出他的视力水平，就可以间接地求出他的视角 b 的大小。

其计算公式为：

$$b = \frac{1}{A} \tag{10-14}$$

其中，$A = A_0 \dfrac{60 \times 180}{\pi}$，$A_0$ 为出行者的视力。

和视力表中的字母 E 相比较，汉字与它在结构上表现出了较大的差异性，在条件固定的情况下，同意视力水平的人能看清 E 的开口朝向，但可能认不清由汉字组成的内容。要找到驾驶员对汉字所需视角与在视力表中的视角的转化系数。视力表中 E 的视标细节即缺口为整个视标的 1/5，标志汉字所需视角 α 可以表示为：

$$\alpha = 5 \times C \times b \tag{10-15}$$

综合上面各式可得：

$$H = \frac{5(v \cdot t + M)C}{A} \tag{10-16}$$

3)标志汉字绝对大小的计算

对于从事大型客运或者是货运的驾驶员,我国规定驾驶员裸眼视力或者是矫正视力要在5.0以上;普通的小型客车或者是摩托车等的驾驶员的裸眼视力或者是矫正视力要求达到4.9以上。这两个数据即视力1.0和0.8。在实际的计算中,对驾驶员视力的取值主要是1.0,同时部分取值采用0.8。

上文中已经给出了汉字高度计算公式:

$$H=\frac{5(v\cdot t+M)C}{A} \tag{10-17}$$

将 $t=2.5$,$C=3.1$,$A=1.0$、0.8分别带入汉字字高公式中,并对应相应的速度下的标志的消失距离,从而可以求得在各个不同的速度条件下的字高 h,具体结果如表10-7所示。

基于模型的各速度下字高的计算值 表10-7

速度(km/h)	30	40	60	70	80	100	120
视力1.0字高(cm)	30.3	33.5	39.6	42.8	45.9	52.2	66.4
视力0.8字高(cm)	37.9	41.9	49.5	53.5	57.4	65.3	83.0

将速度分成4档,并取整,得到字高的推荐值如表10-8所示。

各设计速度下推荐的字高值 表10-8

设计速度(km/h)	<40	40~70	71~99	100~120
视力1.0字高(cm)	25~30	35~45	45~55	55~65
视力0.8字高(cm)	25~40	40~50	50~65	65~80

将计算得出的字高与国标规定进行比较,结果如表10-9所示。

各设计速度下模型推荐的字高值与国标规定值的对比 表10-9

设计速度(km/h)	<40	40~77	71~99	100~120
视力1.0字高(cm)	25~30	35~45	45~55	55~65
视力0.8字高(cm)	25~40	40~50	50~65	65~80
国标字高	25~30	40~50	50~60	60~70

由表10-9知,国标的字高处于视力1.0和视力0.8的两种模型之间。造成差距的原因是由于标志安装版面存在差异。国标中规定标志版面在安装时除了应面向来车方向、尽量减少对驾驶员的眩光外,同时要求当设置路侧式标志时,可与道路中心线的垂直线成一定角度 θ,指路标志和警告标志为0°~10°,道路上方的标志应与道路中心线垂直并与道路垂直线成0°~10°俯角 β。

10.4.3 指路标志的信息密度阈值的研究

1)驾驶员获取的信息量的计算

(1)信息的含义

信息以消息、情况等客观形式出现,因此它有客观性、时效性、可扩散传输行等性质;而根据载体的不同，可分为感官载体信息、语言载体信息、文字载体信息、电磁波载体信息、缩微载体信息、光波载体信息、声像载体信息和电子计算机载体信息。而本书对信息的研究主要的对象是驾驶员通过指路标志获取的文字载体信息。

(2) 单义性和多义性交通标志的定义

指路标志通过组合数字、文字和符号等模块来传达标志信息，它传递给驾驶员的信息量也有着差异性。一个指路标志牌面可以传达一条信息或者是多条信息，而一段道路上前后几个节点的几个指路标志也可以共同为传递一个信息服务。将标志分为单义性标志和多义性标志，是对指路标志信息量的阈值进行研究的基础。

①单义性交通标志。这种标志通常是严格地遵守了标准规范设置的，由简单的形状、颜色和符号三要素组成，它的特殊性在于一个标志只传达一条交通信息。这种标志的展现形式较为简洁明了，但是在指路标志中应用较少。

②多义性交通标志。这种标志的牌面较为复杂，一块标志可以同时传递至少 2 条及以上的信息。通常，指路标志因为要传达的信息量较大，属于多义性交通标志。

(3) 信息量的计算

驾驶员在出行过程中，获得的信息不但包括交通标志传递的信息量 E_M（单义性信息量 E_{M1} 和多义性信息量 E_{M2}），还包括干扰信息量 N（道路信息量 N_1、环境信息量 N_2 和信号灯信息 N_3）。由此可以得出驾驶员获得的信息量的计算公式如下：

$$F = E_M + N \tag{10-18}$$

式中：F——驾驶员在行驶过程中获得的信息量；

E_M——交通标志传递的信息量；

N——干扰信息量。

道路信息由正面信息和干扰信息组成，而道路信息和路侧环境信息都属于干扰信息。信号灯信息主要是在交叉口的位置通过信号灯吸引驾驶员注意，这时干扰信息量为 2。根据上文分析的标志的定义，信息量的计算公式可以表示为：

$$F = E_M + N = 1 \times m_1 + m \times m_2 + n \tag{10-19}$$

式中：m_1——单义性标志数量，块；

m_2——多义性标志数量，块；

m——交通标志传递的信息数量，条；

n——$\max(n_1, n_2, n_3)$条，其中 n_1 为道路信息数量，n_2 为环境信息数量，n_3 为信号灯信息数量。

2) 指路标志信息密度阈值的确定

(1) 指路标志信息量过载分析

驾驶员在行车过程中对标志的视认时间是有限的，它除了受驾驶员生理和心理因素的限制，还有行车速度造成的影响。如果在这个过程中，驾驶员没有足够的时间来注意标志传递出来的信息，即标志的信息量过多造成了驾驶员的负担。那么，这个时候就称之为信息量过载。

研究表明,人体在运动的过程中能识别的信息数量最多为6条。驾驶车辆使人处于高速的运动状态,因此指路标志的信息过载阈值定为6条。

由此得出交通标志信息量过载公式如下:

$$F = E_M + N = 1 \times m_1 + m \times m_2 + n \leqslant 6 \tag{10-20}$$

(2)指路标志信息密度的阈值分析

在完整的路段中,当两个邻近的指路标志距离过近,导致路段中标志牌数量过多时,就容易导致道路上的指路标志信息量密度过大。产生的后果就是,驾驶员还没将上一个指路标志给予的空间信息处理完,下一个指路标志的识读过程却已经开始了。这种情况就表示信息量过载,容易导致驾驶员过度紧张,而且分散了过多的注意在指路标志牌上,进而影响其道路安全。所以,指路标志的信息密度并不是越大越好,它需要的是在一定的范围内达到最好的指路效果。

本书对指路标志的信息密度(ρ')做如下定义:在邻近的两个指路标志牌间,驾驶员在单位长度内可以获得的信息数量,单位为条/km。

指路标志信息密度和驾驶员的驾驶特性有着十分重要的关系,根据上文中已经分析的驾驶员对标志信息的加工执行过程,以及对一些距离的界定,就可以直接计算相邻标志之间信息密度,经过推导计算公式为:

$$\rho' = \frac{F}{S_1} = \frac{1 \times m_1 + m \times m_2 + n}{S_1} \times 1000 \tag{10-21}$$

式中:ρ'——相邻标志之间的信息密度(条/km);

S_1——标志之间的距离(m)。

驾驶员要有效地识别判断指路标志的信息,则在对标志进行视认开始,一直到决策动作被完全地执行结束,这期间不能出现另外的指路标志。而指路标志信息数量最多不能超过6条,故指路标志信息密度阈值ρ的阈值条件,用下式表示:

$$\rho = \frac{6}{D + S} \tag{10-22}$$

式中:D——标志前置距离(m);

S——标志视认距离(从开始识读标志到标志位置之间的距离)(m)。

所以要让驾驶员有效地使用指路标志,必须满足:

$$\rho' \leqslant \rho$$

由上文的计算已知前置距离D,而指路标志的视认距离为:

$$S \geqslant \frac{VT_y}{3.6} + \frac{\sqrt{h_1^2 + \left(\frac{B}{2}\right)^2}}{\tan\frac{\alpha}{2}} \tag{10-23}$$

式中：V——从开始识读标志至标志位置之间的平均速度；

T_y——$\max(y_1, y_2)$，y_1 是以汉字字数计算的指路标志的认知时间，y_2 是以指路信息条数计算的指路标志认知时间；

h_1——标志高度；

B——道路宽度；

α——视野界限，取 25°。

由此可以得出道路指路标志信息密度 ρ（条/km）阈值计算公式为：

$$\rho = \frac{6}{\left[(n-1)L_1 + \dfrac{v_1^2 - v_2^2}{2a} + tv_1 - R + \dfrac{VT_y}{3.6} + \dfrac{\sqrt{h_1^2 + \left(\dfrac{B}{2}\right)^2}}{\tan\left(\dfrac{\alpha}{2}\right)}\right]} \tag{10-24}$$

10.5 本章小结

本章阐述了高速公路与城市道路衔接区域的概念和功能，分析了衔接区域的交通流特性；从路网层次、交通流条件和土地利用布局三个方面分析了驾驶员对指路标志信息的需求特性；提出了衔接区域的指路标志分级设置原则和范围，分三级节点对衔接区域的指路标志系统进行设置；分析了驾驶员的视认特性和对指路标志的认知过程，建立驾驶员视觉模型、车辆行驶模型和指路标志字高模型，运用数学逻辑推导公式，计算出指路标志的前置距离、汉字大小和信息密度阈值三个重要参数。

第 11 章
干线公路与城市结点衔接交通规划评价方法

11.1 评价指标体系构建

11.1.1 评价指标体系构建原则

指标是反映系统要素或效益的数量概念和具体数字，它包括指标的名称和指标的数值两部分。评价是通过一些归类的指标按照一定原则与方法，对评判对象从其某一方面或多方面或全面的综合状况做出优劣评定。描述评价对象功能的指标往往不止一个，它们一起构成一个多指标体系。指标体系是指由一系列指标构成的整体，它能全面、真实地综合反映研究对象各方面的情况，进行衔接线网评价需建立评价指标体系。评价指标的选取是衔接交通评价的基础，选取的指标是否全面、准确直接影响衔接交通评价的有效性。根据评价的内容，选取评价指标要遵循以下原则[163]。

(1)与规划目标一致

目标是人们的行动指南，是系统工程分析方法的第一步，所有行动方案所能达到目标的程度信息是决策者决策时关心的主要信息，也是衡量一个行动好坏的主要标准。所选取指标必须能够反映出所能达到目标程度的信息。

(2)具有系统性

一般单个指标只能反映规划目标的某一方面，但所有的选取指标应既能够展现路网结构、功能及适应性等技术性能，经济、社会和环境特征，又能够反映出规划者、路网使用者和非使用者、管理者等全面的、完整的信息。

(3)具有可操作性

指标应含义明确且易被理解，指标量化所需资料收集方便，可统计或测算，能够用现有方法和模型求解。

(4)具有可比性

指标的选择要保证同趋势化，使交通各方面性能在横向上(区域间)、纵向上(时间轴)具有可比性。

(5)避免相关性

避免指标间的包含关系，以消除评价结果因指标间的相关关系而产生倾向性。

(6)重点突出

指标既要能全面地、客观地反映衔接交通的各方面性能，又要重点突出，同时要具有代表性。

(7)遵循映射原则

有时候要评价某个目标,很难找到直接反映该问题的指标,需要从目标实现所体现出来的现象进行映射提炼。

(8)具有宏观性

干线公路与城市结点衔接交通规划寻求整个城市结点衔接路网的最优,人们对其的了解是宏观的,在空间布局上有一定的灵活性,对单个项目的路线具体走向、平面纵面线形、横断面、确切工程造价、未来的车流运行状况的确切数字是模糊的。

11.1.2 评价指标选取方法

干线公路与城市结点衔接方案涉及的影响因素较多,与之相关的指标也较多。在进行方案评价的指标选取时,必须从评价指标选择的基本原则出发,选择科学、全面的指标选择方法,抓住主要影响因素。

国内外对评价指标的选取方法有较多的研究,主要方法有因果法、复合法、类比法等。这些方法存在很大的不足,在应用上不够成熟。本次衔接方案评价指标的选择主要采用目标分析法(Objective Analysis Method)和德尔菲法(DelPhi Method)两种,以期建立完善的综合评价指标体系。

(1)目标分析法

目标分析法是一种较为常用的指标分析方法。它从系统的目标出发,分析影响目标的相关因素,建立一套能够明确反映系统目标和适应方案选择的评价指标体系。一般分为三个层次,最上层的目标为抽象的目标,其次为准则层,最后为可以定量计算或定向标定的指标层。其建立的步骤如下:

①按照目标分解的方法,将系统目标分解成能够定量和定向分析的子目标。

②将分解的子目标进行分类和整理,得到分解的目标评价体系,从而建立方案的综合评价指标体系。

(2)德尔菲法

德尔菲法是一种主观、定性的方法,主要通过采用函询、电话、网络等方式,反复咨询专家意见来选取评价指标进而建立评价指标体系的一种方法。这种方法能避免权威人士的意见对他人的影响,可以充分发挥各位专家的作用,集思广益,准确性高,已广泛应用于各种评价指标体系的建立和具体指标的确定过程。德尔菲法具有匿名性、反馈性和统计性的特点。在进行指标选取时,应该注意以下问题:

①信息的全面性

运用该方法时,要能够为专家提供充分的、全面的信息,同时保证专家有足够的时间对指标做出评价。

②确定指标大类和指标数量

一般而言,指标大类、指标数量越多,越能体现方案之间的差异,有利于方案的评判,但各指标大类和指标数量的相对重要度就难以确定,有时会使问题复杂化。经验表明,指标大类最好控制在5个以内，评价指标的数目不超过20个。

③单项指标的确定

在确定单项指标时，对那些影响决策目标程度较小的指标可以忽略，同时要避免指标相互交叉的情况。在进行系统评价前，应对指标进行整理，尽量使评价指标体系更简洁和更规范。

本书衔接方案综合评价指标的选取采用目标分析法和德尔菲法相结合的方法，以期选取更全面、客观的评价指标，从而实现评价系统的最优并综合反映衔接方案的优劣，为衔接线网布局规划及现状衔接方案的优化提供科学的决策手段。

11.1.3　评价指标体系构建

(1)确定评估对象

对干线公路和城市结点衔接方案的合理性进行综合评价，评价对象是干线公路和城市道路的衔接网络，评价目的是确定衔接方案的合理性以及方案的整体性能和存在的问题，从而为管理决策部门提供理论依据。

(2)评价指标体系的构建

干线公路与城市道路衔接方案的合理与否直接影响城市内外人流、物流和信息流的正常交换以及城市对外交通体系的可持续发展。对衔接系统进行综合评价，要树立整体性思维观念，处理好线与面的问题，从衔接线网交通功能指标、衔接协调指标、经济效益指标以及环境影响指标四个方面综合考虑干线公路和城市结点的衔接合理性问题。

按照构建衔接交通评价指标体系的基本要求，坚持定量指标和定性指标相结合的原则，对衔接方案所涉及的指标进行筛选和归类，构建出如图11-1所示的评价指标体系。

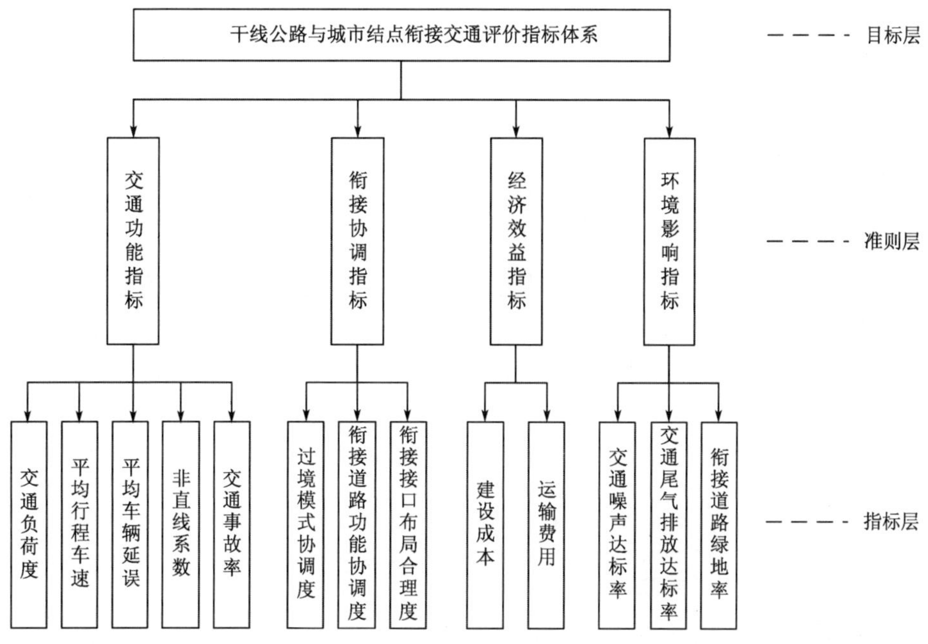

图11-1　综合评价指标体系框

4 大类 13 个指标中,10 个为定量指标,3 个为定性指标。评价体系具有较强的操作性和可靠性,能够全面反映评价方案的整体性能和优劣程度。

11.1.4 评价指标分析

(1)交通负荷度

交通负荷度是指衔接线网实际负荷交通量与设计交通量之比。反映衔接道路中各条线路的能力利用效果和负担以及整个衔接线网的路网能力和适应情况。衔接道路平均交通负荷度标准见表 11-1。计算公式见式(11-1)。

$$s = \frac{1}{n}\sum_{i=1}^{n}\frac{v_i}{c_i} \tag{11-1}$$

式中:s——负荷度;

v_i——第 i 条衔接道路实际负荷交通量;

c_i——第 i 条衔接道路设计交通量。

衔接道路平均交通负荷度标准　　表 11-1

负荷度等级	一	二	三	四
平均负荷度	<0.3	0.3~0.5	0.5~0.7	≥0.7
运行水平	好	较好	一般	较差

(2)平均行程车速

平均行程车速是指衔接线网车辆行驶的平均行程车速。由公路交通中的路线系统、车辆系统以及道路管理系统共同决定,是反映衔接道路的系统功能和服务质量的重要指标。计算公式见式(11-2)。

$$v = \frac{1}{n}\sum_{i=1}^{n}\frac{s_i}{t_i} \tag{11-2}$$

式中:v——平均行程车速;

s_i——第 i 条衔接道路总长度;

t_i——第 i 条衔接道路车辆的行程时间。

(3)平均车辆延误

延误是指车辆在衔接路网上行驶受其他车辆的干扰或交通控制设施的阻碍所造成的时间损失。平均车辆延误是指总延误时间与总延误车辆的比值,其值不低于 25s/km。它可以反映衔接道路的延误大小、位置及原因,从而确定缓解拥挤的对策。计算公式见式(11-3)。

$$\bar{t} = \frac{T}{n} \tag{11-3}$$

式中:$\bar{t}$——平均车辆延误;

T——衔接路网车辆总延误;

n——衔接路网总体车辆数。

(4)非直线系数

非直线系数是指衔接线网中各条衔接道路起点和终点间的实际距离与两点间空间直线距

离的比值。如果以时间或费用作为计算标准,则非直线系数可以定义为从甲节点到乙节点路上所花费的实际时间或费用与两个节点空间直线距离(假想)所要花费的时间或费用之比。线路非直线系数是路网布局规划中的一项重要指标。计算公式见式(11-4)。

$$k = \frac{1}{n}\sum_{i=1}^{n}\frac{l_i}{s_i} \tag{11-4}$$

式中:k——衔接线网非直线系数;

l_i——第 i 条衔接道路两个节点间的实际距离;

s_i——第 i 条衔接道路两个节点间的空间直线距离。

(5)交通事故率

事故率是反映衔接线网交通安全的基本指标。交通事故的发生是由多种因素造成的,包括气候条件、道路条件以及人为因素等。交通事故发生的多少与衔接合理性直接相关。其计算公式见式(11-5)。

$$\alpha = \frac{P}{\sqrt[4]{GNL}} \tag{11-5}$$

式中:α——交通事故率;

P——衔接线网交通事故次数;

G——该地区的国民生产总值(百万元);

N——该地区的在籍机动车数(万辆);

L——该地区的衔接线里程(km)。

(6)过境模式协调度

干线公路过境模式协调度是指干线公路过境模式与城市规模、形态及空间布局协调程度。城市过境干线公路的布局应适合城市规模、形态和用地的发展方向,促进城市与区域城市的融合发展。一般而言,带状城市过境干线公路平行于城市最长交通轴分离过境,环形放射路网的大城市有多条干线公路过境时,采用环形绕越过境。过境干线公路的布局与城市发展的协调评价,建议由规划师、交通专家、城市管理者综合考虑用地、区域城市体系、城市空间布局等多个方面的因素,对干线公路过境模式协调性做出“优、良、中、差”的综合评判。

(7)衔接道路功能协调度

衔接道路功能协调度是指干线公路与城市衔接道路的功能协调程度。干线公路承担城市大量的对外交通量,不同等级的干线公路应与不同等级的城市道路相衔接,更好地在断面设置、交通设施和交通组织上保持连续一致性,从而实现衔接道路在功能上的协调,提高对外交通转换效率。衔接道路功能协调度指标分为“优、良、中、差”几个等级,由规划师、交通专家、城市管理者等进行专家咨询综合评判。

(8)衔接接口布局合理度

衔接接口布局合理度是指干线公路与城市道路衔接接口分布的合理程度。城市规模不同,其与干线公路的接口数量也不同。日本的研究认为:城市规模达到50万以上时,常设置3处高速公路接口,城市规模为30万~50万之间时,常设置2~3处高速公路接口,城市规模为

10 万 ~30 万之间时,常设置 1 ~2 处高速公路接口。接口的分布除满足交通需求外,还应满足高速公路上立交间距的要求(最小间距为 4km),同时应充分考虑城市未来的发展方向和可能的产业布局调整而诱增的交通需求。

衔接接口布局合理度指标分为"优、良、中、差"几个等级,由规划师、交通专家、城市管理者等进行专家咨询综合评判。

(9)建设成本

建设成本是指衔接方案的工程实施成本,包括建设、维护和管理费用。反映方案实施和运营管理的难易程度。

(10)运输费用

运输费用是指衔接线网上车辆行驶的平均出行费用,反映衔接方案实际消耗社会资源的价值。

(11)衔接道路交通噪声达标率

衔接道路交通噪声达标率是指达标衔接道路里程与总里程之比。衔接道路交通噪声与交通量正相关,评价的主要依据是我国已经颁布实施的《声环境质量标准》(GB 3096—2008),交通干路白天两侧噪声不大于 70dB,夜间不大于 55dB。衔接道路两侧噪声大小的平均值应遵循该标准。计算公式见式(11-6)。

$$p = \frac{s}{l} \tag{11-6}$$

式中:p——衔接道路交通噪声达标率;

s——达标衔接道路里程(km);

l——衔接道路总里程(km)。

(12)衔接道路汽车尾气排放达标率

衔接道路汽车尾气排放达标率是指衔接道路汽车尾气排放达标里程与总里程的比值。

尾气排放是否达标应根据相应道路服务水平确定,不同的服务水平,对应不同的尾气排放标准,通常以汽车尾气饱和度为标准,将排放物划分为五个等级,见表 11-2,其中交通尾气污染饱和度计算参见《城市交通系统可持续发展理论与方法》[164]。

道路交通尾气排放等级划分 表 11-2

尾气排放等级	交通尾气污染饱和度	特　点
一	0 ~0.4	尾气排放量小,道路大气质量良好
二	0.4 ~0.6	尾气排放量较小,道路大气质量较好
三	0.6 ~0.75	尾气排放量较大,道路大气质量一般
四	0.75 ~1.0	尾气排放量大,总污染物达到允许排放总量,道路大气质量较差
五	>1.0	排放严重超过允许排放总量,空气质量异常恶劣

衔接道路以畅通为主,要求服务水平较高,规划或者评价时尾气排放标准应控制在二级以上,即二级以上为达标。尾气排放达标率计算公式见式(11-7)。

$$q = \frac{r}{l} \tag{11-7}$$

式中：q——衔接道路汽车尾气排放达标率；

r——汽车尾气排放达标衔接道路里程(km)；

l——衔接道路总里程(km)。

(13)衔接道路绿地率

衔接道路绿地率是指衔接道路红线范围内各种绿带宽度之和占总宽度的百分比。《城市道路绿化规划与设计规范》(CJJ 75—1997)中规定大于50m宽度的道路其绿地率不低于30%，小于40m宽度的道路，其性质、断面形式多样，绿地率的下限是20%，大于或等于20%时可以满足交通用地的需要与保证道路有基本的绿化用地。

11.2　干线公路与城市结点衔接交通评价方法

11.2.1　既有评价方法

对复杂对象的多指标综合评价目前通常采用的方法主要有层次分析法、灰色关联度法、模糊综合评价法等，各种评价方法的适用条件以及效果各异，因此，优化评价方法的选择是多指标综合评价过程中关键的一步。

(1)层次分析法(AHP)

层次分析法的基本思路是首先根据问题的性质和要求达到总的目标，把问题层次化，建立起一个有序的递阶系统，然后对系统中各有关因素进行两两比较评判，通过对这种比较评价结果的综合计算处理，最终把系统分析归结为最低层(如决策对象、方案、措施等)相对于最高层(总目标)的相对重要性权重的确定问题。此种方法有一个明显的缺陷，即评价结果很大程度上受人的主观意志所决定。

(2)灰色关联度法

灰色关联度法的基本思路是由样本资料确定一个最优参考序列，通过计算各样本序列与该参考序列的关联度，综合分析评价目标，就能对评价目标做出综合分析。灰色关联度法适合于对“外延明确，内涵不明确”的对象进行评价，具有一定的客观性。

(3)模糊综合评价法

模糊综合评价法既适合于可直接量化的评价指标，也适合不能直接量化的评价指标，且特别适合后者。本法的主要步骤如下：

①邀请有关方面的专家组成评价小组。

②建立评价指标体系集$\boldsymbol{F}$，$\boldsymbol{F}=(f_1,f_2,f_3,\cdots,f_n)$，即评价指标体系由$n$个指标组成。确定每一评价指标的评价尺度集$\boldsymbol{E}$，$\boldsymbol{E}=(e_1,e_2,\cdots,e_n)$，即给每一评价指标分为不同等级并赋分值。评价指标集也可以是一个多级递阶结构的集合。

③根据专家打分法，确定评价指标体系的权重集$\boldsymbol{W}$，$\boldsymbol{W}=(w_1,w_2,\cdots,w_n)$，即权重集元素数为$n$个，与评价指标个数相同。

④按照已经制定的评价尺度，对各评价指标进行评价。即使对同一个评价指标的评定，由于不同评价人员可以做出不同评定，所以评价结果只能用第f评价指标做出第e评价尺度的

可能程度的大小来表示。这种可能程度称为隶属度,记作 r。因为有 m 个评价尺度,所以对第 i 个评价指标 f 有一个相应的隶属度向量 $\boldsymbol{R}_i$,$\boldsymbol{R}_i = \{r_{i1}, r_{i2}, \cdots, r_{im}\}$,$i = 1,2,\cdots,n$。则替代方案 $\boldsymbol{R}_k$ 的评价指标集的隶属度,可以用隶属度矩阵 $\boldsymbol{R}_k$,表示如下:

$$\boldsymbol{R}_k = \begin{bmatrix} \gamma_{11} & \gamma_{12} & \gamma_{13} & \cdots & \gamma_{1n} \\ \gamma_{21} & \gamma_{22} & \gamma_{23} & \cdots & \gamma_{2n} \\ \vdots & \vdots & \vdots & \vdots & \vdots \\ \gamma_{q1} & \gamma_{q2} & \gamma_{q3} & \cdots & \gamma_{qn} \end{bmatrix}$$

在矩阵 $\boldsymbol{R}_k$ 中,元素 $r_{ij}^k = \dfrac{d_{ij}^k}{d}$,式中 d 表示参加评价的专家人数,d_{ij}^k 指 A_x 替代方案第 i 评价指标 f_i 做出第 j 评价尺度 e_j 评价的专家人数。可见,r_{ij} 值大,说明对 f_i 做出 e_j 评价的可能性就大。

⑤计算替代方案 A_x 各评价指标的得分。计算公式如下:

$$S_k = R_k E^{\mathrm{T}} \tag{11-8}$$

⑥综合评价—计算替代方案 A_x 的综合得分,确定其优先度,公式如下:

$$N_k = WS^{\mathrm{T}} \tag{11-9}$$

利用 N_x 的大小,可进行多个替代方案优先排序,为决策选定方案提供依据。

11.2.2 基于改进 AHP 的多级模糊综合评价方法

(1)模糊评价流程图

根据前面所建立的指标体系,建立的递阶层次结构如图 11-2 所示。

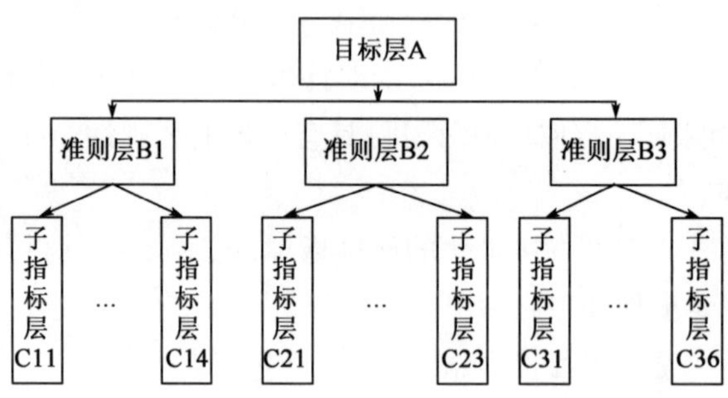

图 11-2 递阶层次结构图

根据模糊综合评价理论,结合递阶层次结构,整体评价衔接线网发展水平,此评价过程是一个多级评判过程,第一级为准则层,该级各项指标的确定就可随之得到最后的评价结果;第二级为指标层,通过该层的计算可以得到第一级各指标的数据。通过分析可知,从第一级到第二级属于级级分解的过程,在具体进行方案综合评判时应先从第二级开始。模糊评价流程如图 11-3 所示。

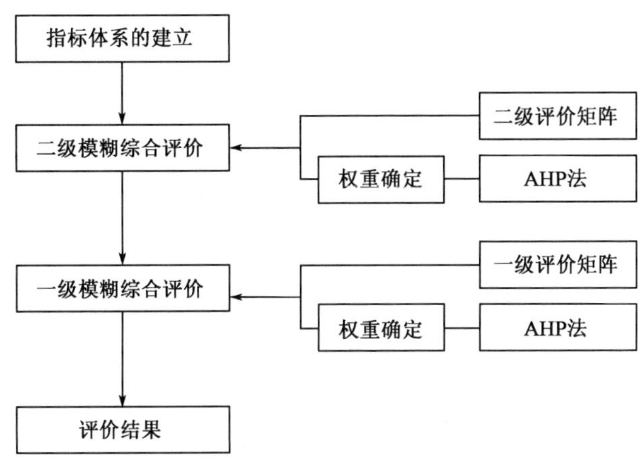

图 11-3　模糊评价流程图

(2)权重的确定

首先由专家组成员根据指标间相对重要程度给出指标的重要度矩阵,运用层次分析法计算出指标的相对重要度权重。又由于层次分析法在构造判断矩阵中,用 1 ~9 标度来定量表示指标间相对重要程度,这种判断尺度定义虽然本身有其合理、科学的一面,然而在实际应用中,都往往很难设计出使专家一看就懂的调查表格,或者专家和决策者都难以适应 1 ~9 标度,即使可以表示出来,也往往难以准确反映决策者的感觉和判断,出现较严重的不一致现象,从而使决策者的可信度下降。针对这些问题,本书采用改进层次分析法来计算指标的专家个体权重向量,即权重评分标准,见表 11-3。

改进 AHP 法专家评分标准　　表 11-3

元素 $\boldsymbol{B}_i$ 与 $\boldsymbol{B}_j$ 重要性比较	相等	较重要	重要	很重要	绝对重要	介于二者之间
$\boldsymbol{B}_{ij}$	5/5	6/4	7/3	8/2	9/1	5.5/4.5,6.5/3.5,7.5/2.5,8.5/1.5

其中,矩阵的一致性调整与 AHP 法并无差异,只是进行一致性调整时采用的修正值 R.I 不同而已。

把每个专家给出的判断矩阵求得的权重向量称专家个体权重向量,记 $\boldsymbol{U}=(U_1,U_2,\cdots,U_m)$,$\boldsymbol{U}_i=(U_{i1},U_{i2},\cdots,U_{in})$,其中 U_{ij}为第 i 个专家确定的第 j 个指标的权重,m 为专家个数,n 为指标个数。

考虑到每位专家所处的社会环境不同,个人的经历、经验、文化背景、要求、偏好均不尽相同,从而给出的判断矩阵,求出的专家个体权重向量也不一定相同。每位专家的个体权重向量对综合权重起多大的作用,也即每位专家的权重是多少。对个体权重向量权重系数的确定,往往根据专家个人的声望、权威性等因素人为确定,然而,这种确定是不客观也比较难进行的,本研究在改进层次分析法所计算出的个体权重向量基础上采用聚类分析的方法,对专家个体权重向量进行聚类分析,然后根据聚类结果,通过计算,对每位专家分别赋权,再将个体权重与专家权重加权平均求得指标相对重要度权重 W_{j1}(j 表示第 j 个指标)。聚类分析法确定专家权重系数的具体操作过程如下[165]。

通过对个体权重向量的聚类分析，将个体权重向量划分为不同的类别。假设有 m 个体权重向量聚集成 t 个类别（显然有 $t \leq m$），第 p 个类（$p \leq t$）包含个体排序向量为 φ_p 个（φ_p 称为类别 Ω_p 的类容量），不妨进一步假设第 i 个体权重向量属于第 p 类，类别中包含的个体权重向量个数与个体权重向量总数 m 的比值，称为个体权重向量的置信因子，用式（11-10）表示：

$$\alpha_i = \frac{\varphi_p}{m} \tag{11-10}$$

由式（11-10）知，同一类的个体权重向量具有相同的置信因子，也即同一类的个体权重向量所表达的信息可以认为是相似的，而属于不同类别的个体权重向量所表达的评价信息可以认为不相似，由此有以下权重系数确定原则。

类容量较大的类中个体权重向量所表达的评价信息符合较多评价者的意见，对应的专家应赋以较大的权重系数；类容量较小的类中的个体权重向量所对应的专家应赋以较小的权重系数。专家 i 的权重系数与个体权重向量 $\boldsymbol{U}_i$ 的置信因子成正比：

$$\lambda_i = \beta\alpha_i \text{（}\beta\text{ 为比例系数）} \tag{11-11}$$

进一步推导有：

$$\sum_{i=1}^{m}\lambda_i = 1 \tag{11-12}$$

即有：

$$\lambda_i = \frac{\alpha_i}{\sum_{i=1}^{m}\alpha_i} \tag{11-13}$$

因为属于同一类的个体权重向量有相同的置信因子，所以：

$$\sum_{i=1}^{m}\alpha_i = \sum_{p=1}^{t}\varphi_p\alpha_p = \frac{\sum_{p=1}^{t}\varphi_p^2}{m} \tag{11-14}$$

由式（11-13）和式（11-14）得：

$$\lambda_i = \frac{\varphi_p}{\sum_{p=1}^{t}\varphi_p^2} \qquad (p = 1,2,\cdots,t) \tag{11-15}$$

式中：φ_p——个体权重向量 U_k 所在 Ω_p 类容量；

λ_i——专家 i 的权重。

因此：

$$w_j = \sum_{i=1}^{m}\lambda_i u_{ij} \qquad (j = 1,2,\cdots,n) \tag{11-16}$$

（3）建立 Fuzzy 评价矩阵 $\boldsymbol{R}$

$$\boldsymbol{R} = \begin{bmatrix} R_1 \\ R_2 \\ \cdots \\ R_q \end{bmatrix} = \begin{bmatrix} \gamma_{11} & \gamma_{12} & \gamma_{13} & \cdots & \gamma_{1n} \\ \gamma_{21} & \gamma_{22} & \gamma_{23} & \cdots & \gamma_{2n} \\ \vdots & \vdots & \vdots & \vdots & \vdots \\ \gamma_{q1} & \gamma_{q2} & \gamma_{q3} & \cdots & \gamma_{qn} \end{bmatrix}$$

$\boldsymbol{R}$ 称为 Fuzzy 评价矩阵，其中 γ_{ij} 为隶属度，即第 j 个指标隶属于第 i 个评语的程度，q 为评语个数。隶属度的确定采用隶属函数来计算。

由于专家打分的综合结果所隶属的评语在标准区间边界处不是绝对的，在区间边界处，指标隶属度函数的确定应该采用清晰等级划分区间模糊化的方法。

由于隶属度与评价分值之间的关系在每个区间内并不是单调的，采用中间型隶属函数比较合理，而正弦曲线能较准确地反映相邻分数之间的隶属度差别，故隶属函数采用正弦曲线，见图 11-4。

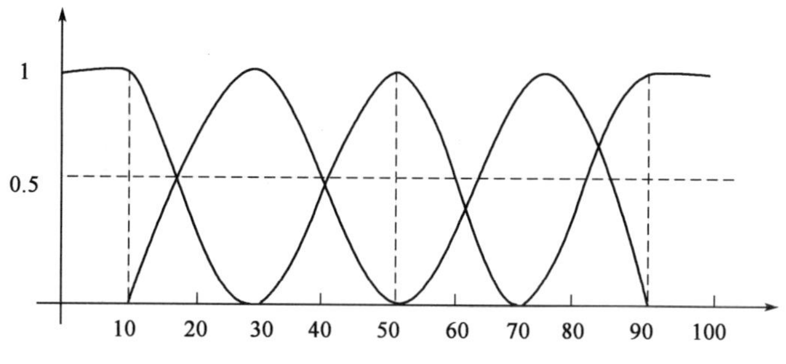

图 11-4　指标隶属度函数图

将评语分为“极小、较小、一般、较大、极大”五个等级，则模糊等级的解析式为：

$$r_{1j}(u_j)=\begin{cases}1 & u_j\leqslant 10\\ \dfrac{1}{2}\left[\sin\left(\dfrac{u_j-10}{20}+\dfrac{1}{2}\right)\pi+1\right] & 10<u_j<30\\ 0 & u_j\geqslant 30\end{cases}$$

$$r_{2j}(u_j)=\begin{cases}0 & u_j\leqslant 10\\ \dfrac{1}{2}\left[\sin\left(\dfrac{u_j-30}{20}+\dfrac{1}{2}\right)\pi+1\right] & 10<u_j<50\\ 0 & u_j\geqslant 50\end{cases}$$

$$r_{3j}(u_j)=\begin{cases}0 & u_j\leqslant 30\\ \dfrac{1}{2}\left[\sin\left(\dfrac{u_j-50}{20}+\dfrac{1}{2}\right)\pi+1\right] & 30<u_j<70\\ 0 & u_j\geqslant 70\end{cases}$$

$$r_{4j}(u_j)=\begin{cases}0 & u_j\leqslant 50\\ \dfrac{1}{2}\left[\sin\left(\dfrac{u_j-70}{20}+\dfrac{1}{2}\right)\pi+1\right] & 50<u_j<90\\ 0 & u_j\geqslant 90\end{cases}$$

$$r_{5j}(u_j)=\begin{cases}0 & u_j\leqslant 70\\ \frac{1}{2}\left[\sin\left(\frac{u_j-90}{20}+\frac{1}{2}\right)\pi+1\right] & 70<u_j<90\\ 1 & u_j\geqslant 90\end{cases}$$

式中：r_{1j}——指标隶属于“极小”的隶属度；

r_{2j}——指标隶属于“较小”的隶属度；

r_{3j}——指标隶属于“一般”的隶属度；

r_{4j}——指标隶属于“较大”的隶属度；

r_{5j}——指标隶属于“极大”的隶属度；

u_j——指标分值。

(4)最终评价结果最大隶属有效度检验

一般情况下采用综合评判结果向量所提供的信息，利用最大隶属度原则，对指标所属评语做出判断。但最大隶属原则损失的信息太多，有效程度不高，在利用此方法时必须检验其有效度，检验量 α 为[166]：

$$\begin{cases}\alpha=\frac{q\beta}{2\gamma(q-1)}\\ \beta=\frac{\max\limits_{1\leqslant j\leqslant q} r_j}{\sum\limits_{j=1}^{q} r_j}\\ \gamma=\frac{\sec\limits_{1\leqslant j\leqslant q} r_j}{\sum\limits_{j=1}^{q} r_j}\end{cases} \tag{11-17}$$

式中：q——评语个数；

β——评语集中最大分量所占比重；

γ——评语集中第二大分量所占比重；

r_j——评价结果隶属于第 j 个评语的隶属度。

当 $\alpha=+\infty$ 时，可认为施行最大隶属度原则完全有效；当 $1\leqslant\alpha<\infty$ 时，可认为施行最大隶属原则非常有效；当 $0.5\leqslant\alpha\leqslant 1$ 时，可认为施行最大隶属原则比较有效，其有效程度即 α 值；当 $0<\alpha<0.5$ 时，可认为施行最大隶属原则是最低效的；而当 $\alpha=0$ 时，可认为施行最大隶属原则完全无效。

11.3 本章小结

本章构建了干线公路与城市结点衔接交通评价指标体系，分为衔接线网交通功能指标、衔接协调指标、经济效益指标以及环境影响指标四个方面。其中，交通功能指标包括交通负荷度、平均行程车速、平均车辆延误、非直线系数、交通事故率；衔接协调指标包括过境模式协调度、衔接道路功能协调度、衔接接口布局合理度；经济效益指标包括建设成本和运输费用；环境影响指标包括衔接道路交通噪声达标率、衔接道路汽车尾气排放达标率、衔接道路绿地率，并对评价指标进行分析。同时，明确综合评价内容与过程，采用了由建立评价因素集、确定评语集、建立隶属函数模糊评价矩阵几部分构成的基于 AHP 的多级模糊综合评价模型，研究衔接综合评价技术。

第12章 镇江市城市结点干线公路衔接交通规划

12.1 规划背景

镇江是国家历史文化名城，长江三角洲重要的港口、风景旅游城市和区域中心城市之一。地处长江三角洲地区的东端，江苏省的西南部，北临长江，与扬州市、泰州市隔江相望，东、南与常州市相接，西邻南京市。镇江是长三角的重要结点城市，位于沪宁发展轴的西端，是京沪通道的重要结点，沿江产业带的中心城市，也是南京都市圈的重要组成部分，苏锡常都市圈的重要发展腹地。

根据《镇江市总体规划(2002—2020)》[167]，到2020年，镇江人均GDP将达13万元左右，三大产业结构比重调整为1.5∶49.5∶49，达到世界中等发达国家水平。2020年镇江城市人口规模105万人，城市用地规模126km²。未来城市空间发展方向由原来的沿江“一”字形发展调整为沿江沿路“T”字形发展。近期重点沿江发展，扩充东西两翼；适度向南发展，拉大主城框架。城市总体布局结构由原来的“一城两区”逐步优化为“一城两翼”，即主城、东翼和西翼。主城与东、西翼之间以生态绿地、防护绿地相隔，以快速路、主干路相连。

主城北起长江，南至312国道、沿江高速公路、沿江公路，西起戴家门路，东至横山东路，按85万人、80km²建设用地总容量规划，构筑北依长江，南山居中，“山、水、城”的城市空间框架，由老城分区(主城核心区)、丁卯分区(丁卯新城)、南徐分区(南徐新城)、谷阳分区(谷阳新城)和南山风景名胜区组成。老城分区是以商业金融、旅游服务为主的城市主中心，由老城区和北部综合旅游区两部分组成，重点塑造具有历史文化和滨江特色的城市风貌，按30万人、25km²建设用地规划。南徐分区为城市次中心，是由行政、文化、体育、商务为主的市级公共设施和生活居住构成的多功能复合型新城区，按20万人、20km²建设用地规划。丁卯分区为城市东部地区中心，是以高新技术产业、科技信息服务和生活居住为主的城市新区，重点发展高等教育基地和以光电子为主导的高新技术产业园区，按20万人、20km²建设用地规划。谷阳分区为城市南部地区中心，是以高新技术产业、第三产业和生活居住为主的城市新区，按15万人、15km²建设用地规划。南山风景名胜区为城市中心绿地，建设现代休闲度假旅游区和城市森林公园，规划用地约12km²。

东翼位于主城以东地区，由谏壁分区和大港分区两部分组成，建设现代化港口、基础产业带和区域物流中心及配套一定规模的城市生活区，按12.5万人、31km²建设用地规划。其中，谏壁分区按4.0万人、12km²建设用地规划；大港分区按8.5万人、19km²建设用地规划。

西翼位于主城以西地区，即高资分区，包括龙门和高资，建设现代化港口、基础产业带和区域物流中心及配套适量规模的城市生活区，按 7.5 万人、$15km^2$ 建设用地规划。

镇江市发展建设按照《镇江市总体规划（2002—2020）》提出的“一城两翼”的总体格局有序开展，城市空间发展框架逐步拉开。为了解决城市发展建设中出现的新问题，新一轮城市总体规划修编提出“依托主城、南向接入沪宁”的城市发展方向，通过拓展南向发展空间打造苏南现代化示范先导区，做大、做强中心城，以交通支撑和引导远期镇江结点城镇空间结构和产业布局，促进城市形态由松散状向紧凑团状演变，强化镇江中心城与丹阳、扬中的融合，增强镇江结点的区域核心竞争力。

根据江苏省高速公路网规划[168]，2020 年规划经过镇江市域的高速公路主骨架为“三横三纵三通道”的结构，三横为沪宁高速公路、宁太高速公路和宁常高速公路，三纵为扬溧高速公路、江宜高速公路、镇泰高速公路，三通道为扬溧通道、五峰山通道、泰州通道。其中经过镇江市结点的高速公路有：沪宁高速公路、扬溧高速公路、江宜高速公路、镇泰高速公路。根据江苏省省道网规划，经过镇江市结点的国省干线公路布局为“三横四纵”的结构，三横为 G312、S338、S238，四纵为 S243、S265、S241、S237。2020 年镇江结点干线公路规划布局图如图 12-1 所示。

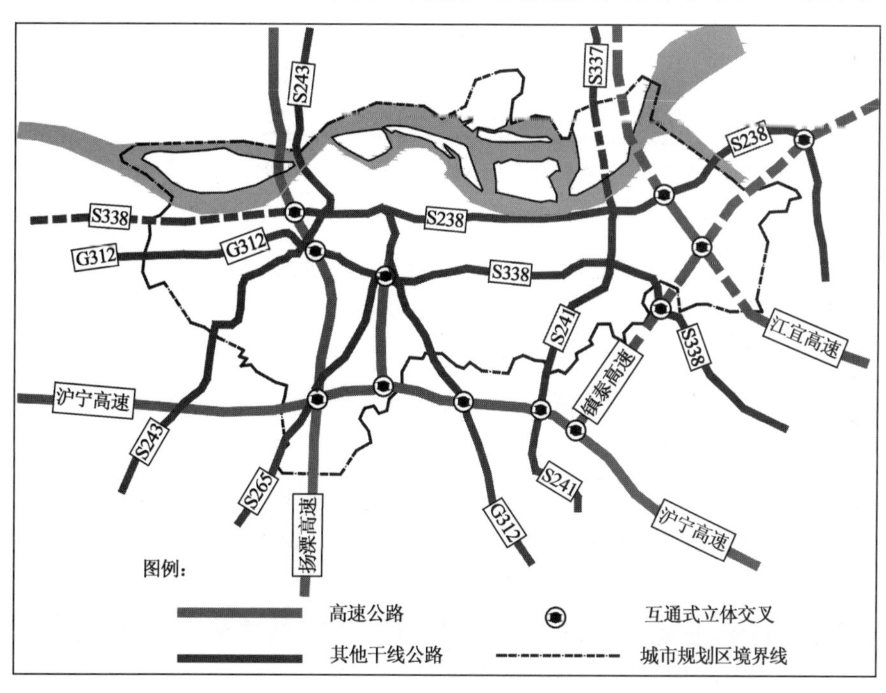

图 12-1　镇江市结点干线公路规划布局图

根据镇江市总体规划及综合交通规划，镇江结点将形成三个铁路客运枢纽，即镇江火车站、城际铁路车站、高速铁路车站；形成“两主三辅”五个公路客运枢纽，“两主”为老城主站、南徐主站，“三辅”为丁卯辅站、大港辅站和高资辅站；形成三个国际物流园区，即大港综合物流中心、龙门—高资石化专业物流中心和扬中（兴隆）物流中心；形成两个区域配送型物流中心，即镇江陆路口岸物流中心和城市物流配送中心；形成四个货运枢纽站场，即城市东翼两个（大港货运站和谏壁货运站），城市西翼一个（龙门货运站），城市南部一个（G312 货运站）。

《镇江市骨架道路网规划研究(2013—2020)》[169]提出,2020 年镇江结点将形成“四横十纵两联”的骨架路网,以适应镇江市“一体两翼”“一核四区”的空间与产业布局,促进城市形态由松散状向紧凑团状演变。其中快速路网的布局为“三横三纵”式,“三横”为:南徐大道—丁卯桥路—金港大道,是东西向最重要的交通主动脉,也是联系高资、南徐、老城、丁卯、谏壁、大港和扬中等片区的快速通道;丹徒西大道—丹徒东大道,为城市南部东西向快速轴线,是组团间快速联系通道;G312 改线段,为东西向干线公路过境快速通道,是城市交通与区域交通转换环线。“三纵”为:戴家门路—S243,是禄口机场快速联系道路,也是南徐片区、大学城、句容间快速联系道路;官塘桥路—沪宁高速镇江支线,是南北向快速轴线,也是对外交通快速出入城通道,联系老城、丁卯、官塘、谷阳组团;上埕路—S357,是谏壁分区与丹阳、常州奔牛机场的快速连接通道。

12.2 城市与干线公路发展现状

12.2.1 城市结点经济社会发展现状

至 2011 年年底,镇江市区下辖京口区、润州区、丹徒区,另有国家级经济技术开发区——镇江新区,其中,京口区 118km^2,润州区 130km^2,丹徒区 611km^2,镇江新区 223km^2,市区下辖 9 个建制镇和 16 个街道。镇江全市户籍人口约 272 万人,其中市区户籍人口约 104 万人;全市常住人口约 313 万人,其中市区常住人口约 121 万人。2011 年,镇江经济持续快速发展,人们生活水平显著提高,经济总量平稳增长。地区生产总值达到 2311.45 亿元,其中,第一产业 100.77 亿元,第二产业 1272.39 亿元,第三产业 938.29 亿元,一、二、三产业结构比重为 4.4:55.0:40.6。人均地区生产总值达 73983 元。

镇江的工业主要沿江和沿沪宁铁路呈带状布置,市区工业空间布局大致形成“一片四区”,即老城工业片、丁卯开发区、谏壁工业区、大港工业区、高资工业区。老城工业片内以电子、纺织、食品等无污染或轻度污染企业为主;丁卯开发区以电子、机电、机械等高新技术产业为主导产业;谏壁工业区拥有良好的沿江岸线,是传统老工业基地,以能源、化工为主导;大港工业区紧靠长江优良深水港大港港区,区位条件优越,以造纸、化工、机械等传统工业为主,是镇江东部重要的工业基地;高资工业区现状为镇江市区西部的重要工业基地,以能源、化工为主,靠近船山铁矿石基地,拥有丰富的矿产资源。

2001—2011 年,镇江城市建设事业发展迅速,市区建成区扩张明显,2011 年市区面积为 114.1km^2,比 2001 年的 78km^2 增长 46.2%。镇江市城市空间格局为“一体两翼”的城市形态,随着“南山北水”推进,城市发展重点明确,北湖水体优化,北部滨江地区特色再现,南山城市山林凸现,南徐新城建设初具形态。“丁卯—三山”地区、“上党—长山”等新兴地区发展建设不断推进,城市发展空间获得新的拓展。大市口商贸中心建设加快,丁卯科技新城建设启动,谷阳新城逐步完善,“一中心四区域”的城市结构初显。东到大港、西到高资、南接沪宁高速公路、北依长江,一个“一体两翼、南山北水”独具灵气与活力的城市形态基本形成。

12.2.2　干线公路发展现状

(1)镇江结点主要对外干线公路基本情况及布局

镇江结点现状主要对外公路包括高速公路:沪宁高速公路、扬溧高速公路;国、省干线公路:G312、S243、S338、S238、S241;重要县道公路:宁镇公路(南京至镇江县道)、镇荣公路(镇江至荣炳县道)等。其基本情况见表12-1。

镇江结点对外联系主要公路情况表　　表12-1

序号	道路名称	道路等级	年平均日交通量(pcu/d)	主要连接区位	主要连接城市或地区
1	沪宁高速公路	高速	68803	镇江东南部	常州、无锡、苏州、上海等地区
			60444	镇江西部	南京及其以西地区
2	扬溧高速公路	高速	33348	镇江西北部	扬州、南京、泰州等地区
			15459	镇江西南部	常州及其以南地区
3	G312	一级	6288	镇江东南部	常州、无锡、苏州、上海等地区
			3992	镇江西部	南京及其以西地区
4	S243	一级	8730	镇江南部	句容及其以南地区
			14260	镇江北部	扬州及其以北地区
5	S338	一级	9105	镇江东部	扬中以及镇江以东沿江地区
6	S241	二级	10481	镇江东部	丹阳、常州及以南等地区
7	S238	一级	6317	镇江东部	扬中、常州及两地沿线地区
8	宁镇公路	一级	18315	镇江西部	南京及其以西地区
9	镇荣公路	二级	14126	镇江南部	常州金坛、溧阳及沿线地区

(2)城市结点交通需求特征

根据现状公路客货运OD发生吸引量以及《江苏省干线交通量调查资料汇编(2011)》相关的道路交通量统计分析,镇江结点现状出入境交通总量为69204pcu/d,过境交通总量为47401pcu/d,其中以南京与上海方向的过境流量为主,占41.9%以上,结点对外与过境交通量比为42:58。

现状路网的分配和交通调查结果显示,镇江结点南北向过境交通主要经由扬溧高速公路、S243通过,共占南北向过境交通量比重的89%,另有11%由S241等公路分担。东西向过境交通主要由沪宁高速公路、S338、宁镇公路分担,占过境交通比重的97%左右,此外的3%由G312、S238等公路共同分担。

(3)干线公路与城市结点连接现状

①G312

G312承担着苏南大部分地区的对外交通联系,也是我国西部与经济中心上海之间联系的东西向主要道路之一。现状G312镇江段曾于2003年7月开始进行扩建,2005年12月建成通车,道路扩建按照一级公路标准进行设计建造。随着丹徒新区的发展,现状G312已经深入镇江主城,以穿过式的模式从主城过境。

②S243

S243 是扬州、镇江与南京禄口机场之间的快速通道，从镇江结点以穿过式的模式过境，路线从扬州经润扬长江大桥进入镇江境内，分别经镇江市内主干道润州路、长江路、戴家门路过境往句容方向行进。

③S338

S338 是苏南地区的一条重要沿江通道，起点为江苏与上海交界的江苏省太仓市浏河镇，终点为镇江市区，以接入式的模式接入镇江城区主干道官塘桥路、南徐大道。2009 年宁镇沿江高等级公路建成通车后，与 S338 连接构成了镇江结点东西向又一条重要的过境通道，分流了原 G312 较大部分的过境交通。

④S241

S241 起于镇江大港港区，路线往南经过镇江丹阳、常州金坛、溧阳，至苏皖交界，是镇江与常州市西南部联系的南北向主要道路。S241 以接入式的模式与镇江结点连接，直接接入大港区城市主干道通港路。

⑤S238

S238 起于镇江的官塘桥路、南徐大道交叉口，向东经市内的丁卯新区、谏壁、大港往扬中方向，是镇江与扬中之间主要的联系道路。S241 以接入式的模式与镇江结点连接，接入主干道兴港东路、兴港西路、金港大道。

⑥宁镇公路

宁镇公路（沿江高等级公路）是全省苏南沿江公路的重要组成部分，起于镇江长江路、戴家门路交叉口，往西经龙门港、高资、桥头、句容下蜀，接上南京沿江高等级公路，2009 年 9 月建成通车，与 S338 连接后，构成了苏南地区沿江重要的干线公路。宁镇公路以接入式的模式接入主干道长江路。

⑦镇荣公路

镇荣公路是镇江市区与镇江南部的上党镇、宝堰镇、荣炳镇及常州金坛、溧阳相连接的一条重要通道，以接入式的模式接入主干道官塘桥路。

干线公路与镇江结点现状连接模式及主要连接道路如表 12-2 所示。

干线公路与镇江结点现状连接模式表　　表 12-2

序号	道路名称	连接模式	连接道路
1	G312	穿过式	G312 镇江城区段
2	S243	穿过式	润州路、长江路、戴家门路
3	S338	接入式	官塘桥路、南徐大道
4	S241	接入式	通港路
5	S238	接入式	兴港东路、兴港西路、金港大道
6	宁镇公路	接入式	长江路
7	镇荣公路	接入式	官塘桥路

(4)干线公路与城市结点衔接问题分析

镇江结点与干线公路现状存在的衔接问题主要包含以下几个方面。

①系统连接模式的缺失导致衔接交通组织紊乱。

镇江结点高快路网络建设滞后,各条干线公路均是以穿过式、接入式等形式与城市结点连接,干线公路与城市结点缺乏系统的连接模式,导致干线公路与城市结点之间、干线公路之间的交通衔接组织紊乱,只能通过城市内部道路网络来完成出入境交通、过境交通的组织。对外交通与内部交通的重叠既降低了干线公路的运行水平,也给原本拥堵的城市交通增加了额外的交通负担。

②干线公路与城市道路功能的叠合降低了其对城市发展的支撑作用。

各条干线公路均是从城区经过,干线公路同时也是城市主干道,功能的重合降低了干线公路的运行速度和服务水平,使其无法发挥支撑镇江各个外围新兴组团快速发展的作用,导致各新兴组团与主城、新兴组团之间联系不便,城市形态分散,老城区功能无法得到疏解。

③干线公路结点运行不畅使其无法支撑区域一体化进程和综合运输体系建设。

干线公路在城市结点的衔接不畅,导致干线公路运行不畅,干线公路与相邻城市、交通枢纽之间的联系不畅,城市结点成为干线公路网络中的运行瓶颈,使干线公路无法在"宁镇扬"都市区、"宁丹扬"组合城市的发展中提供应有的支撑作用,也无法支撑结点综合交通体系的建设。

④穿过式的过境公路束缚了城市空间的生长方向。

G312 作为沪宁走廊重要的过境公路,随着城市的发展,已经被城市用地所包围。由于其等级高,封闭性强,分割了两侧的城市地块,影响了两侧的居民出行,限制了两侧的进一步开发。

⑤出入口道路通行能力匹配度的不够导致了高峰小时拥堵不断。

镇江及周边经济发展迅速,干线公路交通量增长速度快、交通总量大,但由于各条干线公路均直接接入城市主干道,连续流或接近连续流的公路设施与间断流的城市道路之间通行能力匹配度差,导致各出入口道路如长江路、官塘桥路、通港路、金港大道等在早、晚高峰小时均拥堵不堪,交通运行环境恶劣。

12.3　干线公路交通需求分析

采用第 5 章提出的方法和步骤进行 2020 年镇江市结点干线公路交通需求分析预测。

(1)区域层面交通需求分析

建立江苏省干线公路网分析模型,根据全省公路交通 OD 调查成果,运用"四阶段"法的交通生成预测模型,分析得到 2020 年镇江市结点出境交通总量为:客车 67845pcu/d,货车 35754pcu/d;入境交通总量为:客车 66999pcu/d,货车 35308pcu/d。将 2020 年交通分布矩阵在全省路网进行分配,便能得到规划境界线处各条干线公路进、出城方向的客、货运交通流量。

(2)结点层面交通需求分析

①交通分区的划分

根据《镇江市城市综合交通规划(2008—2020)》,在规划境界线内共划分了 98 个交通小区,根据交通分析的需要,将规划年的交通小区合并成交通中区,在此基础上为得到大区组团间的出行交换量,将中区合并为 7 个大区,形成交通大区系统,具体分区明细如表 12-3 和图 12-2 所示。

镇江结点内部交通分区表 表 12-3

大区编号	大区名称	中区编号	中区名称	小区编号
1	老城区	1	老城东片区	1 – 22
		2	老城西片区	23 – 35
2	南徐片区	3	南徐东片区	36 – 47
		4	南徐西片区	48 – 52
		5	南山风景区	53
3	丁卯片区	6	丁卯北片区	54 – 58
		7	丁卯区中部	59 – 64
		8	丁卯南片区	65 – 69
4	谷阳新城	9	谷阳西片区	70 – 75
		10	谷阳东片区	76 – 78
5	谏壁港区	11	谏壁港区	79 – 84
6	大港港区	12	大港西片区	85 – 87
		13	大港东片区	88 – 92
7	高资港区	14	高资东片区	93 – 96
		15	高资西片区	97 – 98

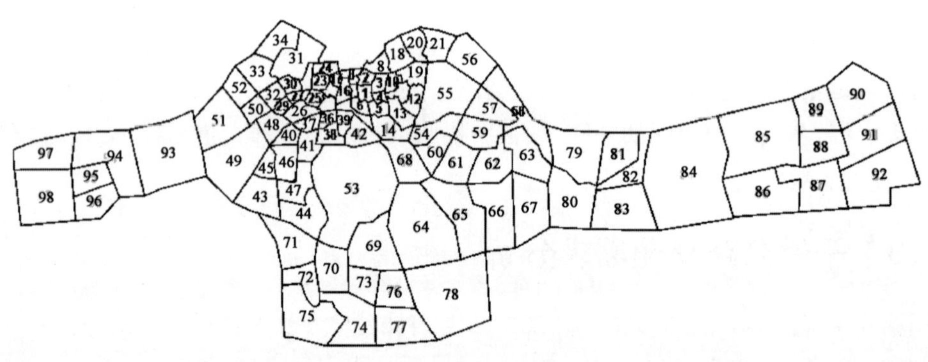

图 12-2　镇江市交通分区图

根据境界线法,首先将规划区范围作为一个整体分区,编号记为 100,然后在各条干线公路与城市规划境界线交叉处设置对外交通分区,各对外交通分区与干线公路的对应关系及其编号如表 12-4 所示。

②规划年交通生成量预测

规划年交通生成量预测分内部交通分区和对外交通分区分别预测各分区规划年交通发生、吸引量。

镇江结点对外交通分区表　　表 12-4

对外交通分区	对外干线公路	对外交通方向	对外交通分区	对外干线公路	对外交通方向
100		镇江结点	110	G312	常州、上海
101	S338	南京	111	S241	溧阳
102	镇泰高速公路	丹阳	112	S338	常州、上海
103	G312	南京	113	S237	扬州
104	沪宁高速公路	南京	114	江宜高速公路	扬州
105	S243	句容、溧水	115	S243	扬州
106	沪宁高速公路	常州、上海	116	扬溧高速公路	扬州
107	S238	常州	117	镇泰高速公路	泰州
108	扬溧高速公路	溧阳	118	江宜高速公路	常州
109	S265	溧阳			

a. 内部交通分区

规划年内部交通分区的交通生成量由两部分构成：市内交通生成量和出入境交通生成量。其中，市内交通生成量考虑规划年各内部交通分区的居民出行特征、土地利用性质及强度等方面的因素，建立相应的模型分析预测得到。内部分区的出入境交通生成量是将区域层面求得的结点出境交通总量和入境交通总量分摊至各内部分区得到。以上两部分交通生成量合并后，便得到规划年各内部分区的客、货交通生成总量，如表 12-5、表 12-6 所示。

2020 年内部交通分区客车交通生成总量(单位：pcu/d)　　表 12-5

交通大区	发生量	吸引量	交通大区	发生量	吸引量
1	299570	255789	5	21531	23530
2	164831	158972	6	44705	61286
3	133792	139460	7	19703	38067
4	61012	67195			

2020 年内部交通分区货车交通生成总量(单位：pcu/d)　　表 12-6

交通大区	发生量	吸引量	交通大区	发生量	吸引量
1	7616	8839	5	15234	15419
2	4606	3811	6	34844	34530
3	13911	14345	7	23060	20170
4	5411	7123			

b. 对外交通分区

设置在各条干线公路与境界线交汇处的外部交通分区在规划年的交通生成量，则直接由第一步区域分析中得到的各条干线公路在境界线处进、出城方向的交通量得到，即对外分区的交通发生量等于其对应干线公路在境界线处进城方向的交通量，交通吸引量等于其对应干线公路在境界线处出城方向的交通量。

③交通分布、分配预测

根据基年 OD 矩阵及规划年交通生成量,运用 Fratar 交通分布模型,便能得到规划年完整的 OD 分布矩阵。通过 OD 分布矩阵,汇总即可以得出境界线处各条干线公路的出入境交通量、过境交通量,如表 12-7、表 12-8 所示。

2020 年境界线处干线公路对外交通量(客车)(单位:pcu/d) 表 12-7

干线公路	对外方向	出入境交通量	过境交通量
S338	南京	7614	1712
镇泰高速公路	丹阳	2288	5731
G312	南京	6314	1484
沪宁高速公路	南京	3124	19573
S243	句容、溧水	8030	1116
沪宁高速公路	常州、上海	3916	21464
S238	常州	7132	333
扬溧高速公路	溧阳	2094	5659
S265	溧阳	8516	376
G312	常州、上海	7022	1564
S241	溧阳	6502	518
S338	常州、上海	7862	1784
S237	扬州	6844	615
江宜高速公路	扬州	12990	1158
S243	扬州	8496	1158
扬溧高速公路	扬州	12424	1459
镇泰高速公路	泰州	12382	1388
江宜高速公路	常州	11294	1084

2020 年境界线处干线公路对外交通量(货车)(单位:pcu/d) 表 12-8

干线公路	对外方向	出入境交通量	过境交通量
S338	南京	4013	902
镇泰高速公路	丹阳	1206	3020
G312	南京	3327	782
沪宁高速公路	南京	1646	10315
S243	句容、溧水	4232	588
沪宁高速公路	常州、上海	2064	11312
S238	常州	3759	175
扬溧高速公路	溧阳	1104	2982
S265	溧阳	4488	198
G312	常州、上海	3701	824
S241	溧阳	3427	273

续上表

干线公路	对外方向	出入境交通量	过境交通量
S338	常州、上海	4143	940
S237	扬州	3607	324
江宜高速公路	扬州	6846	610
S243	扬州	4477	610
扬溧高速公路	扬州	6547	769
镇泰高速公路	泰州	6525	731
江宜高速公路	常州	5952	571

同时,将规划年 OD 矩阵在结点骨架路网上进行交通分配,就能得到结点境界线范围内各条干线公路、各条城市道路各路段的交通量。

12.4　衔接交通组织模式及服务体系设计

(1)规划年对外交通分布及交通组织模式分析

由结点交通需求分析可以得到,2020 年经过结点的过境交通总量为 104105pcu/d,出入境交通总量为 205907pcu/d,过境交通量和出入境交通量分别较 2011 年增加 1.2 倍和 1.98 倍,对外交通量增长显著。从分布方向上来看,2020 年镇江结点出入境交通的主要分布方向是上海方向、南京方向、扬州方向,分别占出入境交通总量的 24%、22.4%、20.5%,其次为泰州、金坛方向,分别占出入境交通总量的 14.5%、12.7%;过境交通集中分布在沪宁方向,约占结点过境交通总量的 69.8%,由沪宁高速公路承担了绝大部分份额,其余主要由 G312、S338 承担。总体而言,2020 年镇江结点对外交通分布的特点是,出入境交通和过境交通总量大,出入境交通分布方向发散,过境交通分布方向集中。2020 年镇江结点适宜采用轴辐式的衔接交通组织模式,将对外交通引入结点高快路网络,通过容量大、技术标准高的高快路网络来集中组织对外交通,以提高对外交通以及整个结点路网系统的运行效率。

(2)衔接交通服务体系设计

2020 年,镇江结点社会经济和城市建设将得到进一步发展,将形成"一城两翼"的组团式空间布局,建成"四横十纵两联"的骨架路网。为提高结点内、外交通衔接转换的效率,让内、外交通各行其道,减少过境交通对城市交通的负面影响,避免出入口道路拥堵现象的发生,应构建基于轴辐式组织模式的衔接交通服务体系,即在内部交通和对外交通之间设置一个衔接转换系统,来集中完成过境交通的疏导、出入境交通的疏散。其中的内外交通衔接转换系统的构成如表 12-9 所示,由以下三个层次组成:

①高速转换层,即由沪宁、扬溧、镇泰、江宜等高速公路构成的绕城高速公路,主要承担结点高速公路的过境交通、出入境交通的衔接转换。

②快速转换层,由结点"四横十纵两联"骨架路网中的"三横三纵"的快速路网构成,主要承担结点干线公路的过境交通、出入境交通的衔接转换。

③组团外集散层，由结点“四横十纵两联”骨架路网中快速路以外的其他骨干道路构成，主要承担高速转换层、快速转换层和组团内部路网之间的交通衔接。

镇江结点内外交通衔接转换系统构成表　　表 12-9

系统层次	系统构成
高速转换层	沪宁高速公路、扬溧高速公路、镇泰高速公路、江宜高速公路等构成的绕城高速公路
快速转换层	“三纵三横”快速路网
组团外集散层	“四横十纵两联”骨架路网中其他骨架道路

12.5 高快路网络需求规模分析

根据本书第 7 章提出的计算方法分析 2020 年镇江结点高快路网络需求规模。

(1)规划年交通需求分析

根据《镇江市城市综合交通规划(2008—2020)》[170]中预测的 2020 年居民和流动人口出行总量，推荐的客运交通结构，按式(7-3)计算求得 2020 年高峰小时市内需求总量为 642118pcu · km/h。

按 12.3 节中对外交通需求预测的结果，根据镇江城市空间布局及路网形态，过境交通平均行驶距离取为 22km，出入境交通平均行驶距离取 14km。按式(7-1)、式(7-2)求得 2020 年高峰小时过境交通需求总量为 343547pcu · km/h，出入境交通需求总量为 432405pcu · km/h。

(2)快速路规模分析

根据规划，2020 年经过镇江结点的高速公路共有四条，分别为：沪宁高速公路，设计车速 120km/h，双向八车道，结点范围内里程 9.8km；扬溧高速公路，设计车速 120km/h，双向六车道，结点范围内里程 23.6km；镇泰高速公路，设计车速 120km/h，双向六车道，结点范围内里程 15km；江宜高速公路，设计车速 120km/h，双向六车道，结点范围内里程 15.5km。

根据《公路路线设计规范》(JTG D20—2006)，设计车速 120km/h 的高速公路单向一条车道的理论通行能力取 2200pcu/h，2020 年沪宁高速公路按二级服务水平考虑，取 $\alpha_k=0.67$，其余高速公路的服务水平按一级考虑，取 $\alpha_k=0.34$，驾驶者总体特征修正系数 f_p 取 0.97，交通组成修正系数 f_{HV} 根据区域相关公路的交通组成调查及分析取 0.55，车道数修正系数 f_{Ni} 六车道取0.99，八车道取 0.98。根据《城市道路工程设计规范》(CJJ 37—2012)，单向一条车道的理论通行能力取 2100pcu/h，2020 年快速路服务水平按一级考虑，取 $\alpha_k=0.34$。

根据 2020 年路网规划结构，若过境交通、出入境交通的吸引系数取 0.9，市内交通吸引系数取高限 0.4 来计算高快路网络需求规模，由式(7-5)可以得出 2020 年结点需要六车道快速路长度约为 179km，当高快路网络市内交通吸引系数取低限 0.2 时，需要六车道快速路长度约为 149km。

满足规划年对外交通组织及组团间中、长距离交通组织的快速路适宜的规模为 150 ~ 180km。《镇江市骨架道路网规划研究(2013—2020)》提出的 2020 年镇江结点“三横三纵”快速路网布局总体规模约为 170km，从分析中可知，该规模不仅可以较好地适应 2020 年结点内外交通组织的需要，高快路网络均具有较高的服务水平，而且能很好地适应远景年交通量继续增长的需要。

《镇江市骨架道路网规划研究(2013—2020)》中提出2020年镇江结点将建设形成“四横十纵两联”的骨架路网。骨架路网是连接结点内部各个组团、片区、重要综合交通枢纽及产业带的交通性干道网络，同时与对外高速公路、干线公路有着很好的衔接关系。在骨架路网中，还将建成“三横三纵”约170km的快速路网络，快速路网络同城市结点范围的高速公路一起，构成镇江市结点高快路网络，形成镇江市结点现代化的路网体系(图12-3)。

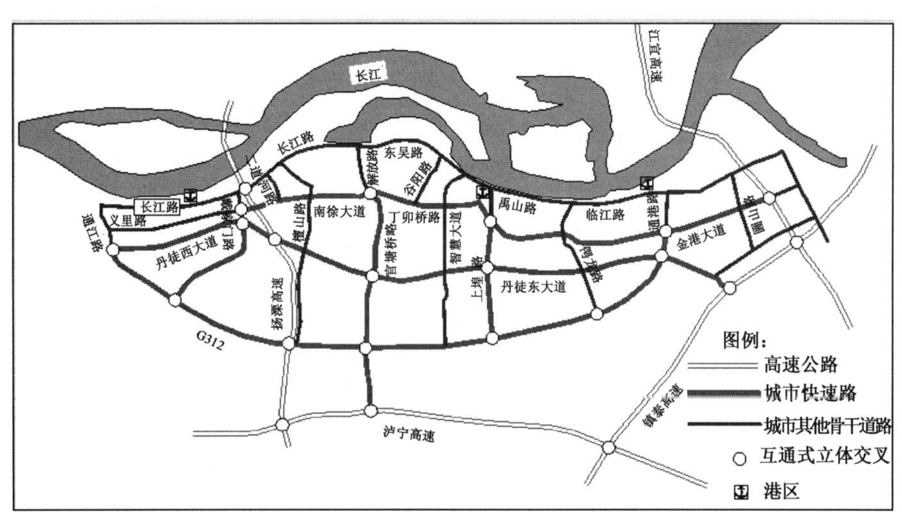

图12-3 镇江市结点高快路网络布局规划图

12.6 干线公路衔接布局规划

(1)城市发展阶段的分析

与大多数城市的发展历程类似，镇江结点城市空间的发展也大致经历了三个阶段。20世纪80年代，为发挥沿江城市优势、充分利用深水岸线资源，镇江市城市总体规划提出了“一城两镇”的空间布局格局，即镇江市由主城、大港镇、高资镇构成，主城包括老城区和谏壁镇，同时在城市的东西两翼各建立起以港口为依托的卫星城镇——大港镇和高资镇。主城作为城市的核心区，承担城市商业、旅游、服务、居住以及工业生产等综合职能，继续呈同心圆模式往周边扩张；而大港和高资两镇，利用岸线资源发展港口物流和大型临港产业，迅速成为城市新的经济增长点。

20世纪90年代，主城逐步往东西两翼扩张，而大港、高资两镇随着定位的升级，按新城的发展模式不断扩展，往主城靠拢，城市空间由点面结合的格局往沿江连片带状发展的格局转变。1993年版城市总体规划的基本思路是组团式布局，通过对原大港、高资卫星镇的功能升级，以及推动丁卯、官塘等新兴热点地区的发展，打造城市新的组团式的功能片区，使城市在沿江线状发展的基础上，继续往南纵深推进，开拓城市的腹地。至20世纪90年代末，沿江地带，尤其是城市东部地区，丁卯的建设填充了谏壁与老城之间的未开发地域，大港化工区的建设又联系起了大港和谏壁，城市东部初步形成一个连绵成片的沿江产业带。

2001 年，镇江实施行政区划调整，解决了长期困扰镇江发展的“市代县”体制问题，结束了丹徒县没有县城的历史，镇江市区和丹徒县“市县同城”的空间现象得到改变。《镇江市总体规划(2002—2020)》从全球经济一体化、区域合作一体化的角度重新审视镇江的发展，站在国家、长三角的高度综合考量镇江的发展，提出沿江沿路“T”形发展模式、“一城两翼”双橄榄式空间布局结构的战略构想。

按照《镇江市总体规划(2002—2020)》，到 2020 年，镇江结点空间结构将构建“一城两翼三区四组团”城市框架，形成以镇江主城为核心，高资和大港为两翼，北部滨水区、世业洲度假区、南山风景区为主要生态旅游空间，老城、南徐新城、丹徒新区以及丁卯新城四个功能组团为城市主骨架的城市框架，构建山、水、城相融，开放式的城市空间结构，改变沿江带状布局现状，实现由单核带状向多核块状组团发展模式的转变。

(2)干线公路衔接需求特性分类

根据《江苏省省道公路网规划(2011—2020)》，2020 年经过镇江结点的干线公路布局为“三横四纵”的结构，三横为 G312、S338、S238，四纵为 S243、S265、S241、S237。其中 S338 镇江至南京方向为原县道宁镇公路提升为省道，S265 为原县道镇荣公路提升为省道，S237 为原 S243 在大港汽渡过江后扬州范围的衔接县道提升为省道，其余则均为现状国省道。

根据新的省道网规划，干线公路作为综合交通运输体系的重要组成部分，将进一步适应社会经济现代化发展的需要，促进城乡统筹发展，促进区域一体化的进程，促进公路交通全面、协调、可持续发展，起到保障和改善民生的作用。到 2020 年，经过镇江结点的所有干线公路将均达到一级公路以上的标准，部分线路考虑到沿线城乡发展的需要，应提供更丰富的服务，可进行快速化改造或者按照城市快速路标准进行建设。

2020 年镇江市结点干线公路衔接特性分类如表 12-10 所示。

2020 年镇江市结点干线公路衔接需求特性分类表 表 12-10

干线公路	道路功能	区位特征	行政、技术等级	分类
S338	苏南沿江地区快速通道	干线公路位于国家级沿江运通道，结点位于通道之间	省道、一级	通道型公路
G312	沪宁走廊快速通道	干线公路位于国家级沿江运通道，结点位于通道之间	国道、一级	通道型公路
S243	镇江与扬州之间、镇江与句容、禄口机场快速联系道路	干线公路位于市域运输通道，结点位于通道端点	省道、一级	城际型公路
S241	镇江与丹阳之间的快速联系通道	干线公路位于市域运输通道，结点位于通道端点	省道、一级	城际型公路
S237	镇江东部大港等地与扬州江都之间的快速联系通道	干线公路位于省级准扬镇通道，结点位于通道端点	省道、一级	城际型公路
S238	镇江与扬中之间的快速联系通道	干线公路位于市域运输通道，结点位于通道端点	省道、一级	城际型公路
S265	镇江与常州金坛之间的快速联系通道	干线公路位于市域运输通道，结点位于通道端点	省道、一级	城际型公路

(3)干线公路衔接布局规划

从干线公路的衔接需求特性分类来看,2020 年经过镇江市结点的国、省干线公路均为通道型干线公路或城际型干线公路,而根据届时镇江城市发展的阶段特点,按双因素法综合分析,各条干线公路与城市结点适宜的连接模式是系统连接式和穿越式。

《镇江市总体规划(2002—2020)》提出了镇江城市空间发展"一城两翼"的总体格局,新一轮城市总体规划修编进一步提出了"依托主城、南向接入沪宁"的城市发展方向。在镇江城市发展的关键阶段,干线公路的衔接布局应能充分发挥支撑城市空间结构的调整,促进镇江结点产业布局和综合交通体系建设的作用。

规划特征年 2020 年,各条干线公路应均能就近接上结点高快路网络,或通过接上骨架路网而进入高快路网络,通过高快路网络集中完成过境交通、出入境交通的转换,完成内外交通的衔接。各条干线公路与城市结点的衔接布局如图 12-4所示。

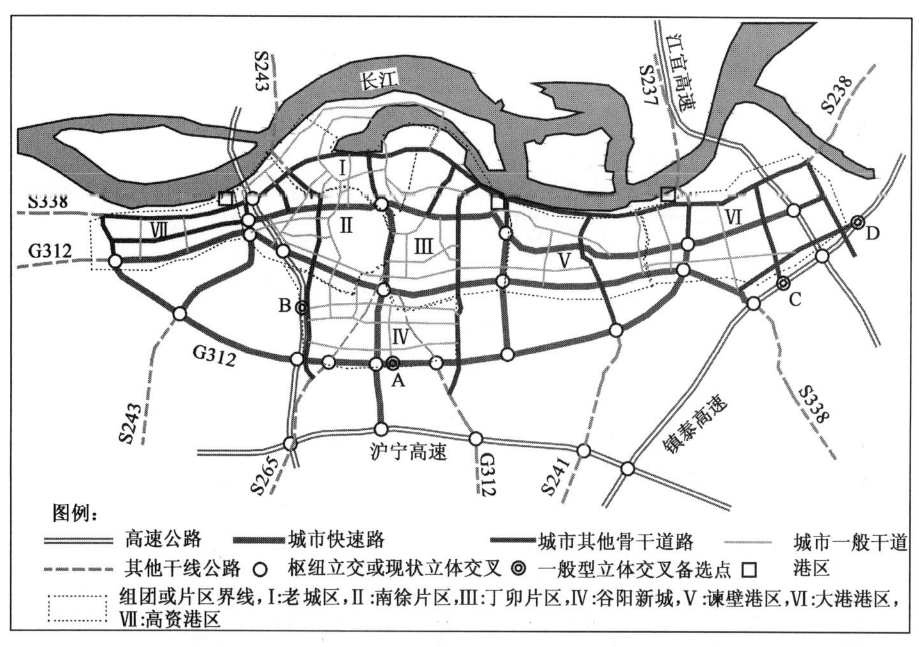

图 12-4 2020 年镇江市结点干线公路及互通式立交衔接布局规划图

在城市结点高快路网络形成之前,干线公路的衔接线布局应能发挥促进城市土地利用开发,引导城市空间发展的作用,同时,应结合干线公路衔接线的建设预留城市快速路或骨架路的线位,促进结点高快路网络的建设。如 G312 近期从上党镇北侧往南改线,向西跨越沪宁高速公路镇江支线、扬溧高速公路后,沿巢凰山、香山之间的山谷前进,最后在通江路交叉处返回原线位。G312 往南改线,能分离进入主城区的过境交通,促进南部组团的开发建设。同时,新 G312 也是镇江结点"三横三纵"快速路网中南环的线位,新 G312 线位往东进一步延伸至大港港区后,不仅是东西向干线公路交通快速过境通道,也是城市东翼谏壁、大港港区,西翼高资港区重要的集疏运通道,对促进镇江沿江产业带的发展有着重要的作用。S338 现状的衔接道路丹徒西大道、丹徒东大道是结点东西向组团高资、南徐、丁卯、谏壁、大港之间的快速连接通道，为加强组团之间的联系，促进城市结构的健康发展，应尽快实施 S338 丹徒西大道、丹徒东大道段的快速化改造，促进“三横三纵”快速路网中横线的形成。

(4)重要线路衔接方案决策

现状 G312 镇江段曾于 2003 年 7 月开始进行扩建，2005 年 12 月建成通车，道路扩建按照一级公路标准进行设计建造，设计速度 100km/h，路基宽度25.5m。随着镇江主城的不断扩张，现状 G312 已经深入镇江主城，造成了很大的安全隐患，同时也束缚住了镇江主城的进一步扩张。因此有必要建设分流道路，以提升路网通行能力和服务水平，改善路网结构，拉动地方经济社会发展。

2012 年，镇江市启动了 G312 城区改线段建设工程，在施工许可阶段[75]，提出了三个比选方案。方案 A 为原线位改造方案，即在原线位进行干线公路的城市化改造，其中在谷阳分区范围采用高架桥的形式。该方案改造段路线总长约 24.2km，其中高架桥路段长约 7km。方案 B 基本依照镇江规划的外环线线位布线，路线在上党组团北侧从原 G312 线位折出向西，沿巢凰山、香山之间的山谷前进后在通江路交叉口返回原 G312 线位。该方案路线总长约 23.3km。方案 C 起始端与方案 B 相同，但路线在海燕水库南折向西北，接上现状长香路，利用长香路线位进行道路改扩建，然后从香山和五洲山之间的山谷前进后返回原 G312 线位，该方案路线总长约 23.2km。

根据干线公路城市衔接方案决策指标体系表 8-5，构造 G312 镇江城区改线段建设工程方案比选的指标表如表 12-11 所示。根据本书第 8 章提出的灰色格序决策方法对以上三个比选方案进行综合评价，三个方案与理想方案之间的综合贴近度分别为 0.318、0.694、0.465，可知方案 B 为最优方案。综合分析易知，方案 B 能较好地分离过境交通，将 G312 集中的过境交通引至城市外围过境。线位也符合城市总规中外环快速路的线位，近期能有效引导城市南部组团的开发建设，且通江路与高资港区有着便利的连接关系，能发挥其作为疏港公路的功能。

G312 镇江市城区改线段建设工程方案比选决策指标表 表 12-11

方案	决策指标(p_{ij})											
	I_1(min)	I_2(km)	I_3(min)	I_4	I_5	I_6	I_7(亿元)	I_8(%)	I_9(年)	I_{10}	I_{11}	I_{12}
A	24.2	24.2	19.5	3	3	3	20.6	10.2	22.8	3	7	7
B	17.5	23.3	23.8	9	9	9	15.8	13.2	18.7	9	5	5
C	19.9	23.2	24.6	7	7	5	16.3	12.8	19.3	7	5	5

12.7 绕城高速互通式立交一体化布局规划

按第 8 章研究提出的绕城高速互通式立交一体化布局模型及其求解方法的步骤来进行镇江结点绕城高速互通式立交一体化布局规划。

规划年 2020 年，镇江结点绕城高速公路由扬溧高速、沪宁高速、镇泰高速、江宜高速等四条高速公路合围而形成半环状，如图 12-3 所示。根据《镇江市城市总体规划(2002—2020)》

“一城两翼”组团式结构的布局，将2020年规划区划分为七个相对独立的组团或片区，即Ⅰ老城区，Ⅱ南徐片区，Ⅲ丁卯片区，Ⅳ谷阳新城，Ⅴ谏壁港区，Ⅵ大港港区，Ⅶ高资港区。各个组团、片区的划分与交通分析预测时的内部交通大区相对应，以便于利用交通分析的相关数据进行量化分析。根据各组团与绕城高速的相对关系，易知除老城区、丁卯片区为远邻组团外，其余片区均为绕城高速的近邻组团。

(1)枢纽型互通、次枢纽型互通的布设。首先根据快速路、干线公路的规划布局，确定枢纽型互通和次枢纽型互通的设置区位。一般来说，规划快速路与绕城高速相交处应布设枢纽型立体交叉，通道型干线公路、城际型干线公路与绕城高速交叉处应布设次枢纽型立交。

(2)近邻组团增设一般型立体交叉数量的估算及备选区位选择。根据2020年结点出入境交通组织需求，按式(8-20)、式(8-21)依次对南徐片区、谷阳新城、谏壁港区、大港港区、高资港区等五个近邻组团需要增设的一般型立交数量进行计算。计算结果表明，在设置了枢纽立体交叉、次枢纽立体交叉的前提下，谷阳新城、大港港区两个片区各至少需要增设约一座一般型立体交叉。根据路网条件分析，在谷阳新城选定A、B两处备选区位，大港港区选定C、D两处备选区位，如图12-4所示。

(3)立交添加备选方案。将谷阳新城、大港港区各两处的立交设置区位进行组合，并根据立交一体化布局模型上层问题中的部分约束条件对组合方案进行初步筛选，形成立交添加的备选方案(表12-12)。

立交添加备选方案情况表　　表12-12

备选方案	设置区位	目标函数值 $Z(10^6)$
备选方案一	A + C	3.86
备选方案二	A + D	3.71
备选方案三	B + C	3.76
备选方案四	B + D	3.63

(4)路网配流及目标函数值计算。

首先设置模型式(8-26)~式(8-34)中的有关参数：式(8-27)可达性函数中反映阻抗影响程度的指数参数β取2[171]；式(8-26)中比例系数ϕ取10^8；各组团的可达性权重系数根据各组团的地位、功能确定，取$\omega_{\text{I}}=0.2$、$\omega_{\text{II}}=0.3$、$\omega_{\text{III}}=0.15$、$\omega_{\text{IV}}=0.15$、$\omega_{\text{V}}=0.1$、$\omega_{\text{VI}}=0.1$、$\omega_{\text{VII}}=0.1$；各路段允许的路段负荷度上、下限值λ_{sup}、λ_{low}分别取0.8、0.3；路段阻抗采用BPR函数形式：$t_a(x_a)=t_a^0[1+0.15(x_a/c_a)^4]$，其中，$x_a^0$，$t_a^0$和$c_a$分别代表路段$a$的流量、自由流时间和通行能力参数。

在TransCAD中针对四个备选方案，建立包含结点高速公路、快速路、骨干道路及其他主要干道的路网模型，根据2020年结点OD分布矩阵，运用UE平衡配流，得到各个备选方案下路网中各条路段的交通量、走行时间，返回上层问题，计算各个备选方案的目标函数值，如表12-12所示。可见方案四目标函数值最小，将方案四下各个路段的V/C按上层问题的约束条件进行进一步检验，均能满足要求。最终确定方案四为最优方案。

12.8 衔接道路横断面规划设计

应用第9章提出的"四位一体"横断面规划设计指标，对镇江结点主要衔接道路横断面进行规划设计。表12-13列出了S241(通港路)路段、S241(沪宁高速公路—S338)路段、G312(S243以西)路段、G312(S243—上党镇)路段、戴家门路(S338—G312)路段五处衔接道路的若干横断面规划设计指标。

镇江结点主要衔接道路横断面形式分析表　　表12-13

	道路路段	S241(通港路)路段	S241(沪宁高速公路—S338)路段	G312(S243以西)路段	G312(S243—上党镇)路段	戴家门路(S338—G312)路段
主要指标	道路性质	出入口道路近城端	出入口道路远城端	组团间快速联系通道(无开发)	组团间快速联系通道(开发)	组团间快速联系通道(开发)
	道路功能	组团外集散	组团外集散	快速转换	快速转换	快速转换
	两侧用地性质	居住、公建	工业、物流仓储	绿地	居住、公建	居住、公建
	机动车交通吸引源密度	高密度	低密度	控制出入	中密度	中密度
	慢行交通吸引源密度	高密度	低密度	禁止慢行交通	中密度	中密度
	红线宽度(m)	60	30~40	30~40	50	40
	道路通达特征	出入境交通/沿线交通	出入境交通	过境交通/组团间直达交通	过境交通/组团间直达交通/沿线交通	过境交通/组团间直达交通/沿线交通
	服务优先主体	机动车/公交/慢行交通	机动车	机动车	机动车/公共交通	机动车/公共交通
	车辆运行管理	禁止货车通行	允许货车通行	允许货车通行	适当允许货车通行	适当允许货车通行
	公交运行模式	公交干线	长途客运	长途客运	公交干线	公交支线
适宜横断面形式		C	D	A	B	B

从道路路段的性质、功能、两侧的土地利用性质、交通发生吸引强度及运行管理指标分析，S241(通港路)路段适宜采用表9-2中提出的道路横断面形式C，S241(沪宁高速公路—S338)路段适宜采用横断面形式D，G312(S243以西)路段适宜采用横断面形式A、G312(S243—上党镇)路段和戴家门路(S338—G312)路段适宜采用横断面形式B。

根据各条道路的规划红线宽度，进一步分析各条道路的横断面形式。其中G312(S243—上党镇)路段和戴家门路(S338—G312)路段主、辅路断面的组合形式进一步在主辅路并行式、主辅路分离式等形式中进行比选。通过方案比选可知，G312(S243—上党镇)路段地势平坦，两侧建设条件好，适宜采用主辅路并行式的组合方案；戴家门路(S338—G312)路段红线宽度仅40m，两侧拆迁量大，适宜采用主辅路分离、主线高架断面形式。

12.9　本章小结

本章以2020年镇江市结点干线公路衔接交通规划为例，对本书前文提出的方法、模型及技术进行应用研究。在分析镇江结点干线公路发展现状、干线公路与城市结点衔接现状及存在问题的基础上，分别进行了镇江市结点2020年干线公路交通需求分析与预测、衔接交通组织模式设计、2020年高快路网络需求规模与承载力分析、2020年各条干线公路连接模式的选择、G312近期衔接方案的比选、绕城高速互通式立体交叉一体化布局方案分析以及主要衔接道路横断面的规划设计。

第 13 章

宿迁市城市结点干线公路衔接交通规划

13.1 规划背景

13.1.1 地理区位

宿迁市位于江苏省北部，介于东经 117°56′～119°10′，北纬 33°8′～34°25′之间。处于陇海经济带、沿海经济带、沿江经济带交叉辐射区，同时也是这三大经济带的组成部分（图 13-1）。作为东陇海地区中心城市之一，苏北地区新兴中心城市，同时也承担着与南京、苏南、上海等城市的对接功能。

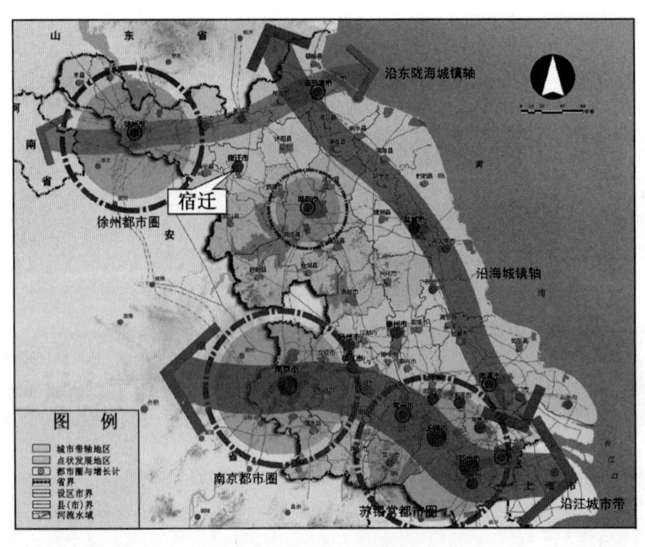

图 13-1 宿迁市地理区位图

宿迁市交通便利，水陆干线四通八达。京杭大运河纵贯南北，内河通航里程达 897km。京沪高速公路、宁宿徐高速公路、宿新一级公路、徐宿淮盐高速公路、宿新高速公路、宿沭一级公路、宿邳一级（S250）公路建成通车，新长铁路、宿淮铁路、G205、S305 穿境而过。西距徐州观音国际机场 60km，北离连云港白塔埠机场 100km，南至南京禄口机场 260km，空港优势明显。

13.1.2 城镇体系

宿迁市现有辖沭阳、泗阳、泗洪三县，宿豫区、宿城区和宿迁经济开发区、湖滨新城和苏州宿迁工业园区及 111 个乡镇和 4 个街道办事处，1149 个村（居）民委员会。

宿迁市的城镇地域分布，大部分城镇沿公路沿线布局，受公路交通布局影响明显。同时沿公路布局的城镇经济、城市发展水平都比较快，区域政治、经济中心无不集中在交通便利的公路沿线。沭阳县境内有一条国道主干线、一条国道、三条省道通过，总里程达260km，县乡公路网络比较完善，其城市化水平发展速度较快。可见公路交通是带动区域社会、经济、城镇发展的主要因素之一。

宿迁市域范围内各城镇结点具有经济发展和产业结构差异性，现阶段区域的区位和交通资源优势与周边地区相比不明显，致使交通发展与宿迁市的城镇体系发展不协调，亟须通过加强干线公路与不同层级城镇结点有效衔接，发挥干线公路对城镇发展的支撑作用，发挥中心城市的辐射、聚集作用，接受苏南、苏中地区梯度产业转移。

13.1.3　公路交通特征

2010年宿迁市域已基本形成了以京沪高速公路、宁宿徐高速公路、徐宿淮盐高速公路和G205构成的“三纵一横”的公路骨架网络。在江苏省“四纵四横四联”的公路主骨架的规划中，其中有“两纵一横”经过宿迁（两纵：京沪高速公路、宁宿徐高速公路；一横：徐宿淮盐高速公路）。通达各区县、乡镇的公路网已初步建成，高速公路有新扬高速、京沪高速、淮徐高速；干线公路有G020B、G205、S301、S101、S325、S121、S324、S245、S249、S326、S250、S101。

城市空间不断拓展，结点处干线公路的城市内部交通与过境交通之间的矛盾日趋凸显，过境交通严重限制城市的发展，并影响着人们的日常生活。城市结点处的干线公路彼此交错，导致过境交通运行不畅，出入境交通拥堵，加重了干线公路结点处的交通负荷，交通运行安全问题突出。

13.1.4　区域交通发展态势分析

在经济国际化和外向型经济发展影响下，宿迁市与国内、国际交流加强，长距离出行客流增多，宿迁市与空港之间的快捷交通联系需求增强；随着长三角的融合，城市之间的公务出行增加，人们在出行方面的可支配收入提高，休闲旅游、探亲访友的出行将大幅增长。宿迁市未来产业发展将呈现产业高级化的趋势，货物中高附加值产品增多，单位GDP产生的货运量将有所减少，依托铁路网、公路网、内河航道网以及综合枢纽，发展多式联运。对外客货运需求持续快速增长，客运向便捷化、高速化、舒适化转变，货运向专业化、网络化、信息化转变。

高速铁路和城际铁路的建设，提升了宿迁市与长三角重点城市之间联系的便捷性，铁路的客运交通出行比例不断提升。随着徐宿淮盐铁路、连宿蚌城际铁路的建设，宿迁市将形成东西便捷、南北畅达的复合交通走廊，与苏北、苏中、皖北、鲁南地区的联系大大加强，并促进宿迁市融入国家运输通道；随着宿淮铁路、宿新铁路的建设，宿迁市铁路货运功能将得到极大提高，且有较好的条件实现公铁水联运、公铁水转运，形成日益完善的综合交通体系。铁路交通运输快速提升，公路水运进一步加强，形成多式联运，综合交通体系日益完善。

沿海大开发、东陇海产业轴是宿迁市必须抓住的国家、区域发展战略，新一轮城市总体规划中也明确提出了“东融沿海，北接动脉”的区域协调发展策略。随着城市发展战略的实施，宿迁市与沿海城市、徐州都市圈的联系必将更加密切，交通运输需求也将出现较大幅度的增长。宿迁市是承接苏南乃至长三角、鲁南产业转移的重要区域，同时可以向西辐射皖北地区。

融入沿海大开发、东陇海产业轴，向东与连云港、向北与徐州的联系需求旺盛。

13.2 交通需求分析

区域交通流向与经济流向是一致的。宿迁市处于徐州都市圈东翼，沿海经济带、连徐经济带、大运河经济带“π”形区域之间，经济发展必须加入三大经济带的发展过程，达到区域共同发展的目的，加强同苏南、徐州、淮安、连云港等地区的经济联系，积极接受其辐射。从宿迁市域经济发展布局看，可以形成北部、南部、中部三个不同的产业经济区，各区内也将形成产业互异、互通、差别竞争的态势。宿迁市的主要经济流向有五个方向，其交通流向也将遵循这五个方向布局：

（1）沟通徐连经济带与沿江经济带、沪宁经济带，外连新沂、淮安、无锡等地，内连沭阳的经济流向。

（2）沟通徐连经济带与沿海经济带，外连徐州、淮安、盐城，内连宿豫、市区、泗阳的经济流向。

（3）沟通徐连经济带与沿江经济带，外连新沂、南京，内连宿豫、市区、泗洪的经济流向。

（4）沟通徐连经济带，外连连云港、安徽的宿州、蚌埠，内连沭阳、泗阳、泗洪的经济流向。

（5）内连宿迁市区与沭阳县的经济流向。

对2010年的OD调查数据，通过实际的交通量进行修正。根据弹性系数，预测得到规划年各城镇结点的交通发生、吸引量。在TransCAD软件下采用双约束重力模型法进行OD分布预测，产生规划年的OD矩阵。2020年交通量分配结果如图13-2所示。

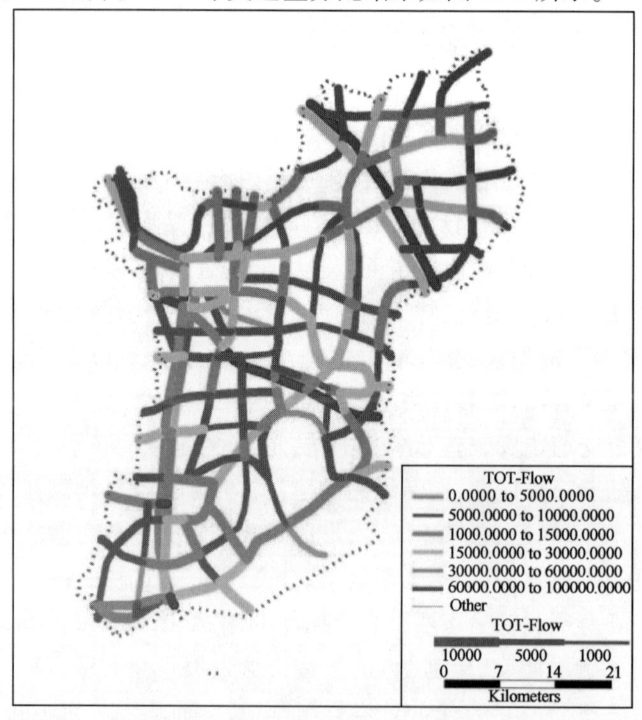

图13-2 宿迁市2020年交通流量分配图

宿迁市 2020 年对外交通流总量为 40849pcu/d，其中与徐州之间的流量占总量的 18.5%；与南京之间的流量占总量的 13.6%；与连云港之间的流量占总量的 9.8%；与淮安间的流量占总量的 8.6%；与上海之间的流量占总量的 7.5%；与其他方向间的流量占总量的 42%。

13.3 干线公路过境规划

(1)宿迁市区结点

规划在 2020 年前，宿迁市区(包括宿城及宿豫)公路过境模式仍然以环形绕越式为主，但因城镇的扩张，规划基年的绕越公路需在不同时期外迁，形成新的一般干线环城公路(二环)，过境公路均通过二环线绕越，城市出入境交通均通过二环集散；同时，随着高速公路网建设完善，外围可由宁宿徐高速公路、宿新高速公路、徐宿淮盐高速公路构成高速公路半环，供过境交通通过。结点路网布局如图 13-3 所示。

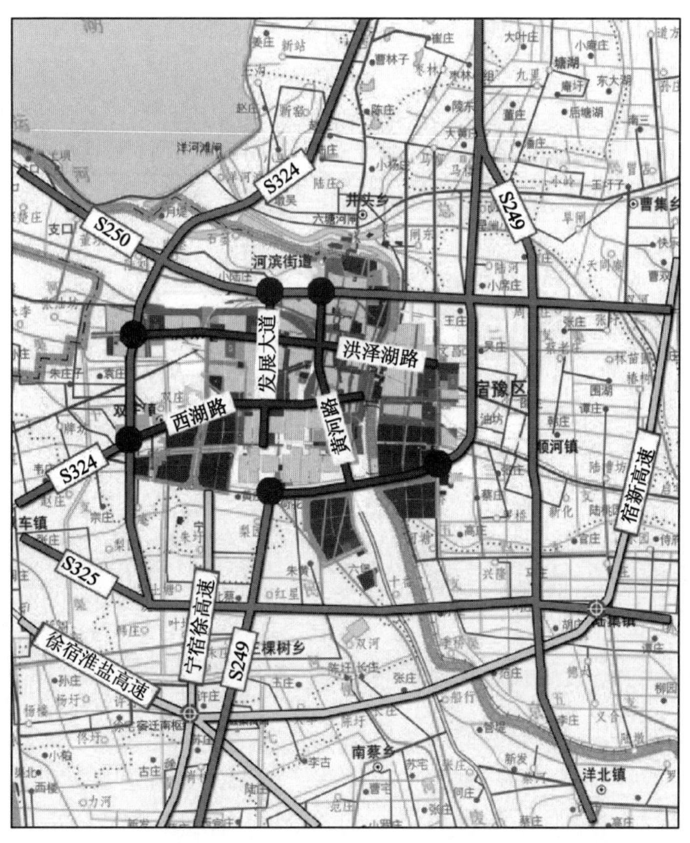

图 13-3 2020 年宿迁市结点过境方案图

(2)沭阳县结点

规划经过沭阳县结点的干线公路有 G205、S245、S324、S326 等，这些道路在沭阳县结点形成了一个放射状的路网结构，方便了沭阳对外的联系，但同时也使得沭阳成为一个主要的公路枢纽点。为减少过境交通对城市交通的干扰，构筑环形放射式的过境方式是较为适宜的，可更好地解决过境交通与城市交通混杂的问题，较好地避免了国省道对城市发展的制约，有利于带动新沂河南北及京沪高速公路以东开发区的发展，也为沭阳县的发展留有充裕的空间，结点路网布局如图 13-4 所示。

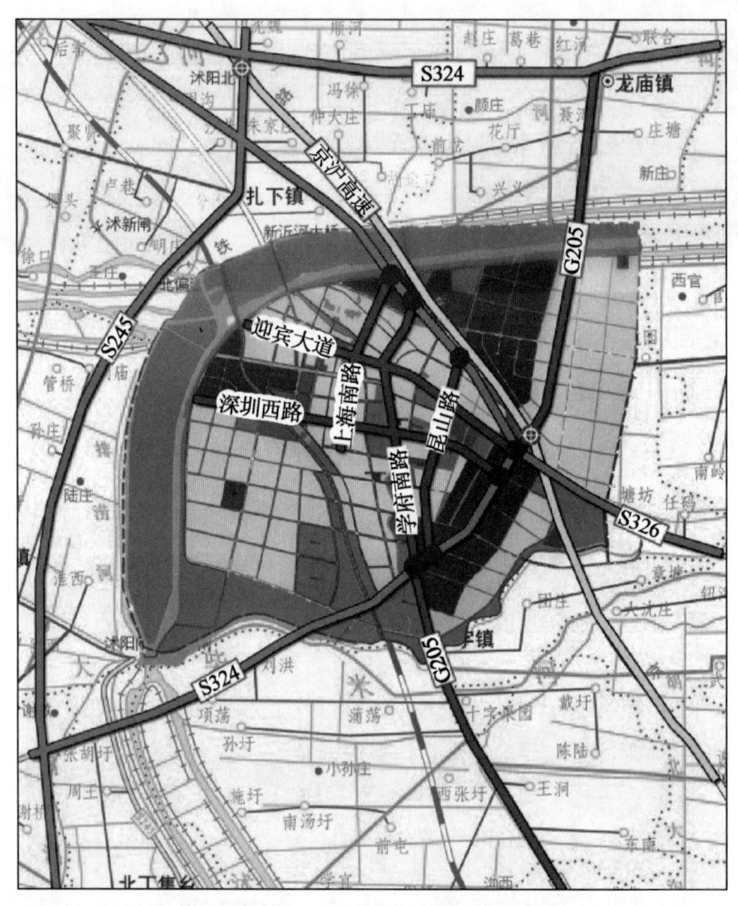

图 13-4　2020 年沭阳县结点过境方案图

(3)泗阳县结点

规划泗阳县城公路过境模式仍为环形绕越式。考虑城市向东、北发展，规划 S325 仍从北环通过，城市环线由 S325(北环、东环)、S245 公路(西环)、S325 复线(南环)构成，其他公路接环线绕行，结点路网布局如图 13-5 所示。

(4)泗洪县结点

规划泗洪县城公路过境模式为环形绕越式，即由 S121(西环)、S245(南环、东环)、龙集—贺集公路(北环)构成城市环线，其他公路接环线通过，结点路网布局如图 13-6 所示。

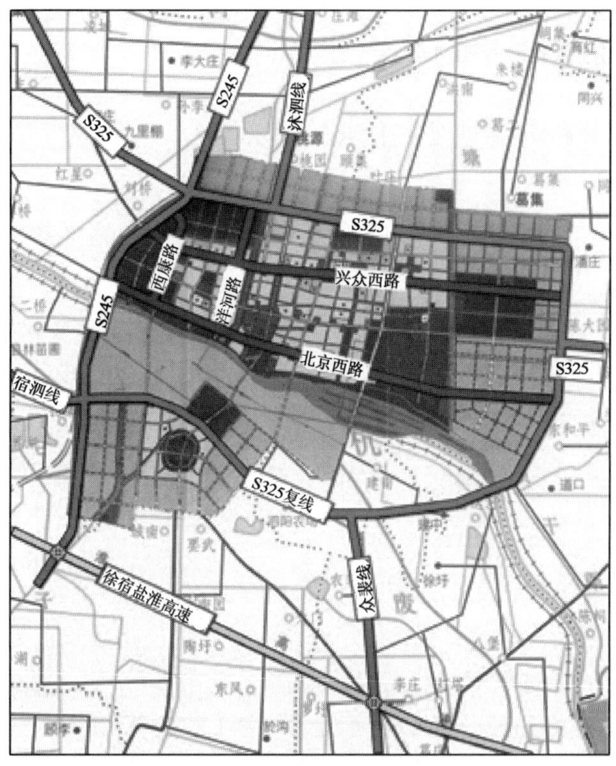

图 13-5　2020 年泗阳县结点过境方案图

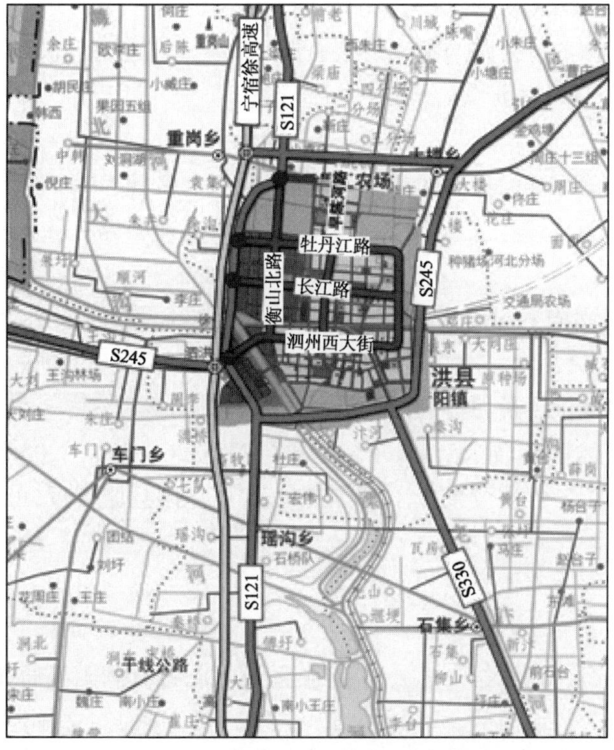

图 13-6　2020 年泗洪县结点过境方案图

13.4 干线公路衔接方案规划

13.4.1 干线公路与高速公路衔接方案

(1)宿迁市区结点

宿迁市区结点(包括宿城及宿豫)内有宁宿徐高速公路、徐宿淮盐高速公路,并规划建设宿新高速公路。

①宁宿徐高速公路:宁宿徐高速公路在市区结点附近有耿车互通和三棵树互通。

耿车互通位于耿车镇西面,车辆上下高速公路通过匝道与 S324 线连接,经 S324 线汇集、分散,S324 线下穿宁宿徐高速公路。

三棵树互通位于三棵树镇南、埠子镇北,为宁宿徐高速公路与宿淮高速公路交叉、分合流互通,车辆上下高速公路通过匝道与 S249 线相接,经 S249 线汇集、分散。

②徐宿淮盐高速公路:徐宿淮盐高速公路在市区结点附近有三棵树互通和洋河互通。

洋河互通位于洋河镇南侧,既是该高速公路与宿新高速公路交叉、分合流互通,又是地方交通上下高速公路互通。车辆上下高速公路经洋河—泗洪公路、S325 线汇集、分散。

S121 采用下穿方式通过徐宿淮盐高速公路。

③宿新高速公路:宿新高速公路有洋河、陆集、宿迁东三个互通。

陆集互通位于陆集镇西侧,车辆上下高速公路通过联络线联络宿新一级公路(S249、东二环)、徐淮一级公路(S325、南二环)汇集、分散。

宿迁东互通位于该高速公路与宿沭一级公路(S324)线交叉处,S324 线下穿高速公路,车辆上下高速公路通过 S324 线汇集、分散。

(2)沭阳县结点

京沪高速公路是沭阳境内唯一的一条高速公路,只需按照京沪高速公路走向、距离、城市的人口规模、出入境交通量等因素确定立交数量。京沪高速公路在沭阳县城附近有沭阳北互通和沭阳南互通。

沭阳北互通位于沭阳县城北部,车辆上下高速公路通过匝道与 S245(下穿)、S324(下穿)、G205 线形成交通流汇集、分散。沭阳北互通的设置给沭阳县北向的流量和东海县南向流量利用新淮高速公路提供了最便捷的出入口。

沭阳南互通位于沭阳县城东南侧,车辆上下通过 S326、S324、G205 线汇集、分散,满足沭阳县城交通集散需求。该互通设置在沭阳县城东南,据沭阳县城较近,可解决沭阳县向南和一部分向北的流量。

除沭阳—李恒公路与高速公路相交采用上跨外,其他线路均采用下穿方式通过京沪高速。

(3)泗阳县结点

泗阳县结点内只有徐宿淮盐高速公路,在泗阳县城附近有泗阳互通和李口互通。

泗阳互通位于泗阳县城南部,S245 线上跨高速公路,车辆上下高速公路主要通过 S245 线汇集、分散。

李口互通位于李口镇北部,车辆上下高速公路主要通过众裴公路汇集、分散。

其他次干线、一般线路与该高速公路交叉均采用下穿方式。

(4)泗洪县结点

泗洪县结点内有宁宿徐高速公路,在县城附近有泗洪互通。

泗洪互通位于青阳镇西侧,车辆上下高速公路通过匝道与S121、S245线相接,经S121、S245线汇集、分散,S245线与高速公路交叉方式为上跨。远期新建S245线一级公路经泗洪县城形成东、南环后向西跨该高速公路,届时可将该互通南移。

除S121线在官塘附近、S245在青阳镇西上跨高速公路外,其他线路与高速公路交叉方式均为下穿。

13.4.2 干线公路与城市道路衔接方案

(1)宿迁市区结点

①S324

S324过境交通在市区结点的走向为:徐州—通湖大道(西二环)—环城北路—沭阳。沿线与其相交的城市主干道依次为:南一环、威海西路、青海湖路、洪泽湖西路、西二环路、发展大道、黄河路、江山大道、环城东路。

②S325

S325在市区结点的走向为:西二环立体交叉—南二环—泗阳。沿线与其相交的城市主干道依次为:金鸡湖西路、北海路、南海路、平安大道、发展大道、黄河路、江山大道、环城东路。

③S249

S249在市区结点的走向为:新沂—环城东路—南二环—发展大道与南二环交叉口—龙河。沿线与其相交的城市主干道依次为:环城北路—恒山路—泰山路—南二环—黄河路—发展大道—平安大道—西一环。

④S250

S250是一条放射性公路,起点为通湖大道与环城北路相交处,通过西二环与环城北路组织出入境交通。

⑤其他次干线公路

宿(迁)黄(墩)线:与通湖大道相交,接洪泽湖西路出入境。

宿(迁)泗(阳)线:与南二环相交,接黄河路出入境。

宿(迁)魏(圩)线:与环城东路相交,接南一环出入境。

宿(迁)沭(阳)线:与嶂井线并线后同环城北路相交,接黄河路与幸福路出入境。

(2)沭阳县结点

①G205

G205过境交通在县城结点的走向为:扎下镇—新沂河大桥—北环—G205改线段—南外环—十字镇。沿线与其相交的城市干道依次为:天津路、大连东路、东环路、迎宾大道、南环路。

②S245

S245 过境交通在县城结点的走向为:扎下镇—西外环—北丁集。与城市道路的衔接:在县城北部,通过原来的新沂河大桥与环城北路相交,接天津路出入境。在县城南部,通过老宿沭路与南内环相交,接重庆南路出入境。

③S324

S324 过境交通在县城结点的走向近期为:沭阳南船闸—南外环—G205 改线段—扎下镇;远期为沭阳南船闸—南外环—东外环—龙庙镇。与城市道路的衔接:规划近期北部通过原来的新沂河大桥与环城北路相交,接天津路出入境;南部接重庆南路、学府南路出入境;东部接迎宾大道、大连东路出入境。远期东外环外移后,东部通过沭李线接大连东路出入境。

④S326

S326 是放射性道路,与东内环相连,通过迎宾大道出入境,经七雄镇,长庄,下穿京沪高速公路。

⑤沭阳—李恒公路

沭李线在沭阳东内环和大连东路的交叉口与东内环相连接,上跨京沪高速公路,与大连东路相连接。

(3)泗阳县结点

①S245

S245 由县城西侧绕过,形成西环路。沿线与其相交的城市干道依次为:众兴西路、淮海西路、北京西路、外环路。

②S325

新的 S325 由三庄乡南下,形成泗阳县北环及东环后进入淮安。沿线与其相交的城市干道依次为:西环路、解放北路、人民北路、桃源北路、上海北路。

(4)泗洪县结点

①S121

S121 过境交通在市区结点的走向为:重岗乡—西外环—瑶沟。沿线与其相交的城市干道依次为:泰山北路、环城北路、长江路、珠江路、泗洲大街、山河东路、南环路。

②S245

S245 在泗洪县是放射性道路,构成南环和东环。沿线与其相交的城市干道依次为:宁徐路、泰山南路、汴西路、黄山南路、山河东路、泗洲大道、长江路、环城北路。

③龙贺线

龙贺线在县城北形成北外环,向西往安徽、向东往龙集。沿线与其相交的城市干道依次为:泰山北路、建设路、青阳路、环城东路。

④其他次干线公路

洋(河)青(阳)线:与环城北路相交,接青阳路出入境。

青(阳)临(淮)线:与环城东路相交,接洪中路出入境。

青(阳)城(头)线:与环城南路相交,接汴西路出入境。

青(阳)天(岗湖)线:与环城南路相接。

13.4.3　干线公路与公路枢纽衔接方案

宿迁市区结点:S250 经富康大道转西湖路与宿迁汽车站衔接;S249 通过西湖路与宿迁汽车站衔接;S324 经青海湖路转西湖路与宿迁汽车站衔接。

沭阳县结点:G205 通过站前道路与沭阳县长途汽车站衔接。

泗阳县结点:S325 通过站前道路与泗阳县汽车站衔接;S245 经由 S325 与泗阳县汽车站衔接。

泗洪县结点:S121 通过进站路转站前道路与泗洪县汽车站衔接;新扬高速经由泗洪互通转 S121 与泗洪县汽车站衔接。

13.4.4　出入口道路衔接路段横断面设计

城市出入口干道上的行车速度不高,交通拥堵,主要问题之一在于混合行驶严重,横断面宽度和布设方式不合理,解决的办法主要是合理设计横断面,实现机动车、非机动车、人的分流,完善工程措施与交通管理,建立相应的配套设施。

选取四块板道路作为城市出入口道路过渡段的道路横断面形式。四块板道路横断面形式优点:不但将同向机动车、非机动车和行人进行了分隔,还将对向行驶的机动车进行了分隔,确保了路段上所有交通流的安全顺畅。适用于机动车车速较高,非机动车较多的道路。

对于城市与城镇的衔接路段,设计道路的一般横断面形式如图 13-7 所示。

对于干线公路经过城镇的路段,路段上有行人的出行需求,应该设置行人的交通设施,保证行人的交通安全和出行权利。图 13-8 为干线公路穿越城镇时,考虑行人的出行需要和干线公路的过境要求,设计的道路横断面形式。

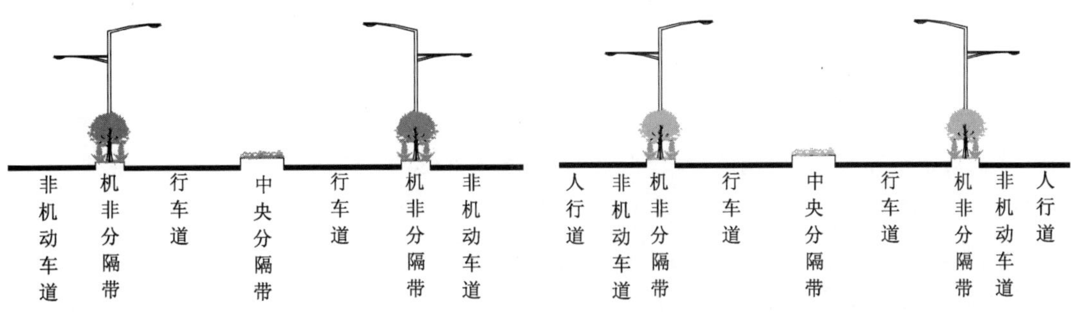

图 13-7　一般横断面设计图

图 13-8　干线公路接近城镇时道路横断面设计图

13.5　干线公路城市结点方案适应性分析

13.5.1　结构合理性分析

宿迁结点交通系统分为三个部分:由京沪高速公路、宿新高速公路、徐宿淮盐高速公路、宁宿徐高速公路、G205、S121、S245、S249、S250、S324、S325 和 S326 组成的结点外围过境路网;由西湖路、发展大道、黄河路、洪泽湖路、迎宾大道、深圳西路、上海南路、学府南路、昆山路、西康路、洋河路、兴众西路、北京西路、衡山北路、泗州西大街、长江路和牡丹江路组成的结点内外衔接路网;由普通城市道路组成的结点内部路网。

京沪高速公路、宿新高速公路、徐宿淮盐高速公路、宁宿徐高速公路和 G205 作为宿迁结点的快速过境道路,连接周边连云港、徐州、淮安、盐城、扬州、泰州、南京、无锡、苏州等区域重要城市,服务于区域重要活动中心,拥有最大的交通量和最长的出行,主要为过境交通和城市结点对外长距离出行提供通畅性服务。

S121、S245、S249、S250、S324、S325 和 S326 作为宿迁结点一般过境道路,连接城市结点辐射范围内的沭阳、泗阳、泗洪等重要城市结点,主要为结点中长距离的交通出行服务,提供便捷的交通联系,从而加强核心城市对于周边地区的辐射带动作用,促进区域城市体系的发展。

西湖路、发展大道、黄河路、洪泽湖路、迎宾大道、深圳西路、上海南路、学府南路、昆山路、西康路、洋河路、兴众西路、北京西路、衡山北路、泗州西大街、长江路和牡丹江路作为宿迁结点的衔接路网,与快速过境道路及一般过境道路连接,为城市对外交通实现快速便捷出入服务。

13.5.2 服务效果分析

(1)宿迁市区

宿迁市区东西向过境交通可由徐宿淮盐高速公路实现快速穿越;南北向过境交通则由宿新高速承担。宿迁市区对外交通,南北向可通过洪泽湖路或西湖路与 S324 衔接,或通过黄河路与 S249 衔接,从而实现快速出入;东西向可通过发展大道或黄河路衔接 S250,或通过黄河路经 S249 与 S325 衔接,实现快速出入。

(2)沭阳县

沭阳县东西向过境交通可由 S324 实现快速穿越;南北向过境交通则由京沪高速公路承担。沭阳县对外交通,南北向可通过迎宾大道、深圳西路、学府南路或昆山路与 S324 和 G205 衔接,或通过上海南路、学府南路、昆山路经由 S326 或 S324 与 S245 衔接,从而实现快速出入;东西向可通过迎宾大道、上海南路、学府南路或昆山路衔接 S326,实现快速出入。

(3)泗阳县

泗阳县东西向过境交通可由徐宿盐淮高速公路实现快速穿越。泗阳县对外交通,南北向可通过兴众西路、北京西路、西康路或洋河路与 S245 或沭泗线衔接,从而实现快速出入;东西向可通过洋河路与 S325 衔接,或通过北京西路与 S325 复线衔接,实现快速出入。

(4)泗洪县

泗洪县东西向过境交通可由 S245 实现快速穿越;南北向过境交通则由宁宿徐高速承担。泗洪县对外交通,南北向可通过牡丹江路、长江路、泗州西大街或衡山北路与 S121 衔接,从而实现快速出入;东西向可通过泗州西大街或早陈河路与 S245 衔接,或经由 S121 与 S245 衔接,实现快速出入。

通过宿迁市区、沭阳县、泗阳县和泗洪县结点方案，过境交通被合理屏蔽在城市结点外围，未与城市内部交通形成冲突，同时城市对外交通通过城市主要干道与国省道衔接顺畅，保证了出入境交通的有序运行。

13.5.3 与国民经济发展适应性分析

结点规划方案对国民经济的影响，主要表现在项目对宿迁市及周边地区区域经济发展以及技术进步的促进作用。

(1)结点规划方案对区域资源开发的影响

交通运输对自然资源利用的优先度具有重要影响。结点规划方案对宿迁市资源利用的影响主要表现在土地资源、自然资源、旅游资源的利用等方面。绕越项目对宿迁市内土地资源的开发效益是通过提高土地的经济区位作用体现出来的，绕越项目改善了宿迁市与外界联系以及市域内的交通状况和交通环境，从而刺激了宿迁市的投资需求，提高了该区域交通干线附近土地的优位作用，即带来土地增值。

(2)结点规划方案对区域工业生产的影响

绕越项目对宿迁市工农业生产的影响主要体现在促进“比较优势链”的建立上。所谓“比较优势链”，是指不仅应该重视工农业产品生产的地区专业化分工，而且还要重视运输供给在质和量上对工农业产品运输需求的满足。否则，工农业产品的增加与运输途中的损耗以及由于运输需求不能得到满足的损失将同时出现。宿迁市内产业结构以及与外界的产业结构相关联的规模越来越大，对交通运输的要求也就越来越高，公路运输以其快捷、灵活、覆盖面广等特点，对联结区域内外各产业部门的密切协作发挥着重要作用，绕越项目的实施使宿迁市公路运输的这一作用得以更加充分地发挥。

对工业生产来说，绕越项目的实施一方面通过增加人与物空间位移的规模和效率刺激宿迁市的生产、流通；另一方面项目建设本身也需要物质基础，这些物质基础的消耗不断构成对工业生产的具体要求，刺激着工业生产的发展。

(3)结点规划方案对区域商品流通的影响

商品交换要求发生空间的位置移动，绕越项目的实施，将改善各县市的公路运输条件，既扩大商品交换的范围，又提高商品流通的速度，减少在途物资数量和物资储备，从而节省流动资金，提高经济效益。结点规划方案的实施将大大促进宿迁市商业的发展。

(4)结点规划方案对区域城镇化水平的影响

绕越项目通过提高宿迁市城市结点间人流、物流、信息流的运转速度和相互作用，加速宿迁市范围内的城镇化进程，也有利于宿迁市本身的健康发展。随着城镇化的发展，小城镇也开始具有集聚效益、规模效益、优位效益和外部经济效益。能否保持小城镇持续发展的关键问题，在于如何突破影响城市发展的限制型因素，实现资源要素在空间上的有效配置，使其在新的基础上得以继续发展和提高。从宿迁市经济发展的角度看，实施绕越项目，扩大辐射范围，是解决规模和效益问题的最佳途径，从而使宿迁市在一个更广阔的社会环境空间中获得新的发展，取得更高的效益。

13.5.4 与城市总体规划协调性分析

对结点规划方案的选择应考虑到城市发展需求，从建设规模、技术标准等方面为城市发展预留空间。因而在过境公路具体线位的选择上，应考虑两个因素：一是城市规划的布局和发展方向；二是过境及出入境交通的流量和流向。

根据城市总体规划，结点规划方案本着“因地制宜，远近结合，过境与出入境交通兼顾”的规划原则，有效地缓解了大量过境交通对城市交通的干扰，过境公路与城市路网各自发挥作用，互不干扰，顺应了城市总规确定的发展方向，明确了其国省公路干线的功能。该方案适应了大区域、中长距离的干线公路运输需要，加快了过境交通速度，提高了过境交通的通行能力和服务水平，方便了区域客货内外运输，扩大了城市经济的辐射范围，带动了宿迁市及周边地区的经济发展。同时提升了宿迁市的城市品质和地位，将在一定程度上改变城市结构，对城市规划带来较大的影响；对周围的土地利用和土地资源的开发也将带来很大的影响，推动和促进宿迁市的城市化进程，带动沿线土地的增值，加快土地开发；良好的交通条件和现代化的基础设施也将吸引投资者的眼光，增强其投资信心，为宿迁市经济的良性循环发展提供保障。

13.6 本章小结

本章以宿迁为例，进行城市结点干线公路衔接交通规划的示例分析。分析了宿迁市地理区位、城镇体系、公路交通特征、区域交通发展态势等规划背景；预测了2020年公路交通需求量及各个对外方向的交通量；对宿迁市区、沭阳县、泗阳县、泗洪县结点的过境方案和衔接方案进行规划，说明各条国省道走向、互通式立体交叉和衔接路段横断面设计；从结构合理性、服务效果、与国民经济发展适应性、与城市总体规划协调性等方面分析了干线公路城市结点方案的适应性。

第14章
济南市城市结点高快路网布局规划

14.1 规划背景

14.1.1 中心城整体布局

济南市位于北纬36°40′，东经117°00′，南倚泰山，北临黄河，作为中国东部沿海经济大省的省会，北接京津唐，南接长三角，西连黄河中上游，东连胶东半岛，位于京沪经济带、济青产业带和沿黄河经济开发带的交汇之处，具有显著的地理区位优势。

中心城建设用地集中在北部黄河和南部山区之间的适宜建设区域，用地发展方向在现状城区用地的基础上，主要向东西两翼拓展。规划范围向东扩展至市区边界，向西南扩展至长清城区。中心城规划用地范围为1022km^2，如图14-1所示。

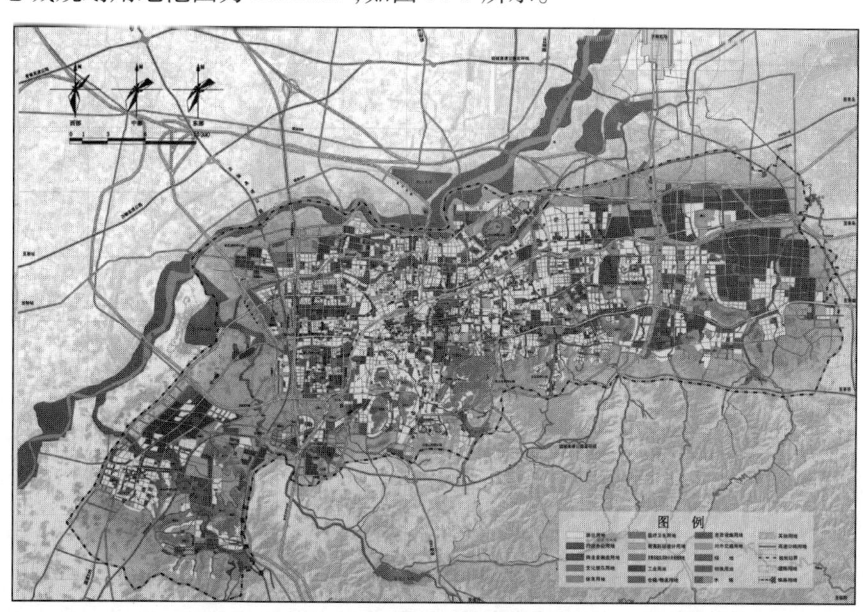

图14-1 济南市中心城规划示意图

中心城空间结构为"一城两区"。"一城"为主城区，"两区"为西部城区和东部城区。主城区为玉符河以东、绕城高速公路东环线以西、黄河与南部山体之间地区；西部城区为玉符河以西地区；东部城区为绕城高速公路东环线以东地区。主城区与西部城区、东部城区之间以绿色空间相隔离。

14.1.2 交通特征

2014年，济南市已形成县县通高速、"一小时公路交通圈"的"一环八射"高速路网。初步建成通达各区县及重要乡镇的干线公路网，主城区内快速路网络架构已建成，如图14-2所示。中心城区各方向有通道15个，总通行能力为74万pcu/d，总交通量为40.9万pcu/d，除个别路段交通量饱和外，大部分均运行顺畅。

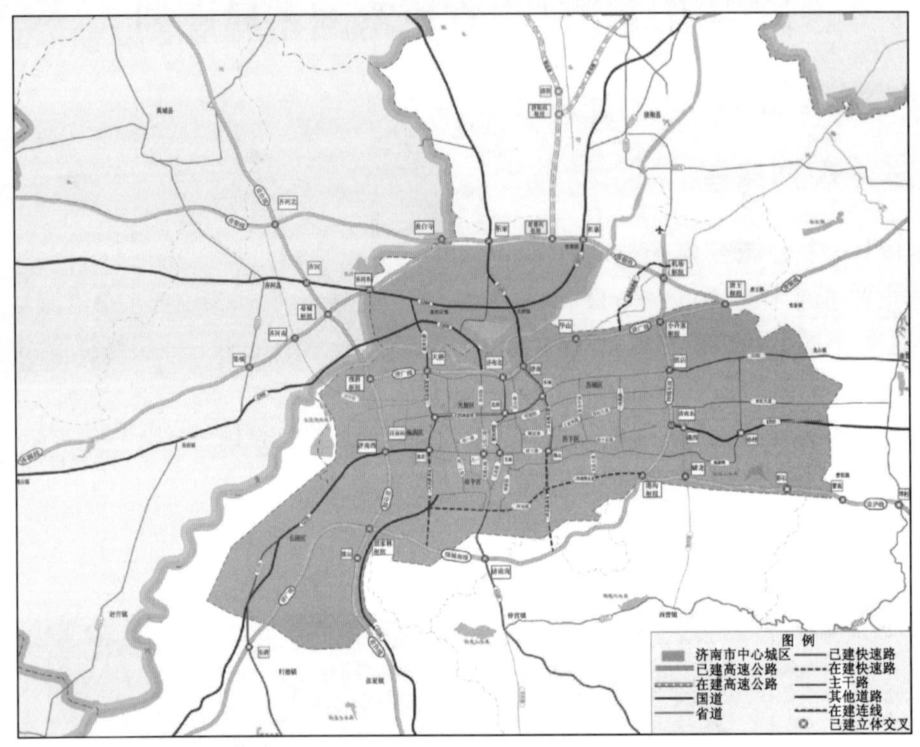

图14-2　济南市高快路网现状图

14.1.3　区域交通发展态势分析

济南市GDP年均增速将保持在中高档，经济发展的平衡性、协调性、可持续性明显增强，必然要求完善交通基础设施，尽快完善“薄弱环节”，进一步提高路网总体容量和通行能力，保障交通运输供给能力的有效提升。经济持续稳定发展，要求不断提高交通运输总体容量和通行能力。

济南市机动车保有量超过150万辆，迅猛增长的机动车保有量，加速了城市拥堵，增加了济南市路网的交通负担，亟须完善补充各条通道，疏解城市交通流。

构建区域互动、优势互补、紧密协作区域发展新格局，过境交通需求持续增长。济南市应进一步发挥交通先导引领作用，加快综合运输通道和综合枢纽建设，强化济南全国性综合交通枢纽地位。区域互动协调发展，要求努力完善交通运输通道和综合枢纽能力。

14.2　交通需求分析及快速路规模测算

14.2.1　区域发生吸引量预测

对济南市域进行交通小区划分，内部小区10个，外部小区11个，具体划分如表14-1和图14-3所示[172]。

交通小区划分表　　表 14-1

小区编号	小区名称	小区编号	小区名称
1	市中区	12	淄博市
2	天桥区	13	莱芜市
3	槐荫区	14	泰安市
4	历下区	15	聊城市
5	历城区	16	德州市
6	长清区	17	河北衡水、沧州地区
7	章丘市	18	河南省濮阳等西南地区
8	平阴县	19	济宁、菏泽等山东以南地区
9	济阳县	20	枣庄、临沂、日照等东南地区
10	商河县	21	潍坊市等山东以东地区
11	滨州、东营地区		

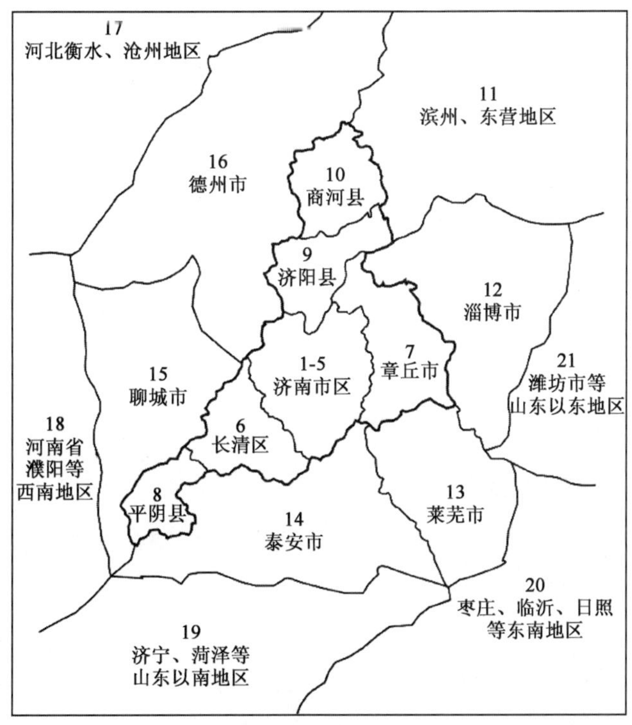

图 14-3　交通小区划分示意图

经过交通生成、交通分布预测，得到济南市 2030 年的出行期望线图及对外交通需求情况，如图 14-4、图 14-5 所示，东向交通量为 35.9 万 pcu/d，南向交通量为 33.5 万 pcu/d，西向交通量为 22.0 万 pcu/d，北向交通量为 42.0 万 pcu/d。

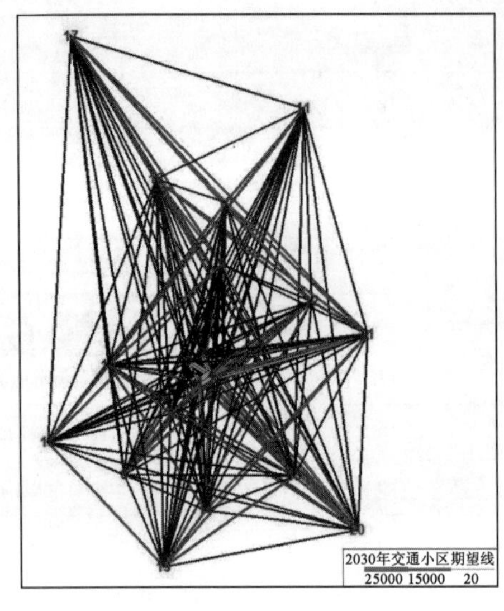

图 14-4　2030 年交通小区期望线图

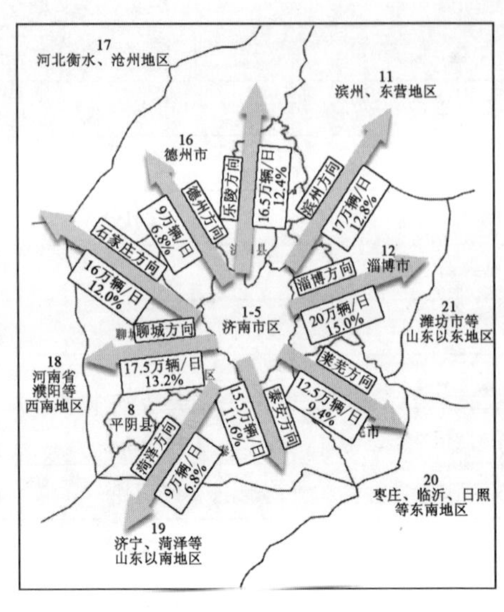

图 14-5　2030 年济南市对外交通需求预测量图

14.2.2　快速路规模测算

2030 年经过济南结点的高速公路为“两环十射”，根据《公路路线设计规范》（JTG D20—2006），设计车速 120km/h 的高速公路单向一条车道的理论通行能力取 2200pcu/h，2030 年经过济南市结点的高速公路按二级服务水平考虑，取$\alpha_k=0.67$，其余高速公路的服务水平按一级考虑，取 $\alpha_k=0.34$，驾驶者总体特征修正系数f_p取 0.97，交通组成修正系数f_{HV}取 0.55，车道数修正系数f_{Ni}六车道取0.99，八车道取 0.98。根据《城市道路工程设计规范》（CJJ 37—2012），单向一条车道的理论通行能力取 2100pcu/h，2030 年快速路服务水平按一级考虑，取$\alpha_k=0.34$。

2030 年济南市过境交通、出入境交通的吸引系数取 0.9，市内交通吸引系数取 0.4 来计算高快路网络需求规模，由式（7-5）可以得出 2030 年济南市需要六车道快速路长度不低于 90km（不包含内环高速里程）。

14.3　高快路网布局

14.3.1　影响因素

（1）区位

济南市作为重要的公路、铁路枢纽，高快路网布局方式要与综合交通网络进行协调，节约土地，减少过境交通对城市建设用地的分割，建设综合交通走廊；另一方面，高快路网建设要服务城市结点的交通功能。济南城市化水平在 70% 以上时，城市规模处于稳定时期，高快路网布局应考虑城市结点处的运输组织。

（2）城市规模

济南市对外交通占出行总量的比例较大，城市对外经济交流较多，交通联系需求较大。进行高快路布局时,高速路与快速路之间应配备足够的连接线。

(3)城市空间形态

中心城空间结构为“一城两区”,要求高快路的布局形式应与城市空间形态发展和城市功能布局相协调。城市空间形态发展和城市功能布局决定了现状和未来城市交通产生的特点及交通需求分布的大致规律,是构建合理的城市内部交通网络和对外交通网络的依据,也是决定高快路网络布局的依据之一。

(4)自然地理因素

济南市中心城处在黄河与南部山体之间,高快路网络布局形态受到自然地理条件的限制,高快路景观与城市景观的协调性、统一性问题显得尤为突出。高快路网络布局时,应尽量避免对黄河、南部山体等进行大的人工改动,减少影响。在具体线位选择时,要避免穿越这些地区,当受地形条件限制必须穿越时,应采取如隧道、桥梁、恢复山体的自然形态等必要的设计措施,削弱过境公路对自然景观的影响,减少过境公路建设过程中留下的非自然痕迹。

14.3.2 高快路网作用分析

济南市高快路网是由高速公路系统、城市快速路系统和内外环高速连接线系统三个层次构成,是城市机动车的长距离快速通道,承担主城区各片区的交通联系及城市对外交通的快速集散。其作用主要体现在以下几个方面:

(1)形成城市快速大容量的交通走廊,为城市各功能分区提供高效的交通服务。

(2)提高城市交通可达性,改善交通环境,降低交通出行时耗。

(3)合理集疏过境交通,缓解主城区交通压力。

高速公路系统主要承担过境交通及出入境的交通,沟通济南市与周边地区的联系,连接各区、县中心、区域经济中心等主要交通枢纽。

城市快速路系统包括济南市主城区快速路和内环高速,是城市机动车的长距离快速通道,提供快速的跨区域交通联系,承担中心城各片区的交通联系及城市对外交通的快速集散。

内外环高速连接线系统指济南市内外环高速间的连接道路,主要承担内外环高速间联系的交通,增加内环高速对外交通释放能力。

14.3.3 布局方案

经多方案比选、优化和专家咨询,最终确定济南市高快路网规划布局为:主城区外形成“两环十射”高速路网、主城区内形成“一环二横二纵”快速路网,内、外高速环线间形成21条连接线通道,规划方案如图14-6所示。

内、外高速环线间由21条通道相连,其中高速公路通道8条、国省干线通道9条、其他干线通道4条。

(1)高速公路系统规划——“两环十射”

济南市主城区外围规划“内环、外环”绕城高速公路网络,内环高速公路通过十条射线高速公路与外围区域相连。表14-2为济南市高速公路网布局规划表。

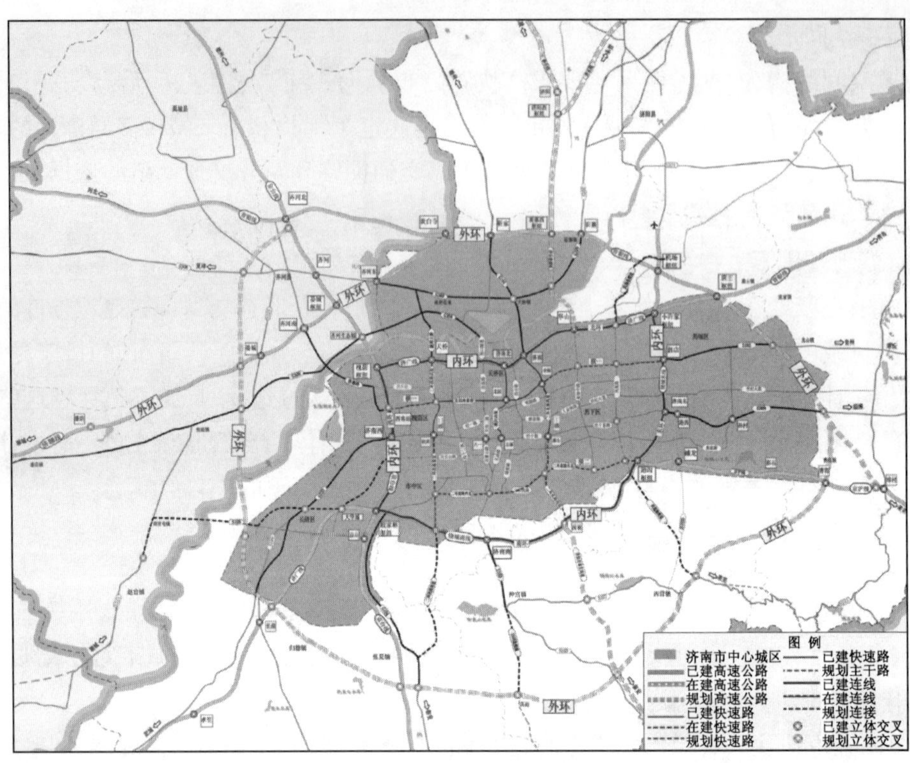

图 14-6　济南市高快路网布局方案

济南市高速公路网布局规划表　　表 14-2

序号	路线	路　段	总里程（km）	已建（km）	规划（km）	技术标准
1	一环	济南内环高速公路	96.7	96.7		四、六
2	二环	济南外环高速公路	185.2	55.8	129.4	四、六、八
合计			281.9	152.5	129.4	
1	射一	济南—淄博—青岛 （济广高速公路小许家枢纽至青银高速唐王枢纽向东）				四
2	射二	济南—莱芜—青岛 （京沪高速公路港沟枢纽至彩石立交向东南）				六
3	射三	济南—泰安—上海 （济南绕城高速公路涝坡互通立交向南）				六
4	射四	济南—泰安—福州 （京台高速公路殷家林枢纽至万德立交向南）				六
5	射五	济南—菏泽—广州 （济广高速公路殷家林枢纽至长清立交向西南）				四
6	射六	济南—聊城—邯郸 （京台高速公路槐荫枢纽至晏城枢纽接济聊高速公路向西）				六、四

续上表

序号	路线	路　　段	总里程（km）	已建（km）	规划（km）	技术标准
7	射七	济南—石家庄—银川 （京台高速公路槐荫枢纽至齐河北枢纽接青银高速公路向西）				六、四
8	射八	济南—德州—北京 （京台高速公路槐荫枢纽至齐河北枢纽向北）				六、四
9	射九	济南—天津—北京 （华山立交向北接济乐高速公路崔寨西枢纽向北）				六
10	射十	济南—滨州—东营 （华山立交向北接济乐高速公路崔寨西枢纽至 济阳西枢纽接济东高速公路向东北）				六、四

“内环高速”：由现有济南绕城高速公路的部分与济广高速公路小许家枢纽至槐荫枢纽段组成。自小许家枢纽至济南东立体交叉，利用绕城高速公路南线至殷家林枢纽，向北经京台高速公路至槐荫枢纽，向东利用济广线至小许家枢纽，已全部建成通车。“内环高速”是国家高速京沪线（G2）、京台线（G3）和济广线（G35）在济南外围联网形成的绕城高速公路，全长约96.7km。

“外环高速”：西起青银、济广高速公路相交的唐王枢纽立体交叉，向东南新建经龙山西改造彩石立体交叉接至G2京沪高速公路（济莱高速段），沿南绕城高速公路外围新建线向西穿济南南部山区接京台、济广高速公路，沿长清西跨黄河在齐河境内接济聊高速公路，利用济聊高速公路、青银高速至唐王枢纽。

在“外环高速”建成后，“内环高速”作为城市快速路，主要服务济南城区交通。外环高速公路全长约185.2km，其中利用55.8km（青银30.5km、双向6、8车道；济聊高速25.3km、双向4车道）、新建129.4km（含与规划京沪线唐王枢纽至埠村段共线长度17.5km）。

十条放射线分别是：

①“射一”：济南—淄博—青岛（济广高速公路小许家枢纽至青银高速公路唐王枢纽向东）。

②“射二”：济南—莱芜—青岛（京沪高速公路港沟枢纽至彩石立交向东南）。

③“射三”：济南—泰安—上海（济南绕城高速公路涝坡互通立交向南）。

④“射四”：济南—泰安—福州（京台高速公路殷家林枢纽至万德立交向南）。

⑤“射五”：济南—菏泽—广州（济广高速公路殷家林枢纽至长清立交向西南）。

⑥“射六”：济南—聊城—邯郸（京台高速公路槐荫枢纽至晏城枢纽接济聊高速公路向西）。

⑦“射七”：济南—石家庄—银川（京台高速公路槐荫枢纽至齐河北枢纽接青银高速公路向西）。

⑧“射八”：济南—德州—北京（京台高速公路槐荫枢纽至齐河北枢纽向北）。

⑨“射九”：济南—天津—北京（华山立交向北接济乐高速公路崔寨西枢纽向北）。

⑩“射十”：济南—滨州—东营（华山立交向北接济乐高速公路崔寨西枢纽至济阳西枢纽接济东高速公路向东北）。

(2)主城区快速路系统规划——“一环二横二纵”

济南市主城区快速路规划布局为“一环二横二纵”,总里程188.4km。其中,已建127.9km(含济南内环绕城高速96.7km)、在建11km、规划49.5km。表14-3为济南市主城区快速路布局规划表。

“一环”:济南内环高速公路。

“横一”:工业北路高架—北园高架及西延长线。路线东起济南绕城高速公路东线郭店立交,向西经工业北路、北园高架至在建匡山枢纽立体交叉,向西经高铁西客站后接绕城高速公路西线(京台高速公路公路),全长约31km。

“横二”:二环南路及东西延长线。路线东起京沪线港沟枢纽立体交叉,新建线路至搬倒井与二环东路南延相接,至搬倒井西接二环南路,在与英雄山路交叉口向西新建至规划的二环西路高架南延长线,全长23km。

“纵一”:二环东路高架及南延长线。路线北起济广高速公路零点立体交叉,向南利用二环东路高架至燕山立体交叉,再沿规划二环东路高架南延长线至济南绕城高速公路南线,全长约19.5km。

“纵二”:二环西路高架路及南延长线。路线北起济广高速公路天桥立体交叉,经在建二环西路高架至段店立体交叉,沿规划二环西路高架南延段在G104南接规划的二环南路西延,向南新建线至济南绕城高速公路南线,全长约18.2km。

济南市主城区快速路布局规划表 表14-3

序号	路线	路段	总里程(km)	已建(km)	在建(km)	规划(km)	技术标准
1	一环	济南内环高速公路	96.7	96.7			高速公路
2	横一	工业北路—北园高架及西延长线	31.0	13.7		17.3	六车道快速路
3	横二	二环南路及东延长线	23.0		11	12	六车道快速路
4	纵一	二环东路高架路及南延长线	19.5	9.5		10.0	六车道快速路
5	纵二	二环西路高架路及南延长线	18.2	8.0		10.2	六车道快速路
合计			188.4	127.9	11	49.5	六车道快速路

(3)内外环高速连接线系统规划

内、外高速环线间由21条通道相连,其中高速公路通道8条、国省干线通道9条、其他干线通道4条。表14-4为济南市内外环高速连接线布局规划表。

济南市内外环高速连接线布局规划表　　表 14-4

通道方向（21 条）	序号	路线名称	规划技术等级	里程（km）
东向（4 条）	1	G35 济广高速公路	高速	7
	2	G2 京沪高速公路（济莱高速公路）	高速	14
	3	S102 济青公路	一级	10.5
	4	G309 荣兰公路	一级	14.5
南向（6 条）	1	G3 京台高速公路	高速	14.5
	2	G104 京福公路	一级	15.3
	3	S103 及连接线	一级	16.5
	4	凤凰路南延	一级	14.5
	5	二环东路南延（济南至泰安高速济南局部路段）	高速	17.7
	6	二环西路南延	一级	18
西向（4 条）	1	G35 济广高速公路	高速	15.6
	2	G220 东郑公路	一级	23.2
	3	规划 S105（刘长山路接大学城立交接规划 S105 济聊路）	一级	32.5
	4	G309 济泺路北向西	一级	47
北向（7 条）	1	C2 京台高速公路	高速	8
	2	G2001 机场高速公路	高速	4.2
	3	济乐高速连接线	高速	11
	4	济齐公路（接北园高架西延至京台高速）	一级	17
	5	G104 京福公路	一级	13.8
	6	建邦大桥及连接线	一级	13.5
	7	机场连接线	一级	7.8

东向 4 条：G35 济广高速公路小许家枢纽至唐王枢纽、济莱高速（京沪高速）港沟枢纽至彩石立体交叉、S102、G309。

南向 6 条：京台高速公路殷家林枢纽至万德立体交叉、规划二环东路南延（济南至泰安高速局部路段）、G104、规划凤凰路南延、规划 S103 连接线、二环西路高架南延。

西向 4 条：济广高速公路殷家林枢纽至长清立体交叉、G220、规划 S105（刘长山路接大学城立体交叉接规划 S105 济聊路）、G309。

北向 7 条：京台高速公路槐荫枢纽至晏城枢纽、东绕城高速公路小许家枢纽至机场枢纽（机场高速公路）、规划济乐高速公路连接线（华山立体交叉至崔寨西立体交叉）、济南至德州公路（济齐黄河大桥）、G104、建邦黄河大桥及连接线、规划机场连接线。

（4）内外环高速连接线与城市快速路、主干路的衔接

14 条对外放射的干线通道中，6 条与主城区快速路衔接，8 条与主干路衔接。

与城市快速路衔接（6 条）：S102 与北园高架东延、二环东路南延与二环东路高架、二环西路南延与二环西路高架、济南至德州公路（济齐黄河大桥）与北园高架西延、建邦大桥及连接线与二环西路高架、G104 与二环东路高架北延。

济南市高快路网规划重点建设项目表(2030年)

表 14-5

路网分类	序号	项目名称	道路性质	技术标准	建设规模	投资匡算(亿元)
高速公路	1	京沪高速 (青银高速公路唐王枢纽—济莱高速公路埠村立体交叉段)	高速公路	双6	全长约29.8km,大桥5座,枢纽立交2座、一般立体交叉2座	35
	2	济乐高速公路连接线 (崔寨西枢纽至华山立体交叉)	高速公路	双6	全长11km,公铁两用黄河大桥1座,新建立体交叉1座,改建2座	36.2
	3	绕城高速公路南环 (济南东立交—殷家林枢纽互通)拓宽	高速公路	4改8扩建	全长约39km	32
	4	济南高速公路大外环 (含京沪线唐王枢纽至埠村段)	高速公路	双6	济南高速大外环路线全长185.2km,建设里程124.2km,新建黄河大桥1座,大桥/高架桥约6.9km,隧道39km/21座,枢纽立体交叉6座、一般立交8座。济南境内116.8km。京沪线唐王枢纽至埠村段共29.8km	148.5
	5	济广高速公路(济青高速公路) 零点立交至唐王立体交叉段扩建	高速公路	4改8扩建	路线全长22.6km,改造立交4座	19.2
	6	济广高速公路殷家林枢纽至长清立体交叉段	高速公路	双8扩建	路线全长15.6km	11.7
	7	济南至泰安高速公路	高速公路	双6	全长约57.6km(济南境内25.3km,至规划大外环高速全长约17.7km),设特大桥2座,隧道12km,互通式立体交叉7座	44.3

续上表

路网分类	序号	项 目 名 称	道路性质	技术标准	建 设 规 模	投资匡算（亿元）
城市快速路	1	“横一”北园高架西延至京台高速	快速路	双 6	全长约 5.5km，新建约 2.5km，改建约 3km	8.6
	2	“横一”北园高架东延至绕城高速东环	快速路	双 6	全长约 13.5km	19
	3	“横二”二环南路西延接二环西路南延	快速路	双 6	全长约 11.0km	34.3
	4	“横二”二环南路东延至港沟立体交叉	快速路	双 6	全长约 12km，其中隧道 6.4km，立交 4 座	45.3
	5	“纵一”二环东路南延长线（至内环高速公路）	快速路	双 8	全长约 10.0km，其中隧道 3.3km，立交 3 座	27.7
	6	“纵二”二环西高架南延长线段 店立交至绕城高速公路南线段	快速路	双 6	全长约 10.2km，高架路约 8.8km，立交 3 座	24.8
内外环高速连接线	1	凤凰路南延（绕城高速公路至西营）	一级公路	双 6	全长约 15km，隧道 2.4km/2 座	11.0
	2	二环东路南延长线（绕城高速公路至柳埠）	一级公路	双 6	全长约 16.7km	24.1
	3	二环西路南延长线 （绕城高速公路南线至外环高速公路）	一级公路	双 6	全长约 11.8km	12.1
	4	G309 黄河泺口北跨黄河通道至齐河界	一级公路	双 6	全长约 9.8km，隧道长约 1.8km，其余扩建	7.2
	5	G104 天桥区靳家至大桥镇扩建	一级公路	双 6	全长约 13.5km，新建黄河大桥 1 座	18.5
	6	S103 及连接线（仲宫至高而段扩建）	一级公路	双 4	路线全长 16.5km，其中改建段长 9km，利用 7.5km	1.8
	7	规划 S105 及长清黄河大桥	一级公路	双 4、6	至齐河界全长约 19km，其中黄河大桥 1 座，长 6km	19.0
	8	济齐黄河大桥建设及规划 S101 改线	一级公路	双 6	路线全长 3.8km，其中济齐黄河大桥长 2.3km	10.8
	合计					591.1

与主干路衔接(8 条):G309 与经十东路、G104 与济微路、G220 与经十路、规划长清黄河大桥 S105 与刘长山路、规划济乐高速公路连接线与奥体中路、凤凰路南延(济莱快速路)与凤凰路、S103 及连接线与英雄山路、机场连接线与凤凰路北延。

(5)与其他运输方式的衔接

高快路网与铁路、水运、航空等运输方式的协调,通过城市主干道的补充连接了现有及规划的铁路枢纽站场、轨道交通站点、主要内河航运港口、民航机场,并充分考虑了城市未来发展对道路主骨架交通的需求。

与铁路运输的衔接:根据济南市未来铁路和轨道交通的发展情况,本次规划特别注意了路网与铁路之间的协调,加强了与京沪高铁、津浦铁路、胶济客运专线等的衔接。通过规划快速路"横一"与京台高速连接、增设济青高速凤凰互通,实现济南东、西客站与主城区快速交通连接。

与航空运输的衔接:通过绕城高速公路、机场路、规划凤凰路北延三条道路,加强了主城区与济南国际机场的联系,扩大了机场的辐射范围和集疏运效率。

与水路运输的衔接:根据小清河复航规划,小清河复航近期主要将济南机场路下游航道复航,本次规划考虑了与小清河复航的衔接,加强了进出港口道路与绕城高速东线、机场连接线等相关道路的衔接。

至 2030 年规划期内,济南市高快路网规划重点建设项目如表 14-5 所示。

14.4 本章小结

本章以济南为例,进行城市结点高快路网规划的示例分析。分析了济南市地理区位、中心城市总体布局、交通特征、区域交通发展态势等规划背景;预测了 2030 年中心城市对外公路交通量、快速路规模;对高速公路、城市快速路和内外环高速连接线组成的高快路网进行布局规划,并制定重点建设项目。

第 15 章

无锡市城市结点G312与S342共线段市政化改造设计

15.1 背景介绍

G312 东起上海，西至新疆，全长 4967km，途经上海、江苏、安徽、河南、湖北、陕西、甘肃、宁夏和新疆 9 个省市自治区，是国家一条重要的东西向主干线，无锡是其重要结点之一，从无锡东侧穿过；S342 东起苏州常熟境内，与 S227 相接，向西途经无锡锡山区、惠山区、滨湖区、常州武进区、宜兴市，终于宜兴与安徽广德交界，老路全长约 165km，是苏南路网东西向的主干线，是锡宜高速的重要辅道，以及沟通苏锡常都市圈内部及与上海的主要通道，在无锡境内位于东侧。

无锡城镇空间向东拓展，G312 和 S342 部分路段两侧城镇化水平提高，街道化现象严重，机动车和非机动车混行，横向干扰大，承担的交通由单一的过境交通向内部和过境兼并的混合交通转化，造成车速慢、安全性低、运行效率差等诸多问题，亟待进行市政化改造，以满足不断攀升的交通需求和多样的交通功能。在《无锡市城市总体规划(2001—2020)》[172]中，根据城市空间拓展方向以及无锡市沪宁高速和锡宜高速的线位，对 G312 和 S342 线位进行了调整，将其向东、向北推移，以顺应城市发展的需要。至 2006 年，G312 和 S342 改线相继完成通车。从无锡后续几年的发展，G312 和 S342 的改线带动了城市向北和向东发展，推进惠山区的建设，促进了城市“南拓北展、东联西优”基本框架的形成，加强无锡北部地区路网的横向联系。本章将以 G312 和 S342 市区共线段为例，从线位、断面、结点、市政设施方面介绍干线公路市政化改造。1998—2013 年无锡市城镇体系演变如图 15-1 所示。

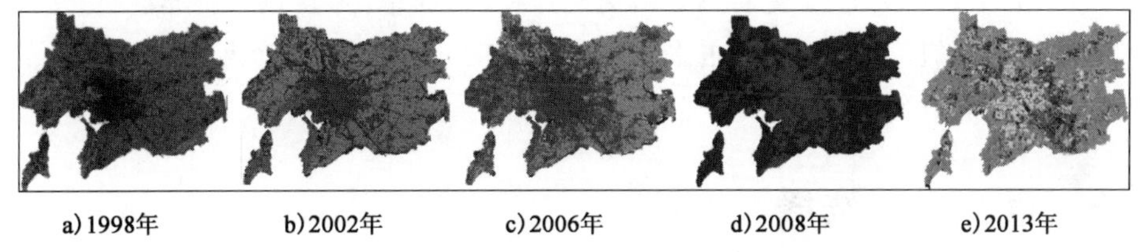

a) 1998年　b) 2002年　c) 2006年　d) 2008年　e) 2013年

图 15-1　1998—2013 年无锡市城镇体系演变

15.2 区位特征分析

原 G312 无锡段路线起点为与苏州交界的沙墩港大桥，向北跨京杭运河、华光公铁立交、黄巷公铁立交，经山北大桥再次跨越京杭大运河，至常州分界处的西栅桥止，穿越了无锡市新区、崇安区、北塘区；原 S342 无锡段东起苏州常熟境内，与 S227 相接，向西途经无锡锡山区、崇安区、北塘区、惠山区,终于胡埭镇。两条道路在锡沪路相交后共线,至无锡西互通后分线。2004 年 G312 和 S342 老线位示意图如图 15-2 所示。

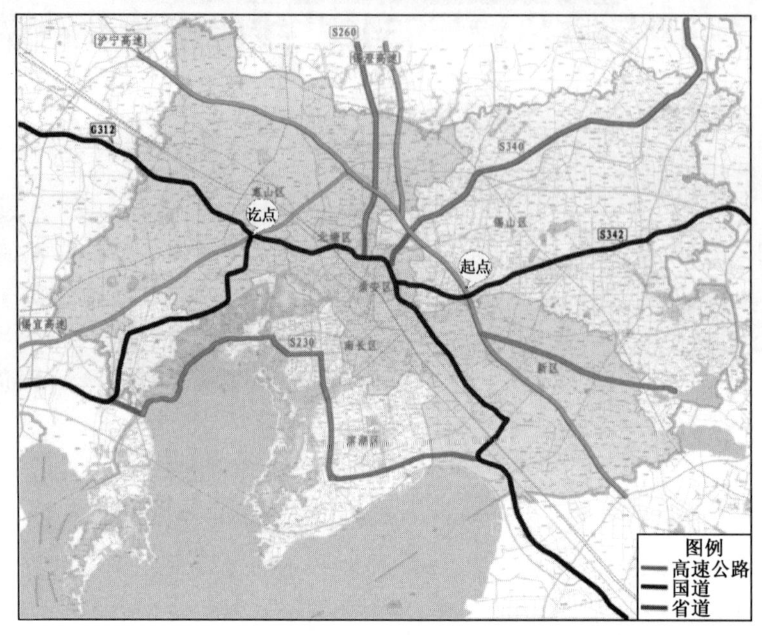

图 15-2　2004 年 G312 和 S342 老线位示意图

无锡市北部是重要的综合交通枢纽所在地,有多条高等级公路、铁路、城市干路位于其中,与既有的交通设施,共同推进城市北部的发展:境内铁路有沪宁城际铁路、京沪国铁;主要河流有京杭运河、锡澄运河;主要国省干线有 S228、S229、S340、S260 等;城市主要道路有友谊路、东亭路、通江大道、惠山大道、凤翔路、广石路、惠澄大道、无锡西互通等。随着城市的扩展,老路共线段逐步被主城区包围,两侧厂房、商铺、住宅及公交车站等诸多建筑物逐渐兴起,城市管线密布。沿线交通构成复杂,过境交通和城市交通并存,交通量不断增加,机非混行,交通拥堵严重,事故频发。既有道路无法适应城市未来发展,尤其是北部综合交通枢纽地区定位的发展需求,线位调整已迫在眉睫。

15.3　道路线位选择

老路共线段东起二泉路交叉口,紧临沪宁高速公路,沿线与 S228、通江大道、惠山大道、凤翔路相交,跨过锡澄运河、沪宁铁路、京杭运河,然后紧临锡宜高速公路,上跨锡宜高速公路无锡西互通后分岔,共线长约 20km。经过优化,该段线路整体向北调整至紧临沪宁高速、锡宜高速公路,将整个线位向北推移 3km 左右。另一方面,与沪宁高速公路公共走廊,可以使得线路尽量从城市组团边缘通过,促进“南拓北展、东联西优”,减少对市区的干扰,顺应城市发展需要。G312 和 S342 市区共线段新线位示意图如图 15-3 所示。

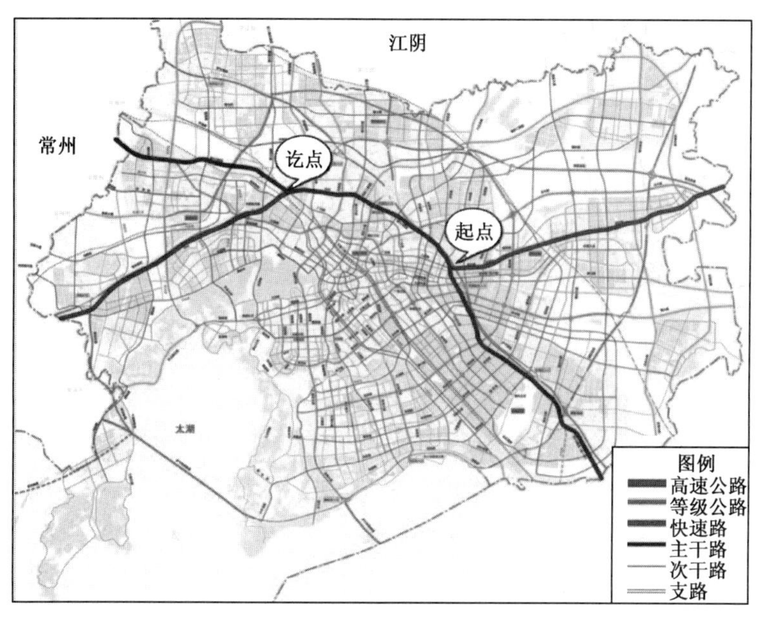

图 15-3　G312 和 S342 市区共线段新线位示意图

路线的布设考虑了沿线地形、地貌、水文、地质等自然条件，以及沿线主要城镇发展规划、路网布局、重要工程的实施现状与规划，遵循了以下原则：

(1)处理与通江大道、沪宁铁路、京杭运河、无锡西互通等的衔接。

(2)协调路线与城市组团(天一城、威孚城、洛社新城)和沿线乡镇的关系。

(3)协调互通式立交的布局，有利于沿线地方对外交通的利用。

(4)处理与沿线铁路、公路、城市道路、航道合适的相交位置、方式。

(5)梳理与地方路网关系，通过设置辅道，地方道路与辅道相接，适当对乡村道路进行归并，减少通道数量，为低路堤设计方案创造条件。

15.4　道路断面设计

G312 和 S342 共线段新线位主要经过锡山区、惠山区，紧邻崇安区和北塘区，多处穿越城镇和城区，因此局部路段采用城市道路断面，加设非机动车道和人行道，并选择主辅路形式，辅道承担城市交通功能，主路承担过境交通功能。第一，利于减少慢行交通及沿线出入车辆对主线的干扰，提高主线通行效率和交通安全性；第二，独立的自行车和人行道供慢行交通使用，从而减少机动车和非机动车混行带来的交通相互干扰；第三，城市交通和服务设施可布设于辅道。市区共线段共有以下两种类型的城镇道路断面：

(1)地面整体式

在一级路幅宽度以外，两侧各增设 7.0m 宽的辅道，并与主路之间设置2.0m宽侧分带，即采用 4 幅路的断面形式，路基全宽 50.0m，如图 15-4 所示。

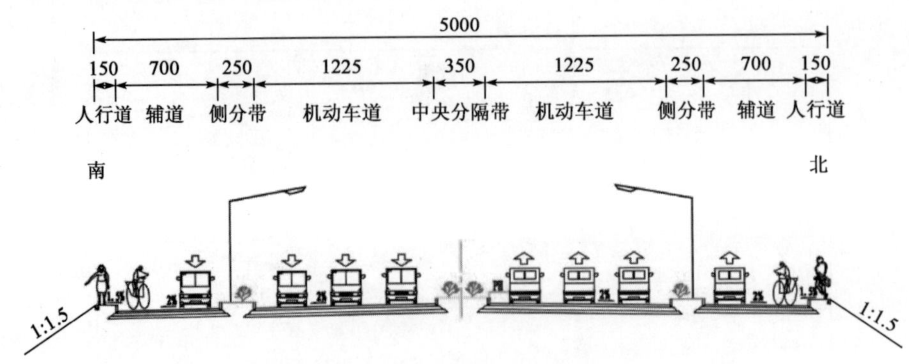

图 15-4 地面整体式城镇断面示意图(尺寸单位:cm)

(2)高架分离式

主线采用高架式,辅道采用地面式,分离过境交通和城市交通,避免相互干扰。地面部分:1.5m(人行道)+11.5m(机动车道+非机动车道)+7.0m(分隔带)+10.0m(机动车道)+7.0m(分隔带)+11.5m(机动车道+非机动车道)+1.5m(人行道)=50.0m,高架部分:0.5m(防撞护栏)+12.25m(机动车道)+4.5m(中分带)+12.25m(机动车道)+0.5m(防撞护栏)=30.0m,如图15-5所示,惠山大道和凤翔路采用此断面。第一,此路段货运交通十分集中,选取高架断面可以有效分流过境交通和沿线到发性交通,沿线货运车辆通过地面辅道集散,从而减小对主线车流影响;第二,该段线路地处城市化程度较高的地区,两侧建筑密集、用地拆迁受限制、道路红线难以增大、交通流量大,此断面可以节约道路空间;第三,在遇到地面横向道路时,可以采用大跨径桥梁跨越,不中断原有交通,地面辅路与横向道路信号灯平交,易于交通组织。

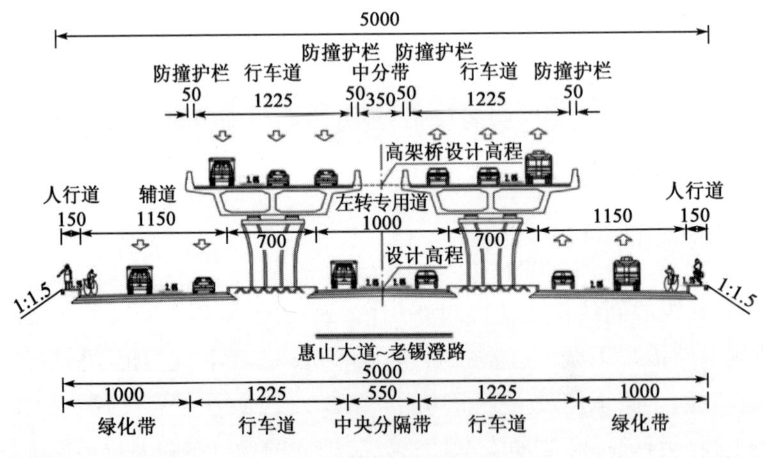

图 15-5 高架分离式城镇断面示意图(尺寸单位:cm)

15.5 道路节点设计

市区共线段与城市主干道、次干道、航道、互通、铁路多处相交,包括通江大道(快速路)、惠山大道(主干道)、老锡澄路(次干道)、凤翔路(快速路)、广石路(主干道)、沪宁铁路、钱威

路（主干道）、无锡西互通（图15-6）。下面将重点介绍与通江大道、惠山大道、凤翔路、无锡西互通的衔接。

图15-6　市区共线段跨重要道路图

（1）通江大道

通江大道北接无锡枢纽，为无锡市的最主要出入口道路，距离城市中心区最近，交通最便捷，交通量大，货车比例高。通江大道为快速路，双向八车道，两侧分段设置辅道，采用右进右出。由于无锡枢纽收费站至市区共线段与通江大道交叉口（图15-7）之间约1.0km，高峰期、节假日期间交通拥堵严重，区域内宜形成连续交通流，以保证无锡城市道路与高速公路的衔接通畅、便捷。

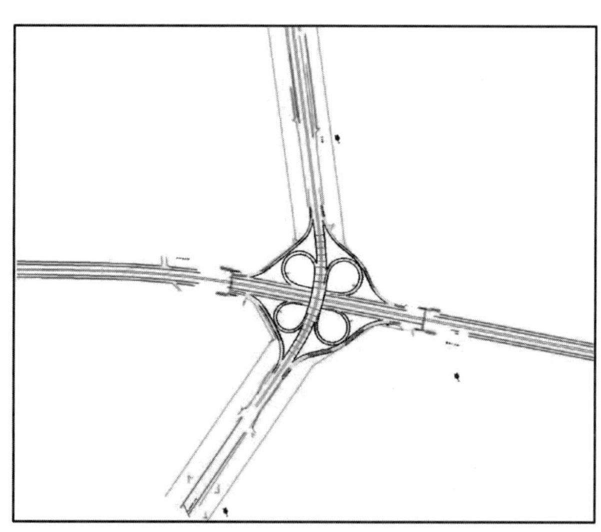

图15-7　市区共线段与通江大道交叉口

考虑通江大道快速通道的重要性，本节点交叉采用通江大道上跨市区共线段，形成连续的直行交通流，转向及掉头交通通过匝道完成。下层设置适当的人行横道或通道，解决行人与非机动车交通问题。

根据以上分析，本节点采用苜蓿叶方案。两侧设置辅道作为集散道，将车辆交织放在集散道上，避免对主线的干扰，保证北环路主线车辆的快速通行；通过设置人行天桥，避免对行人产生绕行干扰。既保证了快速运行，也解决了人行问题，大大缩短了行人过街距离。

(2)惠山大道

与惠山大道在堰桥镇交叉。惠山大道为主干道,是无锡市与惠山区联系的重要通道。采用主线上跨方案,设置简易菱形互通,平面图如图 15-8 所示。

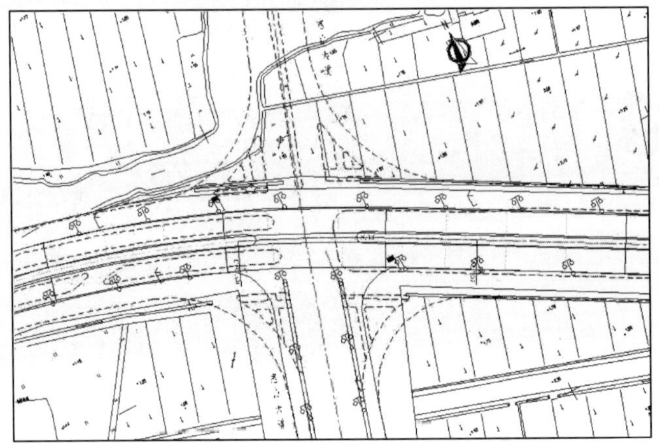

图 15-8　市区共线段与惠山大道交叉口

(3)凤翔路

与凤翔路在堰桥镇交叉。凤翔路为城市快速路,也是 229 省道改线段的重要组成部分,是无锡市对外联系的重要通道之一。转向量主要为常熟、上海至江阴方向,推荐采用定向匝道进行沟通的互通形式,匝道采用双车道匝道标准,设计速度 60km/h。其他方向的交通联系通过地面辅道进行,平面图如图 15-9 所示。

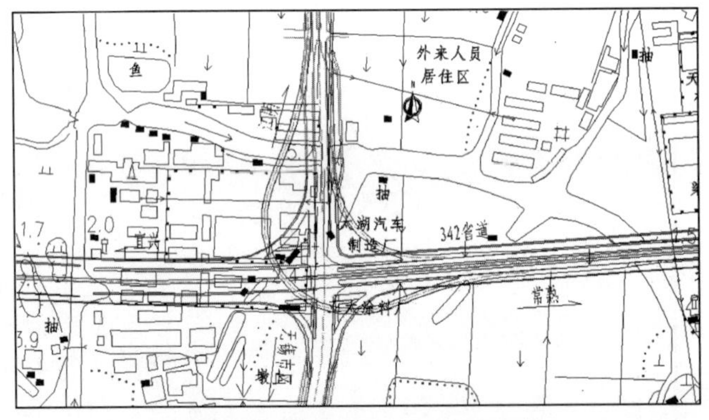

图 15-9　市区共线段与凤翔路交叉口

(4)无锡西互通

路线在锡宜高速公路收费站附近,综合考虑道路线形和桥墩设置的位置,路线从收费站内侧进行跨越。由于锡宜高速公路规划方案对道路进行拓宽,在设计时预留拓宽距离,同时降低设计高程,减少施工时对锡宜高速行车的影响。该路线方案的选取避免路线外移后对现有地块企业的影响,而且从整个路线线形来看比较顺畅。此外,无锡西互通形式为单喇叭互通,存在一座上跨桥,上跨桥下坡与本项目形成分离,为保证视距,无锡西互通匝道净空采用 6m。市区共线段跨无锡西互通如图 15-10 所示。

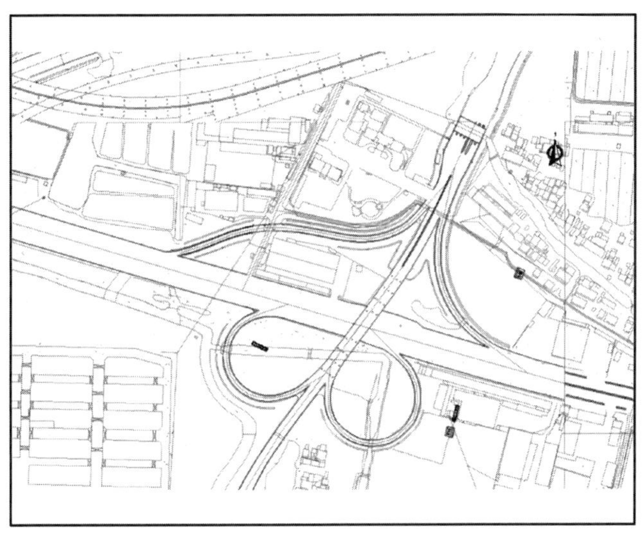

图 15-10　市区共线段跨无锡西互通

(5)G312 与 S342 分岔

市区共线段终点处 S342 与 G312 分离，形成主线 Y 形交叉(图 15-11)。G312 江苏段连接上海、苏州、无锡、常州、镇江、南京，省道与国道交通量相当。因此，采用主线分岔，形成左右两条匝道，左匝道与 312 连接线形成主线分岔，右匝道向下穿越连接线，最后在盛岸西路段左右幅进行合并，继续向西延伸。

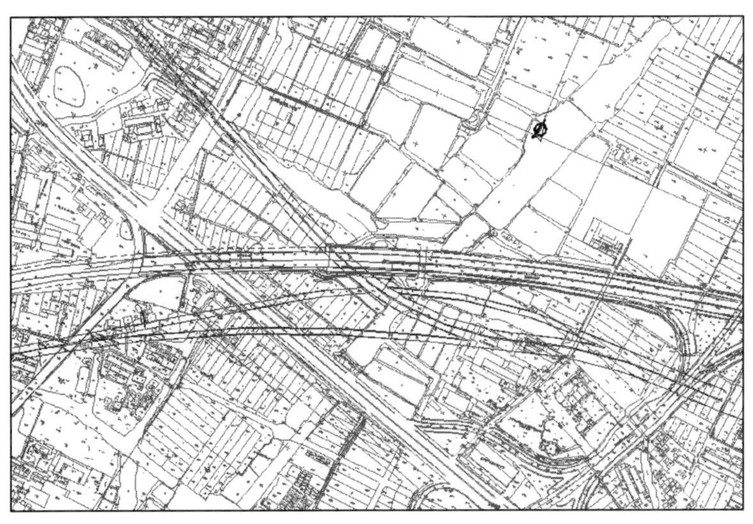

图 15-11　G312 与 S342 Y 形分叉

15.6　市政设施设计

(1)过街设施

市区共线段大部分路段交叉采用立体交叉，设置有中央分隔带，对道路两侧的地块造成了一定程度上的分隔。由于沿线归并众多支路交叉口，存在过街需求，因此设置3处人行天桥、3处人行横道、6处下穿通道。S342北环路段人行过街设施示意图如图15-12所示。

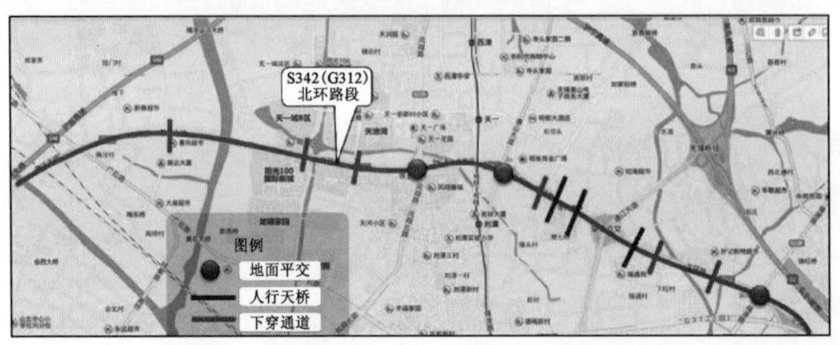

图15-12　S342北环路段人行过街设施示意图

G312穿越市区，由于沿线地块居住、工商业地块较多，出行需求旺盛，道路建成通车后，根据沿线的公交出行需求，该段道路沿线结合侧分带增设公交站台，开通公交线路。由于公交站台为后期增设，因此站台采用路侧式站台，站点间距约为1km。

(2)管线综合技术应用

结合工程沿线两侧规划片区及现状地块的用地性质和规模，共新建电力、信息、中压燃气、高压燃气、污水、雨水、自来水7种共计9根管线。S342改造部分路段管线综合断面布置图如图15-13所示。

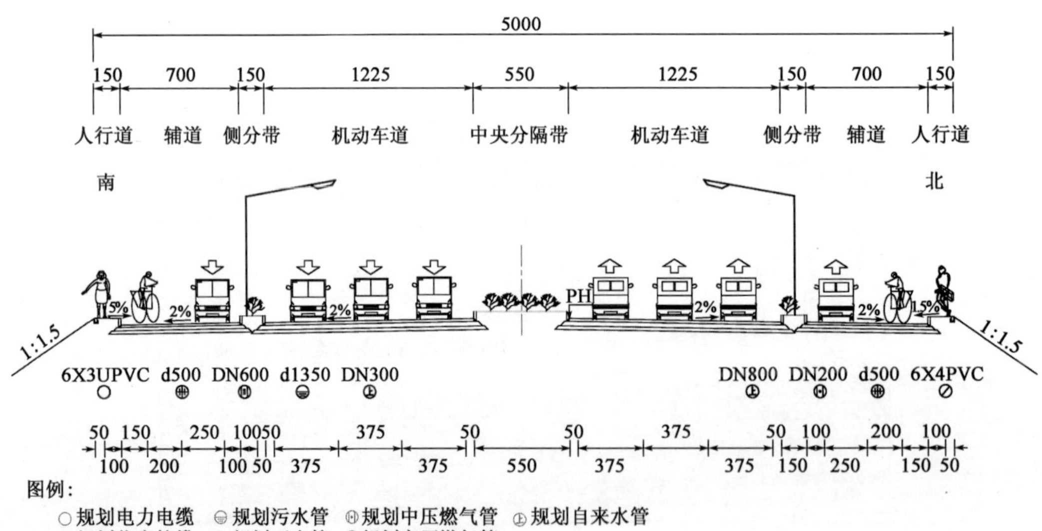

图15-13　S342改造部分路段管线综合断面布置图(尺寸单位：cm)

(3)防落网和隔音设施

在主线上跨的铁路、高速公路、一级公路立交桥两侧钢筋混凝土护栏上设置总高度2m的防落网。为最大限度地减轻噪声干扰，在商业区和居民密集区，高架经过的路段设置隔音墙。

(4)照明工程

考虑到与相接道路统一,同时提高实施的可行性和道路美观,路灯建议双侧对称布置,路灯形式采用双挑灯,间距35m,道路路灯电缆埋于道路侧分带下。

(5)信息化系统

市区共线段由于交通量大,交通组成复杂,为进一步掌握道路通行情况,提高道路通行安全,建设信息系统,其包含的子系统有交通诱导系统、电视监控系统、数据采集系统、违法行为的自动抓拍系统、通信系统。

①交通诱导系统

全线共设置9个诱导屏,分布在:进入立体交叉范围前的各个方向、重要的路段前、容易发生拥堵路段上游的出口前、连续两个出口相距2km以上的路段中间。

②电视监控系统

全线共设置12个电视监控,分布在:在高等级道路上每1km设置一个点,两侧交叉设置;在每个互通的最高点也需要设置一个点。

③数据采集系统

全线按500m平均间距双向布设检测设备,在各个上下匝道处的主线和匝道布设交通参数检测设备,共设置49个微波检测设备。

④违法行为的自动抓拍系统

全线每5km设置一对,同时在进入弯道前1km处也设置一对。为配合匝道管理,在匝道入口处设置电子警察,共设置10个自动抓拍。

⑤通信系统

传输管道在采用高等级道路上建设通信传输管道,在两侧防撞墙内全线敷设4孔级80级管道,人行道、土路肩内敷设2孔80级管道,每隔100m设置一个检查井方便施工和日常维护,在弯道范围内检查井间距50m,同时所有的智能交通设施的基础要和检查井沟通;在一些重要的平面交叉路口,沿着桥墩以4孔80级的管线引到地面,再通过3×G100管分别接通地面的电力电缆以及接入路口光缆交接箱,再和通信主光纤沟通,最终连接到控制中心,实现控制中心对高等级道路的高效管理。

15.7 本章小结

本章以无锡G312与S342市区共线段为例,从线位、断面、结点、市政设施方面介绍干线公路市政化改造的内容。线位选择考虑沿线地形、地貌、水文、地质等自然条件,以及沿线主要城镇发展规划、路网布局、重要工程的实施现状与规划;道路断面增加城市交通的功能,分地面整体式和高架分离式进行设计;处理好原有城市高等级道路的衔接;添加市政公用设施,例如管线、人行过街等。

附　件

干线公路与城市结点衔接交通规划编制指引

第一章　总　　则

一、目的

为指导城市科学合理地编制干线公路与城市结点衔接交通规划工作,切实有效地发挥干线公路在区域和城市综合交通体系中的作用,服务城市结点的经济社会发展,处理好过境交通、城市出入境交通和城市内部交通的关系,制定本指引。

二、性质

本指引用于指导地方开展干线公路与城市结点衔接交通规划的编制工作,对衔接交通规划编制的工作组织、主要内容、技术路线、技术指标、成果要求作规定和说明。

三、地位

干线公路与城市结点衔接交通规划是城市综合交通体系重要组成部分之一,是干线公路网建设规划的补充,是城市对外和内部道路交通衔接的总纲。成果可作为城市各个公路交通衔接设施建设项目建议书及工程可行性研究的依据和基础。

四、规划依据

(1)《中华人民共和国公路法(2004)》。

(2)《中华人民共和国城乡规划法(2007)》。

(3)《中华人民共和国道路交通安全法(2011)》。

(4)《城市道路交通规划设计规范(GB 50220—1995)》。

(5)《城市道路工程设计规范(CJJ 37—2012)》。

(6)《公路工程技术标准(JTG B01—2014)》。

(7)国家和省级公路网规划。

(8)城市总体规划。

(9)城市综合交通规划。

五、范围

(1)规划期限:远期规划为10~20年,近期规划一般为3~5年,原则上与城市总体规划一致。

(2)规划范围:各地级市市域范围,研究重点是地级市主城规划建成区,兼顾市域范围内其他县市结点。重点研究规划范围内干线公路与城市结点的交通衔接问题。

六、总体要求

(1)贯彻落实创新、协调、绿色、开放、共享的发展理念。

(2)依据城市总体规划和城市综合交通体系规划,并处理好与其他相关规划的协调关系,体现多规合一的要求。

(3)坚持政府组织、专家领衔、部门合作、公众参与、科学决策的原则。

(4)定性与定量相结合,定性为主,定量支撑,采用先进的规划理念、手段和方法。

(5)成果既要有前瞻性、科学性,又要有针对性、指导性和可操作性。

七、主要内容

(1)干线公路与城市结点发展现状及存在问题。

(2)干线公路与城市结点衔接交通发展趋势。

(3)干线公路与城市结点衔接交通组织模式及服务体系分析。

(4)干线公路与城市结点过境及出入境交通需求分析。

(5)干线公路与城市结点过境公路方案规划。

(6)干线公路与城市结点城市道路衔接方案规划。

(7)干线公路与城市结点衔接交通综合评价。

八、成果要求

(1)规划文本。

(2)图件。

①干线公路与城市结点衔接交通现状图。

②干线公路与城市结点衔接交通规划方案图。

规划方案图的比例应与城市综合交通规划一致,应分别以城市综合交通规划现状和规划图为背景,便于与城市综合交通规划衔接。

(3)说明书(综合报告)。

(4)基础资料附件。

第二章 规划编制组织与审批

一、规划编制工作程序

(1)确定任务。

(2)资料收集与调查。

(3)规划大纲编制。

(4)规划方案论证。

(5)规划成果编制。

(6)规划成果论证。

(7)规划报批。

二、编制组织与审批

(1)干线公路与城市结点衔接交通规划应由城市交通规划行政主管部门组织编制和评审,并交市人民政府及上级交通主管部门联合审批。

(2)为便于规划编制工作开展、协调和技术论证,成立由交通主管部门牵头的领导和协调小组。领导小组成员单位应包括:发改、国土、交通运输、建设、规划、公安、城管、市政、环保、财政等部门。

(3)干线公路与城市结点衔接交通规划应委托具有规划、交通及工程咨询相应资质的规划设计单位参与编制。

(4)规划编制过程中应聘请具有丰富经验和学识的资深专家,组成专家组负责技术咨询和评审。专家组成员专业构成应包括城市规划、交通运输工程、管理学、经济学等相关专业。

三、规划修改

干线公路与城市结点衔接交通规划成果可根据当地实际纳入城市综合交通规划、市域综合运输体系规划和国省干线公路规划,其修编或调整应与该规划修编或调整同步进行。

第三章　规划文本大纲

一、总论

说明规划背景、编制依据、指导思想、规划原则、规划范围、规划期限等。

二、干线公路与城市结点发展现状及存在的问题

分析现状城市结点的经济发展、城镇体系、土地利用、综合交通发展与干线路网的适应性情况,对干线公路现状过境及衔接方案进行评估,分析结点交通发展要求,研判问题,诊断症结。

三、干线公路与城市结点衔接交通发展趋势

分析国家宏观政策背景,包括经济发展、低碳生态、和谐社会等对城市交通发展的影响,分析交通发展相关的法律法规、经济政策等对干线公路与城市结点衔接交通的影响,解读相关上位规划,剖析区域和城市发展战略、空间结构、用地布局等对衔接交通规划的要求,研判干线公路与城市结点衔接交通的发展态势。

四、干线公路与城市结点衔接交通组织模式及服务体系分析

分析过境干线公路与城市距离、形态、规模等要素的协调性,选择符合路网结构特征的衔

接交通组织模式,遵循分层次、交通分离、交通连续、交通负荷均分等原则和要求,构建衔接交通服务体系目标体系,设计衔接交通服务体系功能结构和过境交通、出入境交通的运行流线。

五、干线公路与城市结点过境及出入境交通需求分析

从区域层面分析规划年城市结点的出入境交通总量、过境交通总量、干线公路出入城市的交通总量,城市结点层面每条干线公路的出入境交通量及其分布、过境交通量及其分布,以及结点范围内干线公路各路段的交通量。

六、干线公路与城市结点过境公路方案规划

分析城市地理区位、交通运输网络、城镇体系结构、城市空间布局和产业结构、区域通道建设情况等因素对公路过境模式的影响。结合国省级干线公路网规划,选择合适的干线公路过境方式,制订规划年干线公路结点的过境方案。对大城市和特大城市,应有高速公路和快速路布局规划及高速公路与城市道路衔接结点布局规划。

七、干线公路与城市结点的道路衔接方案规划

分析干线公路与城市结点的道路衔接,根据城市结点的城市总体规划和城市综合交通体系规划,处理好干线公路网与城市道路网关系,干线公路与其他运输方式集散、转换、衔接的关系,制订合理的衔接交通规划方案,结合沿线土地利用和交通特性,研究出入口道路衔接过渡段位置、形式及交通设计,包括横断面形式、接入长度、与其他道路交叉口设计等。

八、干线公路与城市结点衔接交通综合评价

从交通功能指标、衔接协调指标、经济效益指标以及环境影响指标四个方面对干线公路与城市结点衔接交通规划方案进行综合评价。

第四章　规划编制技术指引

一、现状调查

1. 调查内容

(1)土地利用现状资料:城市现状及规划特征年各类性质用地的发展演变,规模容量,布局调整等,以及城市周边区域现状和规划的土地利用开发状况,城市重点发展方向,阶段性目标等资料。

(2)经济社会现状资料:人口(如总量、类型、分布、增长状况等),国民经济(如地区生产总值、城镇居民可支配收入、农村居民人均纯收入、财政总收入、固定资产投资等),产业状况(如三大产业的结构、增长情况,产业类型、支柱产业、产业布局等),资源状况(如城市结点的自然与地理资源、人文与旅游资源等)。

(3)交通现状资料:交通设施(如对外公路、铁路、航道、管道网络、运输枢纽、城市道路系

统等），交通运行（如干线公路交通量资料、客货运输量、城市道路交通统计资料等）。

（4）相关规划资料：城市经济社会发展规划，城市总体规划，城市综合交通体系规划，城市综合枢纽总体布局规划，城市道路网规划、城市轨道交通线网规划等专项规划，航空、铁路、航道、公路、管道运输等相关规划。

（5）其他资料：地区发展战略等。

2. 调查方法

城市土地利用与其他资料的收集主要依据城镇体系规划、城市总体规划、分区规划等规划分析资料，相关资料可从相关政府主管部门获取（如规划部门和土地管理部门等）；干线公路交通量资料主要来自交通量观测站，可从相关部门获取；城市自然情况、经济社会的资料可由相关统计资料和城市统计年鉴、交通年鉴中检索查找；城市国民经济与产业状况还可以参考政府的五年发展计划；交通设施现状可通过现场踏勘获得，主要包括铁路、航道现状及与干线公路相交情况，高速公路互通布设，干线公路过境线位、等级、运行状况，县道公路等级、交汇情况，城市出入口道路等级、横断面形式、交通运行状况等。

二、干线公路城市结点发展现状及存在问题

1. 经济社会

说明城市结点的交通区位、城市化阶段及城镇体系空间分布、经济发展水平与产业结构的类型，结合现状城市结点的空间布局，分析社会发展特征及与干线公路发展的相互关系。

2. 综合交通体系

阐明城市结点铁路、水运、航空、公路和管道的基础设施建设情况，包括交通线网规模、等级、线路走向和运输枢纽的布局、规模、功能、选址等。从客运和货运分别分析综合运输发展状况，包括运输总量、方式结构、运距、空间分布等内容。

3. 干线公路过境与衔接

分析现状干线公路过境和衔接方案，明确各条干线公路的线路起讫点以及过境绕越走向，阐明干线公路与高速公路、铁路、港口、机场等其他运输方式以及城市道路系统的衔接状况。

4. 城市结点交通特征

从经济社会发展、综合运输体系角度分析城市结点的交通总体要求及特征。

5. 干线公路与城市结点衔接交通问题

综合城市经济社会、综合交通体系、干线公路过境与衔接、城市结点交通特征，分析干线公路与城市结点衔接交通存在的问题，诊断其症结。

三、干线公路与城市结点衔接交通发展趋势

1. 国家宏观政策背景

分析国家宏观政策，包括经济发展、低碳生态、和谐社会等对城市交通发展的影响。

2. 区域和城市交通发展政策背景

分析相关法律法规、经济政策等对区域和城市交通的影响，明确城市不同发展阶段各运输

方式的发展政策、促进公交优先的政策、城市交通设施建设的经济政策等。

3. 上位规划解读

分析城市经济社会发展规划、城市总体规划、城市综合交通体系规划等上位规划所确定的城市发展战略、城市规模、空间结构、中心体系、用地布局、综合交通等对衔接交通规划的要求。

4. 城市结点衔接交通发展态势

分析城市在城市带、都市圈、点状空间等全省城镇空间格局中的定位和区位，及其对城市结点衔接交通发展的总体要求和影响，研判干线公路与城市结点衔接交通发展态势。

四、干线公路与城市结点衔接交通组织模式及服务体系分析

1. 衔接交通组织模式分析

分析过境干线公路与城市距离、形态、规模等要素的协调性，提出不同类型城市及发展阶段下干线公路的绕越模式。分析城市结点的衔接交通系统构成，选用符合路网结构特征的衔接交通组织模式。

2. 衔接交通服务体系分析

从交通畅达、交通经济、交通健康、交通安全等方面构建衔接交通服务体系目标体系，梳理衔接交通服务体系功能结构，明确各条线路承担的功能、连接的主要结点以及与上下层次网络间的衔接关系，设计城市结点过境交通、出入境交通的运行流线。

五、干线公路与城市结点过境及出入境交通需求分析

1. 区域范围内公路网交通需求分析

经过区域范围内公路网交通需求分析可以得到规划特征年城市结点的出入境交通发生总量、各条干线公路进出城交通总量。这一阶段将城市结点作为一个整体交通分区，即直接影响区，结点以外的区域按影响区法划为若干个外部交通分区（间接影响区）。

区域公路网交通需求预测采用传统的四阶段方法进行，即综合运输生成量预测、运输方式划分预测、交通分布预测、交通分配四个阶段。由于各省一般会定期进行全省 OD 调查和省域干线公路网规划，因而区域公路网需求分析可以在省域范围内进行。

（1）综合运输生成量预测

利用调查的各类经济社会数据资料，各类交通方式的交通出行需求量数据资料，建立区域综合运输客、货运需求量与相应的经济社会变量之间的分析模型，并以此模型为依据分析预测未来区域综合运输客、货运需求量。一般可以采用增长系数法、弹性系数法、时间序列预测法、多因素回归分析法或神经网络等方法。

（2）运输方式划分预测

估计不同运输方式的分担量，了解未来各种运输方式对运输需求的适应情况。运输方式的划分一般包含两部分内容：一是公路、铁路、水运、民航各运输方式的分担量预测；二是公路客、货运输不同车型的分担量预测。直接影响区的交通发生、吸引量即为规划特征年城市结点的出、入境交通总量。实践中广泛应用 Logit 模型。

(3)交通分布预测

交通分布预测是指将预测的各分区出行发生量、吸引量转化为未来各交通分区之间的出行交通量的过程。预测方法主要分为三类:增长率法、重力模型法、概率模型法。其中重力模型考虑了两交通区之间的吸引强度与吸引阻力,以行程时间为交通阻抗的双约束重力模型是精度最佳的一种重力模型,尤其适用于公路网的交通分布预测。

(4)交通分配预测

将各交通分区之间的交通OD分布量按一定的方法分配到具体的公路交通网络上,获得规划公路网络上的各个路段、各个交叉口在规划特征年的交通量。常用的交通分配预测方法有多路径分配法、容量限制分配法、增量加载分配法、用户平衡法等。交通分配后得到的各条干线公路在城市结点规划境界线附近路段的交通量,即为各条干线公路进、出城的交通量,该部分交通量包含了干线公路的出入境交通量和过境交通量。与城市规划境界线交叉的所有干线公路进、出城方向的交通量构成了规划特征年城市结点对外交通总量。

2. 城市结点范围内干线公路交通需求分析

第二阶段在结点范围内进行交通需求分析,城市结点以城市各个组团、片区为基本单元,划分为若干个内部交通分区,同时采用境界线法在每条干线公路与结点规划区境界线交叉点设置一个虚拟对外交通分区,并假设该处为对外交通的发生、吸引点。同样采用四阶段法进行交通需求预测。

(1)交通生成量预测

规划年的交通生成量预测需分内部交通分区和对外交通分区进行,其中内部交通分区的交通生成量包含市内交通生成量和出入境交通生成量两部分,对外交通分区的交通生成量主要是对外交通分区的出入境交通和过境交通生成量之和。

市内交通生成预测按市内客运出行、市内货运交通建立相应的模型进行预测。市内客运出行生成量的预测方法主要有生成率法、类别生成率法、回归分析法、类别回归分析法等。市内货运交通生成量的预测通过先对城市货运总量进行预测,再分配到各交通分区。出入境交通生成量预测是将第一阶段区域范围交通需求分析中直接影响区的出入境交通生成量依照权重按比例分配到各内部交通分区。

对外交通分区的交通生成量预测是将第一阶段中路网分配得到规划年干线公路在境界线处进、出城方向的交通量,对应到对外交通分区的发生和吸引量。

(2)交通分布及交通分配预测

获得了城市结点包含内部、对外交通分区完整的现状OD矩阵和规划年交通生成量之后,运用Fratar交通分布预测模型,得到规划年城市结点完整的OD分布矩阵。Fratar模型预测两交通区之间未来的交通量不仅与两交通区的交通生成增长系数有关,而且还与整个项目影响区域的各交通区的交通生成系数有关。规划年OD矩阵通过行、列汇总的方式,得出规划年各个对外交通分区的出入境交通量、过境交通量。

将包含内、外交通分区的规划年完整OD矩阵在结点规划路网上进行交通分配,可得到结点范围内包括干线公路在内各条交通干道预测交通量。

六、干线公路与城市结点过境公路方案规划

1. 规划原则

(1)与区域相关交通规划相衔接,与城市总体规划相协调。

(2)与城镇体系、城市空间布局、空间形态和土地利用相协调。

(3)有利于城市结点对外交通集散和发挥辐射带动作用。

(4)有利于过境交通快速通过,提高交通运输效益和社会、环境效益。

(5)地理位置和工程技术布局可行。

2. 过境方式及特征

根据过境干线公路与城市结点的距离以及城市的形态和规模大小等的匹配情况,通常将干线公路过境方式分为环形绕越式、内部穿越式、直线绕越式和混合型四类。

(1)环形绕越式:若干条干线公路交汇于城市环线或自然形成过境环线,干线公路间交通转换通过环线完成,环线同时又是对外交通的疏散通道。

环形绕越式可以屏蔽过境交通对城市内部交通的影响,使过境交通从城市外部绕行,同时减少穿越交通和对外交通之间的冲突,通过环路实现各条干线公路上交通流之间的方便转换,有利于干线公路功能的实现。

环线与城市接触面大,能够为对外交通提供更多的出入口通道,使得对外交通在城市出入口道路上分布得更加合理,避免了过于集中的对外交通直接进入到城市中心区的主干道上,使主干道承受过大的交通流冲击甚至造成堵塞。

(2)内部穿越式:干线公路从城区内部或城市组团之间穿过。

内部穿越式使干线公路与城市的连接密切,具有城市发展轴线的功能,能实现干线公路交通与城市交通之间快速便捷的交换,促进两侧城市土地的利用与开发。在城市规模较小、过境交通与城市内部交通矛盾不大时能更好地带动城市的发展。

内部穿越式对城市的分隔作用较大,两侧土地高度开发时会使过境交通与内部交通产生相互影响,既不利于干线公路功能的发挥,也不利于城市内部交通的发展。

(3)直线绕越式:干线公路从城市的一侧通过,不因城市规模而过度弯曲自身线形以构成环形或弧形,也不从城市内部穿越的一种布局模式。

直线绕越式降低了城市交通与过境交通间的干扰,对城市发展的割裂和阻隔影响小,同时过境线路比较顺直。

(4)混合型:多种过境模式结合。

混合型的过境方式一般适用于大城市,既能通过环形屏蔽部分过境交通,又能通过穿越式密切联系城市,但城市对外交通与部分过境存在干扰。

3. 过境方案规划

干线公路过境方式的选择要考虑具体的工程技术条件、城市规模、性质、功能布局和空间形态(表1)、区域与城市的交通网络和交通走廊、城市交通区位、自然地理条件以及干线公路规模等因素。

与城镇空间形态相适应的干线公路过境方式 表1

城市类型	集中型			群组型			混合型
	块状	带状	星状（放射状）	双城组团	带状组团	块状组团	
超大、特大城市	混合式、环形绕越	混合式、直线绕越	混合式、环形绕越	内部穿越	混合式、直线绕越	混合式、环形绕越	环形绕越
大城市	环形绕越、直线绕越	直线绕越	环形绕越	内部穿越	混合式、直线绕越	环形绕越、直线绕越	—
中城市	直线绕越	直线绕越	直线绕越	内部穿越	直线绕越	环形绕越、直线绕越	—
小城市	直线绕越	直线绕越、内部穿越	直线绕越	—	—	—	—

(1)一般城市的干线公路

大、中城市一般拥有3条及3条以上干线公路，超大、特大城市拥有更多条干线公路。对于团块状布局结构的超大、特大、大、中城市，比较理想的是采用几条高等级公路在城市外围形成环或半环绕越，以疏解复杂的交通流。组团式布局结构的城市可采用组团间穿越式，但应避免从组团内部穿过，特别是避免穿越城市中心区。

小城市一般拥有1～2条干线公路。为拉动地方经济发展，可采用直线绕越或穿越模式。

(2)特色及个性城市结点的干线公路

风景旅游性城市的干线公路应避开风景名胜区。

历史文化名城的重点核心地带应避免采用穿越模式。

组团式山区城市，干线公路线位的选择必须结合自然环境条件，使得各组团之间、各组团与中心区之间有着方便的交通联系。带状山区城市应尽量组织平行的过境线。

港口城市应处理好与港口、铁路、机场等重要运输枢纽的相互衔接，特别要考虑干线公路与沿海港口的集疏运联系。

(3)对外交通与过境交通

干线公路直接为城镇周边交通过境和对外交通服务，也是区域交通网络的组成部分。城市结点处干线公路布局要考虑综合交通运输体系的影响，与综合交通体系相适应，做好与铁路、航空、水运、城市道路等的衔接、协调工作。同时应考虑公路与城市的发展是动态的，干线公路布局既要为城市发展留有空间，又要为过境干线公路发展留有一定的余地。

(4)干线公路过境与城市形态

在满足公路线形标准情况下，应尽量避过天然的江河湖泊、大的自然山体等，需要建设大型桥梁时，应进行充分论证。

七、干线公路与城市结点城市道路衔接方案规划

1. 规划原则

（1）满足规划期内过境干线公路的交通需求。

（2）确保规划期内对外交通流的运行顺畅。

（3）确保干线公路与城市道路的合理衔接。

（4）有利于城市内部交通的正常运行。

（5）有利于城市道路网交通流快速集散。

（6）有利于城市道路网内车辆出入境路径趋于最短。

2. 不同等级道路衔接方案规划

（1）与大型城市结点道路的衔接

干线公路与大型城市结点道路的衔接一般存在以下三种情况：

①与城市快速路相衔接

城市快速路不仅具有快速联系城市各大片区、各组团的功能，还具有承担城市部分对外交通功能，与快速路连接可以快速通过和分散交通流，减少过境交通对城市中心区的干扰。大部分大城市都推荐快速路与城市的干线公路相衔接。

在干线公路与城市快速路连接时应注意控制快速路两侧的用地控制，防止道路的街道化现象。

②与城市主干路相衔接

在部分大城市或交通枢纽型城市，如果其内部还未形成完善的快速路网系统，可以采用主干路与之衔接。

③与次干路、支路等相衔接

如果采用次干路和支路等生活性道路与干线公路相连接，由于这类道路人群比较密集、道路标准低、通行能力小等自身的特点，难以满足结点的出入境需求，还会影响结点内部居民生活的环境和生活质量，给居民的出行安全带来影响。一般在设计中应尽量避免干线公路与次干路和支路的连接。

对于大型城市结点，各类道路之间的连接组合如表 2 所示。

大型城市结点各类道路之间连接组合表 表 2

道路类型	干线公路	快速干道	主干道	次干道	支路
干线公路	○	○	◇	△	△
快速干道	○	○	○	△	△
主干道	◇	○	○	○	△
次干道	△	◇	○	○	○
支路	△	△	◇	○	○

注：○ 适宜连接；◇ 可以连接；△ 不宜连接。

(2)与中小型城市结点道路的衔接

中小型城市结点的交通性干道是城市的主骨架道路,承担城市间各分区的对外交通流汇集,各分区之间交通功能,道路标准较高,通行能力较大,可以满足城市对外交通要求。而中小型城市结点对外交通量较小,通过城市交通性干道(以主干路为主),基本可以实现快速通过和集散的目的,可以满足城市对外交通的要求。

但中小城市过境公路连接主干道要注意以下几个问题:一是连接的主干道不能直接进入商业密集区或中心市区;二是主干道两侧建筑物红线和建筑物类型应适度控制,防止对外交通较大时出现拥挤和难以拓宽现象,避免人流出入较大的建筑物(如大型商场等)建在主干道两侧。

3. 衔接段横断面设计

道路红线的规划和控制可参考城市道路交通规划设计规范确定,由于城市出入口道路兼具公路和城市道路的双重功能,对其红线宽度的确定必须考虑到城市用地远期发展的需求和道路所处的区位,根据其与城市建成区的距离,采用近城端和远城端两种不同的红线规划控制。

建议在城市道路和公路的衔接横断面设计坚持以下三个方面的原则:

(1)城市化进程的加速和部分城市的跨越式发展,在城市出入口道路断面形式的选取中应该考虑到未来非机动车与行人交通的需求。

(2)为了保障安全和车流的正常运行,出入口道路的机动车车行道数目应当坚持与公路和城市道路的机动车车道数相匹配的原则。

(3)公路与城市道路断面形式的改变不宜在桥梁、转弯处突变,建议在交叉口处完成断面形式的过渡与转变,亦可在远离城市的开阔地带路段处通过缓和曲线来实现断面的过渡与转换。

城市道路的横断面形式有单幅式、双幅式、三幅式和四幅式四种形式,公路中除了作为汽车专用公路的高速公路和一级公路有分隔带,可以对应到城市道路的两幅路之外,其余公路均为单幅路。根据城市道路、公路的交通量、交通组成、实际行车速度等相关因素,建议城市出入口道路横断面形式如表3所示。

三种道路的横断面形式 表3

城市道路横断面形式	城市出入口道路	公路横断面形式
单幅式	单幅式	单幅式
	单幅式过渡到两幅式	两幅式
两幅式	两幅式或三幅式过渡到单幅式	单幅式
	两幅式或三幅式过渡到两幅式	两幅式
三幅式	三幅式过渡到单幅式	单幅式
	三幅式过渡到两幅式	两幅式
四幅式	四幅式或三幅式过渡到单幅式	单幅式
	四幅式或三幅式过渡到两幅式	两幅式

根据城市道路设计相关规范，对机动车车行道、非机动车道、中央分隔带、两侧分隔带、人行道、绿化带等进行设计，部分道路横断面还有用于公交车的“港湾式”停靠站、停车带、景观设施等。

4. 与综合交通体系的衔接

干线公路与其他运输方式的衔接，主要是通过与其他方式的运输枢纽间的衔接。加强干线公路与运输枢纽的衔接，可有效支撑并促进综合运输枢纽的形成与发展，加强综合运输体系内部的转换和互补，从而提升综合运输整体效率。研究不同等级、不同类型的枢纽集疏运规划对干线公路的具体要求，分析道路设施与运输枢纽集疏能力的匹配性。

八、干线公路与城市结点衔接交通规划综合评价

对干线公路和城市结点衔接方案进行综合评价，评价对象是干线公路和城市道路的衔接网络，确定衔接方案的合理性以及方案的整体性能和存在的问题，从而为管理决策部门提供理论依据。

对衔接系统进行综合评价，要树立整体性思维观念，处理好线与面的问题，从衔接线网交通功能指标、衔接协调指标、经济效益指标以及环境影响指标四个方面综合考虑干线公路和城市结点的衔接合理性问题。

1. 交通功能指标

包括交通负荷度、平均行程车速、平均车辆延误、非直线系数、交通事故率等子指标。交通负荷度是指衔接线网实际负荷交通量与设计交通量之比，反映衔接道路中各条线路的能力利用效果和负担以及整个衔接线网的路网能力和适应情况。平均行程车速是指衔接线网车辆行驶的平均行程车速，由路线系统、车辆系统以及道路管理系统共同决定，是反映衔接道路的系统功能和服务质量的重要指标。平均车辆延误是指总延误时间与总延误车辆的比值，反映衔接道路的延误大小、位置及原因。非直线系数是指衔接线网中各条衔接道路起终点间的实际距离与两点间空间直线距离的比值，反映路网布局的空间距离特性。交通事故率是反映衔接线网交通安全的基本指标。

2. 衔接协调指标

包括过境模式协调度、衔接道路功能协调度、衔接接口布局合理度等子指标。干线公路过境模式协调度是指干线公路过境模式与城市规模、形态及空间布局协调程度。城市过境干线公路的布局应适合城市规模、形态和用地的发展方向，促进城市与区域城市的融合发展。衔接道路功能协调度是指干线公路与城市衔接道路的功能协调程度。干线公路承担城市大量的对外交通量，不同等级的干线公路应与不同等级的城市道路相衔接，更好地在断面设置、交通设施和交通组织上保持连续一致性，从而实现衔接道路在功能上的协调，提高对外交通转换效率。衔接接口布局合理度是指干线公路与城市道路衔接接口分布的合理程度。接口的分布应满足交通需求和立交间距的要求，同时充分考虑城市未来的发展方向和可能的产业布局调整而诱增的交通需求。

3. 经济效益指标

包括建设成本和运输费用两个子指标。建设成本是指衔接方案的工程实施成本,包括建设、维护和管理费用。反映方案实施和运营管理的难易程度。运输费用是指衔接线网上车辆行驶的平均出行费用,反映衔接方案实际消耗社会资源的价值。

4. 环境影响指标

包括衔接道路交通噪声达标率、衔接道路汽车尾气排放达标率、衔接道路绿地率等子指标。衔接道路交通噪声达标率是指达标衔接道路里程与总里程之比,评价主要依据是我国已颁布实施的《声环境质量标准》(GB 3096—2008)。衔接道路汽车尾气排放达标率是指衔接道路汽车尾气排放达标里程与总里程的比值,应根据道路服务水平相应确定汽车尾气饱和度标准。衔接道路绿地率是指衔接道路红线范围内各种绿带宽度之和占总宽度的百分比,应遵循《城市道路绿化规划与设计规范》(CJJ 75—1997)相关要求。

编 制 目 录

1. 总论
1.1 编制背景
1.2 编制依据
1.3 指导思想
1.4 规划原则
1.5 规划范围与期限
2. 干线公路与城市结点发展现状及存在问题
2.1 城市结点经济社会发展现状
2.2 综合交通体系发展现状
2.3 干线公路过境及衔接现状
2.4 城市结点交通特征分析
2.5 干线公路与城市结点衔接交通问题
3. 干线公路与城市结点衔接交通发展趋势
3.1 国家宏观政策背景
3.2 区域和城市交通发展政策背景
3.3 上位规划解读
3.4 城市结点衔接交通发展态势
4. 干线公路与城市结点衔接交通组织模式及服务体系分析
4.1 衔接交通组织模式分析
4.2 衔接交通服务体系分析
5. 干线公路城市结点过境及出入境交通需求分析

5.1　区域范围内公路网交通需求分析

5.2　城市结点范围内干线公路交通需求分析

6. 干线公路与城市结点过境公路方案规划

6.1　规划原则

6.2　各相关因素对干线公路过境布局的影响

6.3　干线公路过境方案规划

7. 干线公路与城市结点城市道路衔接方案规划

7.1　规划原则

7.2　干线公路与城市道路衔接方案

7.3　衔接段横断面设计

7.4　干线公路与综合交通体系衔接方案

8. 干线公路与城市结点衔接交通规划综合评价

8.1　交通功能指标分析评价

8.2　衔接协调指标分析评价

8.3　经济效益指标分析评价

8.4　环境影响指标分析评价

参 考 文 献

[1] 白国强. 美国城镇体系的演化与规律[J]. 岭南学刊,2004(5):87-91.

[2] Yeh,D. ,M. Gannon,and D. Leong. The Economic Impacts of Highway Bypasses on Communities[R],1998.

[3] Michael W. Babcock and Jose Davalos. Case Studies of The Economic Impact of Highway Bypasses in Kansas[R],2004.

[4] Kara Maria Kockelman. The Impacts of Bypasses on Small- and Medium-Sized Communities: An Econometric Analysis[J]. Journal of Transportation and Statistics,2002(5):57-69.

[5] Jonathan C. Comer,G. Allen Finchum,Amanda K. Coleman. A Methodology Using Geographic Information Systems to Evaluate Socioeconomic Data Concerning Impacts of Highway Bypasses in Oklahoma[J]. Proceedings of the Oklahoma Academy of Science,2000,80:79-89.

[6] Buffington,J L. ,Burke Jr,D. Employment and Income Impact of Expenditures for Bypass,Loop and Radial Highway Improvements[J]. Transportation Research Record,1991,1305:224-232.

[7] D. G. Modlin. Synthesized Through Trip Table for Small Urban Areas[J]. Transportation Research Record ,1982,842:16-21.

[8] W. A. Martin,and N. A. McGuckin. Travel Estimation Techniques for Urban Planning(NCHRP 365)[R]. 1998.

[9] Y. Han,John R. Stone. Synthesized Through Trip Model for Small and Medium Urban Areas [J]. Transportation Research Record,2008,2077:148-155.

[10] Michael D. Anderson. Evaluation of Models to Forecast External-external Trip Percentages [J]. Journal of Urban Planning and Development,1999,125(3):110-120.

[11] Michael D. Anderson. Spatial Economic Model for Forecasting the Percentage Splits of External Trips on Highways Approaching Small Communities[J]. Transportation Research Record, 2005,1931:68-73.

[12] Michael D. Anderson,Yasir M. Abdullah,Sampson E. Gholston,et al. Development of a Methodology to Predict Through-Trip Rates for Small Communities[J]. Journal of Urban Planning and Development,2006,132 (2):112-114.

[13] Gregory T. Giaimo. Modifications to Traditional External Trip Models[J]. Transportation Research Record,1980,1817:169-171.

[14] FHWA,U. S. Department of Transportation. Quick-Response Freight Manual[R],1996.

[15] A. J. Horowitz,and M. H. Patel. Through-Trip Tables for Small Urban Areas: A Method for Quick-Response Travel Forecasting[J]. Transportation Research Record,1999,1685:57-64.

[16] Martchouk, M., and J. D. Fricker. Through-Trip Matrices Using Discrete Choice Models: Planning Tool for Smaller Cities[C]. In: TRB. The 88th Annual Meeting of the Transportation Research Board. Washington, D. C.: TRB, 2009.

[17] Eric S. Talbot, Mark W. Burris, Steve Farnsworth. Estimating Through Trip Travel without External Surveys[J]. Transportation Research Record, 2011, 2254: 104-111.

[18] 洪铁城(编译). 日本的城市道路规划[J]. 规划师, 2005, 21(7): 118-122.

[19] 张铁山(编译). 日本道路建设的长期规划[J]. 国外公路, 1985, (3): 14-16.

[20] J. M. 汤姆逊(英国). 城市布局与交通规划[M]. 北京: 中国建筑工业出版社, 1982.

[21] Leibbrand. Transportation and Town Planning[M]. London: International Textbook Company Limited, 1970.

[22] 于一凡. 城市交通发展与时代的进步——简析法国巴黎大区交通策略的发展与变迁[J]. 国外城市规划, 2004, 19(5): 58-61.

[23] 刘铨. 德国高效城市道路系统分析[J]. 国外城市规划, 2006, 21(2): 92-95.

[24] Christian Cerondeau. Transport in Europe[M]. Norwood: Artech House, INC., 1997.

[25] Committee on Access Management. Access Management Manual[R]. Washington, D. C.: Transportation Research Board, 2003.

[26] 徐吉谦. 高等级公路与城市连接的探讨[J]. 华东公路, 1987(S1): 93-105.

[27] 武进. 大城市出入口干道交通特性研究[D]. 南京: 东南大学, 1984.

[28] 徐吉谦, 武进, 黄富明. 大中城市出入口干道交通特性的探讨[J]. 南京工学院学报, 1988, 18(1): 49-55.

[29] 徐吉谦. 大中城市出入口干道技术标准的初探[J]. 华东公路, 1985(2): 15-26.

[30] 黄富民. 大城市出入口道路规划设计研究[D]. 南京: 东南大学, 1986.

[31] 徐吉谦, 黄富明, 惠先全. 大城市出入口干道系统评价[J]. 中国交通工程, 1991(3): 3-8.

[32] 周鹤龙. 大城市辐射交通研究[D]. 南京: 东南大学, 1988.

[33] 赵同安. 城乡结合部交通规划研究[D]. 南京: 东南大学, 1990.

[34] 东南大学交通学院, 宿迁市交通局. 宿迁市交通体系与城镇发展互动关系研究[R], 2002.

[35] 东南大学交通学院, 宿迁市交通局. 洋河结点交通组织方案研究[R], 2002.

[36] 过秀成, 肖慎, 张立早, 等. 多级模糊评判法在公路网规划方案评价中的应用[J]. 公路交通科技, 2002, 20(1): 45-48.

[37] 肖慎, 过秀成, 明图章, 等. 公路网络与城镇发展空间网络适应性分析评价[J]. 土木工程学报, 2003, 36(7): 7-13.

[38] 刘海强. 城市化进程中干线公路网发展适应性评价体系研究[D]. 南京: 东南大学, 2005.

[39] 东南大学交通学院, 宿迁市公路管理处. 城市化进程中宿迁市公路网结点研究[R], 2005.

[40] 杨健荣. 城市化进程中公路网结点交通组织研究[D]. 南京: 东南大学, 2006.

[41] 章魁.高速公路过境方式与城市布局关系研究[D].南京:东南大学,2004.
[42] 袁昌鹏.城市结点干线公路布局方法研究[D].南京:东南大学,2007.
[43] 涂圣文,过秀成,孙志华,等.改进的突变评价法在干线公路过境方案决策中的应用[J].交通与计算机,2008,26(3):65-68.
[44] 涂圣文,过秀成,孙志华.干线公路过境规划评价方法研究[J].交通运输工程与信息学报,2009,7(1):32-37.
[45] 东南大学交通学院,江苏省交通运输厅公路管理局.江苏省干线公路建设城市结点方案研究[R],2012.
[46] 潘海啸.上海快速干道和城镇发展的关系研究[J].城市规划汇刊,2001(5):33-37.
[47] 储茂东,王录仓.过境公路与城市形态互动互扰机制研究——以甘肃省酒泉市为例[J].经济地理,1998,18(4):90-93.
[48] 杨文军.应用多产品替代法预测对外交通分向流量[J].城市规划汇刊,1994(5):58-60.
[49] 陈学武.城市对外交通需求预测方法探讨[J].现代城市研究,1994(4):46-48.
[50] 陈宽民,耿蕤.关于城市外环线道路交通流量预测中生成OD矩阵的方法研究[J].中国公路学报,2003,16(2):95-98.
[51] 师郡.环城高速公路的作用及应注意的问题[J].公路,1998(12):23-25.
[52] 陆锡明,王祥,朱洪.综合交通规划[M].上海:同济大学出版社,2003.
[53] 何延玲.大城市环状道路的成因与功能分析[J].公路交通技术,2003(5):1-3.
[54] 黄平.环路规划的理论与方法探讨[J].重庆交通学院学报,1999,18(2):55-60.
[55] 杜进有,谢汶莉.城市群环路的双目标规划模型[J].西南交通大学学报,2006,41(1):102-106.
[56] 冯桂炎.试论国道主干线与大城市的连接和布局[J].中南公路工程,1995(1):1-6.
[57] 沈德熙,吴新纪,张鉴,等.高速公路与城市布局的关系——以江苏省为例[J].城市规划汇刊,1998(4):33-41.
[58] 陈培健.城市发展与对外公路交通合理布局的研究[J].公路交通科技,2000,17(3):36-39.
[59] 李勇军.过境公路方案与城市规划协调性的探讨[J].广西交通科技,2003,28(5):116-117.
[60] 李娟.公路与城市道路连接问题的研究[J].交通运输工程与信息学报,2010,8(1):20-24.
[61] 张枝长.城镇进出口公路横断面设计初探[J].福州大学学报(自然科学版),1996,24(8):105-107.
[62] 朱水坤,陈必,陈飞.快速城市化地区干线公路断面布置型式研究[J].公路交通科技(应用技术版),2000,17(3):36-39.
[63] 彭庆艳,蒋应红.城市化进程中公路与城市道路关系研究——以上海市嘉定区道路系统为例[J].城市交通,2007,5(2):47-50.

[64] 韩跃杰,许金良,杨宏志.城市群连接道路横断面设计研究[J].中国公路学报,2012,25(4):49-56.

[65] 张源,孙广金.干线公路快速化路线总体设计研讨[J].现代交通技术,2011,8(3):19-22.

[66] 江苏省交通运输厅公路局,东南大学交通学院,等.江苏省干线公路发展规划研究[R].2004.

[67] 才华.基于自组织理论的黑龙江省城市系统演化发展研究[D].哈尔滨:哈尔滨工程大学,2006.

[68] 赵旭,高建宾,商娟.基于复杂系统理论的物流园区截流选址模型[J].运筹与管理,2013,22(1):157-163.

[69] 陈涛,陈森发.城市道路交通系统耗散结构特性的研究[J].土木工程学报,2004,37(1):74-77.

[70] 李鑫,尚涛,周伟.基于功效和耦合的铁路与露天煤矿协调度评价[J].西南交通大学学报,2012,47(3):490-494.

[71] 张树军,王光谦,杨珏,等.复合系统理论在区域生态修复决策中的应用[J].清华大学学报(自然科学版),2010,50(12):1906-1909.

[72] 黄润荣,任光耀.耗散结构与协同学[M].贵阳:贵州人民出版社,1988.

[73] 吕孟兴.大城市组团间交通运输通道规划研究[D].南京:南京林业大学,2007.

[74] 江苏省交通运输厅公路局.江苏省干线交通量调查资料汇编[G],2001-2012.

[75] 江苏省交通科学研究院股份有限公司.312国道镇江城区改线段建设工程可行性研究[R],2012.

[76] 江苏省交通科学研究院股份有限公司.229省道姜堰段改扩建工程可行性研究[R],2012.

[77] Latora,V.,Marchiori,M..Efficient behavior of small-world networks[J]. Physical Review Letters,2001,87:198701-1-4.

[78] 熊烈强,李杰.交通流理论与服务水平[J].同济大学学报(自然科学版),2005,33(8):1065-1068.

[79] 叶彭姚,陈小鸿.基于交通效率的城市最佳路网密度研究[J].中国公路学报,2008,21(4):94-97.

[80] Feng Xie,David Levinson. Measuring the Structure of Road Networks[J]. Geographical Analysis,2007,39:336-356.

[81] Anna Nagurney,Qiang Qiang. A Network Efficiency Measure with Application to Critical Infrastructure Networks[J]. Journal of Globe Optimization,2008,40(1/3):261-275.

[82] Qiang Qiang,Anna Nagurney. A Unified Network Performance Measure with Importance Identification and the Ranking of Network Components[J]. Optimization Letters,2008,2(1):127-142.

[83] Anna Nagurney, Qiang Qiang. A Relative Total Cost Index for the Evaluation of Transportation Network Robustness in the Presence of Degradable Links and Alternative Travel Behavior [J]. International Transactions in Operational Reaearch, 2009, 16(1): 49-67.

[84] 秦进,史峰. 一种新的交通网络效率衡量方法及其应用[J]. 系统工程, 2008, 26(4): 94-98.

[85] 秦进,史峰,邓连波,等. 道路交通网络效率定量评价方法及其应用[J]. 吉林大学学报(工学版), 2010, 40(1): 47-51.

[86] 余孝军,黄海军. 交通网络效率的度量和元件重要性的计算方法[J]. 系统工程理论与实践, 2012, 32(7): 1546-1552.

[87] 黄海军. 城市交通网络平衡分析理论与实践[M]. 北京:人民交通出版社, 1994.

[88] WERNER BRILON. Traffic Flow Analysis Beyond Traditional Methods [C]. In: TRB. The 4th International Symposium on Highway Capacity. Maui: TRB, 2000: 26-41.

[89] O'Kelly M E. A quadratic integer program for the location of interacting hub facilities[J]. European Journal of Operational Research, 1987, 32 (3): 393-404.

[90] Aykin T. Lagrangian relaxation based approaches to capacitated hub and spoke network design problem[J]. European Journal of Operational Research, 1994, 79 (3): 501-523.

[91] 金凤君,王成金. 轴—辐侍服理念下的中国航空网络模式构筑[J]. 地理研究, 2005, 24(5): 774-784.

[92] 李阳. 轴辐式网络理论及应用研究[D]. 上海:复旦大学, 2006.

[93] 柏明国,朱金福. 全连通航线网络和枢纽航线网络的比较研究[J]. 系统工程理论与实践, 2006, (9): 113-117.

[94] 涂圣文,过秀成,刘海强. 干线公路与大型城市结点的系统衔接模式[J]. 规划师, 2013, 29(7): 97-100.

[95] Y. Han. Synthesized Through Trip Model for Small and Medium Urban Areas[D]. Raleigh North Carolina State University, 2007.

[96] 李慧,林荣娜. 弹性系数法在公路工可交通量预测中的应用[J]. 西华大学学报(自然科学版), 2006, 25(5): 28-29.

[97] 吴汪友,孙秋高. 曲线拟合度分析法在公路货运回归预测中的应用[J]. 海南大学学报(自然科学版): 50-52.

[98] 温胜强,周鹏飞,康海贵. 基于灰色理论与BP神经网络的交通运输量组合预测研究[J]. 大连理工大学学报, 2010, 50(4): 547-550.

[99] 李娟. 相关系数法在通道交通需求预测中的应用[J]. 中国公路学报, 2006, 19(5): 98-101.

[100] 石飞,王炜,陆建. 居民出行生成预测方法的归纳和创新[J]. 城市交通, 2005, 3(1): 43-46.

[101] 石飞,江薇,王炜,等. 基于土地利用形态的交通生成预测理论方法研究[J]. 土木工程

学报,2005,38(3):115-124.

[102] 姚志刚,王元庆,周伟.可持续发展的城市货运规划[J].城市交通,2005,3(1):17-20.

[103] 江苏省发展与改革委员会,江苏省交通运输厅公路局.江苏省省道公路网规划(2011-2020年)[R],2012.

[104] 南京市城市与交通规划设计研究院,等.泰州市城市综合交通规划(2011-2020)[R],2012.

[105] 高奖.大城市快速路规划与设计关键问题研究[D].南京:东南大学,2006.

[106] 李乾,董宝田,季常煦.综合客运枢纽一体化建设的意义与影响[J].综合运输,2009(10):9-12.

[107] 陆虎.基于城市空间拓展的大城市道路网规划研究[D].南京:东南大学,2006.

[108] 李星,过秀成,叶茂,等.交通区位线对组团式城市快速路布局影响研究—以滁州市为例[J].规划师,2010,26(2):40-49.

[109] 杨尔怡,相伟.城市快速路网布局规划方法研究——以无锡市为例[J].现代交通技术,2010(03):73-76.

[110] 王宝辉.城市快速路系统规划要点[J].上海交通大学学报,2011(S1):83-85.

[111] 彭挺.城市快速干道功能分析与布局方法研究[D].哈尔滨:哈尔滨工业大学,2012.

[112] M. E. J. Newman. The structure of scientific collaboration networks[J]. Proc. Natl. Acad. Sci. USA,2001,98(2):404-409.

[113] 东南大学交通学院.泰州市区公共客运交通规划(2010-2030)[R],2010.

[114] 胡永宏,贺思辉.综合评价方法[M].北京:科学出版社,2000.

[115] 涂圣文,过秀成,刘海强.干线公路城市过境方案决策的灰色格序方法[J].公路交通科技,2013,30(7):119-125.

[116] Davey B A,Priestley H A. Introduction to Lattices and Order[M]. England: Cambridge University Press,2002:287-289.

[117] 杨玉中,吴立云,张强.基于灰熵的不确定型决策方法及其应用[J].工业工程与管理,2006,(2):92-94.

[118] 范凯,吴皓莹.灰色系统关联度中一种新的分辨系数确定方法[J].武汉理工大学学报,2002,24(7):86-88.

[119] 江苏省交通科学研究院股份有限公司.328国道泰州段改扩建工程可行性研究[R].2009.

[120] 孙家驷.重庆绕城高速公路立交规划布局研究[J].重庆交通大学学报:自然科学版,2007,26(4):64-66.

[121] 杜立平,杨宇忠.绕城高速公路互通式立交间距的探讨[J].华东公路,2011(3):23-26.

[122] 高鲁宾,孙家驷,张铭.重庆绕城高速公路互通立交密度研究[J].重庆交通大学学报(自然科学版),2010,29(1):45-48.

[123] 吴明先,潘兵宏,王佐,等.八车道高速公路互通式立交最小净距计算模型[J].长安大

学学报(自然科学版),2012,32(4):31-37.

[124] 高自友,宋一凡,四兵峰.城市交通连续平衡网络设计:理论与方法[M].北京:中国铁道出版社,2000.

[125] 刘灿齐.现代交通规划学[M].北京:人民交通出版社,2001.

[126] Yang, H. ,Bell,M. G. H. . Models and Algorithms for Road Network Design:A Review and Some New Developments[J]. Transport Reviews,1998,18(3):257-278.

[127] Paramet Luathep, Agachai Sumalee,William H. K. Lam, et al. Global optimization method for mixed transportation network design problem: A mixed-integer linear programming approach [J]. Transportation Research Part B,2011,45:808-827.

[128] 四兵锋,赵小梅,孙壮志.城市混合交通网络系统优化模型及其算法[J].中国公路学报,2008,21(1):77-82.

[129] 刘灿齐.预算约束的离散交通网络设计问题[J].中国公路学报,2002,15(2):87-90.

[130] 周和平,晏克非,徐汝华,等.基于遗传算法的公路网络设计的双层优化模型[J].同济大学学报(自然科学版),2005,33(7):920-925.

[131] 聂伟,邵春福,杨励雅,等.混合交通网络设计的双层模型及遗传算法求解[J].土木工程学报,2007,40(8):90-93.

[132] 赵彤,高自友.最优信号控制条件下城市交通离散网络设计问题的备用能力模型[J].系统工程理论与实践,2004(8):118-123.

[133] Satish V. Ukkusuri, Gopal Patil. Multi-period transportation network design under demand uncertainty[J]. Transportation Research Part B,2009,43:625-642.

[134] Suh-Wen Chiou. Bilevel programming for the continuous transport network design problem [J]. Transportation Research Part B,2005,39:361-383.

[135] Keemin Sohn. Multi-objective optimization of a road dict network design[J]. Transportation Research Part A,2011,45:499-511.

[136] 盖春英,裴玉龙.市域公路网布局优化模型研究[J].公路交通科技,2005,22(10):88-92.

[137] 秦进,倪玲霖,董龙云,等.考虑可持续发展的交通网络设计双层模型与算法[J].交通运输系统工程与信息,2010,10(4):111-117.

[138] António Antunes, Álvaro Seco, Nuno Pinto. An Accessibility - Maximization Approach to Road Network Planning[J]. Computer-Aided Civil and Infrastructure Engineering,2003,18(3):224-240.

[139] 武贤慧.小城镇道路横断面规划设计与路面典型结构研究[D].西安:长安大学,2008.

[140] 席玺.论城市综合交通运输体系的发展[J].综合运输,2007(10):30-32.

[141] 杨尔怡,卞大伟,张雪松,等.基于城市路网水平分级体系的道路横断面设计——以无锡市蠡溪路为例[J].城市交通,2010,8(5):65-72.

[142] 陆化普,蔚欣欣,胡启洲,等.基于模糊界定的城市生态交通综合测度模型[J].交通运

输系统工程与信息,2010,10(3):86-92.

[143] 孙全胜,常继峰.公路桥梁承载能力多级模糊综合评定方法[J].交通运输系统工程与信息,2008,8(1):127-131.

[144] GAU W L,BUEHRER D J. Vague Sets [J]. IEEE Transactions on Systems Man Cybernetics,1993,23(2) :610- 614.

[145] Chen S M, Tan J M. Handling Multi-criteria Fuzzy Decision-making Problems Based on Vague Set Theory [J]. Fuzzy Sets and Systems,1994,67(2):163-172.

[146] Hong D H, Choi C H. Multi-criteria Fuzzy Decision Making Problems Based on Vague Set Theory [J]. Fuzzy Set and System,2000,114(1):103-113.

[147] Jun Ye. Improved method of multi-criteria fuzzy decision-making based on vague sets[J]. Computer-Aided Design,2007,39:164-169.

[148] Xiuli Geng, Xuening Chu, Zaifang Zhang. A new integrated design concept evaluation approach based on vague sets [J]. Expert Systems with Applications,2010,37:6629-6638.

[149] 许昌林,魏立力.多准则模糊决策的 Vague 集方法[J].系统工程理论与实践,2010,30(11):2019-2025.

[150] 江苏省交通科学研究院股份有限公司.南京绕城公路(柳塘至刘村段)城市化改造工程可行性研究[R],2010.

[151] 万沐虎.对城市道路横断面规划的几点认识[J].现代城市研究,2003(S2):24-25.

[152] 景国胜.城市道路横断面的问题与规划对策[J].城市交通,2004,2(1):46-51.

[153] 李朝阳,徐循初.城市道路横断面规划设计研究[J].城市规划汇刊,2001(2):47-52.

[154] 李星,过秀成,叶茂.面向公交优先的城市道路分级配置体系研究[J].交通运输工程与信息学报,2010,8(3):93-98.

[155] 高克跃.城市道路红线宽度概念辨析与计算[J].城市交通,2012,10(5):62-67.

[156] 王新成,方青青,姚士谋.高速公路与城市发展论[M].济南:山东大学出版社,2007.

[157] 徐文学.高速公路网与城市道路网衔接研究[M].武汉:湖北科学技术出版社,2008.

[158] 刘进明.高速公路与城市道路衔接线布局规划研究[D].武汉:华中科技大学,2007.

[159] 郑祖武.现代城市交通[M].北京:人民交通出版社,1998.

[160] 杨少伟.道路勘测设计[M].北京:人民交通出版社,2004.

[161] 杨晓光.城市道路交通设计指南[M].北京:人民交通出版社,2003.

[162] 段里仁.城市交通概论[M].北京:北京出版社,1984.

[163] 邱东.多指标综合评价方法的系统分析[M].北京:中国统计出版社,1991.

[164] 陆建.城市交通系统可持续发展理论与方法[D].南京:东南大学,2003.

[165] Mark Marvey. Assessing the Adequacy of National Transport Infrastructure: A Methodology [J]. Road & Transportation research,1995,4(1):58-67.

[166] TRANSPORTATION RESEARCH BOARD. Northeast Area Transportation Plan. Work Plan. NCHRP REPORT 456,2000:66-83.

[167] 镇江市规划局,等. 镇江市城市总体规划(2002—2020)[R],2002.

[168] 江苏省发展和改革委员会,等. 江苏省高速公路网规划[R],2006.

[169] 东南大学交通学院,等. 镇江市骨架道路网规划研究(2013—2020)[R],2013.

[170] 东南大学交通学院,等. 镇江市城市综合交通规划[R],2008.

[171] 陆化普,王继峰,张永波. 城市交通规划中交通可达性模型及其应用[J]. 清华大学学报(自然科学版),2009,49(6):781-785.

[172] 济南市公路局,东南大学交通学院,等. 济南市"十三五"公路交通发展规划[R]. 2015.

[173] 无锡市规划局,等. 无锡市城市总体规划(2001—2020)[R],2001.

[174] 国务院. 国家新型城镇化规划(2014—2020 年)[EB/OL],2014.

[175] 交通运输部. 关于全面深化交通运输改革的意见(交政研发〔2014〕242 号)[Z],2014.

[176] 中央城市工作会议[Z],2015. 12. 20-21.

[177] 国家发展改革委,等. 关于加强干线公路与城市道路有效衔接的指导意见(发改基础〔2016〕1290 号)[Z],2016.